日本古代の氏と系譜

篠川　賢　編

雄山閣

はしがき

本書は、成城大学民俗学研究所の共同研究「日本古代の氏と系譜」(二〇一五～二〇一八年度) に参加した諸氏による論文集である。この共同研究は、日本古代の氏はいかなる性格をもつ集団であるのか、各氏の称する系譜は、王権のもとにまとめられた制度とでもいうべき系譜体系といかに関わっているのか、またそれらは時代とともにどのように変容するのか、といった諸点を、共通の課題・問題意識として発足した。しかし共同研究のメンバーによる研究会を重ね、ゲストスピーカーを招いた研究会も重ねていくことにより、改めて、これらの課題の難しさを痛感することになった。このたび、本書において共同研究としての共通の理解を示すには至らなかったが、研究会のメンバー各自が、「日本古代の氏と系譜」というテーマを広い範囲でとらえ、それぞれの問題関心にしたがって執筆した論文を発表することとした。また、ゲストスピーカーとしてご報告をいただいた方々のなかからも、竹本晃、長谷部将司、溝口優樹の三氏から玉稿を頂戴することが出来た。三氏のご協力に厚く御礼申し上げる。

本書は、第一部「氏と系譜伝承」、第二部「氏の系譜と史料性」、第三部「氏と地域社会」の三部構成とした。以下、各論文の要旨を紹介し、「はしがき」にかえることにしたい。

第一部　氏と系譜伝承

加藤謙吉　『古屋家家譜』と紀伊国―『日本霊異記』上巻第五縁の説話との関係性を踏まえて―

本論は、『古屋家家譜』の成立過程を論じ、その二次的造作と、『日本霊異記』上巻第五縁の大部屋栖野古連公の話(屋栖野古伝)の作成とを関連させ、それは、紀伊国名草郡の大伴氏による自氏の顕彰という同一の基盤に立った行為と考えられるとした論文である。『古屋家家譜』の磐連公より以前の部分の原系図は、『氏族誌』編纂のために大伴氏の提出した本系帳に基づく可能性が高いが、それに二次的な造作を加えたのは、各尻付の文章の内容から、紀伊国名草郡の大伴氏の関係者と考えられ、しかもそこには紀伊国の大伴氏を大伴氏の本流と位置付けようとする意志が認められるとし、二次的造作は延暦から承和期にかけて何度か繰り返されたとみてよいとする。一方、『日本霊異記』に「本記」を引用する形で語られる屋栖野古伝は、紀伊国名草郡の大伴氏の祖である屋栖野古を称えた話であり、「本記」は景戎自身が創作した可能性が高く、その創作時期は『古屋家家譜』の二次的造作とも重なるとし、景戎と名草郡の大伴氏の結びつきの強さを改めて主張している。

溝口優樹　土師氏の系譜と伝承―野見宿禰を中心に―

本論は、土師氏の「祖」である野見宿禰の系譜伝承を取り上げ、その形成過程を土師氏の政治的動向からとらえようとした論文である。主として『日本書紀』（垂仁紀）の埴輪起源説話（埴輪の伝承）を取り上げ、そこに語られる天皇の喪葬を主掌するという奉事伝承は、実際に土師氏がそれを行った孝徳天皇の「殯」の段階で語られ、その後は天皇の喪葬の中心的立場に立つことはなかったが、『日本書紀』編纂の素材となる「家記」に自氏の地位の確保を意図して記載したとする。また、天皇の喪葬を主掌するという伝承以前にも、野見宿禰像やそれを「祖」とする系譜意識は存在していたとし、それは、倭王権の主導する造墓を担う集団のなかで四世紀後半以降に徐々に形作られていき、土木事業を担った集団もその形成に関わり、土師氏を構成する諸集団は、野見宿禰を始祖とする系譜のもとに結集していたが、六世紀末以降の造墓活動の縮小に対応し、天皇の喪葬を職掌とする氏としてその再結集を図ったのであると説く。

須永　忍　上毛野氏の形成と展開

本論は、『日本書紀』にみえる上毛野氏の始祖伝承のあり方に注目して、その氏族構造について論じ、それを上毛野氏の形成・展開過程と対応させて明らかにしようとした論文である。『日本書紀』には上毛野氏の「祖」として豊城命（崇神紀）、八綱田（垂仁紀）、彦狭嶋王・御諸別王（景行紀）、荒田別・鹿我別・巫別（神功紀・応神紀）、竹葉瀬・田道（仁徳紀）の名がみえ、それらの「祖」は系譜関係が不明である例が多く、しかも同時期に複数の「祖」が記されることが多い。このことは、本来別氏族として認定されてよいような集団が、複数上毛野氏の系譜に結び付けられていることを示すのではないかとする。またそのような上毛野氏の複雑・広大な在り方は、八世紀以降の上毛野氏の上野国・畿内・陸奥国への展開などにも示されており、それは、そもそも上毛野氏が在地における強大な勢力として存在し、王権がそれを重視し、活用したためではないかとしている。上毛野氏の諸系統と、在地におけるその他の氏族との関係についても追究している。

中川久仁子　和気清麻呂と「和氏譜」

本論は、和気清麻呂が「和氏譜」（桓武天皇の生母である高野新笠の出身氏族の和氏の家譜）を撰した理由を改めて問い直した論文である。従来は中宮大夫の地位にあった清麻呂がその力量を買われての撰とみられてきたが、それだけの理由ではないとする。すなわち、桓武は天武系の皇統に代わる新王朝の確立を目指す一方で、前朝からの系譜も含めて生かそうとしていたのであり、桓武が生母に称徳天皇の別称である「高野天皇」に通ずる「高野朝臣」を賜与したのも同様の意図によるものであるとし、高野新笠と高野天皇（称徳）との結びつきを説くため、称徳に長く仕えた和気広虫（法均尼）の弟である清麻呂が選ばれたのではないかとする。また、「和氏譜」には和氏を百済王家と結び付ける意図もあり、そのため中宮大夫に清麻呂、中宮亮に百済王仁貞が就任した段階で「和氏譜」の編纂が行われたのであるとし、その後の「朔旦冬至」に際しての和気氏と百済王氏の氏爵にも論及している。

竹本　晃　『新撰姓氏録』における氏の系譜構造

本論は、『新撰姓氏録』（『姓氏録』）序文に記す「三例」を取り上げ、「三例」に示される『姓氏録』の編纂意図と、その淵源について論じたものである。『姓氏録』の序文によれば、三例の内「出自」と書くのは、複数の氏に枝分かれした最も中心となる宗氏、「同祖之後」と書くのは、古記（公的系譜）と本系、あるいは古記・本系のいずれかと対校して認められた枝氏、「之後」と書くのは、「宗氏古記」に漏れていても祖に誤りのない氏とするが、「宗氏古記」は宗氏に関わる公的系譜とみるべきであり、前二者においても、それとの対校は前提になっていたと解釈しなければならないとする。そしてそう解釈することによって、「三例」が宗氏と枝氏の「遠近」「親疎」の順を正しく示すことになるとしている。また、このような氏族・系譜の掌握は、藤原仲麻呂が関与した『氏族誌』にまでさかのぼる可能性が高く、『氏族誌』は完成には至らなかったが、氏の再編ということでいえば、『氏族誌』にはじまり『姓氏録』はその到達点といえるのではないかとしている。

中村友一　「連公」と系譜史料

本論は、韓国の扶余双北里遺跡（七世紀半ばを中心とする遺跡）から「那尓波連公」と記された木簡の出土が知られて以降、「連公」についてのいくつかの専論が出されたのを受け、その呼称の意味を再検討するとともに、後世の系譜史料にみえる「連公」についても論じたものである。まず所説を検討し、「連公」をカバネ「連」とは無関係の呼称とする説や、カバネ「連」の敬称とする説は疑問であり、カバネ「連」の旧表記とする説が妥当であるとし、カバネ「直」の旧表記が「費直」であるのと同様、敬称がカバネ化していく七世紀後期初頭までの「連」の旧表記（二文字表記）が「連公」であるとする。また後世の系譜史料にみえる「連公」は、ほぼ大伴・物部・中臣の三氏に限られるが、それはこの三氏が時期的に古い二字表記の段階でカバネを賜与されたからと推定されるとし、個々の「連公」の表記例は、その人物が旧表記のまま掲載された例が多いのではないかとしている。

鈴木正信　『日下部家譜大綱』の諸本について

本論は、これまでの国造制研究において但馬国造関係史料として使用されてきた『日下部系図』と『日下部家譜大綱』のうち、後者の史料学的検討を行ったものである。『日下部家譜大綱』の諸本には、東京大学史料編纂所所蔵『多遅摩国造日下部宿禰家譜』（東大甲本）、同『田道摩国造日下部足尼家譜大綱』（東大乙本）、粟鹿神社所蔵『田道間国造日下部足尼家譜大綱』（粟鹿本）があり、いずれも開化天皇を祖としている。その原系図は、文明年間（一四六九〜八七）に日下部氏の後裔氏族が参会して『日下部系図』の原系図（あるいはそれに書き継いだもの）を参照して編纂したと推定されること、それを江戸時代の林田喜一まで書き継いだ牧田吉左衛門管理本を、明治二十二年に書写したのが東大甲本であること、幕末から明治期の学者である林田永助が牧田吉左衛門管理本に考証を加え明治十九年に再編した林田永助蔵本を、明治二十二年に書写したのが東大乙本であること、粟鹿本は林田永助自身が粟鹿神社に奉納したものであり、その際、東大乙本とは異なる改変を加えたか、あるいは奉納後に第三者の手による改変が加えられたものであることなどを論じている。

榊原史子　小野氏系図小考―中央貴族の小野氏と武蔵国出身の横山党との連続性について―

本論は、中央貴族の小野氏にその出自を求める武蔵横山党の系図の信憑性について論じたものである。横山党の小野氏系図としては、『続群書類従』第一六六所収「小野氏系図横山」と、同「小野系図」がよく知られているが、前者・後者においてそれぞれ篁の七世孫に位置づけられる孝泰・隆泰は同一人であり、この隆泰（孝泰）は、従来からも指摘されているとおり、承平元年（九三一）に武蔵国小野牧の別当に任じられ、その後武蔵権介・押領使に任命された小野諸興と同一人物と考えてよいとし、小野牧の「小野」は地名であるが、小野諸興は在地の人物ではなく中央小野氏（篁の直系ではなく傍系）の人物であり、この諸興が土着して武士団（横山党）を形成したと考えられるとする。また、諸興が小野牧の別当に任じられた事情についても、『群書類従』所収の「小野氏系図」に篁の孫の義材（美材の誤記）の養子となったとある利春（高向利春）と関連づけて論じている。

藤井由紀子　系譜史料論の試み―岩瀬文庫蔵「法相宗相承血脈次第」影印・翻刻を通して

本論は、興福寺僧を中心に法相宗の師資相承関係を示した「法相宗相承血脈次第」に着目し、改めてその史料紹介を行ったものである。「法相宗相承血脈次第」は、西尾市立図書館岩瀬文庫に収められている柳原家旧蔵本と称される一群の史料のなかの一つであり、平安時代末期の成立と推定され、藤原氏研究にとっても注目すべき史料であるにもかかわらず、これまでの研究ではあまり取り上げられることがなかったとし、その史料の概要を記すとともに、影印と翻刻を掲載したものである。また内容上の特徴として、釈迦如来にまで遡って書き始められ、インド・中国・朝鮮・日本にわたり、十二世紀後半の興福寺僧蔵俊で締めくくられていること、興福寺僧に限らず法相宗に関わる多くの僧侶を載せており、きわめて複雑な構成となっていることなどが指摘されている。

第三部　氏と地域社会

三舟隆之　「既多寺知識経」と氏寺

本論は、天平六年（七三四）に播磨国賀茂郡の既多寺において行われた「既多寺知識経」（『大智度論』百巻）の写経事業の意義について論じたものである。「既多寺知識経」にみえる氏族名から、この写経事業は、「針間国造」とその擬制的同族集団を中心に、地縁的関係も含んだ集団を知識として行われていること、天平六年当時における賀茂郡内においては、既多寺と推定される殿原廃寺をはじめとして七ヵ寺が存在し、それらの寺院には、「既多寺知識経」に参加した各地域集団の「氏寺」と考えられる寺院も存在するにもかかわらず、写経事業は既多寺で行われていること、既多寺は「針間国造」氏の氏寺と考えられるが、ここにいう「針間国造」は「国造本紀」にいう「針間鴨国造」氏に相当し、当時その氏集団としての結束は緩みつつあったと推定されること、等々を指摘し、「既多寺知識経」の写経事業の目的は、針間鴨国造氏が「針間国造」として「知識結」を行い、その同族関係の再結集を図るとともに、地縁的な地域集団の結束を強化するところにあったとしている。

大川原竜一　須恵器生産と部民制

本論は、須恵器生産およびその技術者集団が王権の支配体制のもとでどのように組織化されたのかを論じたものである。『日本書紀』雄略七年是歳条・同十六年十月条からは「今来」の渡来系技術集団が東漢氏の統属下に部として編成されたことが推定されるが、雄略七年条に「陶部」という名称がみえることは、必ずしも部としての「陶部」が存在したことを示すものではないこと、「坂上系図」所引『新撰姓氏録』逸文からも須恵器生産の技術者集団は「陶部」として組織されていなかったことが推測され、むしろ同逸文からは、須恵器生産が東漢氏の統続下の地名を冠した漢人・首姓・村主姓氏族によって担われていた可能性が推測できること、三輪山祭祀と陶邑の須恵器に関係のあったことは認められるが、記紀のオホタタネコ伝承はミワ氏が須恵器生産に直接携わっていたことを示すものではないこと、陶邑における須恵器生産は、東漢人の同族である池辺直氏や郷名を称する池田首・和田首・信太首などの地域首長によって担われていたと考えられること、等々を論じている。

長谷部将司　高麗朝臣氏の氏族的性格――二つの「高麗」をめぐる記憶の受容――

本論は、高麗福信を中心に八世紀の高麗朝臣氏（本姓肖奈氏、のち高倉朝臣氏に改賜姓）の全体的把握を試み、その衰退の要因を追究した論文である。福信の叔父の行文に代表される肖奈氏も、福信の高麗朝臣氏も本貫は武蔵国高麗郡であるが、両氏の中央での活躍は個人の力量や天皇の寵愛によるものであり、在地との関係は希薄であったとする。また、天平勝宝二年（七五〇）に高麗朝臣に改賜姓されたのは、近年の通説のとおり、渤海が高句麗の後身として登場したのを受けて高麗を臣下に位置づけるべく行われた王権主導の改姓であったと考えられるが、福信らに故国を代表するという意識はなかったとする。そして、宝亀十年（七七九）に高倉朝臣に改賜姓されたことについても、王権側に高麗を名乗り続けさせる意味がなくなったからではあるが、福信としても、故国であり、本貫地である高麗の名を放棄しようとしたからであったとし、そこに衰退の一因を求めている。地方出身氏族とその本貫地との関係について、はじめから密接なものと考える傾向に疑問を提示した論文である。

永田　一　古代東北の豪族と改賜氏姓

本論は、古代陸奥国の豪族の改賜氏姓について、陸奥の豪族の盛衰と関連付けて検討した論文である。陸奥国の豪族に対する改賜氏姓は、八世紀末頃までは丈部→阿倍氏系複姓、吉弥侯部→毛野氏系複姓、大伴部→大伴氏系複姓という対応関係が概ね維持されているが、九世紀に入るころには崩れていく。これは、八世紀末頃までは伝統的な旧豪族と、新興豪族との競合があり、九世紀にはいると、それに加えて九世紀以降に台頭した新興豪族の三者の競合があったことを示しているとする。そして、磐瀬郡・磐城郡を例に具体的に検討し、磐瀬郡では八世紀後半に磐瀬朝臣氏（もと吉弥侯部）が台頭して安定した勢力となり、九世紀には阿倍陸奥臣氏（もと丈部）も台頭したが、「国造本紀」の石背国造の後裔はそれらの下位に位置づけられたとし、磐城郡では、於保磐城臣氏（もと丈部）が八・九世紀を通じて郡領氏族となり、旧豪族の石城直氏の後裔とみられる阿倍磐城臣氏も九世紀前半に台頭したが、「国造本紀」の石城国造の一族は、勢力を拡大できなかったとしている。

堀川　徹　稲置に関する一試論

本論は、これまで稲置は国造の下位に位置づけられる地方官として理解されてきたが、稲置それ自体の検討は必ずしも十分ではなかったとし、制度面と実態面とに分けて稲置を検討した論文である。『日本書紀』大化元年八月庚子条の「東国国司詔」にみえる「県稲置」に着目し、それは王権に制度的に位置づけられた存在ではなかったが、実態として評の官人候補となりうる存在であったと認識されていたこと、また「県稲置」という表記は、それとは区別されるタイプの稲置の存在を示すものでもあり、それは国造のもとで徴税にあたる実務官のような存在として認識されていたと考えられること、しかしそれも制度的存在ではなく、王権にとって稲置は実態レベルでのみ認識される存在であったこと、などを説いている。また二つのタイプの稲置は排他的性質のものではなく、実態としての稲置は多様性をもつ存在であったとも指摘している。

篠川　賢　「名」と系譜―品部廃止詔の「名」―

本論は、『日本書紀』大化二年四月壬午条の「品部廃止詔」にみえる「名を付す」という行為について、中央有力氏族（本宗氏）による中小氏族・地方氏族との擬制同族関係をもたらしたとする見解を検討したものである。「品部廃止詔」には、「拙弱臣連伴造国造、以彼為姓神名王名、逐自心之所帰、妄付前前処処」とあり、ここに「名を付す」とあるのが、単なる名称を付与するという意味ではなく、部民制的な統属関係を拡大しようとする行動であることは認められるが、「拙弱臣連伴造国造」とあるのを中央の本宗氏とみるのは疑問ではないかとする。擬制同族関係が形成される一般的な在り方は、本来それぞれの地域において有力氏族を中心とした複数の親族集団の重層的統合関係があり、その中心氏族の称した系譜（中心氏族に賜与された系譜）が、各親族集団に共有されていったということではなかったかとする。

以上、各論文の要旨を紹介してきたが、もとより意を尽くしたものではない。読者諸賢におかれては、是非直接個々の論文にあたり、忌憚のないご意見・ご批判をお寄せいただければ幸いである。

最後になったが、本書の出版にあたっては、雄山閣編集部の八木崇・桑門智亜紀両氏に大変お世話になった。心より感謝申し上げる。また成城大学民俗学研究所から出版助成費の交付を受けた。関係各位に厚く御礼申し上げる。

篠川　賢

二〇一九年二月

日本古代の氏と系譜　目次

第三部　氏と地域社会

第一部　氏と系譜伝承

『古屋家家譜』と紀伊国

―『日本霊異記』上巻第五縁の説話との関連性を踏まえて―

加藤　謙吉

はじめに

『古屋家家譜』（以下、『家譜』と略記）は、山梨県笛吹市（旧東八代郡一宮町）の甲斐浅間神社の宮司家、古屋氏に伝わる系譜である。この氏の旧姓は『家譜』によれば、伴直（大伴直）であった。冒頭に高皇産霊尊より始まる大伴連の系譜を掲げ、金村大連公の子の磐連公の時、甲斐国山梨評山前邑に遷居し、庚午年籍の制定時に一族の者が大伴山前連の氏姓を負い、天武朝の甲申年（十三年）に山梨郡少領の方麻呂が直姓を賜わり、大伴山前連から大伴直に改姓したと記す。方麻呂の子孫は延暦期頃から山梨郡司のほか八代郡司にも任ぜられるようになり、貞観七年（八六五）、八代郡大領の真貞の時に、駿河から招請して甲斐国八代郡に浅間神社が創祀され、真貞が祝に就任（『三代実録』にも同様に記す）。鎌倉期以降、祝職を世襲し、『家譜』は明治以降まで書き継がれている。

『家譜』は鎌田純一が『甲斐国一之宮浅間神社誌』（浅間神社・一九七九年刊）の執筆中に発見し、同書の史料篇の中で紹介。その後、溝口睦子が詳細な検討を行い[1]、『家譜』の磐連公より前の部分（A）は、①漢風諡号による天皇名表記が一例もなく、すべて宮号、あるいは和風諡号によって記されていること、②代ごとに「室秋津島大宮朝供奉」のごとく奉仕（供奉）形式による譜文が付されていること、③系図上の人名が、ほぼ応神天皇代を境として「某命」から「某連公」形式に移行していること、④多数の分枝氏族に関する注記が克明に付されており、その内容が古典に照らして正確であることなど、古本系に共通の特徴を具備している事実を指摘した。そして磐連公より前の（A）の系譜は古い大伴氏の同族の本系を基礎とするが、磐より後の部分（B）は甲斐国の伴氏の系譜であり、両者は成立基盤を異にすること、『家譜』は甲斐国の伴氏が自己の系譜（B）の上に大伴氏の系譜（A）を付け加えた仮冒系譜・付会系譜の類であること、（A）の系譜にも二つの成立段階が想定でき、その原形は八世紀後半に成立したが、紀伊国名草郡の出身で、陸奥国小田郡嶋田村の人であった大伴部押人（もしくはその子孫）によって神護景雲三年（七六九）以降、原本の改変が行われたことなどを推定した。

溝口が『古屋家家譜』を仮冒系譜とし、（A）の系譜の原本を中央大伴氏の同族の古い本系と推断したことは妥当な見解と思われる。ただ原本に手を加え、自己の系譜と結びつけて新たな系譜を作成したのが、大伴部押人やその子孫とすることには賛成できない。むしろ筆者はA系譜原本の書き換えは、紀伊国名草郡の大伴氏関係者の造作によるもので、陸奥の大伴部押人の一族の者は、系譜の作成とは無関係であったと理解したい。

『家譜』の宇遅古連公（金村大連公の子）の尻付には「是、宇治大伴連・神私連・大伴櫟津連等祖也」とあるが、宇治大伴連は『日本霊異記』（以下、『霊異記』と略記）上巻第五縁に「大花位大部屋栖野古連公者、紀伊国名草郡宇治大伴連等先祖也」と記す大部屋栖野古《おおとものやすのこ》連公の後裔氏族である。これまで宇治大伴連の氏姓は『霊異記』以外には見えず、不詳とされてきたが、『家譜』の発見によりその存在が明らかになった。のみならず『霊異記』の説話と（A）系譜は、どちらも紀伊国名草郡と深く関わり、その成立をめぐって共通の事情が介在した可能性が高い。(2) 以下、両者の関係を視野に入れた上で、『家譜』の史料的性格を検討することにしたい。

一　『古屋家家譜』と紀伊国

『家譜』の（A）の系譜記事には紀伊国名草郡と関わるものが少なくない。溝口が指摘したように、（A）冒頭の神統譜部分には、次の四神の尻付に紀伊国名草郡の神社名を記している。

（表紙外題）
「古屋家々譜」

高皇産霊尊
武蔵国都築〔筑〕郡杉山神社・
大和国添上郡宇奈太理坐高御魂神社等是也。

安牟須比命

香都知命
紀伊国名草郡香都知神社是也。

天雷命
紀伊国名草郡鳴神社是也。

天石門別安国玉主命
一名　大国栖玉命
一名　大刀辛雄命
妻神　八倉比売命
紀伊国名草郡朝椋神社・同国同郡九頭神社等是也。

天神日命
一名　神狭日命、又云二天忍日命一。
天津彦国光彦火瓊々杵尊、排二開天磐戸一、押二分天八重雲一、以奉レ降之。于時帥二天津大来目一、背負二天磐靫一、臂著二稜威高鞆一、手捉二天梔弓・天羽羽矢一、及副二持八目鳴鏑一。又帯二双槌〔頭カ〕剣一、而立二天孫之前一。遊行降来。
山城国葛野郡伴氏神社是也。
子孫累葉奉二祖先之遺業一、供二奉于奕葉皇孫一者、不レ伝二個個之名一。以二職名一各換二其名一焉。

天押人命

天日咋命

刺田比古命 又名大脊脛命

紀伊国名草郡刺田比古神社是也。

道臣命 本名日臣命

生二紀伊国名草郡片岡地一。聞二皇孫之来征一赴。而供奉以奉二祖先之遺業一。(神武)神日本磐余日子尊、自二熊野神邑一将レ赴二中洲一。然山中嶮絶、無二復可レ行之路一。此時日臣命、擬三家祖天押日命供二奉天孫降臨一、帥二大来目一、督二将元戎一、踏レ山啓行、遂到二菟田穿邑一。尊大得レ利、於レ此勅曰、汝忠而且勇剛、有二能導之功一。是以改二汝名一為二道臣一。神日本磐余日子天皇即位二年春二月乙巳、定レ功行レ賞。時賜二田宅一、居二大耶摩登国身狭桃花鳥陵邑一、以殊寵異之。

味日命

推日命

大日命

(孝昭)掖上池心大宮朝供奉。

角日命

(孝安)室秋津島大宮朝供奉。

豊日命
母 紀直智名曽女 手束媛命
黒田廬田大宮朝（孝霊）及春日率川大宮朝（開化）供奉。

武日命
磯城瑞籬大宮朝（崇神）為二大夫一供奉。
纒向日代大宮朝（景行）庚戌年秋、東夷叛。于時従二日本武尊一為二将軍一、
於二甲斐国酒折宮一、賜二靫部一。故負二靫大伴連之姓一。
参河国賀茂郡狭投神社是也。

乎多氏命
従二日本武尊東征之軍一、駐二陸奥国小田郡島田邑一、鎮二東夷一焉。
是、靫大伴部・大伴行方連・大伴白河連等祖也。

建持連公
足仲彦天皇朝（仲哀）、為二靫大伴連一供奉。
息長足姫皇后（神功）征韓供奉。

蚊手連公
是、五百木部・大伴亘理連等祖也。

阿古連公
是、丸子部・道島宿禰・大伴安積連等祖也。

室屋大連公
自二遠明日香大宮（允恭）一至二飛鳥八釣大宮（顕宗）一五朝供奉。長谷朝倉大宮朝（雄略）丁酉年十一月朔、為二大連一。

談連公
（長谷脱カ）朝倉大宮朝、征（従カ）二新羅之戦役一、於二彼地一戦死。
是、日奉連祖也。

長目連公
是、大田部・白髪部祖也。

金村大連公
（仁賢）石上広高大宮天皇晏駕之後、誅平群真鳥臣。
（武烈）泊瀬列樹大宮天皇朝己卯年十二月、為大連供奉。
（継体）山背樟葉大宮天皇朝丁亥年、為大臣供奉。
（欽明）磯城島（金刺大宮天皇朝庚申年九月、称老帰于家。

御物宿禰連公
負佐伯連姓。

戸難目連公内臣
（敏達）訳語田幸玉大宮朝、為内臣供奉。

若古連公
是、高志連・高志壬生連等祖也。

磐連公
（継体）磐余玉穂大宮朝、遷居甲斐国山梨評山前之邑。
（推古）小治田豊浦大宮朝丁巳年八月卒。

狭手彦連公
（城脱）敷島金刺大宮朝壬午年八月、奉勅率大兵、伐高麗平定之。
是、大伴連・大田部連・榎本連等祖也。

糠手古連公

小手子比咩連公
（崇俊）倉梯宮天皇妃

頰垂連公
掌上総之伊甚屯倉。
是、丸子連祖也。

加爾古連公
掌木国那賀屯倉。
是、仲丸子連祖也。

阿被布子連公

昨子連公 大徳冠 氏上
是、大伴宿禰祖也。

奈羅古連公
是、大伴良田連祖也。

宇遅古連公
是、宇治大伴連・神私連・大伴櫟津連等祖也。

長峡連公

江人連公

稲人
(天智)
庚午年籍、負㆓大伴山前連姓㆒。淡海志賀大宮朝辛未年八月卒。

秋人
同負㆓大伴山前連姓㆒。

弟古連公

穂足
(孝徳)
浪速豊埼大宮朝壬子年六月卒。

淵守
(斉明)朝倉大宮朝、入二唐国一、於二彼国一病歿。

真楫
庚午年籍、負二姓大伴山前連一。

広川
同上

方麻呂
山梨郡司少領　正七位下
母　阪合部連老目女
庚午年籍、一族八人同負二姓大伴山前連一。
(天武)浄御原天皇朝甲申年三月、改二賜姓直一称二大伴直一。
(文武)藤原大宮朝丁酉年八月十八日卒。

清滝
母　同上。
負二同姓一、任二近衛舎人一。

高樹
采女令史
貫二于右京一。

苧満呂
母　秦野足女
山梨郡戸主
養老四年庚申三月八日卒。

是公
母　同上
山梨郡戸主

『山梨県史』(資料編三、二〇〇一年)より転載

1　香都知《かぐつち》命（【尻付】「紀伊国名草郡香都知神社是也」）
2　天雷《あめのいかづち》命（【尻付】「紀伊国名草郡鳴神社是也」）
3　天石門別安国玉主《あめのいはとわけやすくにたまぬし》命（【尻付】「紀伊国名草郡朝椋神社・同国同郡九頭神社等是也」）
4　刺田比古《さす(し)たひこ》命（【尻付】「紀伊国名草郡刺田比古神社是也」）

1～4の尻付の傍線を施した神社は式内社。ただし1の香都知神社は『延喜式』吉田家本の分注に「鳴神末社」とあり、現在は2の鳴神社に合祀。もとの宮地は『官幣大社日前神宮国懸神宮本紀大略』所引「永仁三年忌部郷検田取帳」によると、中世の神宮郷（日前・国懸神宮領）に属し、『和名抄』の名草郡忌部郷に所在したことが分かる。養老～天平期の名草郡忌部郷の住人に、大伴若宮連真虫・部良・大淵ら三名の大伴若宮連姓の者がおり（『大日本古文書』二五巻七四頁、以下古二五・七四のように略記）、忌部郷の地がこの氏の拠点であったことがうかがえる。

2の鳴神社は名草郡鳴神村（現和歌山市鳴神）に鎮座。鳴神村の所在は『和名抄』の名草郡忌部郷内か。『古語拾遺』に「其（手置帆負・彦狭知二神）裔、今在二紀伊国名草郡御木・麁香二郷一」・「彦狭知命〈紀伊国忌部祖也。〉」と記し、神代紀下（第九段一書第二）に「即以二紀国忌部遠祖手置帆負神一、定為二作笠者一。」とあるように、名草郡忌部郷（『古語拾遺』の名草郡御木《みき》・麁香《あらか》二郷にあたる）は忌部の居住に因む。そのため鳴神社を忌部氏の祖神を祀る神社とする説が有力である。『古語拾遺』や『新撰姓氏録』（以下、『姓氏録』と略記）は忌部氏の祖の天太玉命を、大伴氏と同じく高皇産霊神の後裔とするので、『家譜』が天雷命を高皇産霊尊の三世孫とすることと共通するが、紀伊国の忌部の祖神は太玉命配下の手置帆負や彦狭知であるから、鳴神社が名草郡の忌部と結びつくかどうかは定かではない。名草郡と大伴氏との関係（後述）にもとづくと、大伴氏関係の社であった可能性も否定できない。

3の朝椋神社は、『紀伊続風土記』によれば、土佐国（土佐郡）の朝倉神社と同じく、天津羽々《あまつはは》神、天石帆別《あめのいわほわけ》命を祭神とし、（3）天石帆別命が国栖の祖神であることから、（4）朝椋神社のことを国栖明神と称し、転じて九頭明神と呼ばれるようになったとする。なお『釈日本紀』所引『土左国風土記』逸文には、天津羽々神・天石帆別神を天石門別神の子と記すが、この神の名は3の天石門別安国玉主命の名と一致する。鎮座地は紀ノ川に近い名草郡鷺ノ森明神（現和歌山市鷺ノ森明神丁）で、『家譜』と『霊異記』に共通して見える「宇治大伴連」の本拠地、「宇治」（名草郡宇治）の領域内に包含される。

4の刺田比古神社（社名はサシタ〔九条家本『延喜式』〕、またはサスタ〔鈴鹿連胤『神社覈録』〕）の所在地は和歌山城の南、岡山東麓の和歌山市片岡町（旧名草郡岡村）。『続日本紀』（以下、『続紀』と略記）神護景雲三年十一月己丑条に「紀伊国名草郡片岡里」と見え、『家譜』の道臣命（後掲5）の尻付には「生二紀伊国名草郡片岡地一」と記す。『続紀』の右の条は、陸奥国牡鹿郡の俘囚大伴部押人の祖が征夷のため名草郡の片岡里から派遣されて、陸奥国小田郡嶋田村にとどまったことを記すが、『家譜』の乎多氏命（豊日命の子）の尻付にも「従二日本武尊東征之軍一、駐二陸奥国小田郡島田邑一鎮二東夷一焉」とあって、『続紀』の村名と一致する（後述）。

刺田比古神社は、かつて九頭明神（国津明神）とも呼ばれ、3の朝椋神社の通称と同じであるが、朝椋神社の「九頭」が国栖の転訛であるのに対して、刺田比古神社の「九頭」は「国津」の転じたものと推察される。片岡の地は名草郡と海部郡の境界点にあり、和歌浦に流入する旧紀ノ川（和歌川〔雑賀川〕）の沿岸に位置するから、「国津」の原義は文字通り「国の津」で、港津を指すと解すべきであろう。祭神については、『古事記』に見える刺国大神とする説（『古事記伝』）、刺国大神と大国主命の合祀とする説（『紀伊続風土記』）のほか、刺田比古を大伴金村の子の狭手彦（佐氏彦）のこととする度会延経の説（『神名帳考証』）や、佐氏彦と道臣命とする説（『神社録』・『神社覈録』）があり、現在は佐氏彦と道臣命が祭神とされている。当社は名草郡を拠点とした大伴氏ゆかりの神社であった蓋然性が高いが、前述のように、『家譜』は宇遅古連公の後裔氏族中の一氏に大伴櫟津連の名を挙げる。一方、『続紀』神亀元年（七二四）十月壬寅条には、紀伊国名草郡の少領正八位下の大伴櫟津連子人の名を記し、彼の一族が郡領を出す名草郡の有力氏であったことが知られる。「櫟津」は「徳勒津」・「吉田津」・「平井津」などとともに古代の紀ノ川河口デルタにあった港津の一つであるが、「櫟津」の所在をあるいは片岡の地に近い旧紀ノ川沿い求めることができるかもしれない。

以上により、これらの神社はいずれも何らかの形で名草郡の大伴氏と結びつき、現地の事情に詳しい同郡在住者が、大伴氏の祭る神であることを強調するために記した形跡がうかがえる。さらに『家譜』に記す人名の尻付や氏族名の中にも、神社名同様、名草郡やその周辺諸地域と関わるものが少なからず存在する。

5　道臣命【尻付】「生二紀伊国名草郡片岡地一。（下略）」

『紀伊続風土記』は名草郡片岡の地を旧名草郡岡村に比定する。前述のように和歌山城の南の和歌川流域に位置し、4の刺田比古神社（「九頭明神」の通称のほか、「岡宮」とも呼ばれた）の所在地である。『続紀』によれば、神亀元年十月八日、聖武天皇が海部郡玉津島頓宮（現和歌山市和歌浦中三丁目）に行幸し、十二日には岡の東に離宮を造っている。岡の地は中世には海部郡の雑賀荘に属したが、旧紀ノ川河口部を占める水上交通の要衝であった。大伴氏の始祖にあたる道臣命を名草郡の出身者とする記述は『家譜』以外には一切見えず、紀伊国の大伴氏を大伴氏の本流に位置づけようとする系譜作成者の強固な意志を読み取ることができる。

6　豊日命【尻付】「母　紀直智名曾女　手束媛命（下略）」

『先代旧事本紀』巻五「天孫本紀」の尾治氏系図は、天照国照彦天火明櫛玉饒速日尊の五世孫建斗米命について、「此命、紀伊国造智名曾妹中名草姫為レ妻、生二六男一女一」と記す。紀直智名曾は紀伊国造智名曾と同一人であり、豊日命は紀伊国造（紀直）の本拠地である名草郡の住人と解することができる。

7　狭手彦連公【尻付】「（前略）是、大伴連・大田部連・榎本連等祖也」

大田部連は未詳。大田部の管掌伴造とみられるが、『続紀』神護景雲元年二月辛卯条に左京人の大伴大田連沙弥麻呂が宿禰を賜姓されたことが見え、『三代実録』貞観三年八月十九日庚申条の伴大田宿禰常雄の欵状によれば、伴大田宿禰は大伴狭手彦の裔とするから、大田部連は「（大伴）大田連」のことで、『和名抄』の紀伊国名草郡大田郷（現和歌山市太田）[5]を本拠とした可能性が高い。榎本連の一族には後述するように、紀伊国名草郡の住人が少なくなく、奈良から平安期にかけては、郡司に就任した者が存する。紀伊国には牟婁郡にも榎本氏の居住が認められるが（『霊異記』下巻第十縁）、この氏の紀伊における最重要拠点は名草郡と見て間違いないであろう。『姓氏録』左京神別中は『家譜』と同じく、榎本連を佐弖彦（狭手彦）の後裔とする。さらに天武紀元年六月甲申条には「大伴朴本連大国」の名を記し、複姓の大伴朴本（榎本）連の存在が知られるが、この氏は榎本連と同一氏（単姓と複姓の違いは、氏姓表記の差にもとづく）と推察される。

8　加爾古連公【尻付】「掌二木国那賀屯倉一。是、仲丸子連祖也」

「木国那賀屯倉」は紀伊国那賀郡那賀郷所在のミヤケであろう。仲丸子連については、『続日本後紀』承和二年（八三五）四月庚寅条に「大和国人正七位上仲丸子連乙成、同姓従八位上真当等賜二姓仲宿禰一」とある。大和国人と記すが、「仲」は紀伊国那賀郡を指すと見てよいから、仲丸子連は紀伊国那賀郡を本拠とし、陸奥から東国にかけて分布する丸子部を率いた伴造の後裔氏と解することができる。

9　奈羅古連公【尻付】「是大伴良田連祖也」

大伴良田連については、『文徳実録』斉衡二年正月己酉条の伴宿禰宗の卒伝に「宗、本姓伴良田連。後改為二伴宿禰一。宗出レ自二外国一。（下略）」と記す。永承四年（一〇四九）の「名草郡郡許《ぐんこ》院収納米帳進未勘文」（九条家本『延喜式』巻八裏文書）には紀ノ川河口部の港津として「吉田津」（前述）の名が見え（現和歌山市吉田）、「良田」のウヂ名はこの地名に因むとみられる。伴宿禰宗卒伝の「宗出レ自二外国一」の外国は、前田晴人が指摘するように、(6) 紀伊国を指すと見るべきであろう。

10　宇遅古連公【尻付】「是宇治大伴連　神私連　大伴櫟津連等祖也」

宇治大伴連について『霊異記』上巻の第五縁は、大部屋栖野古連公を紀伊国名草郡の宇治大伴連らの先祖とするから、この氏は名草郡の宇治を本拠とした大伴氏の一族とみられる（後述）。神私連の氏姓は他に見えないが、『姓氏録』左京神別中・神松造条には、「道臣（命）八姓孫金村大連公之後也」と記す。神松造について、『姓氏録』の諸本の中には「松」を「私」、「造」を「連」に作るものがあり、神松造を神私連の誤記と解すると、佐伯有清が指摘するように、[7]『家譜』の氏姓と一致し、この氏は紀伊国名草郡の大伴氏系の一族で、国懸神社の祭祀に関わった私部の伴造と推定することができる。『姓氏録』が神松造の本系を、名草郡を拠点とした榎本連（前述）の次に掲げ、『家譜』が宇治大伴連・神私連・大伴櫟津連の三氏を同族とすることにもとづくと、その蓋然性は高いと見てよいであろう。

11 稲人【尻付】「庚午年籍、負二大伴山前連姓一。（下略）」

12 秋人【尻付】「同負二大伴山前連姓一」

13 真楫【尻付】「庚午年籍、負二姓大伴山前連一」

14 方麻呂【尻付】「山梨郡司少領、正七位下、（中略）庚午年籍、一族八人同負二姓大伴山前連一、浄御原天皇朝甲申年三月、改二賜姓直一称二大伴直一（下略）」

11〜14は甲斐の伴氏の手になる『家譜』の（B）系譜の初めの部分（（A）からの接続箇所）にあたる。大伴山前連について『家譜』は（A）系譜の磐連公の尻付に「磐余玉穂大宮朝、遷二居甲斐国山梨評山前之邑一」と記す。したがってウヂ名の「山前」は甲斐国山梨郡山前（現山梨県笛吹市石和町山崎）の地名に因むかのように見えるが、『家譜』の磐連公以降の部分は、前述のごとく仮冒系譜として造作されたものにすぎない。『姓氏録』は和泉国神別に大伴山前連の本系を掲げ、「大伴宿禰同祖。日臣命之後也」と記すので、溝口睦子が説くように、この氏は甲斐国の「山前」とは無関係で、和泉国を本貫とした大伴系の複姓氏族と解するのが妥当と思われる。ただ和泉国内には「やまざき」（山前・山崎・山埼）の古地名が見当たらず、名草郡とともに大伴氏系の一族の分布が顕著な紀伊国那賀郡に山埼郷が存するから（『和名抄』）、和泉国はこの氏の二次的な進出地で、本拠地は那賀郡の方であったと考えるべきかもしれない。[8]

以上、『家譜』の（A）系譜、およびこれと接続する（B）系譜の初めの部分について、尻付に掲げる紀伊国との関わりを検討したが、『家譜』のこの部分には、古代の名草郡とその周辺の地域の情報が細部に至るまで詳しく盛り込まれており、現地の状況に精通した者以外には、到底このような記述をなすことは無理と推量される。系譜の作成に紀伊国名草郡や那賀郡の人物が大きく関与していたことは間違いないであろう。

いま、『家譜』に見える名草郡と那賀郡の大伴氏系の氏族名を列挙すると、左記の通りである。

大田部連〔**大伴大田連**〕＝名草郡大田郷／**神私連**＝名草郡／**榎本連**〔**大伴朴本連**〕＝名草郡

大伴櫟津連＝名草郡／**大伴良田連**＝名草郡吉田津？／**仲丸子連**＝那賀郡那賀郷（那賀屯倉）

宇治大伴連＝名草郡宇治／**大伴山前連**＝那賀郡山埼郷？

次に古代の名草・那賀両郡の大伴氏の分布状況を示すと、次のようになる。

【名草郡】大伴櫟津連子人（神亀元・名草郡少領正八位下、『続紀』）／**大伴若宮連真虫・同部良・同大淵**（養老～天平・忌部郷戸主、古二五・七四）／**榎本連千嶋**（天平勝宝八・名草郡擬少領少初位上、『正倉院宝物銘文集成』、天平神護元・前名草郡少領、『続紀』）／**榎本連真坂**（天平勝宝八・名草郡戸主、『正倉院宝物銘文集成』）、**榎本連**〔**闕名**〕（貞観三・名草郡主帳外少初位下、『平安遺文』一三〇号）／**伴直継岡**（貞観三・名草郡直川郷刀禰、『平安遺文』一三〇号）／**伴連宅子**（貞観六・名草郡人・節婦、『三代実録』）

【那賀郡】大伴連伯万呂・同嚢万呂（天平二十・那賀郷戸主とその戸口、古三・七八）／**信行**〔**俗姓大伴連**〕（宝亀二・那賀郡弥気里人・自度の沙弥、『霊異記』下巻第十七縁）／**大伴**〔**連**〕**孔子古**（宝亀元・那賀郡粉河寺草創、『粉河寺縁起』・『平安遺文』三五三号）／**伴連貞宗・同益継**（貞観十四・那賀郡人左少史正六位上〔貞宗〕、那賀郡人・正六位上・貞宗の父〔益継〕、右京に貫隷、『三代実録』）

紀伊国の名草・那賀両郡が大伴氏の集住地であったことが確認できるが、このことはつとに岸俊男が指摘している。[9] 岸は雄略紀九年五月条の紀小弓宿禰や大伴談連らの新羅出兵記事中に「又汝大伴卿与二紀卿等一、同国近隣之人、由来尚矣」とあることにもとづき、「同国近隣之人」とは摂津から和泉にかけての大阪湾沿岸に拠点を持つ大伴氏と、紀伊国の名草・那賀両郡から和泉の淡輪に及ぶ一帯を本拠とした紀氏の勢力圏の重複の事実を表したものであるとした。しかし摂津・和泉の大阪湾沿岸地域が大伴氏の本拠地であったことを示す具体的な証拠は存在しない[10]。前田晴人は、紀伊の名草・那賀両郡こそが大伴氏の本拠地で、「同国近隣之人」は紀伊国内における大伴・紀両氏の居住形態を前提とした言葉であるとするが、本拠地かどうかは別として、雄略紀の記事は、前田説のように、両氏の勢力圏が名草郡や那賀郡で重複する事実にもとづく見るのが妥当であろう。

大伴櫟津連や榎本連（大伴朴本連）の一族には、前述のように名草郡の郡司に就任した者が存し、『霊異記』下巻第十七縁の自度の沙弥信行（俗姓大伴連）や、『粉河寺縁起』の猟師の大伴孔子古も、下層の身分の者のように描かれるが、実際は那賀郡の寺院の建立や運営にあたった郡司クラスの豪族層の出身で、現地の有力者とみられる。ただ『家譜』に記す名草・那賀両郡の大伴氏系氏族は、その多くが複姓であり、大伴大田連が神護景雲元年、大伴良田連が嘉承二年（八四九）頃に宿禰を賜姓された以外は、すべて連姓にとどまっている。紀伊国の大伴氏系諸氏は、大伴氏の中では傍流の一族で、紀伊はこの氏の二次的な進出地と解すべきであろう。大伴氏の本拠地は、大和国高市郡の「築坂邑《つきさか》」・「来目邑《くめ》」から十市郡の「竹田」・「百済」、城上郡の「跡見《とみ》」にかけての一帯（現奈良県橿原市南部・北東部、桜井市西部）であり、王権直属の軍事伴造であったこの氏が、五世紀後半に葛城地方の在地土豪勢力（いわゆる「葛城氏」）を滅ぼして対外交渉の主導権を確保した王権の手により、当時の主要な対外交通路であった紀ノ川のルート上に配置されたものと推察される。『家譜』のA系譜の改変は、紀ノ川流域を拠点としたこれら大伴氏系諸氏によって行われたのであろう。

二　『古屋家家譜』の成立過程

A系譜の乎多氏命の尻付は、その後裔氏族に靫大伴部・大伴行方連・大伴白河連の名を挙げる。同様に蚊手連公の尻付では五百木部と大伴亘理連、阿古連公の尻付では丸子部・道嶋宿禰・大伴安積連を後裔氏族とする。『続紀』によれば、神護景雲三年三月、陸奥大国造の道嶋宿禰嶋足の奏請により、陸奥の新興豪族層である部姓者に対する一括賜姓が行われ、このうち行方郡の大伴部四人に大伴行方連、白河郡と黒川郡の靫大伴部八人に靫大伴連が賜姓された。奏請者である道嶋宿禰嶋足は牡鹿郡の人で、旧姓は丸子。天平勝宝五年（七五三）八月に牡鹿連に改姓し、天平宝字八年（七六四）九月には宿禰姓を賜わり、天平神護元年（七六五）に本姓を改め、道嶋宿禰を賜わっている（『続紀』）。また延暦十六年（七九七）の陸奥国の国人に対する賜姓では、白川郡の大伴部足猪に大伴白河連、亘理郡の五百部黒人に大伴亘理連、黒河郡の大伴部真守・行方郡の大伴部兄人らに大伴行方連、安積郡・富田郡・小田郡の丸子部と安積郡の大田部ら四人に大伴安積連の氏姓が与えられた（『日本後紀』）。

これによれば、A系譜の二次的作成者は、『続紀』や『日本後紀』に掲げる陸奥国住人への賜姓の事実を熟知しており、それらを系譜の中に部分的に取り込んだと推察することができる。その造作が可能な時期は、延暦十六年の賜姓以降と想定され、前章での推定結果とあわせると、二次的作成者は紀伊国名草郡の大伴氏一族の誰かとみられる。では何故、このような造作がなされたのであろうか。『家譜』によると、武日命の尻付には彼が日本武尊の東征に従い、将軍となって甲斐酒折宮で靫部を賜わり、靫大伴連の姓を負ったとする。景行紀四十年七月条にも同様の記事があり、これらは靫部（靫負）の軍事的トモを率いる伴造としての大伴氏の職掌の由来を、日本武尊の東征と結びつけて語ったものである。『家譜』は武日命の弟の乎多氏命の尻付にも、日本武尊に従軍し、陸奥国小田郡島田邑に駐したと記すが（前述）、『続紀』神護景雲三年十一月己丑条には次の記事が見える。

陸奥国牡鹿郡俘囚外少初位上勲七等大伴部押人言、伝聞、押人等本是紀伊国名草郡片岡里人也。昔者、先祖大伴部直征レ夷之時、到二於小田郡嶋田村一而居焉。其後子孫為レ夷被レ虜、歴レ代為レ俘。幸頼二聖朝撫レ運神武威一レ辺、抜二彼虜庭一、久為二化民一。望請、除二俘囚名一、為二調庸民一。許レ之。

牡鹿郡の俘囚の大伴部押人は、自分たちの祖先が蝦夷征伐のために紀伊国名草郡片岡里より陸奥国小田郡嶋田村に至り、そのままそこに定住したこと、その後、子孫が蝦夷の虜となり、数代を経て俘囚として扱われるようになってしまったことを述べ、俘囚の名を除き公民にしていただきたいと訴えているが、小田郡の嶋田村は、『家譜』の「陸奥国小田郡島田邑」の村名と一致する。さらに押人らの祖の出身地である「紀伊国名草郡片岡里」も、『家譜』の道臣命の尻付に「生二紀伊国名草郡片岡地一」と記す片岡の地と同じである。

溝口睦子はこのような二つの地名の細部にわたる一致は偶然とは見なしがたいとして、A系譜の二次的作成者を大伴部押人かその子孫に特定する。押人は、A系譜の原本である古い大伴氏の同族の本系（『氏族志』の撰集された七六〇年頃には成立していた）を入手し、造作を加え、自己の系譜をそのどこかに接着して、大伴氏の同族としての系譜を作成したのだとし、A系譜が名草郡の祭神を詳細に記すのも、自己の本貫地の神社の祭神を先祖として誇りたいという単純な動機から出たもので、押人は、「おそらくまだ見たことのない先祖の本貫地、紀伊国名草郡に、強い憧れを抱き続けており、その地に関する知識を充分にもっていたと想像される」と推測する。

そしてA系譜の成立期は、建持連公・蚊手連公・阿古連公の代以前（Ⅰ）と、室屋大連公・談連公・長日連公の代以降（Ⅱ）の二段階に分けることができるとし、Ⅱは時期的に古く、尻付の記述もA系譜の原本に一括して書き込まれていたとする。これに対してⅠの部分の尻付は押人によって二次的に記されたもので、前述の乎多氏命・建持連公・蚊手連公・阿古連公の尻付の陸奥の大伴氏系豪族の記事も、押人の作成によるとする。

しかし押人は「伝へ聞かくは……」と断った上で奏言を行っており、彼の祖先が紀伊国名草郡片岡里より陸奥に移り住んだことが事実であったとしても（むしろ押人は俘囚身分からの解放のための理由付けとして、そのような主張を行ったと解すべきであろう）、陸奥と遠く隔たり、歳月も経過した紀伊国名草郡や那賀郡の大伴氏系諸氏の現状や神社の実態を、彼やその一族の者が正確に把握していたとは到底考えられず、溝口説には無理がある。逆に紀伊国名草郡の大伴氏関係者が、『続紀』の押人の奏言の中で主張されている押人と名草郡片岡里の関係を前提として、それをA系譜原本の書き換えの材料の一つとして利用したとみられるのである。

大伴氏の始祖の道臣命の誕生地を『家譜』が片岡の地と記すのは、紀伊国名草郡の大伴氏を大伴氏の本流の一族になぞらえようとしたからであり、大伴武日連が日本武尊の東征に従い、靫部を賜わったとする景行紀四十年条の所伝をさらに発展させて、『家譜』が武日命と乎多氏命を東征軍に従軍させ、小田郡嶋田村に駐した乎多氏命や武日命の子を陸奥の大伴氏系の諸氏の祖に位置づけたのも、そのような意図の表れと見てよいであろう。

先に筆者は（A）系譜の二次的作成期を、『日本後紀』の賜姓記事との対応関係にもとづき、延暦十六年以降と推定した。延暦十六年は『続紀』が奏上された年にあたり、神護景雲三年の陸奥の豪族への賜姓や大伴部押人の奏言の内容を、二次的作成者は『続紀』に目を通すことにより、知ることができたはずである。あるいは国史に頼らず、何らかの形で直接その情報を入手していたと考えることもできよう。同様に延暦十六年の賜姓についても、『日本後紀』の完成（承和七年）以前にその知識を得ていた可能性は低くないと思われる。ただ（A）系譜の天神日命の尻付には「山城国葛野郡伴氏神社是也」とする。この神社は、『続日本後紀』承和元年正月庚午条に「山城国葛野郡上林郷地方一町賜二伴宿禰等一、為下祭二氏神一処上。」と記す神社で、『式内社調査報告』（第一巻）が説くように、伴宿禰の氏神としてこの年に創祀されたのであろう。これによれば（A）系譜の成立は、承和元年以降となり、『日本後紀』の完成期と時期的に近いことから、九世紀半ばの承和頃を作成期とすべきなのかもしれない。しかし（A）系譜が最終的に今見るような形にまとまるまでには、名草郡の大伴氏関係者による尻付の改変が、何度か繰り返されたと考えてよいのではないか。甲斐の伴直の一族が（A）系譜を入手し、それに手を加える時期が何時であったかは明らかでなく、ある一定期間、紀伊において継続的に尻付への加筆が行われた可能性が想定される。

延暦十八年十二月、桓武天皇は諸氏族に本系帳の進上を命じる勅を発した。弘仁六年（八一五）撰上の『姓氏録』は、この勅に応じて提出された本系帳のうち、京・畿内の一一八二氏分を整理し、まとめられた書である。貞観九年二月十六日付の「讃岐国司解」（東京国立博物館蔵）は、因支首秋主の解状を引用して、

復案二旧跡一依二太政官延暦十八年十二月廿九日符旨一、共二伊予別公等一、具注下為二同宗一之由上、即十九年七月十日進上之矣。……

と記しており、讃岐国那珂・多度両郡を拠点とした因支首の一族（第五代天台座主円珍の出身氏族）が同族の伊予別公とともに本系帳を提出したことが知られる。[11]秋主の解状によれば、因支首の一族はさらに大同二年（八〇七）二月に出された太政官符にもとづき、和気公への改姓を申請したが目的を果たせず、貞観期に至り再度改姓申請を行ったとする。和気公賜姓は翌貞観八年に実現するが（『三代実録』）、因支首（和気公）一族がこの賜姓以前、おそらく承和の初め頃[12]に作成した系図に、現存日本最古の系図とされる国宝『円珍系図』（『和気系図』）がある。この系図は部分的に因支首の同族、伊予別公（伊予国御村別公[13]）の系譜を含み、『円珍系図』の裏書にも「伊予別公系図」の名を記していて、その存在を確かめることができる。

延暦十八年の桓武の勅により、讃岐や伊予の地方豪族が本系帳を進上した事実が、以上によって明らかとなった。それは他の諸国の場合も同様で、本系帳の作成と軌を一にして、自氏の系図の作成や改変が進められたと推察される。延暦期をピークとする八世紀末～九世紀初めには、中央・地方を問わず広く氏族層の間で自己顕彰意識が高まり、貴姓への改姓や政治的地位の向上を目指す動きが顕在化した。紀伊国名草・那賀両郡の大伴氏系諸氏も例外ではなく、（A）系譜の二次的作成もこの時代的趨勢にあわせたものと見ることができる。後述の『霊異記』上巻第五縁との関係にもとづくならば、名草郡の大伴氏関係者による（A）系譜原本への書き換えが進められたのもまさにそのような時期であり、承和期頃まで断続的にそれが継続したと推察することができる。

翻ってここで、（A）系譜の原本がどのようなものであったかを検討してみよう。A系譜の長目連公の尻付には「是、大田部・白髪部祖也」とある。このうち白髪部は、延暦四年五月に光仁天皇の諱を避けて真髪部に改められるから（『続紀』）、溝口睦子が説くように、尻付は延暦四年以前に書かれたと見なければならない。次に狭手彦連公の尻付には「是、大伴連・大田部連・榎本連等祖也」とあるが、大田部連は（大伴）大田連のこととみられる（前述）。『続紀』によれば、大伴大田連沙弥麻呂が神護景雲元年に宿禰を賜姓されており、したがって尻付の大田部連の記述は、神護景雲元年以前のものということになる。

これらは（A）系譜の原本の尻付に記されていた可能性が高い。溝口は原本の成立期を『氏族志』の撰述が行われた七六〇年頃とする。『姓氏録』の序に天平宝字末年の『氏族志』撰述のことを伝え、『中臣氏系図』所引「延喜本系」に「案下依二去天平宝字五年撰氏族志所之宣一、勘造所レ進本系帳上云……」と記すように、天平宝字五年、『氏族志』編纂のために撰氏族志所が設けられ、各氏に本系帳の提出が命じられた。大伴氏一族も当然本系帳を進上したであろうから、（A）系譜の原本もその本系帳にもとづく公算が大である。

金村大連公の子とされる阿被布子連公も（A）系譜の原本に記されていた人物とみられる。彼の名は、『三代実録』貞観三年八月十九日庚寅条の伴善男の奏言中に「而狭手彦之弟阿彼布古、承レ父為二大部連公一。自レ斯而後、恐二子孫之不レ広、無三復更賜二別姓一。今阿彼布古之後、歴レ代尊顕、……」と見え、大伴氏の嫡系の人物とされる。『三代実録』以外には見えない人物の名を（A）系譜が掲げているのは、原本に彼の名が記されていたからであろう。溝口が指摘するように、『三代実録』と（A）系譜では人名の仮名表記が「阿彼布古」・「阿被布古」と異なっており、（A）系譜が『三代実録』を直接参照したとは考えられず、さらに『公卿補任』（弘仁二年成立の『歴運記』にもとづく）によれば、大伴長徳（馬飼）が金村の曾孫で、咋子の子とされ、長徳の祖父にあたる大伴氏嫡系の人物の存在を想定することができる。

したがって（A）系譜の原本は、溝口の推測するように、七六〇年頃に成立した大伴氏本流の一族の本系と見て差し支えない。ただそれに二次的な造作を加えたのは陸奥の大伴部押人やその子孫ではなく、紀伊の大伴氏関係者であったと推量することができる。

三　『霊異記』上巻第五縁の説話と『古屋家家譜』

ここで『霊異記』上巻第五縁の説話と『家譜』との関係を検討する。第五縁は紀伊国名草郡の宇治大伴連らの先祖の大部屋栖野古連公について記したもので、景戒は「案二本記一曰」として、「本記」を引用する形で屋栖野古の伝を掲げる。既述のように、「宇治大伴連」の氏姓は『家譜』の宇遅古連公の尻付中の氏姓名と一致し、屋栖野古連公の「某＋連公」という記述も、『家譜』に見える表記法と一致する。したがって屋栖野古は『家譜』の宇遅古に相当する人物とみられる。「宇遅古」は薗田香融が紀伊国造系譜で六代目の祖とされる「宇遅比古」について「ウジ（ヂ）ヒコは固有名詞ではなく、ウジ（和歌山市宇治）の有力族長を意味する一般的呼称と考えるべきであろう」としたことが参考になる。(14) すなわち宇遅古は名草郡内の地名にもとづく伝承的な祖名、屋栖野古（下文には「屋栖古」と記す）は、実態にもとづく現実的な祖名と区分して捉えることが可能である。

「本記」を、景戒が『霊異記』撰述のために引用した独立した先行資料と解すると、「本記」の範囲は小泉道が説くように、(15) 末尾の賛の前までとするのが妥当であろう。その内容を要約すると、次のようになる。

敏達朝に屋栖野古は皇后（推古）の命により和泉国の高脚浜《たかしのはま》に漂着した霊木（楠）で仏像を造ることを皇后に奏上。池辺直氷田に仏像三軀を彫造させ、豊浦堂に安置した。しかし物部守屋の破仏により仏像類は難波の堀江に流されることになったが、屋栖野古は皇后の命で仏像を隠し、用明朝に守屋が滅びると、仏像を出して後世に伝えた。吉野の竊寺《ひそでら》の光を放つ阿弥陀像がそれである。皇后は即位すると厩戸皇子を皇太子とし、屋栖野古を太子の「肺脯侍者」（腹心の部下）としたが、十三年の五月に彼の功を褒め、大信の位を授けた。十七年二月に皇太子は屋栖野古を播磨国揖保郡内の二百七十三町五段余りの水田の司に任命。二十九年二月、皇太子が亡くなると、屋栖野古は出家しようとしたが、天皇は許さなかった。三十二年四月、一人の大僧が自分の父を斧で殴打する事件が起こり、屋栖野古は天皇に僧尼の検校と取り締まりを奏言。勅により彼が調査にあたったところ、僧は八百二十七人、尼は五百七十九人であった。この時、僧の観勒を大僧正に、屋栖野古と鞍部徳積を僧都に任じた。

三十三年十二月に屋栖野古は難波の地で卒したが、三日後に蘇生。妻子に五色の雲のたなびく道を行くと、黄金の山があり、そこで聖徳太子と出会ったこと、山の頂には一人の比丘（妙徳菩薩の化身）がおり、太子は屋栖野古が八日後に剣難（蘇我入鹿の乱）に遭遇すると予告したこと、剣難から逃れるため屋栖野古は比丘から仙薬をもらって飲み、「南無妙徳菩薩」と唱え礼拝したこと、太子が屋栖野古に速やかに家に還るように命じたため、先の道より還ると、ふと気がつき、目が覚めて蘇ったことなどを語った。このため時の人は彼のことを「還活連公《よみがえりのむらじのきみ》」と名付けて呼んだ。孝徳六年九月に大花上の位を賜わり、その後九十余歳で卒した。

これら「本記」の語る歴史的な事柄は、どれも『書紀』のそれと一致するか類似し、史料としてのオリジナリティーが認められない。屋栖野古の事績とされるものも、『書紀』では溝辺直（池辺直氷田）や観勒の行ったこととされ、「本記」は彼らを脇に回し、代わりに屋栖野古を主役に据えたものにすぎない。播磨国揖保郡の水田の田積二百七十三町五段余りは、推古紀十四年是歳条に斑鳩寺に施入されたと記す播磨国の水田百町と異なり、『上宮聖徳法王帝説』裏書の二百七十三丁五反廿四歩と一致するから、「本記」はこの部分だけは法隆寺系の資料や太子伝に拠った可能性があるが、多くは『書紀』の記述の翻案と見て差し支えないであろう。

するとすでに説かれているように、[16] 景戒が引用した「本記」なる原資料は実在せず、景戒自身が屋栖野古伝として創作した疑いがもたれる。「本記」が『霊異記』以外の史料には全く引かれた形跡がなく、腹心の部下を意味する「肺腑侍者」も、上巻第一縁で少師部《ちいさこべの》（小子部）栖軽《すがる》に対して用いられるほかは例がない。景戒の文章に特有の表現である可能性が高いと思われる。百歩譲って「本記」が存在したとしても、「本記」は天皇号に漢風諡号（敏達・用明・孝徳）を使用しているので、虎尾俊哉の指摘するように、その成立期は天平宝字年間を遡ることはなく、『続紀』の使用例から見ると、延暦期以降と推察される。[17] 一方、『霊異記』の成立は原撰本が延暦六年、追補を加えた現存本が弘仁年間（八一〇—八二四）と推定できるから、「本記」と『霊異記』の成立にそれほど時期的な隔たりはない。

筆者は旧稿で景戒の家が紀ノ川北岸の紀伊国名草郡苑部《そのべ》郷の地、現和歌山市の楠見地区や貴志地区辺りに存した事実を指摘した。[18] 苑部郷は南岸の名草郡宇治の地（屋栖野古後裔の宇治大伴連の本拠地）とは、紀ノ川を挟んで向かい合う位置にある。「本記」の作者が誰であれ、「本記」と『霊異記』はほぼ一体的な関係にあったと見ることができよう。

景戒（もしくはその周辺の人物）が『書紀』などの先行文献の内容を換骨奪胎して作り上げたものが屋栖野古伝であったと推量されるのである。

　では何故、そのような屋栖野古伝を作る必要があったのだろうか。おそらくそれは名草郡の大伴氏関係者によるA系譜の二次的造作と同一の基盤に立ち、自氏の顕彰と政治的地位の向上を企図したものであったと見てよいであろう。さらにこれとあわせて注目しなければならないのは、この時期があたかも太子信仰の隆盛期にあたる事実である。聖徳太子を天台宗第二祖の慧思の後身とする説が成立し、思託の『上宮皇太子菩薩伝』・明一の『上宮厩戸豊聡耳皇太子伝』などの太子伝が成立して以降、太子信仰は急速に普及していった。上巻第五縁の末尾で、景戒は「本記」の「妙徳菩薩」とは文殊師利菩薩のことで、行基大徳はこの菩薩の化身であると説明している。旧稿で論じたように、景戒は行基の熱烈な鑽仰者であり、『霊異記』の説話群の中には行基とその集団の宗教活動の影響が随所に影を落としている。「本記」は敏達朝に霊木（吉野の竊寺の阿弥陀像の原木）が流れついた所を和泉国の「高脚浜」とするが、漂着地は行基の出身氏族、古志（高志）史の本拠地にほかならない[19]。

　この事実は「本記」が景戒の創作によるものであった可能性をさらに高めるが、景戒については名草郡の大伴氏の出身とする説がある[20]。筆者は旧稿において景戒の出自を名草郡の郡司層と推定したが、大伴氏かどうかは結論を保留した。ただ屋栖野古は厩戸皇子の「肺脯侍者」、仏法興隆の功労者として描かれており、かかる人物像は、僧籍に身を置く名草郡の大伴氏出身者にとって、もっとも理想的な祖先像と意識されたはずである。下巻第十七縁に見える自度の沙弥の信行（俗姓大伴連）は、那賀郡弥気里の人で、「弥気山室堂」に住したとされるが、この堂は天平期の史料に「御気寺」・「御気院」と記される本格的な寺院で、近年、塔・金堂・回廊の跡などが発見された和歌山県紀の川市貴志川町の北山廃寺がその跡と推定される[21]。信行は一見低い身分の者のように記されるが、前述のように、那賀郡の郡司クラスの階層の出身とみられ、『霊異記』の信行に対する好意的な筆遣いより推して、紀伊の大伴氏一族に対する景戒の根強い連帯感を読み取ることができる。

『霊異記』の屋栖野古伝は、名草郡の大伴氏出身の景戒により延暦初年頃（おそらく『霊異記』原撰本の成立する延暦六年以前）に作成された話であり、それを信頼の置ける古伝のように装うために、「本記」からの引用という体裁が取られたのであろう。たとえ「本記」の作者が景戒とは別に存在したとしても、作者は彼と同族の名草郡の人物であり、同様の動機にもとづいて屋栖野古伝が創作されたと見て差し支えない。

屋栖野古伝の叙述期は、（A）系譜の二次的作成期（延暦～弘仁・承和期）に包含されることになるが、両者はその成立の基盤や時期、目的・方向性が共通し、互いに不可分の関係にあったとみられる。あるいは景戒は名草郡の大伴氏系氏族の中でも宇遅古連公（屋栖野古連公）後裔の宇治大伴連の一族の出身ではなかったろうか。

むすびにかえて

『古屋家家譜』の成立過程に関する私見は、ほぼ以上に尽きる。ただ（A）系譜の尻付に記された神社名の中に疑問の残る箇所が二、三存するので、最後にそれを指摘しておきたい。第一は高皇産霊尊の尻付に見える武蔵国都築（筑）郡杉山神社と大和国添上郡宇奈太理坐高御魂神社である。後者については、『延喜式』に同名の神社名を記し、持統紀六年十二月条に菟名足社の名が見えるので、大伴氏らの祖神として延暦期以降、（A）系譜に書き加えられたものと解することができる。前者は『続日本後紀』によれば、承和五年に官社に列せられ、同十五年に従五位下を授けられている。式内社であるが、同名の神社が少なくなく、所在も明かでない。（B）系譜が付加された段階で、書き込まれた疑いがもたれる。

武日命の尻付の参河国賀茂郡狭投《さなげ》神社も式内社である。現在の祭神は大碓命・景行天皇などとされるが、近世以前には武日命とする説も存した。孝徳紀大化二年三月条に「三河大伴直」、「天皇本紀」に「三川大伴部直」の氏姓が見え、『続群書類従』巻百八十一収録の『伴氏系図』には大伴氏の後裔で、参河国幡豆郡・八名郡の郡司家であった伴直氏の系譜を掲げる。溝口睦子によれば同系図は十一世紀頃に作られた仮冒系譜であるが、伴直氏の分派の子孫に賀茂郡の中條氏がおり、中世の狭投神社はこの氏の支配下に置かれていた。『家譜』の尻付はかかる経緯で書き込まれたのかもしれないが、その具体的な事情や時期などは不詳とせざるを得ない。

神社名ではないが、頬垂連公の尻付の「掌二上総之伊甚屯倉一。是、丸子連祖也」の記述も不可解である。伊甚屯倉は安閑元年に伊甚国造の稚子直が献上した屯倉であるが（『書紀』）、伊甚国造は「国造本紀」で阿波（安房）国造の同族とされる。安房国造の氏姓は大伴直で（「国造本紀」・『日本文徳天皇実録』）、一見、大伴氏との関係をうかがわしめるが、その氏姓は「靫大伴直」ではなく「膳大伴直」の略記であるから、大伴氏とは無関係である。一方、『万葉集』によれば、安房国朝夷郡の防人に丸子連大歳がおり（巻二十・四三五三）、朝夷郡は伊甚屯倉の所在地の上総国夷灊郡や埴生郡と近接する。丸子連は阿古連公の尻付の丸子部や道嶋宿禰・大伴安積連の同族であり、あるいはそのことが尻付の記述と関わるのかもしれないが、実情はよく分からない。

右の疑問点については、今後さらに検討を重ねることにして、ひとまずこの辺りで筆を擱くことにしたい。

註

（1）溝口睦子『古代氏族の系譜』（吉川弘文館、一九八七年）。なお以下の溝口説はすべてこの論考を指す。

（2）『霊異記』上巻第五縁と『家譜』の関係については、藤本誠（「『日本霊異記』上巻第五の史的再検討」〈『史学』七四巻第三号、二〇〇六年〉）がすでに言及している。

（3）前田家本『釈日本紀』巻十四に「土左国風土記曰。土左郡有二朝倉郷一。々中有レ社。神名天津羽々神。天石帆別神、今天石門別神子也」とする。

（4）「吉野国巣（部）」の祖として、『古事記』神武天皇段に石押分《いはおしわく》の子、神武即位前紀に磐排別《いはおしわく》の子の名を記し、『姓氏録』大和国神別・国栖の条には、石穂押別《いはほおすわく》神の子に作る。天石帆別命と同一神であろう。

（5）『播磨国風土記』によれば、揖保郡大田里の名は、紀伊国名草郡の「大田村」の村名に由来するという。
（6）前田晴人「雄略王権と大伴氏の本拠地」（『古代王権と難波・河内の豪族』清文堂、二〇〇〇年）所収、なお以下に引用する前田説は、すべてこの論考を指す。
（7）佐伯有清『新撰姓氏録の研究』考証篇三（吉川弘文館、一九八二年）
（8）前田晴人（前掲論文）も本拠地を那賀郡山埼（埼）郷に比定している。
（9）岸俊男「紀氏に関する一試考」（『日本古代政治史研究』塙書房、一九六六年）所収
（10）加藤謙吉「古代対外交渉と紀ノ川の水運」（『日本古代の豪族と渡来人』雄山閣、二〇一八年）所収
（11）因支首、伊予別公のほかにも、『丹生祝氏文』によれば、紀伊の丹生祝氏が延暦十九年に本系帳を提出したように見えるが、『丹生祝氏文』の内容から推して、その当時の本系帳かどうか疑わしい点が少なくない。
（12）「讃岐国司解」の人名記載が円珍の次の代まで及ぶのに対して、この系図が円珍の世代で終わっていることから、佐伯有清「円珍の家系図」（『智証大師伝の研究』吉川弘文館、一九八九年）は、系図の成立期を承和の初め（八三四年頃）と推定する。
（13）伊予国の御村別公と伊予別公は同一氏族と解することができる（加藤謙吉「讃岐の国造勢力と因支首」『日本古代の豪族と渡来人』雄山閣、二〇一八年）所収
（14）薗田香融「岩橋千塚と紀国造」（『日本古代の貴族と地方豪族』塙書房、一九九一年）所収
（15）小泉道校注新潮日本古典集成本『日本霊異記』（新潮社、一九八四年）
（16）志田淳一『日本霊異記とその社会』（雄山閣・一九七五年）、藤井由起子「『日本霊異記』と聖徳太子」（『日本霊異記を読む』吉川弘文館、二〇〇四年所収）
（17）虎尾俊哉「日本霊異記覚書」（『古代典籍文書論考』吉川弘文館、一九八二年）。なお水野柳太郎（「日本霊異記上巻第五話と日本書紀」『奈良史学』第九号、一九九一年）は、「本記」の播磨国水田の田積が天平十八年（七四六）の『法隆寺伽藍縁起幷流記資財帳』の田積より増加していることから、「本記」の成立期をそれ以降とする。
（18）加藤謙吉「聞く所に従ひて口伝を選び……」（『日本霊異記を読む』吉川弘文館、二〇〇四年）所収

(19) 同右。および古志史の本拠地と『霊異記』中巻第七縁に掲げる行基の小伝との関係をめぐっては、加藤謙吉「古志史とコシ国」(『日本古代の豪族と渡来人』雄山閣、二〇一八年所収)を参照されたい。

(20) 鹿苑大慈「日本霊異記の成立過程」(『竜谷史壇』四二号、一九五七年)、志田諄一『日本霊異記とその世界』(雄山閣、一九七五年)、原田行造『日本霊異記の新研究』(桜楓社、一九八四年)

(21) 『和歌山県史』原始・古代(和歌山県、一九九四年)第五章第四節(薗田香融執筆)

土師氏の系譜と伝承―野見宿禰を中心に―

溝口　優樹

はじめに

日本古代の氏族を対象とした研究をおこなううえで、系譜は重要な素材となる。系譜とは「血縁などのつながりを示す記録や表。家譜。系図」（『日本国語大辞典』）であるが、これまでにも氏族系譜に関する多くの研究が積み重ねられてきた。[1] そのなかで特に重要なのは、系譜を氏族の政治的地位から捉える視点である。溝口睦子は、氏族系譜が系統（血統）の表示や氏姓・職掌の表示、究極的には大王への「奉仕の表明」といった機能を有しており、氏族系譜の焦点があくまでも「現在の自己」にあったことを明らかにした。[2] また熊谷公男によれば、諸氏は政治的地位が変化すると、加上《かじょう》や付会《ふかい》といった方法によって従来の系譜を現実の地位に適合したものに改変していくという。[3] さらに近年、鈴木正信はこうした議論をうけ、氏族系譜がもつ仕組みの「不変性」と、系譜の内容が政治状況によって組み替えられる「可変性」を合わせ持ちながら展開したところに氏族系譜の本質があるとして、その具体的な様相を論じている。[4]

これらの研究を踏まえると、氏族系譜の分析にあたっては、それが作成され、またその内容が語られた時点における政治的意義を追求する視角が不可欠だということになる。筆者は如上の観点にもとづき、『日本書紀《にほんしょき》』および『新撰姓氏録《しんせんしょうじろく》』にみえる土師《はじ》氏の系譜が形成され、また展開していく過程について、政治的動向との関係から跡づけることを試みた。[5] ただし、土師氏が「祖」とした個々の人格については論じ残した点も少なくない。本稿では土師氏の「祖」のなかでも野見宿禰《のみのすくね》に焦点を絞り、それにまつわる系譜や伝承が形成された過程について、土師氏の政治的動向という視点からとらえてみたい。なお、後述するように「土師」と「土部」は本来の語義を異にするものの、ウヂナとしては通用されていたとみられる。本稿では必要な箇所を除き原則として「土師氏」の表記を用いることとする。

一 『日本書紀』における野見宿禰

1．野見宿禰が登場する記事

まずは『日本書紀』において野見宿禰が登場する記事を概観しておく。野見宿禰は垂仁紀における二つの記事に登場する。第一は次の記事である。

【史料1】『日本書紀』垂仁七年七月乙亥（七日）条

左右奏言、当麻邑有二勇悍士一。曰二当麻蹶速一。其為レ人也、強力以能毀レ角申レ鈎。恒語二衆中一曰、於二四方一求之、豈有下比二我力一者上乎。何遇二強力者一、而不レ期二死生一、頓得二争力一焉。天皇聞之、詔二群卿一曰、朕聞、当麻蹶速者、天下之力士也。若有二比レ此人一耶。一臣進言、臣聞、出雲国有二勇士一。曰二野見宿禰一。試召二是人一、欲レ当二于蹶速一。即日、遣二倭直祖長尾市一、喚二野見宿禰一。於レ是、野見宿禰自二出雲一至。則当麻蹶速与二野見宿禰一令二捔力一。二人相対立。各挙レ足相蹶。則蹶二折当麻蹶速之脇骨一。亦蹈二折其腰一而殺之。故奪二当麻蹶速之地一、悉賜二野見宿禰一。是以其邑有二腰折田一之縁也。野見宿禰乃留仕焉。

右は相撲の起源説話として知られる伝承である（以下、「相撲の伝承」と称する）。その概略を整理すると、以下のようになる。

① 当麻邑《たぎまのむら》にいる当麻蹶速《たぎまのけはや》が強力を自慢していることを聞いた垂仁天皇は、それに匹敵する人物を求めた。

② 垂仁は野見宿禰のことを聞き、倭直《やまとのあたい》の祖長尾市《ながおち》を遣わして出雲国から野見宿禰を喚《め》し、当麻蹶速と捔力《すまい》（相撲）をとらさせた。

③野見宿禰は当麻蹶速の腰を踏み折って殺した。

④それによって当麻蹶速の地を奪って野見宿禰に賜与した。これが、当麻邑に「腰折田《こしおれだ》」がある理由である。

⑤野見宿禰は留まって仕えた。

第二は次の記事である。

【史料2】『日本書紀』垂仁三十二年七月己卯（六日）条

皇后日葉酢媛命〈一云、日葉酢根命也。〉薨。臨レ葬有レ日焉。天皇詔二群卿一曰、従レ死之道、前知二不可一。今此行之葬、奈之為何。於レ是、野見宿禰進曰、夫君王陵墓、埋二立生人一、是不レ良也。豈得レ伝二後葉一乎。願今将議二便事一而奏之。則遣二使者一、喚二上出雲国之土部壹佰人一、自領二土部等一、取レ埴以造二作人・馬及種々物形一、献二于天皇一曰、自レ今以後、以二是土物一、更二易生人一、樹二於陵墓一、為二後葉之法則一。天皇、於レ是、大喜之、詔二野見宿禰一曰、汝之便議、寔洽二朕心一。則其土物、始立二于日葉酢媛命之墓一。仍号二是土物一謂二埴輪一。亦名立物也。仍下レ令曰、自レ今以後、陵墓必樹二是土物一、無レ傷レ人焉。天皇厚賞二野見宿禰之功一、亦賜二鍛地一。即任二土部職一。因改二本姓一謂二土部臣一。是土部連等、主二天皇喪葬一之縁也。所謂野見宿禰、是土部連等之始祖也。

右は埴輪の起源説話として著名であるが、全体としては土師氏の奉事根源を説く物語となっている（以下、「埴輪の伝承」と称する）。その概略は以下のようなものである。

①垂仁の皇后である日葉酢媛命《ひばすひめのみこと》が薨じた。

②垂仁は前（倭彦命《やまとひこのみこと》の喪葬の時）[6]に殉死が良くないことを知ったが、今度はどうするべきかと群卿《まえつきみたち》に問うた。

③野見宿禰は、殉死を後世に伝えるべきでないことなどを進言し、使者を遣わして出雲国の土部《はじべ》百人を喚し上げ、自ら土部たちを率いて埴で人や馬などの形を作って天皇に献じ、生きた人の代わりに陵墓にたてて、それを後世に伝えてはどうかと提案した。

④垂仁は大いに喜び、野見宿禰の方法が意に適っているとし、その土物《はに》（埴輪）を日葉酢媛命の墓に立て、以後、

陵墓には必ず土物を立てて殉死をおこなってはならないとした。

⑤垂仁は野見宿禰の功績を賞め、「鍛地《かたしところ》」を賜与し、「土部職《はじのつかさ》」につけた。それにより、本姓を改めて「土部臣」といった。このことが、土部連らが天皇の喪葬《みはぶり》を主《つかさど》る縁《ことのもと》である。

⑥野見宿禰は土部連らの「始祖《はじめのおや》」である。

以上、野見宿禰が登場する垂仁紀の二つの記事を概観した。これらを考察するにあたり、まずは土師氏の系譜上における野見宿禰の位置を確認しておきたい。(7)『日本書紀』には野見宿禰の他にも土師氏の「祖」とされる人（神）格が登場する。すなわち、「出雲臣《いずものおみ》・土師連等が祖」(8)あるいは「出雲臣・武蔵国造《むさしのくにのみやつこ》・土師連等が遠祖」(9)として神代紀に登場する天穂日命《あめのほひのみこと》と、「土師連の祖」(10)として雄略紀に登場する吾笥《あけ》である。このうち、天穂日命は土師氏だけでなく出雲（臣）氏や武蔵国造などと共通の「（遠）祖」であり、吾笥は土師氏を構成する諸集団のなかでも土器生産に関わるグループに固有の「祖」であると考えられる。それらに対して、野見宿禰は「土部連等の始祖」と記されていることから（「埴輪の伝承」）、土師氏を構成する諸集団に共通の「始祖」であったとみられる。すなわち、土師氏は職掌や居住地、血縁等を異にする複数のグループから構成されていたのであるが、それらの系譜の結節点に位置するのが野見宿禰だったのである。

右の点を踏まえたうえで、本稿では野見宿禰にまつわる伝承や系譜がもった意義や形成過程について、土師氏をとりまく政治状況との関わりから跡づけてみたい。

2．相撲の伝承

垂仁紀にみえる野見宿禰にまつわる伝承のうち、まずは「相撲の伝承」をとりあげたい。「相撲の伝承」は全体として、当麻邑にあるという「腰折田」の由来を説く構造となっている。「腰折田」については、享保年間に編纂された地誌である『大和志』が葛下郡良福寺に比定しているものの、(11)具体的な性格等は明らかでない。ここでは、伝承が語られた「現在」(12)において、土師氏と関わりの深い「腰折田」が当麻邑に所在し、その由来を説くことに主眼を置いた説話が「相撲の伝承」であったことを確認するに留めておきたい。

次に、「倭直の祖」である長尾市が出雲国に遣わされて野見宿禰が喚されたとされる点にも注目しておきたい。野見宿禰が出雲国から喚されたとする点は、土師氏が活躍の場を異にする二つの「祖」をもつことと関係があろう。すなわち、土師氏の「始祖」である野見宿禰は大和国を舞台として活躍するのに対し、「(遠)祖」である天穂日命は大己貴神《おおなむちのかみ》のもとに派遣された神であり(13)、大己貴神を奉祭する出雲国造(出雲氏)の「(遠)祖」でもあった。野見宿禰が出雲国から喚され、「腰折田」を賜り留まったとする記述は、これらの物語の間を繋ぎ、出雲国に居住しているはずの天穂日命の子孫が、大和国を舞台として活躍する事情を説明する機能を有しているといえよう。それは同時に、大和国などに居住する土師氏が、出雲国を本拠地とする出雲氏と同祖関係にあることの説明でもある。さらに、野見宿禰が本姓を「土師臣」に改めたとする点も、土師氏と出雲氏との同祖関係が関係しよう。すなわち、「土部連」姓となる前に、出雲氏とカバネを同じくする「土部臣」姓を経たとすることによって、土師氏が出雲氏から分かれたことを仄《ほの》めかしているのである。つまり、土師氏と出雲氏がカバネを異にしながら同祖関係にある事情を説明する記述だとみることができる。

また、野見宿禰を喚すために派遣された人物が長尾市である点は、土師氏が倭屯田の経営に携わったことと関係するのではないか。長尾市は「倭直の祖」とされる伝承的人物であるのだが、『日本書紀』仁徳即位前紀では倭屯田の由来を知る人物として倭直吾子籠《あごこ》が登場するように、倭直氏は倭屯田の経営を担う氏だったとみられる。私見によると、土師氏と出雲氏の同祖関係は、七世紀後半に土師馬手が「屯田司舎人」として倭屯田の経営に従事したことを背景として形成されたものであった(14)。倭屯田と関わりの深い倭直氏の「祖」である長尾市が「相撲の伝承」に登場するのは、馬手が「屯田司舎人」として倭屯田の経営に従事した七世紀後半の事象を踏まえた記述である可能性を指摘しておきたい。

3．埴輪の伝承

(1)「埴輪の伝承」が語られた「現在」

次に、「埴輪の伝承」が土師氏にとっていかなる政治的意義を有したのかを検討する。

「埴輪の伝承」は土師氏の奉事根源を説く伝承であり、それが語られる「現在」において、土師氏が「天皇の喪葬を主」ることの正当性を説くことに主眼が置かれていることは明白である。すなわち、ある時代に土師氏が「天皇の喪葬を主」ったという史実があり、「埴輪の伝承」はその正当性を歴史的に説明する機能を担っていたと考えられるのである。ここで問題となるのは、この伝承が語られた「現在」がいつかという点であろう。この問題は、土師氏が「天皇の喪葬を主」った時期がいつかという問題と表裏一体の関係にある。この問題を考えるにあたってまず確認しておきたいのは、「天皇の喪葬」の意味である。「喪」が「死後埋葬にいたるまでの儀礼」、「葬」が「埋葬の儀礼」であることからすると、[15]「埴輪の伝承」がいう「天皇の喪葬」とは、天皇が死去した際に執りおこなわれる、埋葬までにおこなわれる儀礼と埋葬の儀礼を併せた概念だとみるべきであろう。

次に、「埴輪の伝承」が語られた「現在」がいつかを考えるうえで注目したいのは、伝承中にみられる土師氏のカバネである。すなわち、土師氏は天武十三年（六八四）に宿禰を賜姓されており、[16]宿禰姓のまま『日本書紀』が成立した養老四年（七二〇）を迎える。それにもかかわらず「埴輪の伝承」では、「土部連」というように古いカバネで記されているのである。このことは、伝承の語られた「現在」が『日本書紀』の成立時点ではなく、天武十三年以前のある時期であることを示す。

右の点を踏まえたうえで、土師氏が「天皇の喪葬」に関与したことがうかがわれる史料を探すと、野見宿禰の伝承を除き最も早いものとして、次の史料をあげることができる。

【史料3】『日本書紀』白雉五年（六五四）十月壬子（十日）条

天皇崩二于正寝一。仍起二殯於南庭一。以二小山上百舌鳥土師連土徳一、主二殯宮之事一。

右は、孝徳天皇が崩じた際、百舌鳥土師連土徳《もずのはじのむらじつちとこ》をもって「殯宮の事に主」らせたというものである。天武十三年以前における土師氏と「天皇の喪葬」の関わりを示す史料は、野見宿禰の伝承を除くとこれが唯一のものといってよい。

ここで注目すべきは、土徳をもって「殯宮の事に主」らせたという点である。それが意味するところを考えるうえで参考になるのは、反正天皇の殯をめぐる記事である。(17)それによると、反正が崩じた際、玉田宿禰に「殯を主」らせたという。玉田宿禰は「殯宮大夫《もがりのみやのかみ》」とも称されているように、「殯を主」るとは、殯における責任者として、諸儀礼を差配することを意味すると考えられる。土徳の場合も同様に、孝徳の殯において諸儀礼を差配するよう命じられたものとみてよい。

このように、土師氏は孝徳が崩じた際の殯において、それを差配する役割を果たした。このことこそ、土師氏が「埴輪の伝承」によって歴史的に正当性を説明しようとした事柄に他ならない。したがって、「土部連等、天皇の喪葬を主る縁」を説く「埴輪の伝承」が語られたのは、七世紀半ば頃であったと考えられるのである。

なお、七世紀半ばになって殊更に「天皇の喪葬を主る縁」を説く必要があったことからすると、土師氏はそれまで「天皇の喪葬を主」ることを固有の職掌とする氏ではなかったのではないかとの見通しが得られる。この点については、野見宿禰像の形成過程とあわせて後述したい。

ところで、「埴輪の伝承」は皇后である日葉酢媛命の喪葬を舞台とした物語であるにもかかわらず、それによって「天皇の喪葬を主る縁」を説いている点は、論理に整合性を欠く感もある。この点については、『日本書紀』の受容者層にとって大きな問題とならなかったとも解釈できるが、本来はやや異なった筋立てになっていた可能性もあるのではないか。

菅原陳経《すがわらののぶつね》によって嘉承元年（一一〇六）に編纂された『菅家御伝記《かんけごでんき》』は、野見宿禰が日葉酢媛命の喪葬における功績によって「土部職」に任じられ、もとの氏を改め「土部臣」としたという物語に続いて、その後に垂仁が崩じた際、「土部臣野見宿禰」が「喪葬の事を主」ったことを記す。『菅家御伝記』は当該箇所の出典として、『日本書紀』『続日本紀』「氏族志抄」『新撰姓氏録』「菅原本系帳」をあげるが、そのうち『日本書紀』『続日本紀』『新撰姓氏録』には垂仁の喪葬にまつわる野見宿禰の説話がみえない。したがって、出典は現存しない「氏族志抄」または「菅原本系帳」のいずれかとみられる。いずれにせよ、土師氏ないしはその後裔である菅原氏に伝えられていた伝承をもとにした記述であり、土師氏の「家記」に淵源をもつものであろう。

『日本書紀』の編纂にあたり、諸氏族はその素材となる「家記」を提出することによって政治的主張を反映させたとみられるが、[18]「埴輪の伝承」も土師氏の「家記」にもとづく記事だとみてよい。土師氏の「家記」には本来、日葉酢媛命の喪葬にまつわる記述だけでなく、『菅家御伝記』にみられるように、垂仁が崩じた際に野見宿禰が「喪葬の事を主」ったとする記述が存在したのではないか。ところが『日本書紀』の野見宿禰伝承には、垂仁の喪葬に関する記述がない。垂仁の喪葬にまつわる記述は、『日本書紀』への採録が認められなかった可能性があろう。その結果として、日葉酢媛命の喪葬における功績によって「土部連等、天皇の喪葬を主る縁」を説く筋立てに改編されたと考えるならば、「埴輪の伝承」が論理にやや整合性を欠く説話となっている点も説明がつくのではないだろうか。

（2）『日本書紀』の編纂期における意義

ここまで、「土部連等、天皇の喪葬を主る縁」を説く「埴輪の伝承」が語られた時期について検討を加え、それが七世紀半ばであったと推定した。つまり「埴輪の伝承」は、七世紀半ばにおいて政治的意義を発揮したということになる。ただし、この伝承が政治的意義を有したのは七世紀半ばだけだったとは限らない。『日本書紀』は、天武期から編纂が始められたとみるのが通説的理解であり、[19]成立は養老四年である。「埴輪の伝承」が『日本書紀』に採録されたことを重視するならば、『日本書紀』の編纂が進められた七世紀後半から八世紀前半においても、土師氏にとって政治的意義を保っていた可能性があろう。そこで、『日本書紀』の編纂期における土師氏をとりまく政治的状況からも、「埴輪の伝承」の意義を考えてみたい。

右の観点にもとづき、まずは七世紀後半から八世紀前半の間、土師氏が「天皇の喪葬」にいかに関与したのか確認したい。土徳の後、次に土師氏が「天皇の喪葬」に関与していることが確認できるのは八世紀初頭である。すなわち、大宝三年（七〇三）に持統の御葬司《みはぶりのつかさ》が任じられた際、土師宿禰馬手が造御竈司《みかまつくるつかさ》の副《すけ》とされたというものである。[20] また、慶雲四年（七〇七）に文武の御葬司が任じられた際、馬手は造山陵司《みささぎつくるつかさ》となっている。[21] このように、八世紀初頭には馬手が「天皇の喪葬」に従事していたことを確認することができる。ただし留意すべきは、馬手の任じられたのがいずれも御葬司を構成する一官司の副クラスだった点である【表】。その一方、土徳の後は、土師氏が「天皇の喪葬」において中心的役割を果たした事例がみられない。これらのことから、土師氏は七世紀後半以降も引き続いて「天皇の喪葬」に関与したものの、そこで果たした役割は相対的に低下しつつあったと考えられよう。

【表】持統・文武の御葬司

対象	官司	位階	任官者	出典
持統	作殯宮司	二品	穂積親王	①
		従四位上	犬上王	
		正五位下	路真人大人	
		従五位下	佐伯宿禰百足	
		従五位下	黄文連本実	
	造大殿垣司	三品	刑部親王	
		従四位下	広瀬王	
		従五位上	引田朝臣宿奈麻呂	
		従五位下	民忌寸比良夫	
	御装長官	二品	穂積親王	②
	副	従四位下	広瀬王	
		正五位下	石川朝臣宮麻呂	
		従五位下	猪名真人大村	
	政人	（4人）		
	史	（2人）		
	造御竈長官	四品	志紀親王	
	副	従四位上	息長王	
		正五位上	高橋朝臣笠間	
		正五位下	**土師宿禰馬手**	
	政人	（4人）		
	史	（2人）		
文武	（殯宮の事に供奉）	三品	志紀親王	③
		正四位下	犬上王	
		正四位上	小野朝臣毛野	
		従五位上	佐伯宿禰百足	
		従五位上	黄文連本実	
	造御竈司	二品	新田部親王	④
		従四位上	阿倍朝臣宿奈麻呂	
		従四位下	佐伯宿禰太麻呂	
		従五位下	紀朝臣男人	
	造山陵司	正四位下	下毛野朝臣古麻呂	
		正五位上	**土師宿禰馬手**	
		正五位下	民忌寸比良夫	
		従五位上	石上朝臣豊庭	
		従五位下	藤原朝臣房前	
	御装司	正四位下	犬上王	
		従五位上	采女朝臣枚夫	
		従五位上	多治比真人三宅麻呂	
		従五位下	黄文連本実	
		従五位下	米多君北助	

出典
①『続日本紀』大宝2年12月乙卯（23日）条
②『続日本紀』大宝3年10月丁卯（9日）条
③『続日本紀』慶雲4年6月壬午（16日）条
④『続日本紀』慶雲4年10月丁卯（3日）条

ところで、『日本書紀』が成立したのは大宝令制下にあたる。そこで、令の規定からも土師氏と「天皇の喪葬」の関係について考えてみたい。職員令には、諸陵司に属する土部についての規定がある。

【史料4】『令義解』職員令19諸陵司条

諸陵司。正一人、掌下祭二陵霊一、〈謂、十二月奉二荷前幣一。是也。〉喪葬・凶礼・諸陵及陵戸名籍事上。佑一人、令史一人、土部十人、掌レ賛二相凶礼一。〈謂、凶例者、送終之礼。即土師宿禰年位高進者、為二大連一、其次為二少連一。並紫衣刀剱、世執二凶儀一。其文多。故不レ載也。〉員外臨時取充。〈謂、此長官之職掌。而於レ此注者、随レ便起レ事。无二別例一。〉使部十人、直丁一人。

養老職員令では、諸陵司には土部十人が所属し、その職掌は「凶礼を賛相《たすけみちび》く」ことと規定されていた。また、『令義解』によると、土師宿禰の「年位高進」なる者が大連、それに次ぐ者が少連となって「凶例」に従事することとなっていた。土部については、喪葬令にもみえる。

【史料5】『令義解』喪葬令4百官在職条

凡百官在レ職薨卒、当司分番会レ喪。〈謂、此五位以上喪。故云二薨卒一。文云レ在レ職。即是散位者非也。〉親王、及太政大臣、散一位、治部大輔監二護喪事一。〈謂、監視也。護助也。〉左右大臣、及散二位、治部少輔監護。三位、治部丞監護。三位以上及皇親、〈謂、不レ限二有位無位一。凡七歳以下是無服之殤。比二於成人一、礼数既異。即不レ合レ示二礼制一也。余条亦准二此例一也。〉皆土部示二礼制一。〈謂、職員令、賛二相凶礼一。是也。〉内親王、女王、及内命婦亦准レ此。〈謂、准レ此者、広承二当条之文一。即下条女准レ此者、亦同二此例一。其女司掌以上及散事、同二職事官例一。即下条亦准レ此。其外官及使人、於二所在一薨卒者、国郡官司、随レ便監護也。〉

右によると、三位以上及び皇親の喪葬にあたっては、みな土部が礼制を示すと規定されていた。それについて、『令集解』所引「令釈」「古記」は、官処分を承けて治部省が土師宿禰等を差遣すると註している。なお、『令集解』職員令19諸陵司条所引「古記」によって、史料5の土部について記した一文が大宝令においてもほぼ同じであったことがわかる。

このように、大宝令制下において三位以上や皇親が亡くなった場合は諸陵司に属する土部が喪葬儀礼を掌ることになっており、土部は土師宿禰の氏人から任用されることとなっていたのである。また、実際に土師宿禰の氏人が土部に任用された形跡もある。

【史料6】藤原宮跡内裏東官衙地区出土木簡(22)

・「諸陵司　召土師宿禰廣庭　土師宿禰国足」

・「土師宿禰大海　□四人」

二六一×（一六）×四　〇一一

右は藤原宮跡出土木簡の銘文である。その内容は、諸陵司が「土師宿禰廣庭」「土師宿禰国足」「土師宿禰大海」ら計四人を召したというものである。その時期については、「諸陵司」の表記がみえることから、諸陵司が諸陵寮に昇格する天平元年（七二九）以前だと推定できる。ここで注目されるのは、諸陵司に召されている人物として確認できる三人が全て土師宿禰の氏人だということである。このことは、土師宿禰の氏人が、諸陵司に属する土部として実際に任用されていたことをうかがわせる。

ここまで、大宝令においては諸陵司のもとで喪葬に従事する土部に関する規定があり、土師宿禰の氏人がそれに任用されていたことを確認してきた。つまり大宝令制下において、土師氏は国家的な喪葬を担う氏としての地位を確立していたといえよう。ただし、ここで留意すべきは、土部が担う喪葬の対象として令で規定されていたのが官人や皇親だった点である。すなわち、「天皇の喪葬」において土師氏が果たすべき役割は、大宝令の規定に確認することができないのである。

なお、令制下で執りおこなわれた「天皇の喪葬」において土師氏が果たした役割は、延暦十六年（七九七）四月二十三日付太政官符(23)からうかがうことができる。この官符によって、土師宿禰の氏人のみが凶儀に預かることが停止されたが、それに引用される四月十四日の太政官論奏において、「殯宮御膳誄人長」「年終奉幣諸陵使」は「所司及左右大舎人雑色人等」から択ぶことが提案されている。これによって、令制下の土師氏が「天皇の喪葬」において遺体への食膳奉仕や誄に従事していたことを知ることができるが、やはり「天皇の喪葬を主」るという行為に相当するものではない。

以上、『日本書紀』の編纂が進められた七世紀後半から八世紀初頭における土師氏と「天皇の喪葬」の関わりについて検討してきた。その結果を要するに、土師氏は七世紀後半以降も「天皇の喪葬」に関与しつづけたものの、中心的立場を占めることはなかった。そして大宝令制下には国家的な喪葬を担当する氏として位置づけられる一方、「天皇の喪葬」において果たす役割については規定されることがなく、実際には遺体への食膳奉仕や誄に従事するに留まることとなったのである。このように土師氏は「天皇の喪葬」における役割を低下させつつあるなかで、『日本書紀』編纂の素材となる「家記」を提出したのであった。「埴輪の伝承」を含む「家記」を土師氏が提出したのは、律令制度が整えられるなかで「天皇の喪葬」を担う氏族としての地位を確保しようとする意図があったのではなかろうか。

官僚制は、出身氏族にとらわれず個々の官人をその能力に応じた官職につけることを一応の原則とする。そのなかで「天皇の喪葬」を担う氏としての地位を確保すべく、「埴輪の伝承」を含んだ「家記」を提出した土師氏の政治的動向は、官僚制の原理に抗う方向性を有していたといえよう。

二　野見宿禰像の形成過程

1．野見宿禰像形成の担い手

(1) 造墓を職掌とする集団

前節では、「土部連等、天皇の喪葬を主る縁」を説く「埴輪の伝承」が語られた時期について、それが七世紀半ばであったと推定した。ただしそれは、野見宿禰像や、それを「祖」とする系譜意識が七世紀半ばになって俄《にわか》に形成されたことを意味するものではない。本節では、伝承にみられる諸要素の分析を通して、野見宿禰像の形成過程を考えてみたい。

野見宿禰像の形成過程を考えるうえで留意すべきは、造墓に関わる要素がいくつか伝承に織り込まれていることである。その最たるものは、土師氏の奉事根源が埴輪生産と結びつけられている点である。「埴輪の伝承」が主張したいのは、それが語られた「現在」において土師氏が埴輪生産に従事することの正当性ではない。しかも、近畿地方における埴輪生産は六世紀中頃に衰退の傾向が著しくなるとされる。(24)伝承の語られた時期が七世紀半ばであり、その目的が「天皇の喪葬を主」ることの正当性であるならば、必ずしも埴輪生産にまつわる物語によって奉事根源を説明する必然性はないのである。それにもかかわらず、敢えて埴輪生産にまつわる物語によって奉事根源を説いているのは、土師氏を構成する諸集団のなかに、かつて埴輪生産に従事した集団が含まれており、それが野見宿禰像の形成に関わっていたからであろう。

土師氏と埴輪生産の関わりは、居住地と古墳群の対応関係からもうかがわれる。土師氏の分布を逐一あげることは控えるが、主な拠点としては大和国菅原・秋篠、河内国志紀郡土師郷、河内国（後に和泉国）大鳥郡土師郷があり、それぞれ佐紀古墳群、古市古墳群、百舌鳥古墳群と対応関係にあることが知られている。(25)いずれの古墳群でも埴輪の樹立が確認されており、なかには具体的な埴輪窯跡の存在が発掘調査によって知られている場合もある。例えば土師氏の拠点のうち、志紀郡土師郷の一帯に所在する土師の里遺跡や誉田白鳥遺跡、野々上遺跡においては、古市古墳群に関わる埴輪窯が検出されている。また、大鳥郡土師郷の一帯に所在する梅町遺跡では、百舌鳥古墳群に関わる埴輪窯が検出されている。さらに、菅原の一帯に所在する（秋篠とも近接する）菅原東遺跡においては、六世紀代の埴輪窯群が検出されている。(26)周辺に位置する佐紀古墳群は六世紀には既に造営を停止しており、菅原東遺跡の埴輪窯は大和北・中部に埴輪を供給する拠点的存在であったと考えられている。(27)このように、土師氏の主たる拠点において埴輪生産がおこなわれていたことは、遺跡の様相からも確認できるのである。

とりわけ菅原東遺跡については、「埴輪の伝承」との密接な関わりが指摘されている。辰巳和弘は、六世紀中葉に「帝紀」や「旧辞」が述作されはじめたとされる点や、垂仁・日葉酢媛の「陵墓」[28]が近接している点などから、六世紀に土師氏が菅原東遺跡で埴輪窯群を経営しており、野見宿禰の伝承をつくりあげていったとみる。[29]野見宿禰の伝承が垂仁紀に架けられ、また日葉酢媛命の喪葬と関連づけられていることからすると、それらの「陵墓」を含む佐紀古墳群の周辺に居住した土師氏ないしはその前身集団が、野見宿禰像の形成において重要な役割を果たしたことは間違いない。[30]菅原東遺跡で埴輪生産に従事していた集団が野見宿禰像の形成に関わっており、土師氏を構成する諸集団の一部となった可能性は極めて高い。このように、土師氏がかつて埴輪生産に従事していた集団を内包しており、それが野見宿禰像の形成に関わっていたからこそ、七世紀半ばに語られた「天皇の喪葬を主」ることの正当性を説く伝承でありながら、埴輪生産にまつわる物語になったのだと考えられる。

ただし、野見宿禰像の形成を担ったのは、埴輪生産に従事した集団だけに留まらないであろう。「埴輪の伝承」によると、野見宿禰は褒賞として「鍛地」を与えられたという。「鍛地」とは、文字通り鍛冶生産をおこなう土地とみられる。このことは、鍛冶生産に従事する集団が野見宿禰像の形成に関与していたことを示唆しよう。例えば、志紀郡土師郷の一帯に所在する土師の里遺跡や誉田白鳥遺跡、大鳥郡土師郷の一帯に所在する土師遺跡や陵南遺跡、東上野芝遺跡において鍛冶生産に関わる遺物・遺構が検出されており、「古墳造墓集団に伴う鍛冶工房」が所在したとみられている。[31]土師氏のなかには、こういった鍛冶生産に関わった集団も含まれていたのであろう。そのため、野見宿禰が「鍛地」を賜ったとする記述が「埴輪の伝承」に加えられたのだと考えられる。埴輪生産や鍛冶生産はいずれも、造墓に関わる一連の事業としておこなわれたものであった。[32]なお、野見宿禰の名称に関しても、石棺など古墳に関わる石材加工に用いる鑿《のみ》に由来するとする説もある。[33]そうだとすれば、野見宿禰の名称も造墓に関わる要素だということになる。

以上、野見宿禰の伝承には造墓に関わるさまざまな要素が織り込まれていることから、土師氏は造墓に携わった集団を内包しており、それが野見宿禰像形成の担い手であったと推定した。ただし、造墓をおこなう集団一般が野見宿禰像を形作ったわけではない。土師氏の拠点と対応関係にある佐紀・古市・百舌鳥の各古墳群は、いずれも、『古事記』や『日本書紀』あるいは『延喜式』にみられる天皇の「陵」を含んでいる。また、具体的な被葬者の問題は措くとしても、いずれも倭王墓を含むことは動かないであろう。つまりこれらは、倭王権の主導によって形成された古墳群であった。野見宿禰像は、このような倭王権の主導する造墓を担う集団が活動するなかで、徐々に形作られていったと考えられよう。その時期は、佐紀古墳群が造営された四世紀後半以降に措定することができる。

（2）築堤を職掌とする集団

ここまで、野見宿禰像が、四世紀後半以降に倭王権の主導した造墓を担った集団によって形作られてきたことを述べた。ただし、野見宿禰にまつわる系譜や伝承を保持していた人々が、土師氏あるいは造墓に関わる集団のみであったとは限らない。注目したいのが次の史料である。

【史料7】『新撰姓氏録』河内国皇別

茨田宿禰。多朝臣同祖。彦八井耳命之後也。男、野現宿禰、仁徳天皇御代、造㆓茨田堤㆒。日本紀合。

右は九世紀初頭に編纂された『新撰姓氏録』にみえる茨田《まんだ》宿禰氏の系譜である。ここで注目されるのは、「野現宿禰」なる人物が仁徳期に茨田堤を造ったとされる点である。「野現宿禰」は「野見宿禰」と一字違いであり、名称に関しては「見」に王偏がついただけの違いしかない。また、「現」も「み」と訓むことから（『大漢和辞典』）、「野現宿禰」も「のみのすくね」と訓むのであろう。[34]

天武十三年に宿禰を賜姓される以前の茨田連氏については、仁徳期に茨田連衫子《ころものこ》が茨田堤の築造に関わったとする伝承が『日本書紀』にみえる。[35] 茨田堤の築造に関わった人物が『日本書紀』では茨田連衫子、『新撰姓氏録』では「野現宿禰」となっており相違がある点は留意されるが、「野現宿禰」が茨田宿禰氏の系譜上に位置づけられていた点は動かない。

ここで問題となるのは、土師氏が「始祖」とする野見宿禰と、茨田宿禰氏が「祖」とする「野現宿禰」の関係である。前者が天穂日命に連なり、後者が彦八井耳命《ひこやいみみのみこと》、さらには神武天皇に連なっていることから、両者はほぼ同名でありながら別人格ではある。このような状況を呈するに至った経緯については別の機会に詳論したいが、本来は同一人格だったのではなかろうか。[36] すなわち、茨田堤の築造を担った集団も、野見宿禰を「祖」と仰いでいたと考えられるのである。造墓も築堤も、盛土を中心とする土木工事としての共通性がある。[37] 野見宿禰像は本来、このような倭王権が主導する土木事業に従事した諸集団によって、みずからの奉事根源を説くための「祖」として形作られたものと考えられる。

（3）土部

ここまで、野見宿禰像が、倭王権の主導する土木事業を担った諸集団によって形作られたことを述べてきた。その点に関連して、「埴輪の伝承」において土師氏が「土部連」と表記されることに注目したい。先述のように、土師氏のウヂナは「土師」と「土部」の二通りの表記がある。例えば、同じ『続日本紀』中で「土部宿禰甥[38]」と「土師宿禰甥[39]」の表記がみられたり、正倉院文書でも「土部七忍[40]」と「土師七忍[41]」の表記がみられたりするように、「土部」と「土師」は通用されていた形跡がある。ただし、大半は「土師」の表記が用いられるのに対して、「土部」の表記は相対的に少なく、徐々に用いられなくなる傾向にある。[42] これらのことから、かつて「土部」と「土師」の両方の表記が通用されていたものの、次第に「土師」の表記に収斂していったと推測されよう。『日本書紀』や『続日本紀』の編纂時にも、大部分が「土師」の表記に改められた可能性が高い。

右のように、「土部」と「土師」は同じ氏の名称として通用されていたのであるが、本来は異なる意味の名辞だったのではなかろうか。「土師」については、「土師器」の名称に転化していることや、贄土師部の伝承に登場するのが「土師連等の祖吾笥」であることなどから、土器生産に携わる技術者の称号であったと考えられる。[43] それに対して

「土部」は、喪葬に関わる集団の名辞として用いられている。例えば、養老令制下の諸陵司に所属する伴部の名称は「土部」であり（前掲史料4・5）、『日本書紀』においても「天皇の喪葬を主」ることの由来を説く「埴輪の伝承」では、「土部」の表記が用いられている。

以上のように、「土師」は土器関係で用いられるのに対し、「土部」は喪葬関係で用いられる傾向を確認することができる。ただし「土」には喪葬の意味がないことからすると、[44]「土部」が本来的に喪葬を担う集団を指す名辞として成立したものとは考えがたい。先述のように、野見宿禰像は、倭王権が主導する土木事業を担う諸集団によって形作られたものであったと考えられる。「土部」は、まさにそういった土木事業を担う集団ないしはその統率者に与えられた称号として相応しいのではないだろうか。要するに野見宿禰は、倭王権が主導する土木事業を担った「土部」によって「祖」とされた伝承的人物だったのである。このように考えると、「埴輪の伝承」において「土部」の表記が用いられている点は示唆的である。すなわち、「埴輪の伝承」が、「土部連」の奉事根源を説いていることは、〈土部と野見宿禰〉という本来の対応関係を遺しているものと考えられよう。

2．野見宿禰の転成

前節まで、土師氏が「天皇の喪葬を主」ることの正当性を説く「埴輪の伝承」が語られた時期が七世紀半ばであること、野見宿禰像は倭王権が主導する土木事業を担う集団（後に土部と呼ばれるようになる）によって形作られてきたことを述べた。かかる推定に大過ないとすれば、野見宿禰像は長期にわたる形成過程において、変質を遂げていたことになる。その点について、野見宿禰を「祖」と仰いだ集団の変化からとらえてみたい。

先述のように、土師氏は四世紀後半以降に倭王権が主導する造墓を担った集団を内包していたと推定される。それに関して注目したいのは、土師氏が造墓に関わったことを示す記事である。すなわち、雄略九年に新羅征討の大将軍であった紀小弓《きのおゆみ》が薨じた際、大伴室屋《おおとものむろや》が勅を奉じて土師連小鳥《おとり》を遣わし、田身輪邑《たんのわむら》に「冢墓《はか》」を作らせ葬ったとするものである。(45)ここで留意したいのは、この記事が土師氏の奉事根源を説く筋立てになっていない点である。『日本書紀』における紀小弓の新羅征討に関わる記述については、紀氏と大伴氏それぞれの「墓（纂）記」が取り入れられているとの説がある。(46)「墓記」については、『日本書紀』の撰述とは切り離して考えるべきとの意見もあるが、(47)いずれにせよ紀小弓に関する記述が紀氏や大伴氏の「家記」にもとづいている点は動かないだろう。そうだとすれば、土師氏が造墓に携わったとする記述は一定の客観性があることになる。この点からも、土師氏がかつて造墓を職掌としていたことがうかがわれよう。

それに対し、土師氏が喪葬に従事したことが確認できる時期は相対的に遅れる。土師氏が「天皇の喪葬を主」ったことが確認できるのは七世紀半ばにおける孝徳の殯であるが、対象を天皇以外に拡大しても、喪葬儀礼を差配したことが確認できるのは七世紀初頭までしか遡らない。すなわち、推古十一年（六〇三）に征新羅将軍の来目《くめ》皇子が薨じた際、土師連猪手《いて》が周芳（周防）の娑婆《さば》に遣わされて殯を掌ったという記事が史料上の初見である。(48)そして、皇極二年（六四三）には吉備嶋皇祖母命《きびしまのすめみおやのみこと》（皇極の母）が薨じた際、同じく土師娑婆連猪手に喪をみさせたことがみえる。(49)このように、土師氏は七世紀初頭から半ばにかけて、対象を王族から「天皇」へと拡大しつつ喪葬儀礼を差配する様子が散見されるようになるのであるが、六世紀以前には同様の事例がみられない。つまり、かつて倭王権の造墓を担ってきた土師氏は、概ね七世紀を境として喪葬を職掌とするようになったのである。野見宿禰像は、こうした土師氏の職掌の変化に応じて変質したといえよう。

ここで、土師氏が造墓から喪葬へと職掌を変化させた背景について考えてみたい。新谷尚紀は、六世紀後半における蘇我氏との結びつきを背景として、土師氏が「陵墓築造」のことからさらに喪葬全般にまで深く関わるようになったとみる。(50)土師氏は物部氏の没落を契機として贄土師部を傘下に収めたとみられるが、その背景には蘇我氏との政治的関係があったと想定される。(51)このように、六世紀後半における土師氏の政治的動向が蘇我氏と深い関係にあったことを踏まえると、喪葬に携わるようになったことも蘇我氏との結びつきが背景にあった蓋然性が高い。

一方、土師氏が新たな職掌を獲得しなければならなかった背景についても考えなければならない。結論的にいえば、その背景としては造墓活動の縮小が考えられる。すなわち、五世紀代は古墳の墳丘を拡大しようとする傾向が顕著であったが、それは六世紀になると弱まってゆき、六世紀中葉を画期として前方後円墳の前方部が発達しなくなったり、埴輪列が姿を消したりするといった変化が生じ、さらに六世紀末・七世紀初頭を画期として、前方後円墳が姿を消すとされる。(52)こうした造墓活動の縮小は、それまで造墓を担ってきた土師氏にとって大きな危機であったに違いない。土師氏は造墓活動が縮小するなかで新たな職掌の獲得を図り、その結果として倭王権の喪葬を担うようになっていったのではなかろうか。

土師氏による喪葬への進出が造墓活動の縮小と関連するとみるならば、「天皇の喪葬を主」ったことの確認できる初例が孝徳の殯であることは興味深い。すなわち、孝徳は大化二年（六四六）にいわゆる「薄葬令」(53)を出したことで知られる。「薄葬令」は、倭王権による造墓活動が一段と縮小する画期となったであろう。一方で土師氏にとっても、孝徳の殯は初めて「天皇の喪葬を主」った画期的な出来事であった。このように、薄葬を命じた孝徳の殯において土師氏がはじめて「天皇の喪葬を主」ったことは、造墓活動の縮小と喪葬への関与が対応関係にあることを象徴しているようである。

野見宿禰像の変化に関しては、系譜上における位置の問題にも触れておきたい。先述のように、野見宿禰は土師氏を構成する諸集団に共通の「始祖」であったと考えられる。つまり土師氏を構成する諸集団は、野見宿禰を「始祖」とする系譜のもとに結集していたのである。こうした動向についても、土師氏が新たな職掌として喪葬へ進出したことと連動しており、やはり造墓活動の縮小を背景とするものであろう。「埴輪の伝承」において、野見宿禰を「始祖」とする「土部連等」と、「天皇の喪葬を主」る「土部連等」は対応関係にある。つまり、「埴輪の伝承」が語られた七世紀半ばにおいて、土師氏を構成する諸集団は「天皇の喪葬」という職掌を核に結集し、野見宿禰を共通の「始祖」とする系譜を形成していたのである。このことは、六世紀に入って造墓活動が縮小するなか、それまで造墓を担ってきた集団が倭王権における政治的地位を確保するため、喪葬という職掌を核として（再）結集を図った結果であると考えられよう。こうした過程において野見宿禰は、新たに加わったグループを含めた土師氏全体の「始祖」として位置づけ直されることとなった。新たに加わったなかには、吾笥を固有の「祖」とする土器生産に関わるグループも含まれていたのだが、野見宿禰はさらに遡る「始祖」として系譜に加上されたのである。

なお、七世紀半ばまでに野見宿禰を「始祖」とする系譜のもとに（再）結集した諸集団のなかに、茨田堤の築造を担った集団は含まれなかった。喪葬を職掌とする土師氏は、かつて倭王権が主導する土木事業に従事した集団のなかでも、造墓を担ったグループが母体となっていたのである。造墓と築堤は密接な関係にあったものの、築堤と喪葬が深い関係にあったとはいいがたい。喪葬は、造墓の延長線上に位置づけられる職掌といえよう。茨田堤の築造を担ったグループは、茨田連氏として別の氏となる途を辿ることになる。こうして野見宿禰は、倭王権の主導する土木事業を担う集団の「祖」から、「天皇の喪葬を主」る「土部連等の始祖」へと転成を遂げたのである。

おわりに

本稿では、土師氏が「始祖」とした野見宿禰にまつわる系譜や伝承をとりあげ、土師氏をとりまく政治的状況との関わりから形成過程を跡づけてきた。ただし、「相撲の伝承」において野見宿禰が相撲をとったことや、その相手が当麻蹶速であったことの意味については触れられなかった。また、築堤や造墓といった土木事業を職掌とする集団から土師氏や茨田連氏があらわれ、別々の系譜を形成するに至った過程などは論じることができなかった。この点は後考に俟つこととして、ひとまず擱筆したい。

註

(1) 氏族系譜に関する研究史は鈴木正信「氏族系譜研究の現状と分析視角」(『日本古代氏族系譜の基礎的研究』所収、東京堂出版、二〇一二年、初出は二〇一一年)に詳しい。
(2) 溝口睦子『日本古代氏族系譜の成立』(学習院、一九八二年)。
(3) 熊谷公男「令制下のカバネと氏族系譜」(『東北学院大学論集〔歴史学・地理学〕』一四、一九八四年)。
(4) 鈴木正信『日本古代氏族系譜の基礎的研究』(前掲註1書)。
(5) 溝口優樹「政治的動向からみた土師氏の系譜」(『日本歴史』八四九、二〇一九年)。
(6) 『日本書紀』垂仁三十八年十一月丁酉(二日)条。
(7) 溝口優樹「政治的動向からみた土師氏の系譜」(前掲註5論文)。
(8) 『日本書紀』神代上、第六段本文。
(9) 『日本書紀』神代上、第七段一書第三。
(10) 『日本書紀』雄略十七年三月戊寅(二日)条
(11) 並河永校訂『『大和志・大和志料』―大和志―』(臨川書店、一九八七年)。
(12) 塚口義信「天皇陵の伝承と大王墓と土師氏」(『考古学論集　下巻』所収、網干善教先生古稀記念会、一九九八年)は、「腰折田」付近に土師氏が居住しており、近接する六世紀前半の前方後円墳である狐井城山《きついしろやま》古墳(「武烈天皇陵」とみる)の造営に関与していたとする。この説に従うならば、「相撲の伝承」が語られた「現在」は六世紀前半ということになろう。
(13) 『日本書紀』神代下、第九段本文および第九段一書第二。
(14) 溝口優樹「政治的動向からみた土師氏の系譜」(前掲註5論文)。
(15) 岩波書店『新日本古典文学大系　続日本紀　一』六二頁、脚注一六。
(16) 『日本書紀』天武十三年十二月己卯(二日)条。
(17) 『日本書紀』允恭五年七月己丑(十四日)条。

（18）坂本太郎「纂記と日本書紀」（『坂本太郎著作集　第二巻』所収、吉川弘文館、一九八八年、初出は一九四六年）、加藤謙吉「『日本書紀』とその原資料」（『日本古代の豪族と渡来人』所収、雄山閣、二〇一八年、初出は二〇〇四年）。
（19）坂本太郎「日本書紀の成立」（『坂本太郎著作集　第二巻』〈前掲註18書〉所収、初出は一九五八年）など。
（20）『続日本紀』大宝三年十月丁卯（九日）条。
（21）『続日本紀』慶雲四年十月丁卯（三日）条。
（22）『木簡研究』一三‐一三頁。
（23）『類聚三代格』巻十二・十七。
（24）高橋克壽「埴輪生産の展開」（『考古学研究』四一‐二、一九九四年）。
（25）小出義治「大和・河内・和泉の土師氏」（『国史学』五四、一九五一年）、直木孝次郎「土師氏の研究」（『日本古代の氏族と天皇』所収、吉川弘文館、一九六四年、初出は一九六〇年）。
（26）以下、各遺跡の発掘調査報告書は紙幅の都合で割愛した。
（27）鐘方正樹「菅原東遺跡埴輪窯跡群の歴史的意義」（『奈良市埋蔵文化財調査センター紀要　1991』奈良市教育委員会、一九九二年）。
（28）『古事記』は垂仁の陵が「菅原之御立野中」にあり、比婆須比売命は「狭木之寺間陵」に葬ったと記す。また『日本書紀』によると、垂仁は「菅原伏見陵」（垂仁九十九年十二月壬子〈十日〉条）に葬られたという。
（29）辰巳和弘「埴輪の起原説話」（斎藤忠・坂詰秀一編『季刊考古学　別冊4　考古学から古典を読む』所収、雄山閣、一九九三年）。
（30）直木孝次郎「土師氏の研究」（前掲註25論文）。
（31）花田勝広「河内の鍛冶工房」（『古代の鉄生産と渡来人』所収、雄山閣、二〇〇二年、初出は二〇〇〇年）。
（32）古市古墳群や百舌鳥古墳群といった大規模古墳の造営にあたって、埴輪生産や鍛冶生産をはじめさまざまな生産分野が複合する現象が確認されており、「造墓コンプレックス」と呼称されている（菱田哲郎『古代日本国家形成の考古学』〈京都大学学術出版会、二〇〇七年〉）。

(33) 前川明久「土師氏伝承の一考察」(『日本歴史』三六四、一九七八年)。
(34) 佐伯有清も「のみのすくね」と訓じている(『新撰姓氏録の研究　考證篇　第二』吉川弘文館、一九八二年、四五〇頁)。
(35) 『日本書紀』仁徳十一年十月条。
(36) 筆者は、野見宿禰を「祖」とする集団を母体として茨田連氏と土師氏が分かれ、それぞれが別の系譜を形成していくなかで野見宿禰と「野現宿禰」を系譜上に位置づけた結果として、両者が別人格となるに至ったと考えている。
(37) 古代における造墓や築堤の技術については、青木敬『土木技術の古代史』(吉川弘文館、二〇一七年)を参照されたい。
(38) 『続日本紀』文武四年(七〇〇)六月甲午(十七日)条。
(39) 『続日本紀』和銅二年(七〇九)正月丙寅(九日)条。
(40) 正倉院文書、天平宝字三年(七五九)「造東大寺司上日帳」(『大日本古文書』四－三九七。続々修十八帙三裏)。
(41) 正倉院文書、天平宝字二年「造大殿所解」(『大日本古文書』二五－二三九。続々修四十四帙裏)。
(42) 例えば正史の場合、ウヂナとしての「土部」は『続日本紀』文武四年六月甲午条の例を最後にみられなくなる。
(43) 溝口優樹「「土師」と土器の貢納」(『史学研究集録』三五、二〇一〇年)。
(44) 「土」には、「土を盛る」や「土木工事をする」といった意味があるとされる(『大漢和辞典』)。
(45) 『日本書紀』雄略九年五月条。
(46) 坂本太郎「纂記と日本書紀」(『坂本太郎著作集　第二巻』〈前掲註18書〉所収、初出は一九四六年)。
(47) 笹川尚紀「墓記考」(『日本書紀成立史攷』所収、塙書房、二〇一六年)。
(48) 『日本書紀』推古十一年二月丙子(四日)条。
(49) 『日本書紀』皇極二年九月癸巳(十七日)条。
(50) 新谷尚紀「殯儀礼と遊部・土師氏」(『生と死の民俗史』所収、木耳社、一九八六年)。
(51) 本位田菊士「物部氏・物部の基盤と性格」(『日本古代国家形成過程の研究』所収、名著出版、一九七八年、初出は一九七六年)、溝口優樹「政治的動向からみた土師氏の系譜」(前掲註5論文)。なお、土師氏と蘇我氏の関係については、米澤康「土師氏に関する一考察」(『芸林』九－二、一九五八年)に詳しい。

(52) 新納泉「古墳の終末」(広瀬和雄・和田晴吾編『講座日本の考古学8　古墳時代(下)』所収、青木書店、二〇一二年)。
(53)『日本書紀』大化二年三月甲申(二十二日)条。

上毛野氏の形成と展開

須永　忍

はじめに

上毛野氏は、上毛野地域（本稿では上〔毛〕野国に相当する地域とする）を主な基盤とし、当地域を支配した上毛野国造に任命されたことが知られる古代東国の有力氏族である。本論文は、こうした上毛野氏の系譜や氏族構造について検討を行い、六・七世紀における同氏の形成と展開について考えるものである。

上毛野氏の系譜については多くの研究があり、八世紀前半に成立した『日本書紀』（以降『紀』と略称）に主眼を置いて論究されてきた。(1)多くの先行学説にて、同氏に関係する同族氏族の構造が考察され、大きな成果を収めている。しかしながら、その中には九世紀前半に撰進された『新撰姓氏録』（以降『姓氏録』と略称）も活用して論じた研究が見受けられる。『姓氏録』は九世紀に成立した史料であり、そこから復原される系譜は七世紀以前の姿を留めているとは限らない。八世紀中葉以降、田辺氏など多くの氏族が上毛野氏の系譜を侵食しており(2)（『続日本紀』（以降『続紀』と略称）天平勝宝二年（七五〇）三月戊戌条）、『姓氏録』をもとに七世紀以前の上毛野氏の系譜や、同氏の動向を探るのは難しい。そのため本稿では『紀』を重視して、より本来的な上毛野氏の系譜・氏族構造の解明を目指す。

そして、先行研究では上毛野氏自体がいかなる氏族構造を有していたのか、そして本拠地とされる上毛野地域の何処の地を勢力圏としていたのかという問題について、検討の余地を残していると思われる。下毛野地域を基盤とした下毛野氏については、都賀系と河内系という複数系統の集合体であり、当地域の中央部を本拠としていたとの指摘がある。(3)以前に筆者は、群馬系・那波系という複数系統の上毛野氏を想定したことがあったが、(4)本稿ではより具体的に述べてみたい。

本論文ではこれらの論点をふまえて上毛野氏の系譜に着目し、六世紀から七世紀の同氏について論じる。

一　上毛野氏の系譜について

最初に『紀』編纂期にあたる七世紀後半から八世紀前半の上毛野氏の系譜を検討する。当該期における同氏の系譜は残されていないため、『紀』の祖先伝承記事から復原することになる。表1は『紀』にみえる上毛野氏の祖を羅列し、『紀』編纂時期の系譜を推定したものとなる。

上毛野氏の始祖が崇神天皇皇子の豊城（入彦）命である。天皇によって活目尊（後の垂仁天皇）と共に皇位継承者候補とされた存在であり、夢占いによって東国支配者となる。『紀』ではその後裔が上毛野氏・下毛野氏であると説いている。

豊城命の次に現れるのが八綱田となる。狭穂彦の反乱を鎮圧した人物であり、上毛野氏の遠祖とされる。『姓氏録』和泉国皇別登美首条では豊城命の子とあるが、『紀』では特に豊城命との関係は記されない。

続く彦狭嶋王は豊城命の孫であり、「東山道十五国都督」に任命され東国に赴くが途中で病没、遺体は上野国に埋葬されたという。そして、彦狭嶋王の子である御諸別王は父の後継者となり東国へ赴任し現地を平定、ゆえにその子孫が今（『紀』編纂期）も東国にいると説かれる。

神功皇后・応神天皇代では、荒田別が百済王等と共に加耶地域を平定し、荒田別・巫別が王仁の招聘に関与するなど、複数の祖がみられる。加耶平定の際、荒田別に同行した鹿我別は、『先代旧事本紀』所収「国造本紀」浮田国造条では崇神天皇の五世孫「賀（鹿）我別王」とあり、上毛野氏の祖と捉えるのが一般的である。『紀』では、三人と御諸別王の関係は特に書かれず、三人の関係もわからない。荒田別は、『姓氏録』において豊城命四世孫と記載され

（右京皇別上大野朝臣条など）、御諸別王の子の世代であり、鹿我別は先述の「国造本紀」によると荒田別と同世代である。『紀』以外の史料を参照すると、荒田別・鹿我別は兄弟であり、御諸別王の子ということになる。荒田別と鹿我別・巫別の関係は『紀』に説明がないが、後続の竹葉瀬・田道のように同一条文内に記されることから、同世代ないし近い世代であったと推定できよう。御諸別王と荒田別の関係は不詳とせざるを得ない。

竹葉瀬と田道は兄弟であり、前者は欠貢を詰問するために新羅国に派遣され、後者は新羅国や蝦夷と戦ったことが記載される。『姓氏録』左京皇別下上毛野朝臣条などによれば竹葉瀬は豊城命の五世孫、同河内国皇別止美連条では田道が豊城命四世孫の荒田別の子とされる。しかし、『紀』において荒田別と竹葉瀬・田道の関係は未詳である。

表1　『紀』にみえる上毛野氏の祖

時期	系譜	出典史料
崇神	豊城命	崇神四十八年正月戊子条・同四月丙寅条
垂仁	?　八綱田	垂仁五年十月己卯条
景行	彦狭嶋王―御諸別王	景行五十五年二月壬辰条・同五十六年八月条
神功応神	荒田別　鹿我別　巫別	神功四十九年三月条・応神十五年八月丁卯条
仁徳	竹葉瀬　田道	仁徳五十三年五月条・同五十五年条

このように『紀』所載の上毛野氏の祖を検討し、『紀』編纂期の系譜を復原しようとすると、次の点に気付く。

第一に、先行研究でも触れていることであるが、『紀』の上毛野氏の祖は前後の祖との関係が不明瞭な人物が多く、必ずしも直系・兄弟関係で結び付けられないということである。(5) 例えば、八綱田は『姓氏録』を利用すれば豊城命の子、彦狭嶋王の父と評価することが可能かもしれないが、『紀』からはそのように断定することはできない。また、前後の祖のように「命」・「王」・「別」の称号を冠していないことからも、八綱田の異質性が窺える。本来、八綱田は豊城命—□—彦狭嶋王—御諸別王の系統とは別系統の祖であったが、後に豊城命と彦狭嶋王の間を受け持つ位置付けを与えられた可能性も考慮すべきであろう。(6)

第二は、荒田別・鹿我別・巫別、竹葉瀬・田道のように、同時期に複数の上毛野氏の祖が現れることである。これについては、吉備系氏族の事例のように、『紀』において氏族の祖が兄弟のように同世代で併記される場合、複数の氏族の祖が含まれており、本来下毛野氏の祖であった人物が上毛野氏の祖として改変されるケースもあったとする小野里了一氏の指摘がある。(7)『紀』応神二十二年九月庚寅条は、吉備系氏族が吉備地域を支配する正当性を説く記事である。そこでは御友別の長男たる稲速別が下道氏の祖、次男である仲彦が上道氏・香屋氏の祖、三男の弟彦が三野氏の祖、御友別の弟の鴨別が笠氏の祖、兄の浦凝別が苑氏の祖とある。このあり方をもとに小野里氏は、荒田別・鹿我別、竹葉瀬・田道のいずれかは下毛野氏の祖であったとされる。吉備系氏族の事例をふまえると、荒田別・鹿我別・巫別、竹葉瀬・田道は複数氏族の祖の併記であることは確かであろう。

しかしながら、荒田別の代における下毛野氏の祖については、「国造本紀」下毛野国造条にみえる豊城命四世孫の奈良別が注目される。「国造本紀」は平安時代に編纂された史料であるが、大宝二年(七〇二)に成立した「国造記」を基礎としており、各国造が(信憑性はともかく)称していた系譜を掲載したものと理解されている。(8)下毛野国造とされる下毛野氏は、『紀』編纂時期において奈良別を祖としていたことになるが、これについては八世紀以降に下毛野氏になりすましていく君子部(吉弥侯部)氏(『続紀』天平神護元年(七六五)三月丁未条)が、祖を「奈良君」と主張することが参考となる(『姓氏録』左京皇別下吉弥侯部条)。このように奈良別の存在をふまえると、少なくとも荒田別・巫別については『紀』の記載のように上毛野氏の祖と捉えるのが良いと思われる。

以上のように『紀』編纂期における上毛野氏の系譜の特色を挙げたが、特に注目されるのは当系譜に複数系統の上毛野氏の祖で構成された形跡が認められることである。八綱田の位置付けや吉備系氏族の系譜、荒田別・鹿我別・

巫別や竹葉瀬・田道の関係を参照すると、別氏族としても良いような、複数系統の上毛野氏の祖が系譜に結び付けられていることが想定される。次章からは上毛野氏の氏族構造を検討し、このことについてさらに理解を深めてみたい。

二　上毛野氏の氏族構造

本章では、上毛野氏の存在形態をもとに氏族構造の問題を考える。八世紀以降の上毛野氏をリストアップしたものが表2である。畿内や上野国をはじめ、紀伊国や陸奥国にも居住しており、「朝臣」と「君」の姓を冠している上毛野氏を確認できる。上毛野氏は、天武十三年（六八四）に「君」から「朝臣」となるが（『紀』天武十三年十一月戊申条）、「君」に据え置かれたままの上毛野氏もいたことになる。格の高い姓である「朝臣」の上毛野氏は、「君」の同氏よりも有力な立場にあったと想定される。[9]最初に「朝臣」の上毛野氏から検討してみよう。

上毛野氏の根源地はその氏名が示すように上毛野地域であるが、後に中央有力氏族に列することとなり、正史では中央政界で活動した多くの五位以上の人物をみることができる（表2－①）。そして、上野国勢多郡において上毛野足人が郡領を務めるなど、根源地でも有力な存在であった（表2－⑥）。さらに、上野国群馬郡桃井郷[10]にも上毛野甥がみえる（表2－④）。また、陸奥国行方団の軍毅として上毛野某が確認され（表2－⑪）、七世紀頃の対蝦夷政策に伴い当地へ移住、有力となった上毛野氏と考えられている。[11]このように、「朝臣」の上毛野氏は中央政界の上毛野氏の他、上野国や陸奥国において活動している。

一方、畿内やその周縁地域に居住した「君」の上毛野氏も見逃せない。上毛野大山は紀伊国伊都郡を本貫とし、長屋王家に出仕していた（表2－⑩）。当該地域は上毛野氏の中央への移住に際し、畿内方面における同氏の居地であったと考察されている。[12]しかし、中央有力氏族に列することとなった上毛野氏は、後により宮に近い土地を求め、俗姓「上毛野君」である行賀の本貫地たる大和国広瀬郡（表2－③）を拠点としたと考えられる。

表2　八世紀以降における上毛野氏

	居住地	氏名	姓	名	出典史料	備考
①	京内	上毛野	朝臣	−	『続紀』・『姓氏録』など	中央政界にて活動した上毛野氏
②	山城国愛宕郡	上毛野	君	長谷	「山背国愛宕郡計帳」（神亀三年）	上毛野君族。長谷の他にもみえる
③	大和国広瀬郡	上毛野	君	「行賀」	『扶桑略記』延暦二十二年二月己未条	大僧都・興福寺別当
④	上野国群馬郡	上毛野	朝臣	甥	「正倉院宝物墨書銘」（天平十三年）	桃井郷
⑤	〃	上毛野	？	？	石原久保貝道北遺跡刻書土器	釈読「上毛」。有馬郷ヵ
⑥	上野国勢多郡	上毛野	朝臣	足人	『続紀』天平勝宝元年閏五月癸丑条	少領。国分寺に知識物を寄進
⑦	上野国某郡	上毛野	？	牛甘	『万葉集』巻二十（天平勝宝七歳）	防人助丁
⑧	〃	上毛野	？	基宗	『日本紀略』延喜十五年二月辛未条など	同族や国司と共謀し上野介を殺害
⑨	〃	上毛野	？	貞並	『日本紀略』延喜十六年十月己酉条	基宗と結託
⑩	紀伊国伊都郡	上毛野	君	大山	「平城宮出土木簡」（和銅・霊亀年間）	長屋王と関係
⑪	陸奥国行方郡	上毛野	朝臣	？	「多賀城漆紙文書」（宝亀十一年）	行方団軍毅
⑫	出羽国某郡	上毛野	朝臣	虫麻呂	「秋田城漆紙文書」（貞観年間）	少領。出羽国に武具を献納
⑬	京外	上毛野	朝臣	今具麻呂	『続紀』天平七年四月戊申条など	外正六位上から従五位下へ昇進
⑭	〃	上毛野	朝臣	益成	『日本後紀』延暦十五年十一月壬辰条	外正六位上。対蝦夷政策にて軍功

※表の作成にあたり、『群馬県史』資料編四、群馬県、一九八五年・平川南「秋田城跡第七五次調査出土漆紙文書」（『秋田城跡―平成十一年度秋田城跡調査概報―』秋田市教育委員会・秋田城跡調査事務所、二〇〇〇年）・川原秀夫「上野国古代氏族資料集成」（『明和学園短期大学紀要』一五、二〇〇三年）・笹川氏註12論文・小池氏註1書を参照した

※胆沢城跡から「上毛野朝臣広世」と記された墨書土器も発見されているが、広世が在地の人物か不明のため省いた

以上のように、八世紀以降の上毛野氏は「朝臣」と「君」の姓を有する系統に分化しており、上野国を中心として畿内・陸奥国など様々な地域に居住していた。表2は八世紀から十世紀に亘る史料を集約させており、上毛野氏が上野国から各国に拡散していったプロセスを考慮しなくてはならない。しかしながら、そのように考えても上毛野氏がかかる多様性をみせることから、同氏が別氏族として区分しても良いような複数の系統で構成された大規模な氏族であったことが窺える。むしろ多くの系統で構成された大規模な氏族であったからこそ、各方面に進出することが可能であったといえる。前章で指摘した荒田別・巫別、竹葉瀬・田道という複数の祖の並列は、性格を異にする各系統の上毛野氏の祖がまとめられた結果とみられるのである。また、前述の仲彦を祖としたのが上道氏・香屋氏という複数の氏族であることを参照すると、複数系統の上毛野氏が一人の祖を共有していた可能性もあろう。なお、陸奥国太平洋側の現福島県浜通り地方で有力となった上毛野氏（表2－⑪）は、当地域を支配していた浮田国造が鹿我別を祖に選定していることや「朝臣」を冠することより、鹿我別を祖とした有力な系統であることが想起され、鹿我別も上毛野氏の祖と改めて評価できよう。

本章では、八世紀以降の上毛野氏のあり方を検討素材とし、同氏は複数系統の集団で構成された構造を持つ氏族と評価した。これは複数系統の氏族の祖で構成された特色を持つという、第一章における系譜の検討に相反するものではない。

近年、上毛野氏のように国名を氏名とする尾張地域の尾張氏について、その多様な存在形態から「尾張氏は尾張各地の在地首長の結集により成立した組織であり、「尾張」というウジ名もまた、単一のウジを対象とするのではなく、同族団組織の総体を示す族称としての意味を担った」との指摘がなされている。(13)有力な地方氏族を、一系的な集団ではなく複数系統の集合体とみなすこうした見方は、尾張氏に限定されるものではなく、上毛野氏にもあてはめることが可能と考える。また、前述したように上毛野氏と同じく豊城命を始祖とする下毛野氏も複数の系統を内包する氏族であったと論じられている。

複数系統の祖をまとめたという系譜の特徴や、表2における同氏の多様性をふまえると、単一系統の集団が各地へ拡散していったのではなく、ヤマト王権によって複数系統の集団が上毛野氏として編成されたと評価できる。すなわち、同氏は血縁的な原理をもって編成されたケースと、非血縁関係にある集団、ないし成立基盤や歴史的展開が異なる集団を同じ氏族として設定するという、擬制的に編成されたケースがあったとみられる。

以上のように上毛野氏を複数系統の集団の集合体と捉えると、なにゆえ同氏がそのような存在形態を有するに至ったのかという問題が生じる。次章では上毛野氏の形成の問題と併せてこのことを検討してみたい。

三　上毛野氏の形成

ここでは上毛野氏のルーツについて探ってみる。上毛野氏は「上毛野」なる氏名を冠することからも、その前身集団が他所から移住してきたと捉えても、上毛野氏としての根源地は上毛野地域であったことは間違いないだろう。上毛野地域における上毛野氏の基盤として目されるのが、上毛野甥（表2－④）が確認される群馬郡北部域、上毛野足人（表2－⑥）がみえる勢多郡域である。[14] 群馬郡北部域の上野国府（現前橋市と推定される）近辺には、上毛野氏との関連が深いとされる総社古墳群（現前橋市）や放光寺（山王廃寺。現前橋市）が存在する。これらは精巧な「截石切組積石室」や家形石棺、法隆寺にも比肩する塑像を持つなど、中央との密接な関係の上に造られたとみるのが通説的見解である。また、甥の居住地となる桃井郷域には、上毛野地域の横穴式石室の中で最も畿内的な要素を有する南下B号墳や、「截石切組積石室」を内蔵した南下A・F号墳（いずれも現吉岡町）が築造されている。[15] 甥や南下古墳群の存在から、桃井郷域も上毛野氏の基盤と評価することができ、群馬郡北部域には複数系統の同氏が並存していたとみることができるかもしれない。

他方、勢多郡では足人が郡領を務めている。上官たる大領については不明であるが、大領を差し置いて少領である足人が上野国分寺（現前橋市・高崎市）の建立に尽力しているのは注目できる。上野国分寺には多量の勢多郡の瓦が供給されており、そうした大事業を実施し得るほど足人は在地に大きな影響力を持っていたのである。[16] 上毛野地域における上毛野氏の基盤として、勢多郡域は除外できない。このように、上毛野氏は群馬郡北部域から勢多郡域にかけての地域という、榛名・赤城山麓を基盤としていたとされる。

しかし、群馬・勢多両郡の間に那波郡が存在することは重要である。那波郡域は、旧利根川（現広瀬川）と烏川に挟まれた陸上・水上交通の要衝であり、六世紀後半の「角閃石安山岩削石積石室」を搭載する有力古墳は当郡域とその周辺地域に築造されており、外来品と目される装飾大刀・冠などの貴重な威信財が集中する。[17] 那波郡域周縁の群馬郡南部域に位置する大型前方後円墳、綿貫観音山古墳（現高崎市）から中国大陸・朝鮮半島色が強い多くの副葬品が発見されたのは良く知られている。また、那波郡北部域の金冠塚古墳・不二山古墳（共に現前橋市）や、同郡南部域の小泉大塚越三号墳（現玉村町）などの中小前方後円墳から装飾大刀・冠などの威信財が出土していることも特筆される。なお、同郡北部域にはこれらの古墳の上位たる大型前方後円墳として、長塚古墳・大屋敷古墳・上両家二子山古墳（いずれも現前橋市）があり、現在では削平されて出土品も不明であるが、重要視される墳墓である。[18] そして、総社古墳群中の大型前方後円墳、総社二子山古墳も「角閃石安山岩削石積石室」を採用しており、綿貫観音山古墳と類似するランクの高い装飾大刀が発見されている。[19] こうした大型前方後円墳や威信財の集中は、王権にとって当地域が六世紀後半の東国における重要地域であったことを示し、同時に多くの有力者が並列していたことも意味する。

上毛野氏と関係があるとされる総社二子山古墳も「角閃石安山岩削石積石室」を内蔵する有力古墳であることから、かつて筆者は群馬郡南部域・那波郡域も上毛野氏の基盤であったと想定したことがある。[20] 群馬郡北部域・勢多郡域のみならず、群馬郡南部域・那波郡域も勢力圏とすることによって、上毛野地域中央部の広範囲を掌握することになり、周辺地域にも睨みを利かすことが可能となる。

ただし、上毛野氏の勢力圏は「角閃石安山岩削石積石室」が採用された範囲に留まるとは限らず、他地域にも拡大していた可能性がある。すでに上毛野氏は複数系統の集合体と述べ、異なる祖を選定するなど、成立基盤や歴史的展開が異なる系統を内包していると指摘した。そのため、「角閃石安山岩削石積石室」を採用しない上毛野氏の存在も想定でき、このタイプの石室を用いる上毛野氏以外の氏族もいたであろう。上毛野氏の拠点の問題を考察するにあたり、古墳にみえる特色は必ずしも参考とはならないということになる。

しかしながら、そのように想定したとしても、「角閃石安山岩削石積石室」が採用された那波郡域とその周縁地域の上毛野氏が、地理的条件からも次第にイニシアティブを握っていったといえよう。上毛野氏は、国名を氏名としており、他の上毛野地域の氏族よりも優位かつ重視すべき存在として王権が認識していたことを示している。ゆえに、王権はそうした上毛野氏を編成する際、上毛野地域の多くの集団を効率的に確保・活用するためにも、同地域の広範囲に影響力を及ぼし得た有力集団を選択していったと思われる。

したがって、上毛野氏とは上毛野地域の中央部を占める那波郡域とその周縁地域に並存していた複数系統の有力者に「上毛野君」を付与し、同じ氏族として括ることで形成されたと考えられる。上毛野氏は、その勢力圏が複数の郡域に跨るほど、当初より大規模な氏族構造を有していたといえる。

そして、上毛野氏が複数系統の氏族の集合体として編成されたのは、東国支配を強化するという王権の意向と無関係ではない。筑紫磐井の乱が発生した六世紀以降、王権は東国を重要な権力基盤として掌握を図っていく[21]。上毛野地域は、高級防具である小札甲や、馬の運用を示唆する馬具が全国で最も集中していることから、最大規模の国造軍を擁していたと評価する見解もある[22]。少なくとも、王権にとって上毛野地域が掌握すべき軍事的拠点であったことは確かであろう。こうした王権の思惑のもと、上毛野地域に大きな影響力を及ぼし、東国における一大拠点の増設が可能となるように、那波郡域とその周縁地域の有力者を上毛野氏として編成していったと捉えられる。

また、大規模な上毛野氏の氏族構造は、六世紀後半頃から開始される対蝦夷政策[23]にも大きく作用したと考えられる。王権は、対蝦夷政策を本格的に始めるのにあたり上毛野氏を中央に寄せて中央有力氏族に列し、陸奥地域にも移住させて政策の円滑な遂行を意図したと評価できる。[24]東国における一大プロジェクトを始動する以上、王権は政策を強固にコントロールするため、上毛野氏を手元に寄せ、さらに現地指導者として陸奥地域に送り込んだと指摘できる。東国の一大拠点である上毛野地域の人員を円滑に供出させるためにも、当地域に上毛野氏を有力な存在として残す必要もあったであろう。

このようにして、中央の上毛野氏―上毛野地域の上毛野氏―陸奥地域の上毛野氏という、上毛野氏のネットワークが構築されたと想定されるが、こうしたつながりを形成することができたのも、同氏が大規模な氏族構造を有していたためであろう。または王権が、このようなネットワークの構築を念頭に置いて、上毛野氏を大規模な氏族として編成したとも推定できる。なお、上毛野氏の中央有力氏族化は、政策を負担させる見返りという一面もあるだろう。

複数系統の氏族の集合体という、上毛野氏の大規模な氏族構造は、氏族の勢力の回復にも寄与してくる。八世紀前半以降、中央の上毛野氏は上毛野広人が蝦夷に殺害され（『続紀』養老四年〔七二〇〕九月丁丑条）、上毛野宿奈麻呂が長屋王の変に連坐して罰せられるなど（同天平元年〔七二九〕二月戊寅条）、勢力・地位が低下してくる。しかし、それにもかかわらず九世紀に至るまで継続的に五位の官人を輩出し続けることができたのは、[25]中央政界で活動した系統の上毛野氏が衰退しても、他系統の上毛野氏がそれを補完していたことによると想定される。上毛野今具麻呂（表2-⑬）は、外正六位上を帯びていることから京外の有力者であるが（同天平七年四月戊申条）、後に重臣となる巨勢堺麻呂と共に従五位下を獲得しており（同天平十四年正月癸丑条）、中央官人の一員となったかのようである。

四　上毛野氏の展開

大規模な氏族構造を有していた上毛野氏は、六世紀後半から七世紀にかけて、氏族のネットワークを生かした対蝦夷政策の遂行を期待された存在であった。当政策を行うためには、各地域の上毛野氏の強い連携が不可欠であり、特に上毛野地域・陸奥地域においては在地に対して同氏が強い影響力を及ぼす必要があったと考えられる。上毛野地域を支配した上毛野国造は、上毛野氏が任命されていたと考えるのが一般的であるが、王権から当地域の最上位の氏族たることを期待されていた同氏が国造に任じられたと指摘でき、上毛野国造の上毛野氏は七世紀には強固な地域支配力を有するに至ったと評価して良いであろう。総社古墳群や放光寺は、七世紀の上毛野地域における卓越した存在として知られているが、その造営については王権・中央の上毛野氏の支援を受けていた、上毛野国造の上毛野氏が密接に関係すると捉えられる。なお、上毛野国造となったのは、放光寺を建立した群馬郡北部域の上毛野氏であり、中央有力氏族化した系統は群馬郡南部域や那波郡域の上毛野氏と想定できる。(26) ただし、在地に氏族の一部を残して、上毛野国造を支援させたなど、現状では様々な可能性が推定できるだろう。

また、対蝦夷政策を効率的に遂行するために、鹿我別を祖とする系統の上毛野氏が浮田国造に任命され、陸奥地域への影響力を強めた状況も想定できる。上毛野氏は陸奥守の上毛野男足(『続紀』和銅元年〔七〇八〕三月丙午条)、陸奥守の上毛野安麻呂(同和銅二年七月乙卯条)、陸奥按察使の上毛野広人(同養老四年九月丁丑条)のように、八世紀前半の対蝦夷政策の要職を歴任するが、かかる上毛野氏のネットワークがあったからこそ、王権は八世紀に至るまで同氏を対蝦夷政策の中心に据えたと思われる。

そして、対蝦夷政策の重要な担い手として王権から特別視された各系統の上毛野氏は、その特権的地位を維持するために氏族の結束を固めていったと考えられる。各系統間で本宗的地位をめぐる競合があったとしても、特殊な地位を保持するため、協調して上毛野地域の支配や対蝦夷政策に尽力していく必要があったといえる。

七世紀中葉の大化元年(六四五)になると、東国に「国司」が派遣されるが、上毛野国造の強い影響力を示す出来事が発生する。『紀』大化元年八月庚子条は、東国「国司」の任務に関する記事であり、その地域にある武具は集公するが、蝦夷と境界を接する場所ではその兵器の数を調査した後に本主に仮授するとある。そして、同大化二年三月辛巳条は東国から帰還した「国司」の罪状報告記事であり、そこには「国司」紀麻利耆拕の罪状として、朝倉氏・井上氏の馬を引いて来させて見物したこと、朝倉氏に刀を製作させ、所持していた弓や布を奪ったこと、国造が集めた武器をそれぞれの持ち主に返還せずに、みだりに国造に渡したことが記されている。朝倉氏の本拠地は、上毛野氏の勢力圏にあたる那波郡朝倉郷域とされることから、麻利耆拖が派遣された地域は上毛野地域にあたる。

このように考えると、麻利耆拖から武器を渡された国造は上毛野国造であり、麻利耆拖は上毛野国造に集めた武器を渡すという不正を行ったということになる。これについては、上毛野国造が上毛野地域の武器を掌握しようとし、麻利耆拖がそれに抗えずに集公した武器を渡してしまったことになると考察されているが、同国造の在地における影響力の大きさを示す出来事と捉えることが可能であり、それは中央から派遣されてきた「国司」に不正をはたらかせるほどであった(27)。この事件によって、上毛野氏は対蝦夷政策を展開する重要な氏族であると同時に、警戒すべき存在ともなった可能性が指摘できる。

それに対し、朝倉氏は孝徳天皇の命令を遵守したということで、天皇から賛辞を賜っている（同条）。上毛野地域における評制の施行については、上毛野国造の国が「某評」となり、それが順次諸評に分割され、同氏の直接的な支配地域が削減されていくというプロセスが復原されている(28)。評制施行期に上毛野氏が王権から警戒される存在となったことは、こうした諸評の分立と無関係ではないだろう。大宝元年の「大宝令」施行によって那波郡となる那波評も、孝徳天皇代以降に成立したとみられるが、上毛野氏とは対照的に、褒賞を受けた朝倉氏がその評造に任命された可能性がある。「朝倉」という郷名に因る氏名、麻利耆拖が刀を造らせてその財を奪うことを躊躇しないのが示唆するように、七世紀前半以前の朝倉氏は上毛野氏の影響下にあった氏族と思われる。少なくとも、上毛野氏のような有力氏族ではない。しかし、七世紀中葉以降、那波郡の有力氏族へと展開し、采女と想定される正七位上の朝倉時（『続紀』天平九年〔七三七〕二月戊午条など）や、軍粮を貢献した外正七位下の朝倉家長（同延暦六年〔七八七〕十二月庚辰条）を輩出する。すなわち、上毛野氏が王権から警戒されるようになった七世紀中葉は、上毛野地域において朝倉氏のような新興勢力が台頭するようになった時期といえる。しかし、孝徳天皇と不仲であった斉明天皇の時代になると、再び上毛野氏の地位が高まっていく。

斉明天皇代は対蝦夷政策が大きく展開する時期である。日本海側では阿倍引田比羅夫が対蝦夷政策を遂行していたが、太平洋側でも三陸地方にまで及ぶ大規模な政策が実施されており、「道奥国司」が大きな成果を収めていた（『紀』斉明五年〔六五九〕三月甲午条）[29]。「道奥国司」については、対蝦夷政策のための氏族ネットワークを有し、八世紀前半まで政策の中心にいた上毛野氏と考えて大過ないであろう。七世紀後半以降、上毛野氏は陸奥地域の対蝦夷政策を展開させたということになるが、孝徳天皇代における「警戒すべき存在」というイメージを払拭するため尽力した結果であろう。そして、王権の歓心を得て勢力を再び高めつつあった上毛野氏は、百済復興の際に前将軍に任命された上毛野稚子（同天智二年〔六六三〕三月条）、『紀』の編纂に諸臣の筆頭として抜擢された上毛野三千（同天武十年〔六八二〕三月丙戌条）など高い地位を有する人物を輩出するに至る。特に、三千は「大錦下」の冠位を帯びており、中央政界においても高い地位にあった[30]。よって、孝徳天皇の時代に地位の向上を果たした朝倉氏などの新興勢力は、斉明天皇代以降に上毛野氏の強い影響を被ることとなったと想定される。

また、七世紀以降、地位を高めつつあった上毛野氏に協調することによって、勢力拡大・保持を図った上毛野地域の氏族も想定できるだろう。例えば上毛野氏と共に「朝臣」を賜与された車持氏・佐味氏・大野氏・池田氏などが候補となり得る[31]。放光寺と共に陸奥地域の寺院にも影響を与えた上植木廃寺（現伊勢崎市）・寺井廃寺（現太田市）[32]を造営した佐位郡域・新田郡域の有力氏族も、上毛野氏と協力して対蝦夷政策に関係していったのではないだろうか。なお、放光寺と上植木廃寺の瓦が別系統ということや、上毛野地域に有力な七世紀の古墳が少なからず存在していることを考慮すると、上毛野氏は当地域の諸勢力を徹底的におさえつけていたのではなく、同地域の支配を円滑に進め対蝦夷政策にも協力させるために懐柔・譲歩を行っていた状況も推測すべきと思われる。上毛野地域の氏族が、上毛野氏と如何なる関係を持っていたのかについては各々考察が必要であるが、少なくとも七世紀の上毛野地域については、上毛野氏の影響力という問題を除外して考えることはできないだろう。

そして、七世紀後半までに各系統の上毛野氏の祖がまとめられ、『紀』編纂期の上毛野氏の系譜が成立したと考えられる。『紀』では荒田別（加耶平定・王仁招聘）・田道（新羅征討・蝦夷征討）のみ複数の伝承があり、これらの祖を重視するスタンスをとる。さらに、『紀』では豊城命と彦狭嶋王の間に八綱田を位置付け、その武功を顕彰している。八綱田は、功績によって「倭日向武日向彦八綱田」の称号を得るが、これは「命」・「王」の称号を持たない八綱田の格を高め、豊城命・彦狭嶋王の系統に組み込むための潤色と想定される。『紀』において八綱田・荒田別・田道が重視されていることは、三千や男足等、『紀』編纂期の最有力系統の上毛野氏がこれらの祖と密接な関係があったことを示しているといえる。また、「国造本紀」浮田国造条において鹿我別が「賀（鹿）我別王」というように格の高い表記をなされているのは、陸奥地域の上毛野氏が鹿我別を特別視していたためであろう。これらのことは、諸系統の上毛野氏によって各々の同氏の系譜が潤色されていたことを示唆しており、『紀』では最有力系統の上毛野氏の主張が反映されているとみなすことができよう。ただし、中央政界で活動していた上毛野氏がすべて同一系統に属するとは限らず、『紀』には複数系統の上毛野氏の思惑が内在していると捉えるのが良いと思われる。

おわりに

本稿では、『紀』編纂時期における上毛野氏の系譜を検討し、群馬系・勢多系・那波系など複数系統の祖が結び付けられており、同氏が別氏族としても良いような、複数の系統を内包する大規模な氏族であったことを指摘した。そして、王権が東国の一大拠点たる上毛野地域の支配や、一大事業となる対蝦夷政策を容易ならしめるため、当地域の心臓部に並存していた有力者に「上毛野君」を付与し、大規模な氏族構造を有する集団「上毛野氏」に編成したと評価した。その氏族構造ゆえに、上毛野氏は上毛野地域の支配や対蝦夷政策に大きな影響を与える存在となり、中央政界においても重要な役割を果たしていく。さらに、上毛野地域では古代寺院の建立に重要な役割を果たし、国司殺害事件にも関与するなど、十世紀に至るまで大きな影響力を持ち続けることになる。

註

（1）志田諄一「毛野氏と同祖と称する氏族とその性格について」（『茨城キリスト教短期大学研究紀要』四、一九六四年）。大塚徳郎『平安初期政治史研究』（吉川弘文館、一九六九年）。黛弘道『上毛野国と大和政権』（上毛新聞社、一九八五年）。鬼頭清明「上毛野・下毛野氏の系譜伝承と氏の構造」（『東洋大学大学院紀要』二六、一九九〇年）。前沢和之「豊城入彦命系譜と上毛野地域」（『国立歴史民俗博物館研究報告』四四、一九九二年）。関口功一『東国の古代氏族』（岩田書院、二〇〇七年）。小池浩平『古代東国のフロンティア・上毛野』（みやま文庫、二〇一七年）など。
（2）拙稿「律令以後における上毛野氏・下毛野氏」（『群馬文化』三一〇、二〇一二年）。
（3）小野里了一「「毛野君」から上毛野・下毛野君へ」（『東アジアの古代文化』一三二、二〇〇七年）。
（4）拙稿「東国の国造制」（篠川賢・大川原竜一・鈴木正信編『国造制の研究』八木書店、二〇一三年）。
（5）鬼頭氏前掲註1論文。
（6）前沢氏前掲註1論文。
（7）小野里氏前掲註3論文。
（8）篠川賢「「国造本紀」の再検討」（『日本古代国造制の研究』吉川弘文館、一九九六年）。
（9）鬼頭清明氏は「朝臣」姓の上毛野氏を本宗家とみる（鬼頭氏前掲註1論文）。
（10）小池氏前掲註1書。
（11）小池浩平「上毛野氏及び上毛野―上野国地域と蝦夷政策との関連（1）」（『群馬県立歴史博物館紀要』一九、一九九八年）。
（12）笹川尚紀「上毛野氏の外交・外征をめぐって」（『古代文化』五七―三、二〇〇五年）。
（13）加藤謙吉「尾張氏・尾張国造と尾張地域の豪族」（篠川賢・大川原竜一・鈴木正信編『国造制の研究』八木書店、二〇一三年）。

（14）小池浩平「古代上毛野地域の氏族支配構造と上毛野氏」（『ぐんま史料研究』二〇、二〇〇三年）。
（15）右島和夫「東国における終末期の畿内型石室」（河上邦彦先生古希記念会編・発行『河上邦彦先生古希記念献呈論文集』、二〇一五年）。高塚古墳（現榛東村）との関係も注目されよう（小池氏前掲註1書）。
（16）前沢和之『古代東国の石碑』（山川出版社、二〇〇八年）。
（17）右島和夫「後期後半から終末期の上毛野」（右島和夫・若狭徹・内山敏行編『古墳時代毛野の実像』雄山閣、二〇一一年）。
三浦茂三郎「群馬県における後・終末期古墳からみた律令制郡領域の研究Ｉ」（『群馬県立歴史博物館紀要』三一、二〇一〇年）。ここで問題とする石室は、右島和夫氏が注目したタイプのものである。
（18）長山古墳の全長は八五メートル、大屋敷古墳は八九メートル、上両家二子山古墳は八〇メートルと復元され、大型前方後円墳とみなして良いであろう（前橋市教育委員会事務局文化財保護課『朝倉・広瀬古墳群』二〇一五年）。
（19）内山敏行「装飾付武器・馬具の受容と展開」（『馬越長火塚古墳群』〈豊橋市埋蔵文化財調査報告書第一二〇集〉豊橋市教育委員会、二〇一二年）。
（20）拙稿前掲註4論文。現状では、那波郡に上毛野氏が居住していたことを証明する史料は見出せないが、注意されるのが同郡を本貫とした檜前綱主である。承和十四年（八四七）、綱主は氏姓を「檜前公（君）」から「上毛野朝臣」と改め、上毛野氏の一員となっている（『続日本後紀』承和十四年十月癸巳条）。八世紀中葉以降、「上毛野君」の氏姓を賜与されて上毛野氏となっていく田辺氏が散見されるが、いきなり「上毛野朝臣」が賜与されなかったのは、上毛野氏と完全に同化して氏族秩序が乱れることを抑制するための国家・上毛野氏の意向によるものとみられる（拙稿前掲註2論文）。それにもかかわらず、綱主が「上毛野君」の段階をふまずに「上毛野朝臣」となることが可能だったのは、その祖は上毛野氏であったが、後の造籍などの際に檜前氏とされた経緯があったためと推測できるかもしれない。
（21）拙稿「駿河中部の氏族とヤマト王権」（篠川賢・大川原竜一・鈴木正信編『国造制・部民制の研究』八木書店、二〇一七年）。
（22）岡安光彦「壬申の乱における兵器と兵士」（『土曜考古』三五、二〇一三年）。
（23）この頃より移民政策などの国家的プロジェクトが開始される（熊谷公男『古代の蝦夷と城柵』〈吉川弘文館、二〇〇四

年）。高橋誠明「古代社会と地域間交流」（国士舘大学考古学会編『古代社会と地域間交流』六一書房、二〇〇九年）。菅原祥夫「律令国家形成期の移民と集落」（熊谷公男編『蝦夷と城柵の時代』吉川弘文館、二〇一五年）。

（24）拙稿前掲註4論文。

（25）拙稿前掲註2論文。

（26）拙稿前掲註4論文。

（27）井上光貞「古代の東国」（『万葉集大成』五、平凡社、一九五四年）。

（28）川原秀夫「上野における郡家地域の景観と郡司」（『国史学』一九八、二〇〇九年）。

（29）永田英明「城柵の設置と新たな蝦夷支配」（熊谷公男編『蝦夷と城柵の時代』吉川弘文館、二〇一五年）。

（30）拙稿「上毛野三千」（加藤謙吉編『日本古代の氏族と政治・宗教』上、雄山閣、二〇一八年）。

（31）旧稿において私見をまとめたが（拙稿「「東国六腹朝臣」小考」〔『学術研究論集』（明治大学文学部）五、二〇一五年〕）、この問題については改めて論じることにする。

（32）佐川正敏「東北への仏教の伝来と寺院造営・瓦生産」（熊谷公男編『蝦夷と城柵の時代』吉川弘文館、二〇一五年）。小池氏前掲註1書。

和気清麻呂と「和氏譜」

中川　久仁子

はじめに

『日本後紀』延暦十八年（七九九）二月乙未条の和気清麻呂薨伝には、「奉二中宮教一。撰二和氏譜一奏レ之。帝甚善レ之。」とある。[1]

この「和氏譜」については、和気氏の家譜説もあるが、[2]「奉二中宮教一」とあることから、桓武天皇の生母である高野新笠の出身氏族・和氏の家譜説が定着している。[3]

しかし、「家譜」や「家伝」、「家牒」や「家記」といったものは、本来当事者が作成するべきものであろう。なぜ和気清麻呂が、他氏である和氏の家譜を撰したのであろうか。

これまでは、清麻呂が中宮大夫の地位にあり、彼の薨伝には「練二於庶務一。尤明二古事一。撰二民部省例廿巻一」とも記されていることなどから、立場、能力ともに適任であったがゆえと解されてきたが、果たして本当にそれだけなのか。改めて問い直してみたい。

一　高野新笠と中宮職

『続日本紀』延暦八年十二月壬子条によれば、光仁天皇は「龍潜之日」、すなわち彼が白壁王であったときに和乙継の女新笠と婚姻関係を結び、のちに桓武天皇となる山部親王、早良親王、能登内親王の母となった和新笠は、宝亀年中に「高野朝臣」と改姓された。おそらくそれは、白壁王が即位し、宝亀と改元されて間もない時期のことではなく、聖武天皇の皇女井上内親王が光仁の皇后、二人の間に生まれた他戸親王が皇太子とされたものの、それぞれの地位を廃されることとなり、山部親王が新たに皇太子に立てられる運びとなった宝亀四年（七七三）正月あたりか、それ以降のことであろうと思われる。その後新笠は、宝亀九年正月には従四位下から従三位へと昇叙し、山部親王が即位、早良親王が立太子した天応元年（七八一）四月には、皇太夫人とされた。

それにともない、同年五月に中宮職が設置され、参議宮内卿正四位上大伴宿禰伯麻呂が中宮大夫、従五位下大伴宿禰弟麻呂が亮に任じられた。『続日本紀』によって確認できる中宮職の官人は以下のとおりである。

天応元年五月乙亥　始置㆓中宮職㆒。以㆓参議宮内卿正四位上大伴宿禰伯麻呂㆒為㆓兼中宮大夫㆒。衛門督如㆑故。従五位下大伴宿禰弟麻呂為㆑亮。左衛士佐如㆑故。外従五位下伊勢朝臣水通為㆓大進㆒。外従五位下上毛野公薩摩。外従五位下物部多芸宿禰国足。並為㆓少進㆒。

延暦元年五月己亥　正四位下藤原朝臣鷹取為㆓中宮大夫㆒。侍従越前守如㆑故。（同年二月に前任の大伴伯麻呂薨）

六月壬申　以㆓従四位下紀朝臣家守㆒為㆓中宮大夫㆒。内蔵頭如㆑故。（前任の藤原鷹取は父魚名大臣罷免に伴い石見介に左遷）

九月辛亥　以㆓内匠頭正五位下葛井連道依㆒為㆓兼中宮亮㆒。

延暦二年二月壬申　外従五位下物部多芸宿禰国足為㆓中宮大進㆒。

延暦三年七月壬午　近衛中将正四位上紀朝臣船守為㆓兼中宮大夫㆒。内厩頭。常陸守如㆑故。（同年四月に前任の紀家守卒）

延暦五年二月丁丑　中納言従三位石川朝臣名足為㆓兼中宮大夫㆒。（前任の紀船守は延暦四年十一月に中納言に任官）

四月庚申　従四位上石川朝臣豊人為㆓中宮大夫㆒。（前任の石川名足は同日に兼皇后宮大夫に任官）

十月甲子　正五位下高賀茂朝臣諸魚為二中宮亮一。
延暦七年二月丙午　従四位上和気朝臣清麻呂為二中宮大夫一。民部大輔摂津大夫如レ故。[4]
延暦八年三月戊午　従五位下百済王仁貞為二中宮亮一。

これによれば、新笠が崩御する延暦八年十二月までの間に任じられた中宮大夫は七人であり、和気清麻呂はその最後の中宮大夫ということになる。

二　中宮大夫と「家譜」撰修

「養老職員令」中宮職条には、「大夫一人。掌。啓令吐納」とある。つまり中宮大夫の職掌は、「奏請。宣伝」という尚侍のそれと似たものであり、そこには式部卿の管掌事項中にあるような、「功臣家伝田事」といった文言は含まれておらず、『令義解』に「謂、有功之家、進二其家伝一、省更撰修」とあるような解釈が生じる余地も存在しない。また、「和氏譜」はその名称から「和氏の家譜」であろうと理解されているが、和氏は「功臣」として「家伝」の上進を求められるような氏族でもない。にもかかわらず、「奉二中宮教一」って「和氏譜」が作成され、それを「帝甚善レ之」んだというのは、この「和氏譜」を必要としたのが時の帝である桓武であり、彼のために特別に撰せられたものだからなのであろう。

それでは、「和氏譜」とはいったいどういったものであったのか。

「和氏譜」という名称のほかは逸文すら伝わっていないものの、『続日本紀』延暦八年十二月壬子条の高野新笠の小伝、

葬二於大枝山陵一。皇太后姓和氏。諱新笠。贈正一位乙継之女也。母贈正一位大枝朝臣真妹。后先出レ自二百済武

寧王之子純陀太子一。皇后容徳淑茂。夙著二声誉一。天宗高紹天皇龍潜之日。娉而納焉。生二今上。早良親王。能登内親王一。宝亀年中。改レ姓為二高野朝臣一。今上即位。尊為二皇太夫人一。九年追上二尊号一。曰二皇太后一。其百済遠祖都慕王者。河伯之女感二日精一而所レ生。皇太后即其後也。因以奉レ謚焉。

に含まれている、「后先出レ自二百済武寧王之子純陀太子一」、「其百済遠祖都慕王者。河伯之女感二日精一而所レ生。皇太后即其後也」というような文言、あるいは、『新撰姓氏録』の左京諸蕃下「和朝臣　出自百済国都慕王十八世孫武寧王也」といった内容が記されていたのであろうと考えられている。

つまり、井上内親王を母とする他戸親王に比し、母方の出自が劣る桓武の系譜を、「百済武寧王之子純陀太子」と結び付けることによって格上げすることが「和氏譜」撰修の目的であった。

また、「和氏譜」は「和氏の家譜」であろうとされるが、「家譜は文章体で、一家の始祖に始まる歴代の続柄・経歴・事績を書きあげるのが特徴[5]」であるとすると、「和氏譜」にもそれらが記されていたものと考えられる。単なる系譜のみならず、たとえば新笠についてなら、「皇后容徳淑茂。夙著二声誉一」といった評伝も加えられていたであろう。

ところで、この「和氏譜」撰修の企画が持ち上がったのは、いったいいつ頃のことなのであろうか。

「家伝」や「家譜」といったものの編纂には、それなりの時間が必要となる。先にみた和気清麻呂薨伝に随えば、中宮大夫になって以降、清麻呂がひとりで取り組み完成させたということになろうが、それ以前から進められていた作業が最後の中宮大夫のときにまとめられた、ということも考えられよう。

和気清麻呂が中宮大夫に任じられたのは延暦七年二月、高野新笠が崩御するのは同八年十二月である。

和新笠に「高野朝臣」が賜姓された宝亀年間にはすでに、皇太子の生母の出自を取り繕おうとする働きかけが存在したものと思われる。桓武即位後の延暦二年四月丙寅条に「左京人外従五位下和史国守等卅五人賜二姓朝臣一」とあるのも、同様の動きといえよう。こういった改賜姓の折に、「家譜」編纂の話が持ち上がってもおかしくはない。

ここで改めて確認したいのは、中宮のために「家譜」を撰修するといった職掌は、中宮大夫にはない、ということである。本来ならば和氏に属する誰かが担うべきものであり、適当な人材が見当たらないのであれば、それにふさわしい人物に依頼し作成すべきものであろう。

しかし、そもそも和氏は『令義解』にいう「家伝」を撰進するような「有功之家」ではない、という問題もある。あるいはそこに、和氏という弱小氏族にかわり、中宮職という公の機関が中宮の「家譜」を撰修する必然が生まれたのかもしれない。

撰修の開始がいつからであったにしても、和気清麻呂がそれに関わったことは確かであるとするならば、完成は高野新笠の晩年か、崩御後ということになる。延暦八年三月に百済王仁貞が中宮亮に任じられているのも、「和氏譜」との関連が指摘されている。[6]「和氏譜」は、百済王氏の承認を得て、桓武が「百済王等者朕之外戚也」(『続日本紀』延暦九年二月甲午条)と表することを可能にするために作られたともいえるからである。

そういう背景を踏まえると、百済王仁貞の中宮亮就任は納得のいくものであるといえるが、その一方で、渡来系氏族でもない和気清麻呂が「和氏譜」編纂に関わったのはなぜなのかという疑問は、より大きくならざるをえない。

もちろん、中宮大夫の職掌は「啓令吐納」なのであり、中宮のための「家譜」編纂を主目的とした人選ではないということもあり得るが、わざわざ薨伝に特筆されているところをみると、清麻呂は「和氏譜」編纂に際し、単に中宮職の長官という立場にいたというだけではない働きをなしたものと考えられよう。これまでは、清麻呂は『民部省例』も撰しており、「練㆓於庶務㆒。尤明㆓古事㆒」という彼の能力ゆえと解されてきた。『続日本紀』天応元年十一月壬申条には、「授㆓従五位下和気朝臣清麻呂従四位下㆒。明経紀伝及陰陽医家。諸才能之士。賜㆓糸各十絇㆒」とあることから、「この措置が全体として学問などに優れた人物に対する褒賞の意味をもったことがわか」り、清麻呂が「文人的な人物として扱われた可能性がある」という指摘もある。[7]しかし、そういう面だけでいうならば、同等の才能を有した人材はまだほかにもいそうである。

たとえば、皇太子安殿親王の東宮学士や図書頭をつとめ、後年『続日本紀』の撰修に携わることにもなる菅野真道のような人物の方が、より適任であったとはいえまいか。延暦九年に真道が津連を改めて菅野朝臣の氏姓を賜わった際には、仁貞をはじめとする百済王氏の人々が立ち会ってもいる。この『続日本紀』延暦九年七月辛巳条の上表文に「真道等本系出レ自二百済国貴須王一」とあることからみても、真道であれば、他氏でありながら「和氏譜」の編纂に携わったとしても、それほどの違和感はない。「夫百済太祖都慕大王者。日神降レ霊」と述べられているのも、同年正月壬子条の「其百済遠祖都慕王者。河伯之女感二日精一而所レ生。皇太后即其後也」と通じている。

また、皇太子傅として安殿親王の元服の際には加冠役もつとめた藤原継縄の子である乙叡は、『日本後紀』大同三年（八〇八）六月甲寅条の薨伝に「母尚侍百済王明信被二帝寵渥一。乙叡以二父母之故一。頻歴二顕要一。至二中納言一」とあるように、桓武の寵を蒙った百済王明信から生まれ、「父母之故」に重用されたとされる。明信は百済王氏の一員であり、尚侍でもあった。桓武の意向を受け、「和氏譜」編纂の企図や、それを委ねる人材選びに関与したということも考え得る立場といえよう。

『続日本紀』延暦七正月甲子条に、

皇太子加二元服一。其儀。天皇皇后並御二前殿一。令二大納言従二位兼皇太子傅藤原朝臣継縄。中納言従三位紀朝臣船守両人一。手加二其冠一。了即執レ笏而拝。有レ勅令三皇太子参二中宮一。

とあるように、継縄も臨席した安殿皇太子の元服の儀は、天皇皇后の御前で執り行われた。その儀式を終えた後、安殿は勅によって祖母である中宮のもとに赴いているが、これは、光仁と高野新笠を父母にもつ桓武、早良兄弟による皇位継承は潰えたものの、新皇太子もまた、高野新笠に連なる者であることを再認識させるための措置でもあったように思われる。皇太子の元服という公的な儀式における、それを言祝ぐ両親と祖母という私的な関係。そういった場に皇太子傅として居合わせた継縄もまた、妻と同様、天皇の母の「家譜」を作成しようという企図に参画するにふさわしい地位におり、自らの息子にそれを委ねることを進言してもよさそうなものである。

そのほか、歴代の中宮大夫の中には、桓武と姻戚関係にある藤原鷹取や、紀船守もいる。(8) 公的な立場に加え、個人的にも桓武と結びついた人物ならば、彼の生母の「家譜」編纂も行ないやすかったのではあるまいか。

だが、実際に中宮大夫として「和氏譜」を撰したのは、和気清麻呂であった。そこには、清麻呂でなければならない理由があったはずである。(9)

三　高野新笠と「高野天皇」

「功臣家伝」の撰進を職掌に含む式部卿の任命に、それに適した才の持ち主であるかが問われた形跡はうかがわれない。式部卿が実際に筆を執り、実務を行うわけではないのであるから、むしろそれも当然といえる。それは、本来は職掌にない中宮の「家譜」を撰進することとなった中宮大夫も同様であると思われる。中宮職において中宮の「家譜」を作成しようとなったとき、その長である中宮大夫が筆が立つかどうか、あるいは編集能力の有無といったところが最重要視されたのではあるまい。

それでは、このときの中宮大夫の選考の決め手となったのは、いったいどういった点であったのか。

「和氏譜」が必要とされたのは、称徳天皇が崩御し、光仁天皇の即位とともに立后・立太子した井上内親王と他戸親王の廃位によって、新たな皇位継承者となった山部親王の母に、それにふさわしい出自が求められたためである。それゆえに和氏の一部は史から朝臣とされ、そこからさらに進んで、その祭祀形態から本来は東漢氏系氏族であるはずの和氏が、百済王家へと結びつけられることとなった。(10) 先にみた『続日本紀』延暦九年正月壬子条には「后先出ㇾ自二百済武寧王之子純陀太子一」とあるが、「純陀太子」の名は『三国史記』等には記載がない。ただ、『日本書紀』継体天皇七年（五一三）八月戊申条には『書紀』独自の記事として「百済太子淳陀薨」とあって、おそらくはこういったものを参考にして、「和氏譜」は作成されたのであろうと考えられる。武烈天皇七年（五〇五）四月条の、

百済王遣㆓期我君㆒進㆑調。別表曰。前進㆑調使麻那者、非㆓百済国主之骨族㆒也。故謹遣㆓斯我㆒、奉㆑事㆓於朝㆒。遂有㆑子。曰㆓法師君㆒。是倭君之先也。

なども念頭にあったのかもしれない。

そして、もうひとつ。

「和氏譜」には乙継の女として新笠の名も記されていたであろうが、そこには、乙継と新笠が「高野朝臣」を賜ったことも述べられていたはずである。この「高野朝臣」賜姓については、称徳天皇の別称「高野天皇」との関係が指摘されている(11)。

光仁天皇は、『続日本紀』宝亀元年八月癸巳条にあるように、先帝称徳の「遺宣」によって、皇太子の地位を経て即位した。光仁は称徳の異母姉妹である井上内親王を妻としており、なおかつ二人の間には他戸親王が生まれていた。光仁と称徳は義兄妹の関係にあったのであり、光仁の後は、称徳の甥にあたる他戸が皇位を継承するという筋書きが描かれていたのであろう。光仁自身は天智天皇の孫、施基親王の第六皇子であるが、聖武の女婿であり、称徳の義兄という立場に重きが置かれたのである。実際に、光仁は即位すると、井上内親王を皇后、他戸親王を皇太子とする。

しかし、宝亀三年三月癸未条によれば、井上内親王は「坐㆓巫蠱㆒」として皇后を廃され、五月丁未条には、皇太子の位に「謀反大逆人之子」はふさわしくないとして、他戸親王も廃太子とされたことが記されている。

その結果、新たに皇太子とされた光仁の長子である山部親王は、称徳とはなんの繋がりももっていない。和新笠を母とすることは、皇位継承者としての彼の利点にはならず、むしろ負の要素でしかなかったろう。天皇として即位してまもない延暦元年閏正月には、井上内親王の妹不破内親王の子である氷上川継による謀叛事件が起きている。確かに、川継の父塩焼王は天武皇孫、母不破内親王は聖武皇女である。しかしその父は藤原仲麻呂に擁立されようとして斬に処せられ、母は異母姉称徳を呪詛したとして流罪となった過去をもつ。川継はまさに「謀反大逆人之子」であるにもかかわらず、それでも山部親王よりは川継の方がより皇位にふさわしいとする声が依然として存在したのである。

だからこそ、山部親王と、彼を後継者とした光仁天皇は、なんらかの対策を取る必要に迫られた。そこで行われたのが、出自の劣る生母の待遇改善であり、さらには皇太子の婚姻政策が進められたのではなかったか。

天平宝字八年（七六四）十月に無位から従五位下に叙されたとき、山部親王は二八歳であった。それ以前にどのような人生を送っていたのか、史料には何も残されていない。わかるのは、その後、宝亀元年八月に大学頭、侍従、同二年三月には中務卿という官歴を経て、四年正月に立太子したということである。

そうして、『続日本紀』延暦九年閏三月甲午条の崩伝に「今上之在二儲宮一也。納以為レ妃」とあるように、内臣藤原良継の女乙牟漏が皇太子妃とされた。長子である安殿親王の誕生が宝亀五年であることから、立太子後、それほど時を経ずして乙牟漏は妃に選ばれたものと思われる。称徳の「遺宣」を受けた左大臣藤原永手は宝亀二年にすでに薨去しており、上位に右大臣大中臣清麻呂はいるものの、宝亀八年九月丙寅条の薨伝に「専政得レ志。升降自由」とある良継は、頼りになる外戚をもたない皇太子の力強い後ろ盾となったであろう[12]。

そしてもうひとり、光仁と井上内親王との間に生まれた酒人内親王は、井上内親王が宝亀三年三月に皇后の位を廃され、それにともない同母弟の他戸親王が「謀反大逆人之子」はその地位にふさわしくないとして五月に廃太子となった後の同年十一月に、伊勢斎宮に卜定された。さらに、「初井上内親王坐二巫蠱一廃。後復厭二魅難波内親王一」として「詔幽二内親王及他戸王于大和国宇智郡没官之宅一」（宝亀四年十月辛酉条）された後となる、宝亀五年九月に伊勢へと下向するが、翌年四月に母と弟の死去により、斎宮の任を解かれて帰京したものと思われる。この酒人内親王の薨伝（『東大寺要録』巻十　天長六年（八二九）八月丁卯条）には「桓武納二之掖庭一、寵幸方盛、生二皇子朝原内親王一」とあるが、朝原内親王は宝亀十年の生まれであることが『日本紀略』弘仁八年（八一七）四月甲寅条に「二品朝原内親王薨。遣レ使監二護喪事一。親王者、皇統弥照天皇第二之女也。母曰二酒人内親王一。年卅九」とあることからわかる。つまり、宝亀六年四月以降同九年頃までに、酒人は皇太子妃とされたということになる。「謀反大逆人之子」を皇太子の座につけておくことはできないとして他戸親王を廃しておきながら、同じく「謀反大逆人之子」を皇太子妃として、聖武天皇の孫娘から生まれた子を次の皇位継承者とする道が模索されていたといえよう。桓武と酒人の所生子として知られるのは朝原内親王のみであり、この計画は実を結ぶことはなかったが、祖母や母と同じく伊勢斎宮に卜定された朝原が任を解かれた後に安殿皇太子妃となっていることからみて、桓武朝になってからもこの方針は存続していたものと思われる。

皇太子山部親王の配偶者選定は、父である光仁天皇の同意なしには行われえない。藤原氏から乙牟漏を迎え、伊勢から帰京した酒人内親王を納れる。それは皇太子の恣意的な選択などではなく、公的に望まれた政策であった。即位の後、桓武は自らも乙牟漏所生の安殿皇太子と、酒人内親王所生の朝原内親王の異母兄妹を娶わせている。聖武の皇統と決別し、父である光仁を始祖とする新王朝の確立を目指す一方で、前朝からの系譜をすべて否定し消し去るのではなく、それも含めて活かそうとしようとしたのであろう。聖武の曾孫であり、父母双方から光仁の孫娘となる朝原が、皇太子妃となり、次期皇位継承者の母となることは、もっとも望ましい理想的な帰結であったといえよう。皇太子の生母への「高野朝臣」賜姓にも、同様の意図があったのではあるまいか。

『続日本紀』宝亀元年八月丙午条に「葬㆓高野天皇於大和国添下郡佐貴郷高野山陵㆒」とあるように、聖武天皇の女阿倍内親王は、天平宝字二年（七五八）に「上台宝字称徳孝謙皇帝」の尊号を上られたほか、「高野天皇」とも称された。この「高野天皇」が崩御した記憶もまだ新しい宝亀年間に、和史新笠に「高野朝臣」の氏姓が賜与されたのは、偶然ではあるまい。「高野」は諱ではなく、正式な尊号でもないが、前天皇を想起させる呼称ではある。本来ならば、敬して遠ざけるべきものであろう。にもかかわらず、敢えて「高野」が選ばれたのには、それ相応の理由があったはずである。「高野朝臣」が新笠とその父のみにしか許されていないのも、その特異性を際だたせているといえよう。

それでは、和新笠とその父は、どうして「高野朝臣」とされたのか。[13]

新笠は、「后先出㆑自㆓百済武寧王之子純陀太子㆒」として、百済王家の末裔であるかのように出自を取り繕われている。それゆえに桓武は「百済王等者朕之外戚也」と語り、百済王氏を寵遇した。しかしその一方で、『日本後紀』

延暦二三年四月辛未条に、

中納言従三位和朝臣家麻呂薨。詔贈二従二位大納言一。家麻呂。贈正一位高野朝臣弟嗣之孫也。其先百済国人也。為レ人木訥。無二才学一。以二帝外戚一。特被二擢進一。蕃人入二相府一。自レ此始焉。可レ謂二人位有レ余。天爵不レ足。其雖レ居二貴職一。逢二故人一者。不レ嫌二其賤一。握手相語。見者感焉。時年七十一。

とあるように、彼らはあくまでも「蕃人」なのであった。和家麻呂が高野乙継の孫であるならば、桓武の従兄弟ということになる。その恩恵によって中納言従三位の地位にまで昇っても、「蕃人」と評されてしまう。その事実は、どうやっても消し去ることはできない。いくら渡来系氏族内での地位を向上させたとしても、そこには自ずから限界があった。

そこにこそ、「高野朝臣」賜姓の必要があったのではなかろうか。百済王家のみならず、「高野朝臣」を名乗らせることによって、和新笠を「高野天皇」と結びつけようとしたのである(14)。

宝亀年間に「高野朝臣」という氏姓を目にし、耳にした人々は、自然と前代の「高野天皇」を思い浮かべたことであろう。どうして新帝光仁の夫人のひとりが、あえて「高野朝臣」とされたのか。「高野天皇」と井上皇后は異母姉妹であったが、和新笠とはどんな関係があったのか。そんな疑問を抱いたとしても不思議はない。

それに対する答えが、「和氏譜」には記されていたのではなかったか。

そして、それを可能にするために必要とされたのが、「高野天皇」の寵臣であった和気広虫であり、だからこそ弟の清麻呂が中宮大夫に任じられたのである。

四　和気清麻呂と中宮大夫

和気広虫・清麻呂姉弟と「高野天皇」の関係をもっとも端的にあらわしているのは、神護景雲三年（七六九）に起きた、いわゆる「宇佐八幡神託事件」であろう。はじめ宇佐への使いにと指名されたのは広虫であり、実際に派遣されたのは清麻呂であった。広虫、清麻呂双方ともに、宇佐八幡の神意を確かめるという重大な役割を任せるに足る人物であるという評価を得ていたことは、周知の事実であった。清麻呂の薨伝にも、清麻呂は「与㆓姉広虫㆒共事㆓高野天皇㆒。並蒙㆓愛信㆒」とあり、広虫に対しては「委以㆓腹心㆒」とも記されている。天平宝字八年の「恵美押勝の乱」の際には、三七五人を斬に処そうとした天皇を彼女が「切諫」したことにより、彼らは罪一等を減じられたともいう。

しかし、宇佐から戻った清麻呂の奏言は天皇の意に染まず、清麻呂は因幡員外介とされた上に「別部穢麻呂」と改名させられ、さらに大隅国へと流された。女帝に従い出家し「法均」となっていた広虫も、還俗させられ「別部狭虫」として備後国へ配流される。二人が帰京を許されるのは、「高野天皇」崩御後のことであった。

二人を呼び戻したのは新帝光仁であるが、その子である桓武もまた、この姉弟に信をおいた。「高野天皇」の「腹心」であった広虫を、その卒伝によれば桓武も「甚信重」く、清麻呂薨伝には「諸侍従臣。毀誉紛紜。未㆑嘗聞㆔法均語㆓他過㆒」と勅したとさえある。

そういった経歴と評価をもつ広虫であれば、白壁王の妃のひとりであった和新笠と「高野天皇」との「秘話」のようなものを、語ることもできたのではなかろうか[15]。白壁王を皇嗣とするよう「遺宣」した「高野天皇」は、その生前から、彼と他戸親王を自らの皇位継承者と見なしていたことになる。そうであるならば、井上内親王よりも先に白壁王と婚姻関係を結び、他戸親王よりも年長の男児をもつ和新笠に、自分の亡き後も私心なく井上内親王に仕え、支えるようにという言葉を帝は密かに託していた、というような話をまことしやかに広めることも、広虫であればできたのではないか。

高野新笠の居所は、『続日本紀』延暦元年十一月丁酉条に「叙㆓田村後宮今木大神従四位上㆒」とある「田村後宮」であったとされる[16]。この「田村後宮」は、もとは藤原仲麻呂の邸宅であった「田村第」であり、天平勝宝四年（七五二）の大仏開眼のおりには孝謙天皇の御在所とされ、天平宝字元年五月辛亥条にも「天皇移㆓御田村宮㆒。為㆑

改二修大宮一也」とあって、一時的に「高野天皇」が渡御していた。山部親王も母とともに「田村後宮」にいたとされるが、立太子して後の宝亀六年三月己未条には「置二酒田村旧宮一。群臣奉レ觴上レ寿。極レ日尽レ歓。賜レ禄有レ差」、宝亀八年三月癸丑朔条には「置二酒田村旧宮一。賜レ禄有レ差。授二外従五位下内蔵忌寸全成従五位下一」とあり、この「田村旧宮」も「田村後宮」であるならば、天皇と皇太子、そしてその母も臨席しての宴であったのかもしれない。かつて「高野天皇」も御在所とした「田村旧宮」の女主人として、高野新笠の存在を印象付ける格好の機会となったであろう。「高野天皇」の移御には広虫も随従していたであろうし、こうした事実もまた、「高野天皇」と高野新笠を結びつける材料として利用されたのかもしれない。

「高野天皇」の信厚く、寵遇を得ていた和新笠だからこそ、「高野朝臣」を特別に賜与されえたのである、という文脈の創造。

そのために必要とされたのが、和気清麻呂と広虫姉弟であったのである。

和気広虫は延暦十八年一月に、七十歳で亡くなった。そして、同年二月乙未条の清麻呂薨伝に「与二弟卿一約レ期云」とあるように、清麻呂もその翌月に六七歳で没している。

姉弟で「約レ期」して世を去ったというのも、「友于天至。姉弟同レ財。孔懐之義。見レ称二当時一」という評言も、姉弟の関係性の緊密さを強調しているが、『続日本後紀』延暦十八年一月乙丑条には広虫の卒伝があるにもかかわらず、その簡潔な卒伝に「事見二清麻呂語中一」とあるように、清麻呂の薨伝中により詳しい広虫についての記述が含まれているのも、特異であるといえよう。「宇佐八幡神託事件」で果たした役割も、本来は広虫に課せられたものを清麻呂が肩代わりしており、この姉弟のあり方は「一心同体」とでもいった受け止められ方をしていたように見受けられる。「奉二中宮教一」じて「和氏譜」を奏上したのは清麻呂であるが、その影に広虫の働きがあったということは、充分にありうるのではなかろうか。

「和氏譜」が撰修されたのは、即位してもなお、桓武がその出自についての負い目を克服し切れていなかったことのあらわれでもある。光仁上皇を父に、中宮高野新笠を母にもつ桓武天皇、早良皇太子という体制は、延暦四年に早良が廃太子となったことで挫折した。傷を負っての船出となった、桓武天皇と乙牟漏皇后、安殿皇太子という新体制は、早良の怨霊に苦しめられることになるが、だからこそ、早良の母であり、安殿の祖母である高野新笠の存在は、重きを増したのかもしれない。皇太子の元服という節目に際し、皇太子をわざわざ祖母のもとに向かわせて、公に言祝がせる。そこには、改めて早良の母の承認を得る、という意味合いも含まれていたのではあるまいか。

そうした中で撰修されたのが、「和氏譜」なのである。

百済王家からはじまって、現帝の生母である新笠へとつづく系譜が綴られる中、和新笠への「高野朝臣」賜姓についても記されていたであろう。皇位継承者となるには母方の出自を問題視される桓武ではあるが、その母は、渡来系とはいっても百済王家の末裔であり、なおかつ「高野天皇」に連なる名を受け継ぐことを許されるほどの関係を、先帝との間に築いていた。井上皇后と他戸皇太子は廃位となり、山部親王がその後を襲うこととはなったけれど、はじめから敵対していたわけではない。やむを得ない仕儀でこういうことにはなったものの、あくまでも先帝の遺志を尊重し、「高野天皇」の意向に添おうという姿勢に変わりはない。井上内親王の娘である酒人内親王を皇太子妃として迎えたのは、その証である。「高野朝臣」を名乗ることを許された者の所生子の即位に、危ぶまれるような点はまったくない。

「和氏譜」には、そう納得させうる記述が「中宮教」のもとに加えられた。「高野天皇」をよく知る和気広虫の助言も有効であったろうし、単に広虫がその場にいるだけでも、説得力が弥増したということもあったかもしれない。

百済王家への結びつけと、「高野天皇」との関連づけ。「和氏譜」にはその両方が必要であった。

そこにこそ、中宮大夫に和気清麻呂、中宮亮に百済王仁貞という顔触れでもって、「和氏譜」が編纂された理由と意義があったのである。

むすびにかえて

『続日本紀』延暦三年十一月戊戌朔条には、「勅曰。十一月朔旦冬至者。是歴代之希遇。而王者之休祥也。朕之不徳。得二値於今一。思行二慶賞一。共悦二嘉辰一。王公已下。宜レ加二賞賜一。京畿当年田租並免レ之」として、日本での最初の朔旦冬至の記事がみえる。

「朔旦冬至」とは陰暦十一月一日が冬至にあたることで、十九年に一度めぐってくる。この「朔旦冬至」に際し、和気氏と百済王氏は、「氏爵」に与るようになる。即位式や大嘗会などの「代替り」儀式においては、伴氏、佐伯氏とともに四氏での叙爵であるが、「朔旦冬至」の場合は、和気、百済王氏の両氏のみであった。

即位儀礼、「朔旦冬至」どちらの叙位における「氏爵」も、「天武系から天智系へと皇統が変化する光仁・桓武朝における、王権への功労やその際の「代替り」儀式での奉仕に由来」するとされ、「清和朝から顕著化し、十世紀初め以降に定着」した。そして、「朔旦叙位の詔には、叙爵の対象者として、九世紀段階では「其門蔭久絶」とあるものが、十世紀初め（延喜十七年）から「其功臣末葉」に変化」する。[17]

百済王氏が「代替り」儀式や「朔旦冬至」において厚遇されるのは、百済王氏が和氏の宗家として、桓武の「外戚」という立場を得ていたからこそであるといえる。和気氏の場合は、「宇佐八幡神託事件」における清麻呂や広虫の働きによるものであることは疑いないが、その後、清麻呂の男真綱が天長十年四月に派遣されて後、「宇佐和気使」として宇佐八幡に新帝即位を告げて奉幣する役目を負うようになったことも大きかった。天皇の「代替り」儀式に加え、「朔旦冬至」においても特に恩寵を蒙る百済王氏、和気氏は、ともに十九年に一度「朔旦冬至」を迎えるたびに、「其功臣末葉」としての認識を更新しつづけることを許されたともいえよう。[18]

そんな両氏に共通しているもうひとつの要素が、「和氏譜」であった。

「高野天皇」の「腹心」であり、桓武の信頼も得ていた広虫を姉にもつ和気清麻呂だからこそ撰することのできた

「和氏譜」は、百済王氏によって和氏が百済王家に連なることが保証がされなければ、成立しえないものでもあった。「和氏譜」の編纂もまた、この両氏の「功績」とはいえまいか。

和氏は、乙継の孫である家麻呂が大納言まで昇ったのみで、その後は振るわなかった。それでも、「天皇の外戚」に連なるとの伝承に利点があったからか、あるいは「和氏」を「和気氏」とする理解が古くからあって混入したものか、「和気氏系図」（『続群書類従』巻第一七一所収）には、家麻呂を清麻呂の長子広世の子としているものがある。

清麻呂薨伝には、この広世について、「起レ家補二文章生一。延暦四年坐レ事被二禁錮一。特降二恩詔一。除二少判事一」とある。「延暦四年坐レ事」すとは、藤原種継暗殺事件を指すのであろう。禁錮されたものの「特降二恩詔一」されたということは、主犯的な立場にはいなかったということであろうが、延暦九年十二月の、高野新笠の母土師真妹の一族である土師氏への「大枝朝臣」賜姓には、早良親王の怨霊対策という側面もあったのだとすれば、[19]親王と同じく種継暗殺事件で罪に問われた広世の父が「和氏譜」編纂に携わったのにも、同様の意味合いがあったのかもしれない。

桓武と早良は、共通する「学問的なネットワーク」に属していたとされる。[20]天皇と皇太子は本来対立しあうようなものではなく、同母弟である早良を廃さなければならなくなったことは、桓武にとっても大いなる挫折であった。安殿皇太子の病は早良親王の祟りのためであると卜定されるのは延暦十一年六月のことであるが、延暦七年五月に大伴親王（淳和天皇）の母藤原旅子が薨じ、翌年十二月には高野新笠が崩御。さらに延暦九年閏三月には皇太子の母である乙牟漏皇后も崩じ、同年七月には桓武皇女高津内親王の母坂上又子が卒している。こういった度重なる不幸が「早良親王の祟り」というようなものが生み出される土壌にあり、「和氏譜」は、まさにこうした中で撰進された。事件の詳細は不明であるし、広世と早良親王がどのような関係にあったのか、具体的なことは何もわからないが、広世が罪に問われた親王に同情的な立場にあったのだとすれば、親王に連なるものでもある「和氏譜」撰進に和気氏の人々が関わっていることにも、意義があったように思われるのである。

註

(1)『群書類従』伝部に収められる『和気清麻呂伝』にも、「奉中宮教撰和氏譜奏之。帝甚善之」と、まったく同じ記載がある。

(2) 和田英松『本朝書籍目録考証』(明治書院、一九三六年)。

(3) 平野邦雄『和気清麻呂』(吉川弘文館、一九六四年)。林陸朗「高野新笠をめぐって」(『折口博士記念古代研究所紀要』三、一九七七年)。瀧浪貞子「高野新笠と大枝賜姓」(『日本古代宮廷社会の研究』思文閣、一九九一年)。田中史生「桓武朝の百済王氏」(『日本古代国家の民族支配と渡来人』校倉書房、一九九七年)。渡里恒信「桓武天皇の出自について」(『政治経済史学』三八九、一九九九年。)黒板伸夫・森田悌編『訳注日本史料　日本後紀』(集英社、二〇〇三年)。

(4) 同年三月己巳条に「従四位上石川朝臣豊人為二大蔵卿一。中宮大夫武蔵守如レ故」とあるが、三月甲子条には「中宮大夫従四位上兼民部大輔摂津大夫和気朝臣清麻呂言」、六月癸未条には「美作備前二国国造中宮大夫従四位上兼摂津大夫民部大輔和気朝臣清麻呂言」とあり、同九年五月戊辰条の石川豊人卒伝には「大蔵卿従四位上石川朝臣豊人卒」として「中宮大夫」がないことから、三月己巳条は誤記であり、延暦七年二月に石川豊人にかわって和気清麻呂が中宮大夫に任じられたとみてよいであろう。

(5) 佐伯有清「家譜」『国史大辞典』第五巻(吉川弘文館、一九八五年)。「和氏譜」は厳密には「家伝」とはいえないかもしれないが、その内実は同質なものを有していたと考えてよかろう。

(6) 前掲註3田中、瀧浪論文。

(7) 鷺森浩幸「早良親王・桓武天皇と僧・文人」(『東大寺の新研究』二、栄原永遠男・佐藤信・吉川真司編、法藏館、二〇一七年)。

(8) 藤原鷹取の兄弟である鷲取の女小屎は、桓武の第五皇子万多親王(延暦七年生まれ)の母。紀船守の女若子は桓武の第七皇子明日香親王の母。明日香親王の生年は不明であるが、若子は延暦八年正月に無位から従五位上に叙されており、このとき桓武の後宮に召されたものであろう。光仁の母は紀橡姫であり、紀氏は桓武の外戚でもある。

(9) 中宮大夫は従四位下と規定されており、真道の従五位上という位階が問題となったということはあり得るが、乙叡は正五位下であり、彼の立場であれば、従四位下に叙した上で中宮大夫とすることも不可能というわけでもなさそうである。

(10) 前掲註3田中論文。

(11) 前掲註3林、瀧浪論文。両氏ともに、高野山陵の築かれた地は、新笠の母土師宿禰真妹らの居地であろうとする。

(12) 延暦二年二月に乙牟漏が無位から正三位とされた際、同じく無位から従三位とされた藤原是公の女吉子も、皇太子時代から後宮に上がっていた可能性はあるが、所生子である伊予親王の生年が不明なため、確定はできない。また、淳和天皇（延暦五年生まれ）の母藤原旅子は、延暦四年十一月に無位から従三位となっており、『続日本紀』延暦七年五月辛亥条の薨伝に「延暦初納二於後宮一」、同五年正月戊申条に「以二従三位藤原朝臣旅子一為二夫人一」とあることから、桓武の即位後に入内したことがわかる。延暦九年七月乙酉条には「正五位上坂上大宿禰又子卒。故左京大夫従三位苅田麻呂之女也。天皇之在二儲宮一也。以レ選入。生二高津内親王一」とあり、坂上又子も皇太子時代に召されたことがわかるが、高津内親王の薨伝（『続日本後紀』承和八年〔八四一〕四月丁巳条）に「桓武天皇第十二皇女」とあり、乙牟漏や酒人内親王よりは遅れての入内であったろう。

(13) 和乙継の場合は、没後の遺贈であったものと思われる。

(14) 前掲註3瀧浪論文。新笠の改賜姓は「山部親王（桓武天皇）の立太子を正当化するための措置」であり、「桓武が母新笠を介して聖武皇統に連なるための擬制的措置であった」とされる。

(15) 宝亀元年八月丙午条には、「天皇自レ幸二由義宮一。便覚二聖躬不予一。於レ是。即還二平城一。自レ此積二百余日一。不二親視事一。群臣曽無下得二謁見一者上。典蔵従三位吉備朝臣由利。出二入臥内一。伝二可レ奏事一」とあり、称徳の寵臣としては吉備由利らも知られるが、「和氏譜」編纂が進められた時期には多くがすでに亡くなっている。称徳朝に出仕していたことが知られる主な宮人の薨卒年は以下のとおり。（（　）内は最終官位）

吉備由利　宝亀五年（尚蔵従三位）
飯高諸高　宝亀八年（典侍従三位）
久米若女　宝亀十一年（散位従四位下）

大野仲智　　天応元年（尚侍兼尚蔵正三位）
阿倍古美奈　延暦三年（尚蔵兼尚侍従三位）
藤原諸姉　　延暦五年（尚縫従三位）
多治比古奈祢　延暦十一年（正四位下　夫の大中臣清麻呂は延暦七年薨去）

(16) 岸俊男「藤原仲麻呂の田村第」（『日本古代政治史研究』塙書房、一九六六年）。橋本義則「平安宮内裏成立の歴史的背景」（『平安宮成立史の研究』、塙書房、一九九五年）。淳仁天皇も、仲麻呂の男真従の未亡人粟田諸姉を娶っていたこともあり、立太子する以前から田村第内に居住していた。天平宝字八年九月のいわゆる「恵美押勝の乱」によって、仲麻呂は敗死し、淳仁は廃帝となる。延暦三年閏九月乙夘条に「天皇幸二右大臣田村第一宴飲」とあることから、「田村第」は仲麻呂の弟乙麻呂の子是公が伝領したようであるが、宝亀八年九月丙寅条の藤原良継薨伝によれば、「田村第」は「東西構レ楼。高臨二内裏一。南面之門便以為レ櫓」という、「人士側レ目。稍有二不臣之譏一」りというほど贅沢なものであったから、その一部が是公邸とされたのかもしれない。

(17) 田島公「「氏爵」の成立――儀式・奉仕・叙位――」（『史林』七一（一）、一九八八年）。

(18) 「宇佐八幡神託事件」は真綱によって物語化したとされるが、「和氏譜」もまた、薨伝に書き記されることによって清麻呂の功績として浸透したといえよう。長谷部将司「和気真綱の系譜意識――和気清麻呂像の構築に関して――」（『史境』四二、二〇〇一年）。同氏「宇佐八幡神託事件「物語」の構築過程」（『日本史研究』四八三、二〇〇二年）。

(19) 山本幸男「大枝朝臣賜姓覚書――和氏・土師氏と早良親王――」（『続日本紀研究』通号三一一・三一二、一九九八年）。

(20) 前掲註7鷺森論文。

第二部　氏と系譜と史料性

『新撰姓氏録』における氏の系譜構造

竹本　晃

はじめに

古代における氏族系譜の集大成である『新撰姓氏録』（以下、『姓氏録』と略す）は、その性格ゆえに、氏族どうしの関係を表す根拠として用いられることが多い。たしかに、『姓氏録』ほど祖先名がわかり、多くの氏族名が列記されている史料はない。だからこそ、ある氏族の系譜を知りたい時は、まっさきに『姓氏録』をめくり、どの氏族と関係があるのかを考える材料とする。

しかしながら、その便利性ゆえ、重要なことを忘れがちである。それは、現存『姓氏録』が抄本であるということである。抄本ということは、もちろん当初の記載のままではない。抜き書きでしかないとも言えるだろう。さらには、記載が変えられているところも少なくない。このことを忘れて、『姓氏録』を無批判に引用する論考が後を絶たない。

それに加えて、『姓氏録』の系譜構造の理解が十分なされてないこともあげられる。とりわけ『姓氏録』の根幹を成す「三例」と称される区分がなおざりにされている。「三例」とは、『姓氏録』編纂にあたっての記載様式で、氏の系譜を三つの様式（「～自り出づ」「～同祖。～の後」「～の後」）に区分したことが『姓氏録』序文に記されている。この「三例」を理解しないまま研究が進められてきたと言える。

こうした点に鑑み、本稿では『姓氏録』序文における「三例」を取り上げ、その意味するところを詳細に分析することで、どのような手続きで『姓氏録』が編纂されたのかを見極め、結果としてどのような系譜集成を作ろうとしていたのかを明らかにすることが目的である。また、奈良時代末ごろから氏の再編が行われると言われるなかで、そのことと『姓氏録』編纂がどのような相関関係にあるのかを古代の系譜観という視点から迫りたい。

一　「三例」の主な研究史

「三例」については、古くは関晃氏によって、氏を配列するのに必要な本枝関係の表示法[1]と意義づけられて以来、その重要性が認識されてきた。つまり、「三例」こそが『姓氏録』の根幹で、それなしには『姓氏録』を理解することはできないということである。ただし、その中身についての詳細な検討はなく、佐伯有清氏による一連の研究を待つことになる。

「三例」の検討にあたり、左に『姓氏録』序文における「三例」の該当箇所をあげ、便宜上A～Dを付して分けた。[2]

A　枝別之宗。特立之祖。書曰二出自一。
〔枝別の宗、特立の祖をば、書して出自と曰ひ、〕

B　或古記本系並録而載。或載二古記一而漏二本系一。或載二本系一而漏二古記一。書曰二同祖之後一。
〔或は古記と本系と並に録して載せ、或は古記に載せて本系に漏し、或は本系に載せて古記に漏せるをば、書して同祖之後と曰ひ、〕

C　宗氏古記雖レ云二遺漏一。而立レ祖不レ謬。但事渉二狐疑一。書曰二之後一。
〔宗氏は古記に遺漏を云ふと雖も、而も祖を立てて謬らず、但事の狐疑に渉るをば、書して之後と曰ふ。〕

D　所下以辨二遠近一示中親疎上。是為二三例一也。
〔遠近を弁へ、親疎を示す所以なり。是を三例と為す。〕

（傍線は筆者による）

まずはAについて、佐伯氏は、[3]「枝別之宗」を「その氏が別れたときの祖先」、「特立之祖」を「特に他氏と関係のない祖先」とした。具体例として、「藤原朝臣。出レ自二津速魂命三世孫天児屋命一也」（左京神別上）ならば、「藤原朝臣は津速魂命の三世孫天児屋命（枝別の宗）から直接系をひく氏である」と読み、「「枝別之宗」あるいは「特立之祖」から直接系をひく親近の氏、すなわち本宗の氏あるいは宗族を「出自」としたもの」とまとめる。

Bについては、「路真人。出レ自二謚敏達皇子難波王一也」（左京皇別・路真人条）のつぎに「守山真人。路真人同祖。難波親王之後也」（左京皇別・守山真人条）や、「春日真人。敏達天皇皇子春日王之後也」（右京皇別・春日真人条）のつぎに「高額真人。春日真人同祖。春日親王之後也」（右京皇別・高額真人条）とあることから、「同祖之後」が「出自」と「之後」の双方を受けているとし、「出自」および「之後」の氏の、枝流の氏とみている。

また、「上毛野朝臣。下毛野朝臣同祖。豊城入彦命五世孫多奇波世君之後也」（左京皇別下・上毛野朝臣条）のつぎに「池田朝臣。上毛野朝臣同祖。豊城入彦命十世孫佐太公之後也」（左京皇別下・池田朝臣）とあるように、「同祖之後」そのものをうける例もあることから、「同祖之後」は、系譜の信憑性においてもっとも不明確な段階に位置するが、ただ本枝関係の表示としてみるならば、古記・本系のいずれかに載せているので、「之後」よりは本宗の氏に近い氏を意味しているとする。

Cについては、「宗氏（本宗の氏）との関係は古記に漏れているが、その祖については誤りがない、ただ本枝関係の事柄が不分明である」と解釈し、「本宗の氏からわかれた疎遠の氏を「之後」の範疇に入れたのであり、実例もそれを示す」という。BCの解釈は、本宗氏との関係が、「古記」あるいは「本系」に記載されているか否かを本枝関係の証明基準とみている。

このように佐伯説は「三例」の内容をあてはめる。しかしながら、具体的な例をあげているとはいえ、説明がつかない部分も多い。Aについての佐伯説は、「枝別之宗」を「その氏が別れたときの祖先」と理解し、藤原朝臣を例にあげ、祖先である天児屋命を枝別の宗とみている。

しかし、Aにおいて、「宗」と「祖」は、表記の上ではっきりと区別されており、「枝別之宗」の「宗」を単純に祖先と解することはできない。具体例に則すと、たとえば藤原朝臣以外にも、大中臣朝臣や津島朝臣などが天児屋命を祖先として立てていることがあげられよう。天児屋命の段階では、まだ系譜が枝別していく前であるから、祖先として天児屋命を立てたとしても、それを祖先とする氏すべてが並列するだけで、そこに本枝関係を判断する材料はない。したがって、佐伯氏のように「枝別之宗」を「その氏が別れたときの祖先」と解してしまっては、何も説明がつかないのである。

Bについての佐伯説は、「同祖之後」はもっとも不明確な段階に位置するが、本枝関係からいえば、より親近の氏を意味しているとする。しかしその考証過程は、佐伯氏本人が注意を促す、現存『姓氏録』本文の無批判使用から導き出された結論と言わざるを得ない。路真人や春日真人の例を有効にするには、原文が抄本のままであったか否かの史料批判が必要であろう。それを証明するとなれば、抄本前の状態がわかる『姓氏録』逸文からの検討が条件となるはずである。

また佐伯氏は、本宗から枝として別れたことが、「古記」「本系」のどちらかで確認できれば「同祖之後」であるというが、三つめの「或」の「載㆓本系㆒而漏㆓古記㆒」では、同祖か否かの判断ができないのではなかろうか。後述するように、重要とされる「古記」に漏れていても採用されるなら、本系を対校している意味がない。

Cについての佐伯説は、「その祖については誤りがない」と解釈するが、宗氏との関係が「古記」に漏れていて、なぜ立てた「祖」が正しいと判断できるのだろうか。「古記」に漏れていては証明する手だてがないはずである。また、佐伯説のように、Cが「宗氏との関係」を述べているとするなら、Bの後半にみえる「古記」に漏れているもの（「或載㆓本系㆒而漏㆓古記㆒」）との区別がつかない。

こうした佐伯説において、もっとも曖昧であったのは「本系」の内容である。これらの「本系」の内容を具体的に示したのが熊谷公男氏である。熊谷氏は、Bにみえる「本系」を「本宗氏の本系」に置き換え、「三例」の再解釈を

試みた。(4)

熊谷氏はAについて、「系譜上の本宗のウヂ（「枝別之宗」）と、他氏と系譜関係のない始祖を立てたウヂ（「特立之祖」）」とし、立てた祖先に注目する佐伯説に対して、対象となるウヂが本宗であるか、本枝関係をもたない独立したウヂであるかを基準とした。「枝別之宗」の「宗」を祖先ではなくウヂと解釈したことが、佐伯説との違いである。

さらに熊谷氏は、Bについても佐伯説を大きく見直した。熊谷氏はBの内容を「枝流のウヂの主張する同祖関係を古記及びその本宗にあたるウヂの本系と対校した結果の表示」とした。これをあえて図化すると図1のようになる。これまでのような「古記」と「本系」との単純比較ではなく、諸氏の提出した「本系」を「古記」と「宗氏の本系」とで対校するという三者対校を熊谷氏は想定した。つまり、枝流のウヂの立てた祖先が、宗氏の本系にも別祖として記載されているかどうかを対校したのである。これであれば、氏族の本枝関係は明瞭になるであろう。

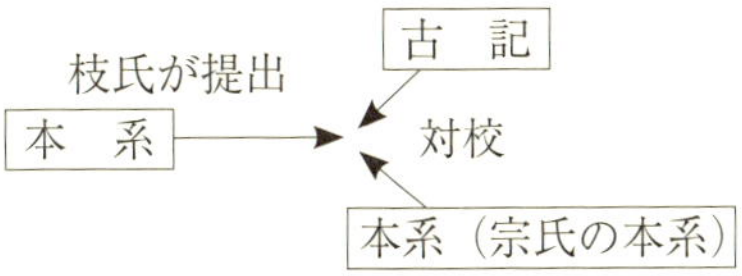

図１　三者対校（熊谷説）

残るCについて、熊谷氏は「枝流のウヂの主張する同祖関係が古記及び本宗氏の本系のいずれにも記載されておらず、立てられた祖は必ずしも誤っていないが、その主張する同祖関係には疑義が存する場合」とし、「宗氏の本系」を対校関係に加えることにより、ABCを整合的に解釈できるようにした。

このように、熊谷説が提唱されて以来、佐伯説に代わって通説的な見解として位置づけられるようになり、現在まで異論が提示されることはなかった。逆に言えば、それ以来『姓氏録』序文に目が行くような研究がほとんど出なくなったとも言える。根本的な議論がなくなったゆえか、『姓氏録』系譜の乱用とも言うべき状況に陥ったのである。

ここで一度『姓氏録』序文に戻り、「三例」の分類に沿って、熊谷説が妥当かどうかを検証したい。まず、Aの「出自」について、本宗や枝氏、あるいは本枝関係をもたない独立した氏かどうかをはっきりさせたというのはもっともな見解であるが、なお補足できる部分がある。熊谷説では、「枝別之宗」「特立之祖」の「宗」「祖」の用字の区別がなされていなかった。前者において、

「祖」ではなくあえて「宗」としたところに、「祖」では表現しきれない部分があったとみるべきではなかろうか。

Bについては、佐伯説との根本的な違いが提示されている。提出した本系に対して、「古記」と「宗氏の本系」との三者で対校するものと考えれば、佐伯説での障害は解消できる。しかしそうすると、Bは佐伯氏が評するような「もっとも不明確な段階に位置する」とは逆に、同祖関係が「古記」側あるいは宗氏側に明確に認定された氏であるとの評価が下せる。つまり、系譜も明確で、かつA→B→Cの順に親疎関係が遠くなるとみられるのである。条件が順序よく並べられていると考えれば、これこそが「三例」の本来の流れなのかもしれない。ただし、三つ目の「或」のところで、「古記」に漏れていても「宗氏の本系」に載っていればよいというのは、「古記」の重要性ならびに三者対校の考えにおいてもなお不十分であろう。この一文のみ対校している意味がなくなっている。

Cについては、熊谷氏は冒頭部の読み方・区切り方を関晃氏[5]にならって「宗氏・古記」とし、解釈については「本宗氏の本系帳」および「古記」とみて独自の見解を示す。しかし、「宗氏」を「本宗氏の本系帳」と解釈するのは行き過ぎではなかろうか。ABにおいて熊谷氏が「本宗氏の本系」と解釈していたのは「本系」である。ここのみ別の単語を同じように捉えるわけにはいかない。それに、「宗氏・古記」(「本宗の本系帳と古記」)に漏れているのに、なぜ立てた祖が正しいと判断できるのだろうか。熊谷説にはほかに判断基準がないはずである。

このようにみると、Cの解釈がうまくできなければ「三例」は整合的に理解できないと言える。素直に解釈しようとすると、「宗氏が古記に漏れているが…」となってしまい、本枝関係の遠近を表現する「三例」の根本が崩れてしまう。そのため諸先学は解釈に苦慮していた。そうした点を打開するために、次章では鍵を握る「宗氏」という表現にあらためて着目し、「三例」を整合的に解釈する。

二 「三例」の再検討

1. A「枝別之宗。特立之祖。書曰二出自一」

前章において、A「枝別之宗。特立之祖」の「宗」の解釈が、熊谷説では不十分であることを指摘した。ここでは、「宗」と「祖」の表現の違いに着目したい。

まず、Aを宗氏であることの証明とみることは共通理解となっている。であれば、宗氏が系譜で言うところのどこに相当するのかがわかればよい。そのために作成した概念図が図2である。

図2左は、ありがちな系譜のパターンを提示したものであり、一人の祖先を立てる氏が複数いる場合を想定している。図2左をみる限り、佐伯説のように、「枝別之宗」を枝別れしたときの祖先とみなすと、図2左で言う「●●命」を指すことになり、すべての枝氏が該当してしまう。図2右の「特立之祖」のように、枝がなければ「祖」で問題ない。しかし、複数の氏が該当する条件では、本枝関係が明瞭にならないのである。

やはり「枝別之宗」であるから、枝分かれした複数の枝の中心とみなければならない。そうすると、図に示した太線の一本のラインがそれに相当することがわかる。「祖」であれば一つの点しか示せないが、「宗」であれば一本の線で示される。つまり、共通の祖先をもつ複数の系統のなかで、もっとも中心となる系統こそが「枝別之宗」と表現されたのである。

Aの冒頭で「枝別之宗」としたのは、『姓氏録』編纂時から祖先までをつなぐ系譜のなかで、宗氏と枝氏との差別化を意図した表現であるからで、そのうちの宗氏を「〜自り出づ」と分類したのである。こうした差別化を基軸に、BCでは枝氏と宗氏との遠近がはかられるのであろう。

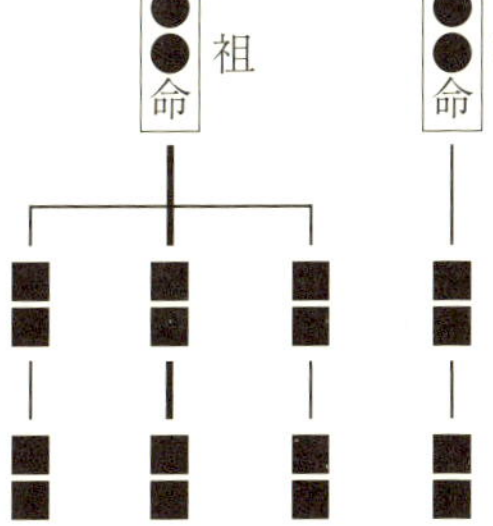

図2 Aの概念図

2. Cの「宗氏古記」とBの「古記」

BCに共通する用語として、「古記」ということばがある。Bでは対校資料として用いられ、後述するように『姓氏録』序文でもその重要性が説かれている。BCの問題を解決するには、やはり「古記」の内容を明らかにしなければならない。ただ、Cの冒頭の「古記」については、Bとは違い、やや意味が通らない部分がある。このことを検討したうえで、BCの問題に迫りたい。

まず、Cにおいて「祖を立てて謬らず」と判断していることから、ここでも必ず何かと対校しているはずである。しかし、熊谷説では、冒頭を「宗氏（本宗氏の本系）・古記」と解釈したうえで、いずれにも漏れているとし、「謬らず」と判断できた根拠を示せていない。

冒頭の読み下しにおいて、「宗氏が」（佐伯説）でも「宗氏と古記に」（熊谷説）でもうまく解釈できないとすると、残るは「宗氏古記に」しかない。となれば、「宗氏古記」という資料の存在を想定せざるを得ない。それをふまえて前半部を読み下すなら、「宗氏古記に遺漏すと雖云《いへど》も、而して祖を立てて謬らず。但…」となる。このように想定するならば、「宗氏古記」とはどのようなものかを明らかにする必要があるが、その前に「古記」とは何かを検討しておく。

先行研究では、関氏および佐伯氏が基本的な見解を述べている。両氏によると、『姓氏録』の記述に『日本書紀』と類似したものがあることから、いくつかの総称としつつも『日本書紀』の比重がかなり高いとする[6]。溝口睦子氏も、多数の古記録の総称で、記紀の素材に類するほど古いとする一方で、このうち『日本書紀』の比重の高さについては少し控えるべきで、その理由は、『姓氏録』における持統期以前の改賜姓の例をみると、天武八姓のことを除けばそのほとんどが『日本書紀』には載っていないからとし、やや異なる意見を示す[7]。

ここで『姓氏録』序文における「古記」の用法を確認すると、「又、諸姓、本系に漏れて古記に載せたるもの有らば、則ち古記を抄し、以て写し附く」「本系の古記と違へるは、則ち古記に拠り、以て刪定す」「歴く古記を探り、博く旧史を観るに…」とあり、氏族の本系よりもはるかに重要視されていることがわかる。「古記」は、国家にとって信頼度が高くかつ公的な性格をおび、『姓氏録』編纂にあたって真とされたものである。

ほかに『姓氏録』編纂にかかる本系帳の提出方法などを示すつぎの史料がある。

『日本後紀』延暦十八年（七九九）十二月戊戌条

戊戌。勅。天下臣民。氏族已衆。或源同流別。或宗異姓同。欲レ拠二譜牒一。多経二改易一。至レ検二籍帳一。難レ弁二本枝一。宜下布二告天下一。令上レ進二本系帳一。三韓諸蕃亦同。但令レ載二始祖及別祖等名一。勿レ列二枝流并継嗣歴名一。若元出二于貴族之別一者。宜下取二宗中長者署一申上レ之。凡厥氏姓。率多二仮濫一。宜レ在二確実一。勿レ容二詐冒一。来年八月卅日以前。惣令二進了一。便編入録。如事違二故記一。及過二厳程一者。宜下原レ情科処。永勿中入録上。凡庸之徒。惣集為レ巻。冠蓋之族。聴二別成一レ軸焉。

（傍線は筆者による）

この著名な史料のなかにも「故記」がみえ、『姓氏録』序文と同じように扱われていることがわかる。もし「故記（＝古記）」と違う記述であったり期限を守らなければ科に処し、永く『姓氏録』に載せることはないと述べている。

ところで、この延暦十八年条では「譜牒」という用語もみえている。譜牒には各氏族の記録が詳細に書かれており、それが津連真道等の上表文にみられる「国史家牒」として国史編纂の材料になったというのが一般的な見解であろう。また、『日本書紀』持統五年（六九一）八月辛亥条にみえる十八氏の上進した家記が『日本書紀』編纂に利用されたが、[8] これらの家記が譜牒と同じものを指すと考えられている。[9]

しかし、そのように利用される一方で、延暦十八年条では「欲レ拠二譜牒一。多経二改易一」とあり、また『姓氏録』序文に「新進本系多違二故実一」という評価も下されている。このようにみると、諸氏がもつ譜牒（家記）や本系というものは、改竄可能な私的な性格をおび、「古記」とは対照的なものとみなせる。逆に言えば、「古記」は、ある時点で公的な性格をおびたもの、つまり国家レベルで管理された資料ということができる。

公的な性格をもつ「古記」については、熊谷公男氏が独自の見解を示している。熊谷氏によると、治部省に八色の姓の忌寸以上を賜与されたウヂにほぼ相当する諸氏の系譜があり、それらの系譜や『日本書紀』などを総称したものを「古記」としている(10)。

このように、「古記」が公的な性格をおびた諸氏の系譜であるならば、「宗氏古記」も公的な「古記」の類の一つと考えられはしないだろうか。熊谷氏が想定した治部省保管の系譜は、『姓氏録』序文にみえる「開二書府之秘蔵一。尋二諸氏之苑丘一」の「書府之秘蔵」であったというが(11)、「宗氏古記」もその一つで、代々の宗氏の一覧を載せていた可能性が考えられる。

『姓氏録』編纂にあたって、もちろん宗氏も本系帳を提出するが、「三例」のAの階段で、提出してきた氏が宗氏か否かの是非を判断する材料がまずは必要なはずであろう。その材料は、Bの「古記」では不十分である。なぜなら、「古記」はあくまで本枝関係の有無を知る材料で、その氏が宗氏か否かまではわからないからである。Cで唐突に「宗氏古記」と出てくるのは、ABが「宗氏古記」との対校を前提にしていた証拠ではなかろうか。

このように「宗氏古記」が存在するとすれば、ABCが合理的に解釈できる。Aでは、「宗氏古記」を対校資料とし、載っていれば「出自」となる。Bでも、「宗氏古記」を対校資料とし、宗氏との関係が「古記」「本系」のどちらかに載っていれば「同祖~之後」となる。これがもし「宗氏古記」を対校資料としていなければ、『姓氏録』序文において重要性が説かれていた「古記」に漏れていても、是とする解釈になってしまう。「宗氏古記」を材料として用いているがゆえに、「本系」のみの記載でも「同祖」であることが確かめられるのである。

Cは、「宗氏古記」には漏れているものの、「古記」や「本系」で「祖」の存在のみ確かめられたものが「之後」となる。要するに、宗氏との同祖関係が確実ではなかったため、「同祖之後」の「同祖」の部分が外されたのである。

Cを補いながら訳すと、「「宗氏古記」には〔本枝関係を示す〕記載が漏れているけれども、〔提出した本系に載せる〕「祖」は〔宗氏が提出した本系に〕確認できる」となろう。「但」以下の後半は、「ただやはり「宗氏古記」に漏れているので、いかなる主張があっても、本枝関係を示す記載内容に疑いためらう部分があると判断し、「同祖」という表現を外して「之後」のみとする」となる。したがって、Bのうち、「宗氏古記」に漏れていて本枝関係が疑わしいものをCとしたのであり、BCは連動して捉えるべきであろう。

以上のように、「三例」（ABC）は、「宗氏古記」との対校が主で、「古記」や「本系」は、それらを補完する材料であった。とりわけBは、「宗氏古記」の掲載を前提とした読み方をしないと、解釈不可能な条文となっている。「宗氏古記」での記載に加えて、「古記」か「本系」のいずれかに本枝関係の記載があれば「同祖」と認められたのである。

延暦十八年条に、譜牒や籍帳でも「本枝を弁じ難し」状況であったと記されているが、『姓氏録』の編纂方針は、やはり「三例」のDにあるように、宗氏と枝氏との「遠近を弁じ親疎を示す」ことであった。よって、『姓氏録』は、これらの点を念頭に置いて、氏族分析の典拠として用いなければならない。系譜の遠近を示した「三例」は、いわば系譜の信用性にかかわるものであるから、記載が疑わしく同祖関係を認められなかった「之後」はできるだけ控えて、「出自」「同祖之後」を中心に氏族を分析するべきである。ただし、それとて抄本段階で書き換えられていることもあるから、まずは逸文を参照したうえで検討した方がよい。

三　「三例」の系譜構造の淵源

『姓氏録』は、「三例」の様式により、宗氏と枝氏の遠近の仕組みを明確にした系譜集成であった。それぞれの系譜の正否は別にしても、それらの審査の結果、公的な系譜集成が完成した。ただ『続日本紀』には、すでに「三例」の一つ「～自り出づ」という表現が使われている。一方で『日本書紀』にまで遡ると、その使用例はない。単純に考えると、「三例」の系譜観は、八世紀の間に導入された新しい系譜観となるが、ならばいったいいつ頃から導入されたのであろうか。まずは『日本書紀』と『続日本紀』『姓氏録』との比較からはじめたい。

系譜観の転換という視点でみるならば、『日本書紀』と『続日本紀』『姓氏録』とで、祖先表記に対する位置づけの違いを指摘できる。位置づけの違いとは、祖先の世代順は基本的に変わらないが、始祖などの語句の使われ方が変化していることである。[12] 一例として、土師氏の祖先である野見宿禰の祖先表記の違いをあげる。

『続日本紀』天応元年（七八一）六月壬子条[13]
（前略）遠江介従五位下土師宿禰古人・散位外従五位下土師宿禰道長等一十五人言、土師之先出レ自二天穂日命一。其十四世孫、名曰二野見宿禰一。昔者、纏向珠城宮御宇垂仁天皇世、（中略）時臣等遠祖野見宿禰進奏曰、（中略）望請、因二居地名一、改二土師一以為二菅原姓一。勅、依レ請許レ之。

（傍線は筆者による）

右は、土師宿禰古人・道長ら十五人が居地名により菅原姓を請願している著名な史料である。傍線部「土師之先出レ自二天穂日命一。其十四世孫、名曰二野見宿禰一」からは、天穂日命からの系譜を示し、天穂日命が土師氏の始祖（起点）であることがうかがえる。その十四世孫は野見宿禰らしいが、野見宿禰は「遠祖野見宿禰」としてみえる。よって、土師氏の始祖は天穂日命で、遠祖は野見宿禰である。

ところが、『日本書紀』では野見宿禰を「始祖」と表記しているのである。[14]『続日本紀』『姓氏録』では始祖からはじまる系譜構造になっているのに対して、『日本書紀』では「始祖」を系譜の途中に位置づけている。[15] なお、『古事記』は、『姓氏録』の系譜観に近いので、[16] 八世紀の間に系譜観（祖先観）の統一があったとみるべきか。

このような系譜観の統一という視点で八世紀を概観してみると、まっさきに『氏族志』の編纂を想起する。『中臣氏系図』に引く「延喜本系」に「案下依二去天平宝字五年撰氏族志所之宣一。勘造所レ進本系帳上云」とあることより、天平宝字五年（七六一）頃には編纂活動がすでに始まっている。『姓氏録』序文によると、天平宝字末年の混乱によって挫折したこともあり、編纂事業に藤原仲麻呂が深く関与していることは誰しも認めるところであろう。

ここで注目したいのは、『続日本紀』にみえる「〜自り出づ」の使用が、『氏族志』編纂以降に限られているという状況である。『続日本紀』にみえる「出自」を掲げると左のようになる。

①天平宝字七年八月己丑条

己丑、紀政臺尹三品池田親王上レ表曰、臣男女五人、其母出レ自二凶族一。臣悪二其逆党一、不レ預二王籍一。（中略）伏乞、賜二姓御長真人一、永為二海内一族一。詔許之。

②天平神護二年六月壬子条

壬子、刑部卿従三位百済王敬福薨。其先者、出レ自二百済国義慈王一。（後略）

③天応元年六月壬子条

（前掲史料）

④延暦九年正月壬子条

壬子、葬二於大枝山陵一。皇太后、姓和氏、諱新笠。贈正一位乙継之女也。母贈正一位大枝朝臣真妹。后先出レ自二百済武寧王之子純陀太子一。（中略）其百済遠祖都慕王者、河伯之女、感二日精一而所レ生。皇大后、即其後也。因以奉レ諡焉。

⑤延暦九年七月辛巳条

秋七月辛巳、左中弁正五位上兼木工頭百済王仁貞、治部少輔従五位下百済王元信、中衛少将従五位下百済王忠信、図書頭従五位上兼東宮学士左兵衛佐伊豫守津連真道等上レ表言、真道等本系、出レ自二百済国貴須王一。貴須王者、百済始興第十六世王也。（中略）伏望、改二換連姓一、蒙二賜朝臣一。於レ是、勅、因レ居賜二姓菅野朝臣一。

⑥延暦十年四月乙未条

夏四月乙未、近衛将監従五位下兼常陸大掾池原公綱主等言、池原・上毛野二氏之先、出レ自二豊城入彦命一。其入彦命子孫、東国六腹朝臣、各因二居地一、賜レ姓命レ氏。斯乃古今所レ同、百王不易也。伏望、因二居地名一、蒙二賜住吉朝臣一。勅、綱主兄弟二人、依レ請賜レ之。

⑦延暦十年九月丁丑条

丁丑、近衛将監正六位下出雲臣祖人言、臣等本系、出レ自二天穂日命一、其天穂日命十四世孫曰二野見宿禰一。野見宿禰之後、土師氏人等、或為二宿禰一、或錫二朝臣一。々等同為二一祖之後一、独漏二均養之仁一。伏望、与二彼宿禰之後一、同預二改レ姓之例一。於レ是、賜二姓宿禰一。

（傍線は筆者による）

『続日本紀』の編纂方針も関係しているかもしれないが、これだけの偏りは偶然ではなかろう。②③④⑥のように「先は」という共通の表現をしたり、⑤⑦のように「本系」という言葉が使われたり、やはりこれまでとは異なる統一感がある。

天平宝字年間の成立とされる『藤氏家伝』（大織冠伝）の冒頭にも、「内大臣。諱鎌足。字仲郎。大倭国高市郡人也。其先出レ自二天児屋根命一」とあり、「先は」や「～自り出づ」という表現が認められる。現在のところ、『藤氏家伝』の本例が「出自」の初見である。やはり、藤原仲麻呂の関与という共通点からすると、少なくとも『氏族志』の段階で、『姓氏録』における「三例」の一つ「～自り出づ」を採用していた可能性が高いと考えるほかない。

系譜観以外にも、もう一つ変化をたどることができる。それは「宗」の概念の法制化である。継嗣令継嗣条の記載で、「氏上」から「氏宗」（養老令）に変えられていることがあげられる。この「宗」が、『藤氏家伝』（鎌足伝）のなかにも、「良き家の子を以て、簡びて錦冠を授け、宗業を嗣がしめき」や、蝦夷が入鹿を叱責したくだりに「吾が宗滅びむとす」など、[17] 氏に関連する語句として用いられ、いずれも藤原仲麻呂の関与という共通性がある。

また、『姓氏録』の「三例」では「枝別之宗」や「宗氏」、延暦十八年条では「宗中長者」として出てくる。これまであまり用いられなかった「宗」という表現が頻繁に使われるようになったのである。おそらくこのような流れをみると、『姓氏録』で初めて明確に用いられたのではなく、『氏族志』の段階から藤原仲麻呂の意志をうけて用いられたと考えるべきである。

とはいえ、結局のところ、『氏族志』は完成に至らなかった。しかしながら、祖先表記や祖先の順、ならびに「先」「出自」などの共通表現の出現など、系譜観が転換する契機がみられたのみならず、「宗」など氏族の編成概念にも変化がみられた。

そのほか、『姓氏録』序文にも、系譜観の変化を読みとれる部分がある。序文には、『姓氏録』編纂過程の問題点をあげたつぎの箇所がある。その部分には「新進の本系は、多くは故実に違ひ、或は両氏を錯綜して、混じて一祖と為し、或は源流を知らずして、倒《さかしま》に祖次を錯《あやま》り、或は己が祖を迷失して、過りて他氏に入れ、或は巧に他氏を入れて、以て己が祖と為す。新古煩乱して、芟夷《さんい》し易からず。彼此の謬錯は、勝《あ》げて数ふ可からず」とあり、傍線部の「倒に祖次を錯り」とあるのは、たんなる謬りではなく、二つの系譜観を統一する際に生じた謬りのことではなかろうか。「倒に」なった理由は、編纂材料に祖先表記を異にする『日本書紀』を用いたためであろう。十分起こりうる事象である。

しかし、対校の際には、「祖次相変じ、世数頗る誤るは、則ち大失と為さずして、討論して裁成せり」（『姓氏録』序文）のように、おおざっぱに調整して問題を解決している。ここまでのおもいきった決定が『氏族志』編纂ではできなかったことも、挫折に至った要因かもしれない。頓挫した要因は政変だけに限らないのではないか。

ともあれ、『日本書紀』とそれ以外の二つの系譜観があるなかで、『氏族志』編纂あたりを契機として、系譜観の統一というものが行われた形跡があった。それにはいずれにも藤原仲麻呂の関与が認められる。唐の氏族のような父系の出自集団化を目指したかどうかは容易に比較することはできないが[18]、氏族の再編という議論[19]を考えるのであれば、奈良時代末や『姓氏録』（平安初期）からと考えるよりも、奈良時代後半の『氏族志』編纂を視野に入れるべきではなかろうか。

むすびにかえて

系譜観の併用期をどのように考えるか、なぜしばらくの間統一されなかったのか、『日本書紀』のみが特殊なのかなど、検討すべき課題は多い。ただ、氏族研究の大きな流れとして、八世紀末から九世紀初頭に氏の再編が行われると指摘されているなかで、今回のように系譜観に着目すると、それよりもはるかに遡る時期に大きな転換点がみられた。つまり、奈良末平安初期の『姓氏録』編纂あるいは編纂期に焦点を置くよりも、その前身である『氏族志』を端緒とみた方がよく、言い換えるなら、『姓氏録』の完成は、氏族の再編の到達点と位置づけられるのではないか。

註

（1）関晃「新撰姓氏録の撰修目的について」（『関晃著作集第五巻 日本古代の政治と文化』吉川弘文館、一九九七年、初出は一九五一年）

（2）原文は佐伯有清『新撰姓氏録の研究 本文篇』（吉川弘文館、一九六二年）、訓読は同『新撰姓氏録の研究 考證篇第一』（吉川弘文館、一九八一年）のものを掲げた。

（3）佐伯氏の「三例」の理解は、すべて佐伯有清A「新撰姓氏録序説」『新撰姓氏録の研究 研究篇』（吉川弘文館、一九六三年）、同B「新撰姓氏録」（岡崎敬・平野邦雄編『古代の日本』第九巻研究資料、角川書店、一九七一年）による。

（4）熊谷公男「令制下のカバネと氏族系譜」（『東北学院大学論集〔歴史学・地理学〕』第一四号、一九八四年）。とくに断りのない限り、熊谷氏の見解はすべてこれによる。
（5）関氏前掲註1論文
（6）関氏前掲註1論文、佐伯氏前掲註3Ａ論文
（7）溝口睦子「新撰姓氏録の出自構造」（『日本古代氏族系譜の成立』学習院、第一法規出版、一九八二年）
（8）坂本太郎「纂記と日本書紀」（坂本太郎著作集第二巻『古事記と日本書紀』吉川弘文館、一九八八年）
（9）佐伯有清「「家牒」についての一考察」（『新撰姓氏録の研究　索引・論考篇』吉川弘文館、一九八四年、初出は一九八三年）、義江明子「橘氏の成立と氏神の形成」（『日本古代の氏の構造』吉川弘文館、一九八六年、初出は一九八三年）
（10）熊谷公男「治部省の成立」（『史学雑誌』第八八編第四号、一九七九年）
（11）熊谷氏前掲註10論文
（12）拙稿「『日本書紀』における「始祖」と氏」（『古代文化』第五八巻第Ⅰ号、二〇〇六年）
（13）『続日本紀』は、青木和夫ほか校注『続日本紀』（新日本古典文学大系、岩波書店）によった。
（14）『日本書紀』垂仁三十二年七月己卯条
（15）拙稿前掲註12
（16）阿部武彦「古事記の氏族系譜」（『日本古代の氏族と祭祀』吉川弘文館、一九八四年、初出は一九五六年）
（17）『藤氏家伝』は、沖森卓也ほか編『藤氏家伝　鎌足・貞慧・武智麻呂伝　注釈と研究』（吉川弘文館、一九九九年）による。例としてあげたのは、鎌足伝の（四）王室衰微と（七）遂誅山背大兄の部分。
（18）佐伯有清「日唐の古代氏族と『新撰姓氏録』―唐の『氏族志』『姓氏録』との比較を中心にして―」（『東アジアの古代文化』一一一号、大和書房、二〇〇二年）は、唐の『氏族志』『姓氏録』は、その時々の家柄の格付けに主眼が置かれ、天皇に奉仕してきた氏族の祖先を重視する日本の『新撰姓氏録』とは、歴史のあり方の根本的な相違があるとする。
（19）義江明子「古代における「私」の成立―「私氏神」をめぐって―」（『日本古代の氏の構造』吉川弘文館、一九八六年）、宇根俊範「律令官人制と貴族」（『史学研究』第一五五号、一九八二年）

「連公」と系譜史料

中村 友一

はじめに

二〇〇九年（平成二一）七月に新聞紙上にて報告[1]された「連公」木簡は、韓国の扶余双北里遺跡から一九九八年に出土した木簡である。七世紀半ばを中心とする同遺跡からの発掘によって、記銘された「那尓波連公」（以下「「那尓波連公」木簡」と称す）が大きくクローズアップされた。とりわけ研究史上あまり取り上げられなかった「連公」の呼称について、その後いくつかの専論が発表されて、この分野としては活況を呈した。

本論は、先行研究で姓や敬称などの見解が示されているこの「連公」の称を再検討し、その上で従来知られている系譜史料における「連公」の表記の意義を追究することを課題とするものである。

まず、すでに述べたことだが[2]、改めて使用語句を定義しておきたい。

・氏（ウヂ）＝蘇我・物部・藤原など。氏族の呼称の部分を氏名（ウヂナ）とする。
　単なる名（苗）字とは異なり、日本独自の性質を持つ。天皇のみが賜与貶奪権を持つ。
　地名や職掌名を氏名に負う名負氏（王権に仕奉する本質を示す）の性質。
　父系により継承されるが、血縁親族以外も同族となり得る政治集団が日本古代の氏族。
　いわゆるクラン（clan）というような西洋歴史学の氏族とは異なる概念。

・姓（カバネ）＝臣・連・首・造・吉士など。氏族の格や仕奉内容・形態によって天皇により授けられる称号。
　天武十三年（六八四）に八色の姓が制定されるより前は、明確に序列を示すものではなかった。また、制定後も旧カバネを名乗り続ける例も多い。

《史料1》『日本書紀』天武天皇十三年十月己卯朔条（天武八姓）

詔曰、更改二諸氏之族姓一、作二八色之姓一、以混二天下万姓一。一曰、真人。二曰、朝臣。三曰、宿禰。四曰、忌寸。五曰、道師。六曰、臣。七曰、連。八曰、稲置。是日、守山公・路公・高橋公・三国公・当麻公・茨城公・丹比公・猪名公・坂田公・羽田公・息長公・酒人公・山道公、十三氏、賜レ姓曰二真人一。

・氏姓（シセイ・シショウ・セイ）＝氏と姓を合わせた概念。「姓」一字でも氏姓を表す史料もあるが、用語定義としてウヂナとカバネを持つ氏族名とする。

・部＝民衆層とそれを管掌する氏族が称する、氏名に準じる呼称。主に職掌を有する品部があり、その他王族の名前に因んだ子代・名代といった単位で編成された。

・系譜[3]＝いわゆる「系線」などによって繋がれた系図と、文章によって親族関係（継承関係も含む）を表した文章系譜を併せた相承として用いる。ただし、通用している固有名詞に使用される場合は、その名称に準じることにする。

一　「連公」の事例とその理解

まずは、もっとも事例を網羅している白井伊佐牟[4]の掲出事例の順に随いながら、補足を含めて列挙[5]する。

1：韓国扶余双北里遺跡出土木簡（「那尓波連公」木簡）「那尓波連公」　121×17×8　032

2：奈良県石神遺跡出土木簡「［　］石上大連公」　(286)×(48)×5　081

3：法隆寺献納在銘命過幡「山マ〔部〕名嶋弖古連公過命時幡」

4：法隆寺献納在銘命過幡「山部連公奴加致児恵山命過往」

5：「古屋家家譜」「（十七世孫）建持連公・蚊手連公・阿古連公（十八世孫）室屋大連公・談連公・長目連公（十九世孫）金村大連公・御物宿禰連公・若古連公（二十世孫）磐連公・狭手彦連公・糠手古連公・阿被布子連公・宇遅古連公・戸難目連公（二十一世孫）長峡連公・弟古連公・小手古比咩連公・頬垂連公・加爾古連公・咋子連公・奈羅古連公（二十二世孫）江人連公」

6：「造石山院所労劇文案」「仏工未〔労・傍注〕選**志斐連公麻呂**〈年二十六／左京九条三坊〉」

7：『続日本紀』宝亀五年（七七四）十月己巳条「散位従四位下**国中連公麻呂**卒。（後略）」

8：「職員令集解」左衛士府条所引弘仁二年（八一一）十一月二十八日付太政官符「（前略）已等之祖、室屋大連公。領靫負三千人、左右分衛。（後略）」

9：『新撰姓氏録』左京神別「大伴宿禰（中略）雄略天皇御世、以入部靫負、賜大連公。（後略）」

10：『新撰姓氏録』左京神別「佐伯宿禰　大伴宿禰同祖。道臣命七世孫、室屋大連公之後也。」

11：『新撰姓氏録』左京神別「神松造　道臣八世孫、金村大連公之後也。」

12：『新撰姓氏録』左京神別「石作連　火明命六世孫、建真利根命之後也。（中略）仍賜姓石作大連公也。」

13：『新撰姓氏録』左京神別「檜前舎人連　火明命十四世孫、波利那乃連公之後也。」

14：『新撰姓氏録』右京神別「波多門部造　神魂命十三世孫、意富支閇連公之後也。」

15：『新撰姓氏録』山城国神別「巫部連　同神十世孫、伊己布都乃連公之後也。」

16：『新撰姓氏録』大和国神別「高志連　天押日命十一世孫、大伴室屋大連公之後也。」

17：『新撰姓氏録』河内国神別「中臣酒屋連　同神十九世孫、真人連公之後也。」

18：『新撰姓氏録』河内国神別「林宿禰　大伴宿禰同祖。室屋大連公男、御物宿禰之後也。」

19：『新撰姓氏録』河内国神別「佐伯首　天押日命十一世孫、大伴室屋大連公之後也。」

20:『日本霊異記』上、信敬三宝得現報縁五「大花上位**大部屋栖野古連公**者、紀伊国名草郡、宇治大伴連等先祖也。(中略)物部弓削守屋大連公(後略)」

21:『日本三代実録』貞観三年(八六一)八月十九日庚申条「左京人散位外従五位下伴大田宿禰常雄賜伴宿禰姓。(中略)金村大連公第三男狭手彦之後也。(中略)承父為大部連公。自斯而後、恐子孫之不広。(後略)」

22:『日本三代実録』貞観三年十一月十一日辛巳条「(前略)書博士正六位下(上ヵ)佐伯直豊雄款云、先祖**大伴健日連公**、(中略)子、**健持大連公**子、**室屋大連公**之第一男、御物宿禰之胤、**倭胡連公**、(後略)」

23:『日本日本三代実録』貞観六年八月八日壬戌条「尾張国海部郡人治部少録従六位上**甚目連公宗氏**・尾張医師従六位上**甚目連公冬雄**等同族十六人賜姓高尾張宿禰。天孫火明命之後也。」

24:『日本三代実録』元慶七年(八八三)十月二十五日戊午条「伊勢国飯野郡神部百姓秦貞成向官、愁訴大神宮司大中臣貞世犯用神物、並不理多気郡擬大領**麻続連公豊世**故殺人事。(後略)」

25:『上宮聖徳太子伝補闕記』「癸卯年(六四三)十一月十一日丙戌亥時宗我大臣并林臣入鹿・致奴王子児名軽王・巨勢徳太古臣大臣・**大伴馬其**(甘ヵ)**連公**・中臣塩屋枚夫等六人、発悪逆討太子子孫男女二十三王、(後略)」

26:『先代旧事本紀』天孫本紀所引物部氏系譜「〈賜物部連公姓。〉(中略)物部武諸隅連公・物部大小市連公・物部大小木連公・物部大母隅連公・物部止志奈連公・物部片堅石連公・物部印岐美連公・物部金弓連公。(以下人名多数につき省略)」

27:「延喜本系解状」大中臣本系帳「黒田大連公。中臣常磐大連公。中臣可多能祐(祜)大連公。中臣御食子大連公・中臣国子大連公・糠手子大連公。鎌足大連公。」

28:「伊勢国近長谷寺資財帳」天徳二年(九五八)十二月十七日到来「〈西舎人司長故**麻績連公**之治田堺(後略)〉。少領検校外従八位下**麻績連公**。」

29:「太政官符案(粉河寺)」正暦二年(九九一)十一月二十八日付「于時**大伴連公孔子古**奉為公家、以去宝亀年中所奉造。（後略）」

30：『太神宮諸雑事記』一・用明天皇段「于時以大錦上小徳官前事奏官兼祭主**中臣国子大連公**差勅使、令祈申於天照坐伊勢皇太神宮給〈倍利云云〉。」

31：『太神宮諸雑事記』一・孝徳天皇段「（前略）而間中大兄皇子与中臣鎌子連公、誅殺件入鹿大臣既畢。」

32：『太神宮諸雑事記』一・天平三年（七三一）六月十六日条「度会郡大領神主乙丸、少領**新家連公人丸**等（後略）」

33：『神宮雑例集』二・嘉祥二年（一一七〇）九月二十九日付解「神部**神服連公俊正**／神部**神服連公道尚**」

34：『公文抄』「一、神部補任様／祭主下大神宮司／**神服連公重真**（後略）」

以上、右に列記した他、文字を類推することによって「連公」の文字列になる木簡2点も該当する可能性が篠川賢[6]により指摘されている他、さらに類推される事例で「連公」となるが意味的には異なる物の1点の木簡（払田柵出土）も、文字列だけで見れば挙げるべきだろう。また、上記氏族などの後裔を称す氏族の系図や古文書などにも散見するが、後述で触れる事例も含め、この列記事項では措くことにする。

それでは、主な先行研究を見てみることにするが、紙幅の都合もあり前掲の列記番号によって略して記させていただく。

まず、「那尓波連公」木簡が知られる以前の言及がある。

本居宣長の「公」字追記との見解や栗田寛の事例紹介などがあるが、太田亮[7]が「公」字を尊称として付していたものかという推測がある程度である。

近年では、「古屋家家譜」について検討を加えた溝口睦子[8]は、「連公」自体の検討はしていないが、この表記で記すのが本系における正式表記だったのではと推測している。

次いで、はじめにで触れたように「那尓波連公」木簡の報告後に研究が飛躍的に蓄積深められた。

嶹矢は新聞コメントから、『木簡研究』において速報を発し、再論をしたのが平川南[9]である。平川は、木簡に記された「那尓波」については「難波」の当て字とする。その上で、主に1・2・3事例を援用して、「連公」のみ連の尊称とすることはできないとして、「連公」の二字で天武八姓における「連」の前段階のカバネ表記であると結論づけた。

さらに平川は、七世紀半ば頃に、百済の都泗沘に滞在した倭系官人がその地で作成した木簡だろうと推測を及ぼしている。その上で、帰化渡来系である難波吉士氏がカバネ連を賜姓されたのは天武天皇一〇年（六八一）代であることから、「那尓波連公」木簡に見える「那尓波（難波）」は名（＝個人名）であると見なしている。

次いで竹本晃[10]の論考が公にされた。竹本は、2や系譜史料、『新撰姓氏録』を中心に検討し、七世紀中葉～後半において「連公」が熟した用語として確実に機能していたとする。しかしながらカバネ「連」とは直接関係せず、王権の職務を広く分掌するものとして設定された、政治的な意味合いが内包された呼称であるという。

竹本のすぐ後に、白井伊佐牟による事例を網羅した見解が提出された。『太子伝古今目録抄』の指摘や本居宣長・栗田寛・太田亮・溝口睦子らといった双北里出土「那尓波連公」木簡が知られる以前の註釈・見解も挙げ、しっかりと研究史を省みている。後に検討するような分類を行い、その分類を基にして、「連公」は大伴・物部・中臣の三氏に限って用いられる尊称と推定した。また、3・4の事例などは公的な敬譲法ではないとし、29大伴連公孔子古は史料的にそれ程信頼できないといった見解を示す。

さらに「連公」という用字は同じだが、性格と時代が異なる2種類（別物）があると結論を導いている。

さらに、先に少し触れたが篠川賢の論考が著される。篠川は、カバネ「連」についての自説から、『新撰姓氏録』と系譜史料を中心に検討し、『日本霊異記』や『日本三代実録』をも素材にし、それまでの敬称説や古いカバネであるとする見解を批判した。

はじめに「連」が成立して、それに対する敬称として「連公」が生じたもので、公的ではなく、天武八姓制定以前のものとした。天武八姓制定以後は、下級に序列づけられた「連」には、敬称が付される必要がなくなることから見られなくなったとしている。

以上が、長くなったが先行研究の要点である。ここで、章を改め「連公」の見える記事を再検討して自説を展開することにしたい。

二　「連公」の検討

それでは、本章において「連公」の事例を検討していくが、まずは白井による分類を掲示してからそれを批判的に継承しながら検討を加えたい。

①１・６・７・32＝カバネ「連」と個人名の一部が連なっているだけの事例。

②２～４・(29)＝カバネ「連」と「公」という私的に使用された敬称とする。

③12～14＝冒称（正式なものではない）。

④５・８～11・15～22・26・27・30・31＝甲類。連姓の有力氏族の大伴・物部・中臣の三氏に限って用いられる尊称とする。「連公」＋個人名の事例は無く、29に見られる大伴連公孔子古は敬称を付した例として扱いを別にした。

⑤23・24・28・33・34＝乙類。九世紀以降に用いられたカバネと否定する。尾張の甚目・伊勢国の麻績・神服の三氏が管見に入る事例という。

右の①の分類の内で、６・７は白井の指摘するように個人名で間違いない。

だが、１と32について擬似「連公」と分類するが、果たして妥当であろうか。32については、同じ氏名の人名で皆カバネが異なり用例が一例だけだからとするのは根拠が弱い。そこから敷衍してみても、32の新家連公人丸を個人名の一部とするのは疑問が残る。

また、1の「那尓波連公」の「公」を、天智紀の「吉士岐弥」の例を以て類例と見なし、「公」部分を個人名もしくはその一部とするのはいかがなものだろうか。「那尓波連公」木簡の032型式というのは、長方形の材の一端の左右に切れ込みをいれた形状であり（図は平川註9論文を参照されたい）、下端部も文字が続かない。だが、人名で「キミ」のみの用例よりも連公の他の用例数からすると、これも「連公」という一続きの熟語と解しておく方が穏当だろう。

次に、9～19の『新撰姓氏録』に見える事例を中心に、白井が④甲類と分類しているのは前掲の通りであり、『先代旧事本紀』『延喜本系解状』（『公卿補任』もこの影響下）など、さらに系図史料も大伴・物部・中臣連氏の事例ばかりという指摘は大筋で首肯できる。

ただし、20『日本霊異記』に見える「大部屋栖野古連公」は「大部（大伴部）」という部称を付されていることから、[11]一段階氏族の格が落ちる事例となる。その他、大夫層ではない支族や個人にも用いられている。2は物部からの改氏後の石上氏も名乗っている事例で、そのこと自体が示唆に富む。

さて、より問題となるのは、同時代史料である3・4の山部連公の事例であり、やはり安易に敬称として別分類すべきでないであろう。

史料に見える氏族、甚目・麻績・神服氏は後代の事例であるとし、29大伴連公孔子古に至っては敬称が残ったとするが、総じて個々を評価するのにおいて恣意的な感は否めないのである。甚目・麻績・神服だけでなく、難波・新家・山部氏の事例も加味すれば、連系で大夫層の氏族だけではないと見なせよう。

ただし、全ての連系の氏族に「連公」が賜与されていたという可能性は低いのではないかと思われる。この点は後述するとして、史料の性格や氏族の性格に加え、やや主観的な判断で類別されていると見なせるので、これらの事例を分類する基準にはなっていないのではなかろうか。

同じように分類の一つの根拠とされている事例から、時代的な違いと性格の違いも結びつけられない。多くの系譜史料的な事例は平安時代に入って多数用いられており、性質の違うカバネのままの記述をすることは不自然である。逆に、八色の姓制定以降にも古いカバネを賜う事例は多数存在するが、新たなカバネが設定されたということも無いのである。

単なる敬称ではないことは、他のカバネに付される例が無いことから明らかだろう。ゆえに「連公」と記された事例は、同一の性格を有する一つの熟語として理解すべきという見解を支持したい。

さて、「連公」を熟語として見なす場合だが、前述のように個人名と連続する事例は除くことは問題ない。しかしながら「連公」の上に接続している文字列をどのように捉えるかについては、もう少し見ておく必要があるだろう。「那尓波連公」木簡の「那尓波」自体を個人名と見なす見解が主たる対象となる。

だが、個人名に連続する6・7の事例を除いた他の上部の部分はいずれも氏名を冠している。もちろん、氏姓と個人名を称する際に、右の事例にも多く見られ、『日本書紀』などにも見えるような、個人名の下にカバネを記す方式は一般的に見られる。無論、養老公式令68授位任官条において三位以上を喚ぶのに、先に名、後にカバネを称したことからの追記などの影響を考える必要はないだろう。

そもそも平川が「那尓波」を個人名と考えたのは、難波吉士が連に改賜姓されたのが『日本書紀』天武十年（六八一）正月壬辰条に見えるので、それ以降の氏姓であるとした。また、「那尓波連公」木簡が七世紀半ば頃を中心とする共伴する遺物などの年代観に準じているので、難波連が賜氏姓されておらず、個人名と考えてのことである。

だが氏姓研究をしていれば自明の事だが、記紀などに賜氏姓記事があるといっても、それ以外の賜氏姓者などが存在した可能性がある。さらには史書に漏れた賜氏姓例も複数存在するのである。難波連氏に限れば、系図史料だが、高句麗出自系統も管見に入るのであって[12]、記載が見えるか見えないかという限定条件はあまり意味をなさない。よって、平川のように上限を草香部吉士氏が難波連を賜氏姓された天武十年正月に限定するべきではない。また、相対的年代観であって、木簡の年代観も絶対的年代観ではなく時代幅を見積もるべきであろう。

木簡では2の事例が一部欠損があるので確たる論拠にならないが、「石上大連公」の「石上」はわずかに個人名の可能性も残すが、基本的には石上氏と見なすことは大方の一致するところだろう。さらに、山君氏の事例を取り上げ、狭い地域においては個人名ではなく氏姓の方が通用していることもすでに検証した通り[13]である。

以上のことから、「連公」について結論を導き出すならば、これがひとまとまりの呼称であることは諸氏一致しており間違いない。各史料的性格を超えて、例外などの逃げ道を設けずに整合的に捉えるならば、平川の所論と同様に「連公」はカバネ「連」の旧称であると考えるべきである。

以上のように、二字表記のカバネであったとするならば、カバネ「連」は数あるカバネの中でもある程度成立が古いと想定できる[14]。カバネの原形と推測される二字表記の称号からカバネへと変化した事例には、この「連公」から連への他にも、費直（直）や使主（臣）といった類例も知られる。つまり「連公」は「連」となり、カバネ化した以後においては質的な差異は無いので、別な称号や時期差がある別物などとは見なせない。

三　系譜史料から見る「連公」

本章では、「連公」の事例が知られる史料が限定的なのはいかなる理由からなのかを考えてみたい。

古い時期のことであればあるほど残存事例の方が少ないのは当然ではあろうが、費直（直）の事例は「記紀」を遡る事例と言える。

《史料2》隅田八幡神社鏡銘[15]

癸未年八月日十、大王年男弟王、在意柴沙加宮時、斯麻念長、奉遣開中費直穢人今州利二人等、取〔所カ〕白上

同二百旱、作此竟、

右に掲示した「隅田八幡神社画像鏡銘」では「開中（帰）費直」が、「法隆寺広目天立像光背銘」には「山口大口費」が、同人とみられる『日本書紀』白雉元年（六五〇）是歳条に「漢山口直大口」が、さらに『日本書紀』欽明二年七月条に所引の「百済本紀」に「加不至費直」が相互に結びついているからである。

「記紀」より古い事例において費直が知られ、直ではなく費でも同義と推定されているが、通用していることは明らかである。また、『日本書紀』内において、「百済本紀」を介しつつ費直と直が過渡的段階として知られる記載が残されている。その後は、直が一文字でアタイとしてのカバネであることを示すことになるので、反対に費直と二文字で表す方が古い事例であると結論できる。

「連公」については、古い事例として現在の所1「那尓波連公」木簡と2石神遺跡出土木簡、3・4「法隆寺献納在銘命過幡」程度が知られるが、「記紀」に見られずとも直の例を敷衍して連の旧表記と見なすことが妥当であろう。

そのような史料の依存状況の中で、系譜史料に「連公」の表記が知られることも注目できるのである。すなわち、5「古屋家家譜」が世に出てから久しい。

しかしながら、前述のように「古屋家家譜」を検討した溝口睦子は、「連公」の表記で記すのが本系における正式表記だと推測するにとどまっている。

詳細な検討は紙幅の都合で割愛するが、溝口は少なくとも二段階以上の成立過程を経ていると推測し、金村大連公の子とされる磐連公がその接合部で甲斐国との関係が示されているとした。室屋と金村との間に談が欠落していることなど疑問点もあるが、大伴氏の本枝関係を示すなどの信憑性の高い点もまた多くあると、溝口は最終的に評価している。

瞥見してみると、例えば、御物宿禰連公の尻付の「肩佐伯連姓」などは「負う」の誤りであり、他に5箇所見られるが、江戸時代後半頃（年代が記されないが、慶長年間の人物より十代後裔の真世）まで書き継がれているので、いずれかの段階で誤写したのだろう。

逆に言えば、字形が似ている「肩」と「負」を写し間違えるようになる間の転写も想定されるので、それなりに遡る可能性は持っているとも見なせる。

ところで溝口は「古屋家家譜」との比較において、「伴氏系図」[16]も検討している。溝口は触れていないが、古い人名の段階を記している系図２本においては、「連公」という記載は見られないことも確認できる。

この違いはどこにあるのか検討すべきであるが、紙幅の関係で別稿を期したい。ただ一つ、想定をする援用史料に中臣氏の27「延喜本系解状」[17]を挙げることができよう。これは、系図史料よりも平安時代前期における信用性が高い史料を基に書き継がれた「中臣氏系図」が所引しているものであり、「連公」の記述は新たな創作や敬称ではなく、正式名称であるからこそ解状に記すことができるのである。であるならば、それが付された人名も古い段階の事例しかないことが、「連」につながる敬称から正式なカバネになる段階を示す旧表記であったことが裏付けられよう。

翻って、「連公」が記されている系図は他にも引き写されてではあろうが知られるところ[18]であり、「古屋家家譜」ともども古い段階の氏姓・個人名を、そのような古い記事を残した系図からの転載と想定することが可能であろう。

この点は、平安初期の『新撰姓氏録』[19]の記載にも敷衍して言うことができるだろう。

《史料3》『新撰姓氏録』左京神別中　天神

大伴宿禰／高皇産霊尊五世孫天押日命之後也。初天孫彦火瓊々杵尊、神駕之降也。天押日命、大来目部立二於御前一、降二乎日向高千穂峯一。然後、以二大来目部一為二天靫部一。靫負之号起二於此一也。雄略天皇御世、以二入部靫負一賜二大連公一、奏曰、衛レ門開闔之務、於レ職已重。若一身難レ堪。望与二愚児語一、相伴奉レ衛二左右一。勅依レ奏。是大伴・佐伯二氏、掌二左右開闔一縁也。

《史料4》『新撰姓氏録』左京神別下　天孫

石作連／火明命六世孫、建真利根命之後也。垂仁天皇御世、奉二為皇后日葉酢媛命一、作二石棺一献レ之。仍賜二姓石作大連公一也。

『新撰姓氏録』は周知のように抄出本であるが、右に挙げたようにやや詳細な譜文が残存する事例も知られる。史料3（一章の事例9）については、本章などでもたびたび触れた大伴氏の譜文であり、「大連公」が記されている。語の父ということで、室屋と見なされる人物が「大連公」と呼称されていることが看取され、このことから、カバネというよりもそれ以前の敬称としての名残がある。ただし、大臣に対照する「大連」という呼称から、すべて連系の人々に該当するわけではないことから敬称として個人名に対置して理解されるものであった。

一方、史料4（一章の事例12）の石作氏の場合は、氏姓として大連公を賜っていることから、敬称ではなくカバネ化を遂げた後に賜氏姓された伝承を伝えていると見なされる。ただ、大連クラスの氏族ではないので、「大」の字は石作氏側の誇張された記載と想定され、割引が必要となってしまう。だが、単に「連」とのみ記す例しか存在しない他の連系氏族よりは、古い呼称を伝えていたことを見るべきであろう。

それでも、系譜の記載内容の出所の新旧と、『新撰姓氏録』内においても記載内容の古さを伝えるかどうかの時期差があることがわかる。よって、一概に時期を区切ることは困難であると思量する。

この連の敬称からカバネ化について、最後に憶測を交えて述べておくならば、天皇からのカバネの賜与においても時期差があるので、厳密に一文字化される以前にカバネとして賜与されていた可能性が、「大連公」の記載から想定することはできそうだが、厳密に時期と段階差を措定するには今少し史料の蓄積を待ちたいところである。

また、「連公」の事例を残すカバネ連系氏族と、その記載が史料上に見えない連系氏族の差は、換言すれば、これが旧表記の連公を引きずることがある氏族と、カバネが一文字化した連を賜った氏族との差異となって表出していると言えるのではなかろうか。おそらくそれは、連系氏族の伴造としての職掌が編成されていく時期差と対応しているのだろう。

このようなカバネとしての諸要素が絡みあい、「連公」の事例が知られる史料が限定的だということにも、ある程度の見通しがついたものと言えよう。

おわりに

以上、先の検討でおおよそまとめながら述べたので、しごく簡単にまとめるだけにしたい。

個人名と一続きで紛れ込んだ事例6・7以外の「連公」と記される称は、敬称からカバネ化した初期段階の、カバネ「連」の旧表記、二文字表記である。

連系氏族すべてに「連公」が付された名称が知られるわけではないことや、残存例が多い氏族に偏りがあるのは、王権に近い有力な氏族から賜氏姓されていくという時期の問題が一つ考えられる。カバネ「連」の場合は、伴造としての職掌上における違いが編成の差につながり、それが時期差として、カバネの旧表記時代に賜与されたかの違いとなったのだろう。

この時期差というのは、間違いないところで言えば六世紀初頭から七世紀後期初頭までの期間とできるが、各氏族やカバネによってまちまちであることは前述の通りである。

上限については氏姓の創出時期が該当するが、時期差がそれぞれあるだろう。下限は、天智九年（六七〇）の庚午年籍制定までが該当して、この段階で正式表記へと確定していくと考えられる。その後は、天武天皇代に「連賜姓期」という改賜氏姓の中心的なカバネとして褒賞ツールになり、前掲した天武天皇十三年の八色の姓の制定により明文法による制度となる。

それよりも後の用例は、遺制というよりも旧表記のまま表記したものや、そのまま登録された名残であろう。もしくは旧表記を承知の上で、新たに編纂する際に時期的に遡ったところに旧表記を適合させて記載した可能性も残るが、いずれにしてもカバネ制度全体と関わらない時期（平安期の史料など）における変質などを見出すことはできない。

最後に蛇足だが、双北里遺跡出土の「那尓波連公」木簡の事例は、やはり帰化渡来系氏族と想定される人物の朝鮮半島での活動を物語るものであり、倭国（日本）と朝鮮半島諸国との友好・敵対状態こもごもあるが、そのような日韓関係の古代史の一頁となるものであると評価できよう。

註

（1） 後掲註4白井伊佐牟論文によれば七月八日（水）毎日新聞大阪本社発行朝刊によるとする。筆者は毎日新聞東京本社版により、最初の知見を得た。

（2） 使用語句については拙著『日本古代の氏姓制』（八木書店、二〇〇九年）などで示しているが、注意の再喚起も兼ねてここで掲示する。

（3） 「系譜」については、義江明子や鈴木正信が形式上から簡単に総称する意味において使用する。溝口睦子などが内容上からの分類を示すといった先行研究があるが、本稿では系譜そのものを検討しないので捨象させていただく。以下の書籍を主に参照されたい。

近藤安太郎『系図研究の基礎知識　一』（近藤出版社、一九八九年）。鈴木正信『日本古代の氏族と系譜伝承』（吉川弘文館、二〇一七年）。溝口睦子『日本古代史族系譜の成立』（学習院、一九八二年）。義江明子『日本古代系譜様式論』（吉川弘文館、二〇〇〇年）。

（4） 白井伊佐牟「人名に含まれる「連公」について」（『史料』二三一、二〇一一年）。本論を通じて白井の見解は同論文運による。

（5） 表に記載の木簡の法量と木簡型式については奈良文化財研究所発行の『木簡研究』とその凡例に従う。単位はいずれもミリメートル。

（6） 篠川賢「「連」のカバネと「連公」の呼称」（『日本常民文化紀要』二九、二〇一二年）。以下、篠川の見解はすべて同論文に拠るものとする。

（7） 太田亮『日本上代に於ける社会組織の研究』（磯部甲陽堂、一九二九年、初出一九一七年）など。

（8） 溝口睦子『古代氏族の系譜』（吉川弘文館、一九八七年）。

（9） 平川南「百済出土の「那尓波連公」木簡」（『国立歴史民俗博物館研究報告』一五九、二〇〇九年）。同「百済出土の

「那尓波連公」木簡」(『木簡研究』三三、二〇一〇年)。

(10) 竹本晃「古代人名表記の「連公」をめぐって」(栄原永遠男編『日本古代の王権と社会』塙書房、二〇一〇年)。

(11) 中村友一「人・部制の成立と展開」(『駿台史学』一四八、二〇一三年)。

(12) 高句麗系の「難波連祖」という尻付が好太王である談徳王に付されているが、『新撰姓氏録』右京諸蕃にも出自を記す。出自の伝は信憑性が薄いが、本論では別系統の難波連氏の存在が推定できることが確認できればよい。

(13) 中村註(2)書参照。

(114) 中村友一「地方豪族の姓と仕奉形態」(加藤謙吉編『日本古代の王権と地方』大和書房、二〇一五年)。以下、次章の言及など、同論文と註2書にて述べているので、参照されたい。

(15) 隅田八幡神社人物画像鏡銘は『寧楽遺文 下』(訂正版、東京堂出版、一九六二年)をもとに、『原色版国宝一上古・飛鳥・奈良Ⅰ』(毎日新聞社、一九六七年)を中心に、小林行雄『古鏡』(学生社、一九六五年)、石和田秀幸「隅田八幡神社鏡銘文「開中」字の再検討―「耳中部」木簡出土の意義―」(『千葉史学』三六、二〇〇〇年)を参考にした。

(16) 「伴氏系図」はいずれも『続群書類従7下 系図部』所収を参照。

(17) 「延喜本系解状」『群書類従5 系譜部』所収を参照。

(18) 悉皆調査は行なっていないが、例えば「物部大連 十市部首」系図、「甲斐国造之裔」系図(いずれも『諸系譜』所収)などがたちどころに挙げられる。
前者は物部連、後者は日下部連であり、系図の記載がある程度信を置けるものとすれば、新たな連系氏族の事例とできる。後考を期したい。

(19) 『新撰姓氏録』は佐伯有清『新撰姓氏録の研究 本文篇』(吉川弘文館、一九六二年)、同『新撰姓氏録の研究 拾遺篇』(吉川弘文館、二〇〇一年)に拠った。

『日下部家譜大綱』の諸本について

鈴木　正信

はじめに

但馬国の日下部氏は、孝徳朝に養父郡大領に任命されたと伝えられる表米《うわしね》を始祖とし、養父・朝来両郡の郡司や国造兵衛を輩出した。中世には武士団を形成し、後裔の八木氏や太田垣氏は守護大名山名氏の配下として活躍したほか、越前国の戦国大名朝倉氏を分出したことでも知られる。

この日下部氏に関する先行研究では、『日下部系図』や『日下部家譜大綱』など、後世に成立した系図がもっぱら利用されてきた。しかし、これらの系図そのものに対する史料学的な検討は、必ずしも十分に行われていない。しかも、前述の『日下部系図』は日下部氏を孝徳天皇の後裔とするのに対し、『日下部家譜大綱』は開化天皇の後裔としている。このように内容を異にする二系統の系図が伝来した理由についても、これまでは未詳であった。

そこで、筆者は別稿において『日下部系図』の成立事情と記載内容の特徴を考察した[1]。要点を整理するならば、次のとおりである。

・『日下部系図』は、『続群書類従』所収の（a）「日下部系図」（孝徳天皇から稲津安光までを記す）、（b）「日下部系図」（朝倉高清から景衡までを記す）、（c）「日下部系図別本朝倉系図」（孝徳天皇から朝倉弘景までを記す）の三本が頻用されてきた（以下では、（a）を『日下部系図』、（b）を『朝倉系図』、（c）を『別本朝倉系図』と呼称する）。

・『日下部系図』の原系図は、十四世紀頃に一旦成立していた。その後のある段階で末尾に宗高ら九人の人名が書き入れられ、つづいて朝倉高清以下の系図（のちの『朝倉系図』に相当する）が追加された。そして、それが『浅羽本系図』・『諸家系図纂』を経て、『続群書類従』に収められて現在の形になった。・十五世紀後半頃から十六世紀後半頃までは、日下部氏を景行天皇の後裔とする説が広く語られており、十六世紀後半頃に、孝徳天皇の後裔とする説が越前国の朝倉氏の周辺で創出されて広まっていった。『日下部系図』は後者の説を採用し、日下部氏の系譜を後次的に孝徳天皇に結び付けたため、系図内部で明白な矛盾が生じることとなった。

これを踏まえて本稿では、もう一つの系統である『日下部家譜大綱』を取り上げたい。この系統に属する系図としては、次の三本が挙げられる。なお、この史料は諸本によって名称・漢字表記が異なっているので、以下では便宜上、所蔵および奥書の内容（後述）を踏まえて括弧内のように呼称し、総称する場合は『日下部家譜大綱』とする。

①東京大学史料編纂所所蔵『多遅摩国造日下部宿禰家譜』(2)（東大甲本）

②東京大学史料編纂所所蔵『田遅摩国造日下部足尼家譜大綱』(3)（東大乙本）

③粟鹿神社所蔵『田道間国造日下部足尼家譜大綱』(4)（粟鹿本）

このうち①・②に関して、先行研究では詳しく言及されていないが、これらには日下部氏の後裔氏族による系図の編纂に関する記述が含まれており、上記した二系統の間隙を埋めるものとして注目に値する。また、①〜③を『日下部系図』などと比較することにより、後世の考証にもとづいて改変された箇所を弁別することも可能になる。以下では、諸本の成立事情と記載内容の特徴を考察し、系統関係の復元を行うことで、日下部氏の実態を検討するための基礎作業としたい。

一　東大甲本の検討

東大甲本は、計二六丁の写本（一冊）である。外題に「日下部家譜」、内題に「多遅摩国造日下部宿禰家譜」とある。

奥書には、

但馬国朝来郡西牧田《ひらた》村総代牧田吉左衛門管理本。明治廿一年六月、修史局編修長重野安繹《やすつぐ》採訪。明年二月、謄写了。

とあり、明治二十二年（一八八九）に書写されたことが分かる。「牧田」は「枚田」とも書き、但馬国朝来郡枚田郷に由来する。牧田氏はこの地を本拠とした氏族である。出自は未詳であるが、関東御家人とする説や、(5)日下部氏の後裔とする説がある。(6)後者であるならば、牧田吉左衛門はその関係で系図を所蔵していたのであろう。

系図の最後は、江戸時代の林田喜一という人物で終わっている。『日下部系図』では終盤に複数の系統が分岐しており、その一つである太田垣氏の系統は光盛の代で終わっていたが、(7)林田氏はその後裔に当たる。喜一の五世代前に当たる太田垣景近は山名持豊（宗全）に仕え、但馬国竹田城の城主を務めるなどして活躍したが、祖父の朝延の代に播磨国へ退転し、父の朝喜は播磨国揖東郡林田庄窪村に居した。そして、喜一の代に但馬国朝来郡竹田町に戻り、播磨国での居地に因んで林田姓を名乗ったと伝えられる。

この系図は、朝倉氏の系統が高清の曽孫に当たる高実の代で途切れているのに対し、むしろ高清の子の保高（安高）にはじまる八木氏や、太田垣氏・林田氏の系統を詳細に記していることから、日下部氏の後裔のなかでも越前国の朝倉氏周辺ではなく、但馬国の氏族たちの間に伝来したものと推察される。

さて、東大甲本に掲出された世系のうち、表米以降は基本的に『日下部系図』と一致している。このことは、『日下部系図』と東大甲本が同一の祖本から出ていることをうかがわせる（後述）。しかし一方で、表米以前の世系は次の二点において大きく相違している。

第一に、先にも触れたように、開化天皇から筆を起こしている点である。但馬国の日下部氏は、全国各地に設置された日下部の一つであり、但馬国における地方伴造の位置にあったと推定されるが、『古事記』開化段（後掲）によれば、中央伴造である日下部連氏は沙本毘古王（狭穂彦）を祖としており、その系譜は日子坐王を経て、開化天皇に結びついている。地方伴造が中央伴造と同じ系譜を称した例は多く見られ、日下部氏の場合も、山城国と摂津国の日下部宿禰氏、河内国の日下部連氏・日下部氏、和泉国の日下部首氏・日下部氏が、開化天皇の後裔を称している。ただし、摂津国には火闌降命や天日和伎を祖とする日下部氏もおり、河内国には大彦命を祖とする日下連氏や、饒速日命を祖とする日下部氏が確認できる。改めて言うまでもないが、全ての地方伴造が中央伴造と始祖を共有していた（中央伴造との同祖系譜を称することを承認されていた）とは限らない。よって、但馬国の日下部氏についても、開化天皇の後裔とする点は必ずしも自明ではない。

そこで、東大甲本の冒頭部分を詳しく見てみよう。まず、開化天皇から船穂足尼までの部分には、直系の人物だけでなく、兄弟や後裔氏族までが詳細に掲載されている。それに対して『古事記』開化段には、

若倭根子日子大毘毘命、坐㆓春日之伊邪河宮㆒、治㆓天下㆒也。此天皇、娶㆓旦波之大県主、名由碁理之女、竹野比売㆒、生御子、比古由牟須美命。〈一柱。此王名以㆑音。〉又、娶㆓庶母伊迦賀色許売命㆒、生御子、御真木入日子印恵命。〈印恵二字、以㆑音。〉次、御真津比売命。〈二柱。〉又、娶㆓丸邇臣之祖、日子国意祁都命㆒之妹、意祁都比売命㆒、〈意祁都三字、以㆑音。〉生御子、日子坐王。〈一柱。〉又、娶㆓葛城之垂見宿禰之女、鸇比売㆒、生御子、建豊波豆羅和気。〈一柱。自㆑波下五字、以㆑音。〉此天皇之御子等、并五柱。〈男王四。女王一。〉故、御真木入日子印恵命者、治㆓天下㆒也。其兄、比古由牟須美王之子、大筒木垂根王。次、讃岐垂根王。〈二王。讃岐二字、以㆑音。〉此二王之女、五柱坐也。次、日子坐王、娶㆓山代之荏名津比売、亦名、苅幡戸弁㆒、〈此一字、以㆑音。〉生子、大俣王。次、小俣王。次、志夫美宿禰王。〈三柱。〉又、娶㆓春日建国勝戸売之女、名沙本之大闇見戸売㆒、生子、沙本毘古王。次、袁邪本王。次、沙本毘売命。亦名、佐波遅比売。〈此沙本毘売命者、為㆓伊久米天皇之后㆒。自㆓沙本毘古㆒以下三王名、皆以㆑音。〉次、室毘古王。〈四柱。〉又、娶㆓近淡海之御上祝以伊都玖、〈此三字、以㆑音。〉天之御影神之女、息長水依比売㆒、生子、丹波比古多多須美知能宇斯王。〈此王名、以㆑音。〉次、水之穂真若王。次、神大根王。亦名、八瓜入日子王。次、水穂五百依比売。次、御井津比売。〈五柱。〉又、娶㆓其母

弟、袁祁都比売命一、生子、山代之大筒木真若王。次、比古意須王。次、伊理泥王。〈三柱。此二王名、以レ音。〉凡日子坐王之子、并十一王。故、兄大俣王之子、曙立王、次、菟上王。〈二柱。〉此、曙立王者、〈伊勢之品遅部君・伊勢之佐那造之祖。〉菟上王者、〈比売陀君之祖。〉次、小俣王者、〈当麻勾君之祖。〉次、志夫美宿禰王者、〈佐佐君之祖也。〉次、沙本毘古王者、〈日下部連・甲斐国造之祖。〉次、袁邪本王者、〈葛野之別・近淡海蚊野之別祖也。〉次、室毘古王者、〈若狭之耳別之祖。〉其美知能宇志王、娶二丹波之河上之摩須郎女一、生子、比婆須比売命。次、真砥野比売命。次、弟比売命。次、朝廷別王。〈四柱。〉此朝廷別王者、〈三川之穂別之祖。〉此美知能宇斯王之弟、水穂真若王者、〈近淡海之安直之祖。〉次、神大根王者、〈三野国之本巣国造・長幡部連之祖。〉次、山代之大筒木真若王、娶二同母弟伊理泥王之女、丹波能阿治佐波毘売一、生子、迦邇米雷王。〈迦邇米三字、以レ音。〉此王、娶二丹波之遠津臣之女、名高材比売一、生子、息長宿禰王。此王、娶二葛城之高額比売一、生子、息長帯比売命。次、虚空津比売命。次、息長日子王。〈三柱。此王者、吉備品遅君・針間阿宗君之祖。〉又、息長宿禰王、娶二河俣稲依毘売一生子、大多牟坂王。〈多牟二字、以レ音。此者、多遅摩国造之祖也。〉上所レ謂、建豊波豆羅和気王者、〈道守臣・忍海部造・御名部造・稲羽忍海部・丹波之竹野別・依網之阿毘古等之祖也。〉

とあり、開化天皇の皇子女の系譜とその後裔氏族が挙げられている。二つの記事を比較するならば、細かい差異はあるが、世系や人名・氏族名などは用字に至るまで基本的に合致していることが分かる（傍線部）[8]。大多牟坂王を多遅摩国造（但遅摩国造）とする点も共通している[9]。

また、東大甲本では大多牟坂王の子を船穂足尼としているが、この人物は『先代旧事本紀』巻十「国造本紀」（以下『国造本紀』）に、

但遅麻国造

志賀高穴穂朝御世、竹野君同祖彦坐王五世孫船穂足尼、定二賜国造一。

とあり、ここでは日子坐王（彦坐王）の五世孫として位置づけられている。古代の計世法にはその人物を一代目とし

て計算する場合と、その人物の子を一代目として計算する場合とがあるが、[10]後者によれば『古事記』に見える大多牟坂王は日子坐王の四世孫となり、『国造本紀』で日子坐王の五世孫とされる船穂足尼は、大多牟坂王の子の世代に置かれることになる（図1）。東大甲本で船穂足尼の尻付に任命時期が記されている点も、『国造本紀』の記述と共通している。

かりに、このように開化天皇に出自する系譜を古代から日下部氏が有していたならば、中世にその日下部氏から出た朝倉氏が後付けで景行天皇の後裔を主張する、あるいは『日下部系図』のように明白な矛盾を犯してまで孝徳天皇の後裔を主張する必要はないはずである。[11]とするならば、日下部氏の系譜は本来的に開化天皇に結びつけられていたのではなく、さらに言えば、どの天皇にも結び付けられていなかった可能性が高い。つまり、東大甲本に掲出された開化天皇から船穂足尼までの世系は、『古事記』開化段と『国造本紀』但遅麻国造条の系譜を整合的に組み合わせて、ある段階で架上されたと考えられる。[12]

さて、東大甲本と『日下部系図』の間で相違している第二の点は、船穂足尼から表米までの間に後世の人物が多数挿入されていることである。東大甲本では、船穂足尼の子に曽禰・百足・物代の兄弟がおり、この中で百足の系統が表米につながっている（図2）。

これを『日下部系図』と比較してみると、図2で○印を付した人物は『日下部系図』では表米の子である都牟自の子孫とされており、同様に△印を付した人物は『日下部系図』では都牟自の弟に当たる荒島の子孫とされている。しかも、『日下部系図』では荒島の子の治長（治良）の系統が中世以降へ続いていくのに対して、○印・△印を付した人物の系統は途切れている。つまり、『日下部系図』で表米よりも下の世代に置かれ、かつ傍系に当たる複数の人物が、東大甲本では船穂宿禰と表米の間に移されているのである。

このように大きな世系の相違が、系線の単純な引き間違いによって生じたとは思われない。そこで、荒島の孫に当たる大継と子祖父（子祖父主）の尻付に、ともに「国造兵衛」と記されていることに着目したい。国造兵衛とは、律

図1 『古事記』と『国造本紀』の系譜

古事記 開化天皇―日子坐王―山代之大筒木眞若王―迦邇米雷王―息長宿禰王―大多牟坂王

国造本紀 彦坐王―○―○―○―○―船穂足尼

東大甲本 開化天皇―日子坐王―山代之大筒木眞若王―迦邇米雷王―息長宿禰王―大多牟坂王―船穂足尼命

図2 東大甲本略系図（船穂宿禰命～俵米宿禰）

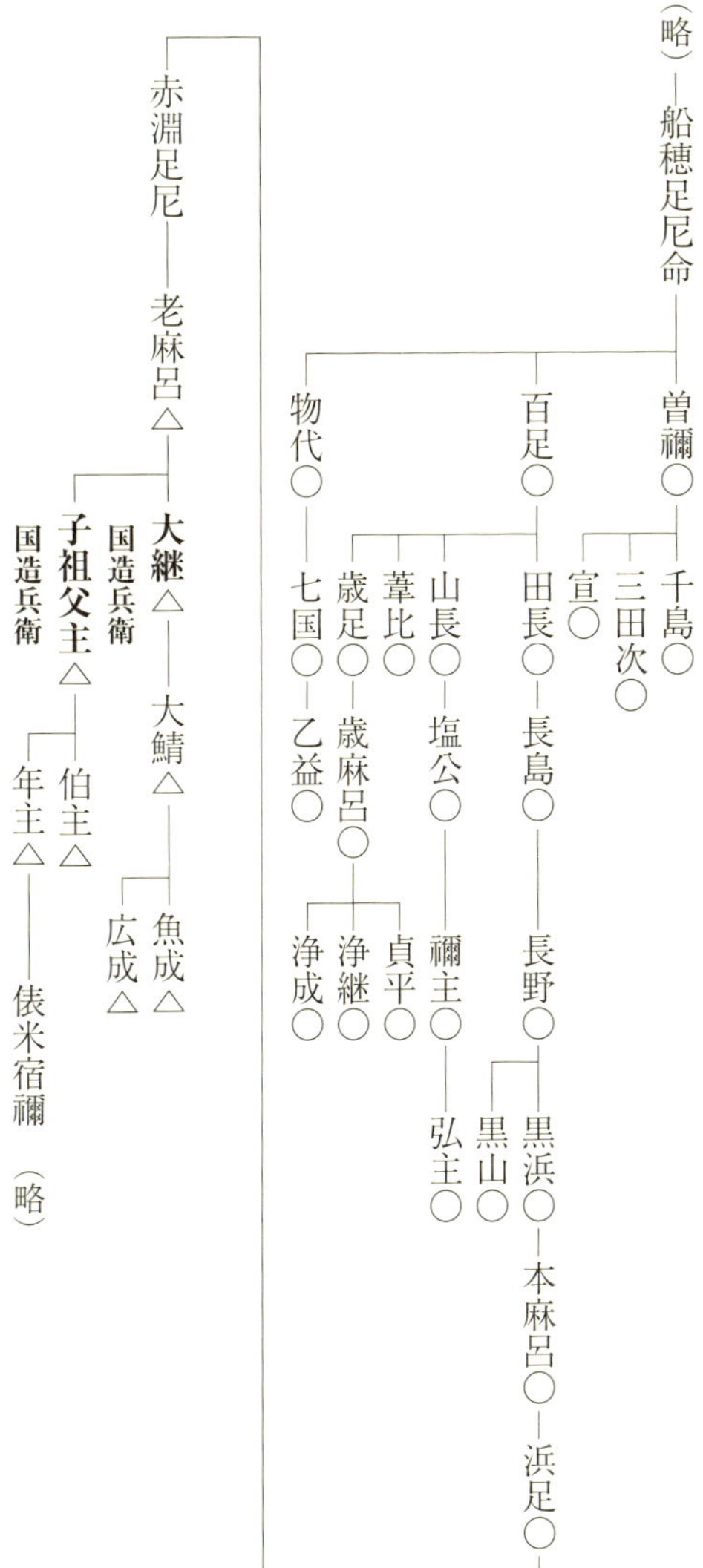

令制下において国造氏に認定された氏族から輩出された兵衛を指すと考えられているが[13]、東大甲本の編者はこの国造兵衛を律令制以前の国造と誤解し、時代の整合性をはかるために、養父郡大領に任命されたと伝えられる表米よりも前の世代に移動させた可能性がある。

また、東大甲本には船穂足尼が成務朝に国造に任命されたとあり、表米は孝徳朝の大化四年（六四八）に養父郡大領に任命されたとあるが、船穂足尼から表米まで直系の人物のみを数えると十三世代となるのに対し、皇統譜によれば成務天皇から孝徳天皇までは十二世代となり、ほぼ一致している。つまり、東大甲本の当該部分は、表米よりも下の世代の傍系の部分から人名を抜粋して、船穂足尼と表米の間に移動させることで、成務朝の人物とされる船穂足尼から、孝徳朝の人物とされる表米までの世代数を調整したようにも思われる。

以上のことから、東大甲本の開化天皇から船穂足尼を経て表米に至る世系は、独自の考証にもとづいて後から書き加えられたと考えられる。

二　東大乙本の検討

東大乙本は、計五六丁の写本（一冊）である。外題に「日下部家譜大綱」、内題に「田遅摩国造日下部足尼家譜大綱」とある。この系図は、やはり開化天皇にはじまり、明治時代の林田喜督という人物までを記している。奥書には、

但馬国朝来郡竹田町林田永助蔵本。明治二十一年六月、修史局編集長重野安繹採訪。明年一月、謄写了。

とあり、明治二十二年に書写されたことが分かる。ここに見える林田永助は、系図部分には喜敦という名前で挙げられている。東大甲本の末尾に見える喜一から数えて七代目に当たり、東大乙本の末尾に置かれた喜督の父とされている。喜敦（永助）の尻付には、

其質古道ヲ好ミ、安政六年己未正月ヨリ文久元年辛酉十二月ニ至リ、宮本池臣ニ徒ヒ皇学ヲ修メ、尓後、歌道ヲ

学ビ、元治元年甲子四月ヨリ習田篤ノ門ニ遊ヒ、漢学ヲ修ム。（略）時ニ文明年間、城崎郡奈佐郷樋爪庄ニ於テ日下部家ノ一門等参会・調査シテ組織セル但馬国造日下部足尼家譜大綱ノ錯乱ヲ憂慮シ之ヲ再撰スルノ志原《ママ》最モ深シ。因テ明治三年、之レヲ父兄ニ乞ヒ、但・播・因其他諸国ヲ経廻シ屡々此ニ従事ス。（略）同十八年、本郡竹田・粟鹿・物部及ヒ各村人民ノ情求ニ応シ、其地誌ヲ編纂シ、亦物部氏ノ委託ニ依リ源三位家ノ系図ヲ再撰シ、同十九年一月聿《行カ》ニ日下部足尼家譜大綱精撰ノ功ヲ告ケ（略）

とあり、ここから日下部氏の後裔氏族における系図の編纂状況を知ることができる。

すなわち、林田永助は古道（古来の学問・文化）を好み、安政六年（一八五九）から文久元年（一八六一）まで宮本池臣のもとで皇学（国学）を学んだ。ついで歌学に勤しみ、元治元年（一八六四）からは習田篤のもとで漢学を修めた。かつて日下部氏の一門は、文明年間（一四六九～八六）に城崎郡奈佐郷樋爪庄[14]に集まって「但馬国造日下部足尼家譜大綱[15]」を編纂したが、永助はその内容に錯乱が含まれていることを憂慮し、再撰を決意した。明治三年（一八七〇）にこれを親族から借り受け、但馬・播磨・因幡をはじめとする諸国を回って調査を行った。明治十八年（一八八五）には、竹田・粟鹿・物部各村の人々の求めに応じて地誌や物部氏の系図を編纂した。そして、明治十九年（一八八六）に「日下部足尼家譜大綱」を完成させたという。

なお、この記事に関連して、『寛永諸家系図伝』所収「日下部系図[16]」の末尾に付された書き入れには、

（略）日下部名字条々、雖レ在二仔細一、現筆難レ尽者也。色ヲ相定ムル也。此時、参会之在所、城崎郡奈佐ヒツメ庄辻村ツリタウ会講所也。国中一性出相在所ナレハ、辻ト名ツク。参会ノ道場ナレハ是ヲツリ堂ト云。今ハ辻ノ坊是也。

文明三年八月三日、為二末代一如二此是一ヲ記留。

とある。文意は難解であるが、日下部氏の一門が城崎郡奈佐郷樋爪庄に参集したのは、文明三年（一四七一）八月のことであったと見られている。[17]

この文明三年とは、まさに応仁の乱（一四六七～七七）の最中であり、同年五月にはそれまで西軍に属して活躍していた朝倉孝景が東軍に突然寝返り、足利義政から越前国守護職補任の御内書と、細川勝元の管領副状《そえじょう》が下付されている。これを機に朝倉氏は越前国の平定を推し進め、以降約百年にわたって同国に君臨することとなった[18]。それに対して、同じく日下部氏の後裔を称する但馬国の八木氏や太田垣氏は、応仁の乱では西軍に属していた。とするならば、こうした情勢を受けて、但馬国の氏族たちは一門を集めて今後の政治的な対応を協議し、その際に自氏の系図についても改めて整理しておく必要が生じたのではなかろうか。つまり、彼らは系譜の上で朝倉氏との決別をはかったと推察されるのである。そして、この文明年間に編纂された原系図に、おそらくある時期まで書き継ぎがなされたものが明治時代に伝存しており、林田永助はそれを実見して内容に錯乱が含まれていると判断し、明治十九年に再編纂したものが「林田永助蔵本」であり、それを明治二十二年に謄写したものが現状の東大乙本であると考えられる。

さて、前述した東大甲本と東大乙本を比較してみると、両者の記載内容は基本的に一致している。ただし、東大甲本で途切れていた朝倉氏の世系を、東大乙本では義景とその子の世代、および義景の従弟に当たる景健の孫の世代まで記載している。また、八木氏から出た竹中氏の系統に、豊臣秀吉に軍師として仕えたことで有名な竹中重治（半兵衛）の名前が見えるなど、東大甲本よりも東大乙本の方が全体的に詳細な記述になっている。東大甲本では世系が不明確であった人物が、東大乙本では系線で明確に結ばれている箇所もある。前者が尻付を漢文で記し、江戸時代の人物で終わっているのに対し、後者は尻付を仮名交じり文で記し、明治時代の人物までを記載していることからしても、東大甲本より東大乙本の方が新しく成立したことは明らかである。

古代の部分についても、若干の相違が見受けられる。たとえば、日子坐王に関しては東大甲本よりも詳細な尻付が付されている。また、東大甲本の荒島は、東大乙本では「使主荒熊」と表記されているが、これは『続日本紀』神亀元年（七二四）二月壬子条に、

天皇臨レ軒、（略）外正八位下日下部使主荒熊（略）等、献二私穀於陸奥国鎮所一。並授二外従五位下一。

とあり、ここに日下部使主荒熊という人物が見えることから、両者を同一人物と解釈して人名を訂正したものと思われる。ほかにも、東大甲本では荒島の子に乙春朝臣という人物を挙げているが、東大乙本ではこの人物を使主荒熊の弟とし、その尻付に、

　后、神力《（ママ）》直根関《（ママ）》ト称ス。粟鹿大社神主部。其人ト為リ驍勇善闘。和銅元戊申、新羅西北ニ寇シ報セントス。秋八月十三日、奉レ　勅新羅征討将軍ト為リ、之ヲ防グニ神力ヲ得テ功アリ。[19]

とある。これは、乙春朝臣が『粟鹿大明神元記』に登場する神部直根閈と同一人物であると見なされたことを示している。[20]荒島の五世孫に当たる浪継についても、東大乙本の尻付には、

　貞観十九年二月、白雉ヲ捕へ、同三月、之ヲ朝廷ニ献ス。其四月十六日、勅シテ但馬国当年ノ徭役ヲ免シ、白雉出ル所タル養父郡当年ノ庸ヲ免シ玉ヒ、浪継ヲ正六位上叙セラレ、改元シテ元慶元年トス。一説ニ浪字ヲ得ノ字ニ作ル、記者ノ誤リタルカ。

とあるが、これは東大甲本には見えない内容である。おそらく、この箇所は『日本三代実録』元慶元年（八七七）四月十六日丁亥条に、

　而去正月即位之日、但馬国獲二白雉一一。（略）宜レ復二尾張・但馬・備後等三国百姓当年徭役十日一。就レ中、瑞所レ出土、特須二優矜一。（略）春部及養父郡並免二当年之庸一。其接二得神物一者、多治部橘《（比カ）》・但馬公得継等、叙二正六位上一。賜レ物准レ例。（略）

とあり、ここに但馬公得継という人物が白雉を献上したと記されていることから、東大乙本の編纂段階でこの但馬公得継と東大甲本の浪継を同一人物と解釈し、新たに書き加えられたのであろう。[21]

さらに注目されるのは、東大甲本では船穂足尼と都牟自の上に小字で「消」との注記があり、これに対応するように、東大乙本ではこの両者を記していない点である。これは東大乙本が編纂される際に、東大甲本がその底本（草稿）として利用されたことを意味している。[22]

以上のことからすれば、文明年間に成立した原系図が後世に伝えられ、のちに喜一の代までを書き加えたものが、東大甲本の奥書に見える「牧田吉左衛門管理本」であり、それを明治二十二年に謄写したものが東大甲本であると考えられる。一方、その「牧田吉左衛門管理本」を基礎としつつも、他史料を参照しながら、林田永助が独自の考証を加えて改変を行ったものが「林田永助蔵本」であり、それを明治二十二年に謄写したものが東大乙本ということになる。なお、粟鹿神社の神職は八木氏から分出した大杉氏によって継承されていたが、東大乙本ではその大杉氏の初代に当たる勝高の尻付に、

当時、応仁二年三月廿日、粟鹿大社兵火ニ罹《かか》リ本祠・拝殿・幣殿等悉ク焼亡シ、且旧紀・古器ノ類モ過半灰燼ニ属シ、僅ニ勅使門一宇及古器・旧書等十余種〈此内、日下部足尼家譜大綱一巻、大杉家ニ秘蔵ス。〉ヲ残セリ。文明十七乙巳年ヨリ十八年丙午ニ至リ、仮祠ヲ造営シ未タ旧観ニ復ルコト得ス。（略）

とある。この記事によれば、応仁二年（一四六八）に粟鹿神社が所蔵していた旧記の半数以上が灰燼に帰したが、大杉家に秘蔵されていた系図は焼亡を免れたという。[23]この年には、細川方の軍勢が丹波国から但馬国朝来郡の粟鹿・一品《いっぽう》・磯部などの集落へ侵攻し、夜久野において太田垣氏との間で大規模な合戦が行われており、その兵火が粟鹿神社にも延焼したと伝えられている。

この大杉家秘蔵の系図は、すでに応仁二年の時点で存在していたのであり、文明年間に日下部氏の一門が参会して系図を編纂する以前にさかのぼる。とするならば、あくまでも現在知られる限りにおいてではあるが、これに相当するものとしては、十四世紀に成立していた『日下部系図』の原系図以外に見当たらない。おそらく『日下部系図』の原系図（あるいはそれに書き継いだもの）が、応仁二年の時点で大杉氏をはじめとする日下部氏の後裔氏族に伝来しており、その中で戦火を免れたものが、文明年間に編纂された系図の原資料の一つとして利用されたと思われる。このように理解するならば、『日下部系図』と東大甲本・東大乙本の表米以降の世系が基本的に一致していることについても、整合的に説明することができる。

三　粟鹿本の検討

最後に、粟鹿本を取り上げたい。この系図には「田道間国造日下部足尼家譜大綱」との標題が付され、明治時代の人物までが記されている。(24) 系図を収めた木櫃には、

寛治三己巳歳二月四日調査
文明三辛卯歳八月三日再調
明治三庚午歳三月ヨリ
同十九年丙戌一月ニ至ル精調

但馬国朝来郡竹田町住
献主　林田永助日下部喜敦

との書き入れがあり、先にも登場した林田永助によって献納されたものであることが分かる。

ここに見える寛治三年（一〇八九）二月四日の「調査」とは未詳であるが、これに関して是澤恭三は、寛延元年（一七四八）に成立した当勝神社所蔵『但州朝来郡粟鹿当勝大明神之社記』に、「寛治三年粟鹿大明神之記」に依拠したとする記述が見えることから、前掲した書き入れは粟鹿本の編纂時にこの「寛治三年粟鹿大明神之記」が参照されたことを意味すると推測している。(25)

この史料は現存しないが、前述の『但州朝来郡粟鹿当勝大明神之社記』にはほかにも「寛治三年之当社記」（「当社」とは当勝神社を指す）が見えることや、東大甲本や東大乙本には寛治三年の記事が全く掲載されておらず、この年が日下部氏の後裔にとって特に画期となる年であったとは思われないことから、寛治三年に何らかの史料が編纂されたことが事実であったとしても、それは日下部氏の系図ではなく、粟鹿神社や当勝神社の縁起の類であった可能性が高い。おそらく林田永助は粟鹿本を編纂するに当たり、この寛治三年に編纂された記録を何らかの形で参考にし、一部の内容が寛治三年にまでさかのぼるという意味で、前掲のように記したものと思われる。よって、この書き入れが、寛治三年に粟鹿本の原系図が成立したことを意味するわけではない。

次に記された文明三年の「再調」とは、日下部氏の後裔氏族が参会して系図を編纂したことを指していると見られる。また、明治三年は林田永助が日下部氏の系図の再撰を開始した年であり、同十九年はその作業が完了した年であることから、この書き入れは直接的には「林田永助蔵本」について記されたものと考えられる。はたして粟鹿本の記載内容は、「林田永助蔵本」を謄写した東大乙本とほぼ一致している。

しかし、一部には東大甲本や東大乙本をはじめとする他史料に見られない独自の記載も含まれている。たとえば、大多牟坂王の子として兄坂田垂根君・船穂足尼・真穂若比売の三人を挙げ、その後に船穂足尼から笠古乃君に至る八代を掲出し、笠古乃君の子を表米としている箇所である（図3）。

図3　粟鹿本略系図（大多牟坂王～日下部表米）　※太字は粟鹿本にのみ見られる人名。

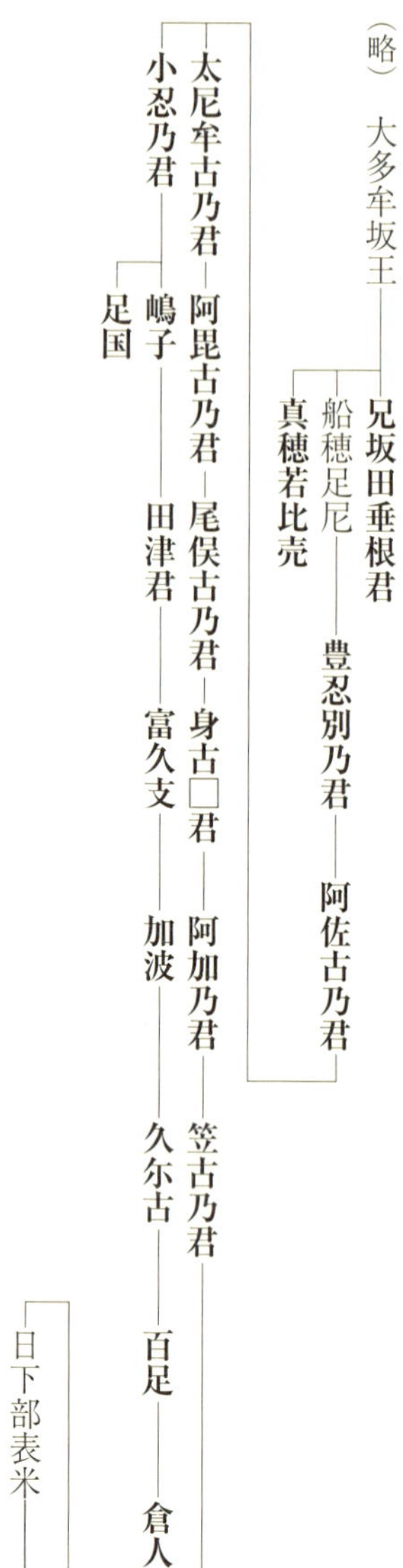

このうち船穂足尼の子として見える豊忍別之君については、『播磨国風土記』飾磨郡安相里条に、

土中々。右、所三以称二安相里一者、品太天皇、従二但馬一巡行之時、縁レ道不レ撤二御冠一。故号二陰山前《かげやまのさき》一。仍国造豊忍別命、被レ剝レ名。爾時、但馬国造阿胡尼命申給、依レ此赦レ罪。即奉二塩代田廾《たはた》千代一有レ名。塩代田佃、但馬国朝来人、到来居二於此処一。故号二安相里一。〈本名沙部《あさこべ》云。後里名依二改レ字二字注一、為二安相里一。〉本文《もとつふみ》、

阿胡尼命娶二英保《あぼ》村女一、卒二於此村一。遂造レ墓葬。以後、正骨《かばね》運持去之、云レ爾。

とあり、ここに登場する豊忍別君と名前が類似していることが指摘されている。

この記事によれば、応神天皇が但馬国から播磨国へ巡行した際、天皇が被る冠を用意しなかったため、播磨国造の豊忍別命は名（国造の地位）を剥奪された。その時、但馬国造の阿胡尼命が申し開きをしたため、豊忍別命は罪を許され、御饌料の塩の代償として千代の水田を献上し、さきに剥奪された名（国造の地位）を再び得ることができた。そして、その水田の耕作者を但馬国朝来郡から呼び寄せて住まわせたことから、この地を安相里と名付けた。里名はもと「沙部」と表記したが、のちに里名は文字を改めて二文字で記載するようになったため、「安相」里と表記するようになった。[26]「本文」（風土記の原資料）には、阿胡尼命は播磨国飾磨郡英保村の女性と婚姻して、この地で卒したために墓を造って埋葬し、のちに遺骸は但馬国に持ち帰ったと記されているという。

ここには阿胡尼命という人物が但馬国造とされ、豊忍別君は播磨国造であったと伝えられている。それに対して、『日本書紀』仁徳四十年二月条には、

天皇聞二是歌一、而勃然大怒之曰、朕以二私恨一、不レ欲レ失レ親、忍之也。何舋矣、私事将及二于社稷一、則欲レ殺二隼別皇子一。時皇子率二雌鳥皇女一、欲レ納二伊勢神宮一而馳。於是、天皇聞二隼別皇子逃走一、即遣二吉備品遅部雄鯽・播磨佐伯直阿俄能胡一曰、追之所レ逮即殺。

とあり、『日本書紀』仁徳四十年是歳条にも、

当二新嘗之月一、以二宴会日一、賜二酒於内外命婦等一。於是、近江山君稚守山妻与二采女磐坂媛一、二女之手、有レ纏二良珠一。皇后見二其珠一、既似二雌鳥皇女之珠一。則疑之、命二有司一、推二問其玉所得之由一。対言、佐伯直阿俄能胡妻之玉也。仍推二鞫阿俄能胡一。対曰、誅二皇女一之日、探而取之。即将レ殺二阿俄能胡一。於是、阿俄能胡、乃献二己之私地一、請レ贖レ死。故納二其地一、赦二死罪一。是以、号二其地一曰二玉代一。

とある。これらの記事には、勅命に反して雌鳥皇女の珠を略奪し、私地を献上して死罪を免れた播磨佐伯直（佐伯直）

阿俄能胡という人物が見える。この播磨佐伯直氏（佐伯直氏）は、播磨国造に任命された氏族と推定されていることや、[27]阿俄能胡と阿胡尼命は名前が似ていること、贖罪のために領地を献上したという伝承のモチーフが共通していることなどから、「風土記の記事は、但馬国造とあって然るべき豊忍別君と播磨国造とあってふさわしい阿胡尼命を互に入れ替えて、前者を播磨国造、後者を但馬国造とした伝承によった」とする見方が出されている。[28]かりにこの理解にしたがうならば、豊忍別君は播磨国造ではなく但馬国造であり、粟鹿本には『播磨国風土記』が編纂される際に原資料として利用された古伝承が掲載されているということになる。[29]

しかしながら、『播磨国風土記』の記事には、阿胡尼命が播磨国飾磨郡英保村に埋葬され、のちに遺骸を但馬国に持ち帰ったことが、「本文」（風土記の原資料）に記されていたとあり、これによれば阿胡尼命を但馬国造とする記述に不自然な点は生じない。よって、播磨佐伯直阿俄能胡と阿胡尼命は別人と見るべきであり、少なくとも但馬国造の豊忍別君と播磨国造の阿胡尼命を入れ替えて解釈する必要はないと思われる。[30]粟鹿本に掲載されている豊忍別之君から笠古乃君までの世系が、これに先行する東大甲本や東大乙本には見えないことからしても、この箇所は粟鹿本の編纂段階で新たに書き加えられた可能性が高い。[31]

このほかにも粟鹿本では、表米の尻付が大幅に加筆されている点や、[32]東大乙本では削除されていた船穂足尼と都牟自が、粟鹿本では削除されていない点など、東大甲本や東大乙本とは相違する箇所が散見する。これらのことからすれば、粟鹿本は東大乙本と同じく「林田永助蔵本」や、その基礎となった「牧田吉左衛門管理本」をもとにしてはいるが、林田永助自身が粟鹿神社への奉納に当たり東大乙本とはまた別の考証にもとづいて改変を行ったか、あるいは奉納後に第三者の手によって改変が加えられたものと考えられる。

以上、東大甲本・東大乙本・粟鹿本の系統関係を整理するならば、図4のようになる。

図4　『日下部家譜大綱』系統略図　※棒線は奥書による。点線は推定を示す。

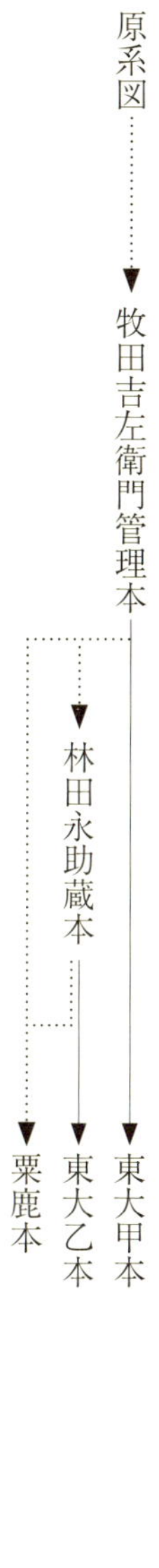

結　語

本稿では、古代における日下部氏の実態を検討するための前提として、『日下部家譜大綱』の諸本の成立事情や記載内容の特徴を考察し、系統関係の復元を行った。論旨を整理するならば、次のとおりである。

・『日下部系図』の原系図（あるいはそれに書き継いだもの）が、応仁二年の時点で大杉氏をはじめとする日下部氏の後裔氏族に伝来しており、その中のいくつかは戦火を免れた。そして、文明年間に日下部氏の後裔氏族が参会して政治的な対応を協議した際、この原系図を資料の一つとして利用しながら、『日下部家譜大綱』の原系図が編纂された。

・この原系図が後世に伝わり、のちに喜一の代までを書き加えたものが「牧田吉左衛門管理本」であり、それを明治二十二年に謄写したものが東大甲本である。さらに、林田永助が「牧田吉左衛門管理本」を基礎としつつも、これには不備があると判断し、他史料を参照しながら独自の考証にもとづいて改変を行い、明治十九年に再編纂したものが「林田永助蔵本」であり、それを明治二十二年に謄写したものが東大乙本である。

・東大甲本の開化天皇から船穂足尼までの世系は、『古事記』開化段と『国造本紀』但遅麻国造条の系譜を整合的に組み合わせて、後から架上されている。船穂足尼から表米までの世系は、大継と子祖父の尻付に見える「国造兵衛」を律令制以前の国造と誤解し、時代の整合性をはかるために、養父郡大領に任命されたと伝えられる表米よりも前の世代に移動させたか、もしくは『日下部系図』の表米よりも下の世代の傍系の部分から人名を抜粋して、船穂足尼と表米の間に移動させることで、両者の間の世代数を調整している。

・粟鹿本は、「林田永助蔵本」やその基礎となった「牧田吉左衛門管理本」を基礎にしているが、林田永助自身が粟鹿神社にこれを奉納するに当たり、東大乙本とはまた別の考証にもとづいて改変を加えたか、あるいは奉納後に第三者の手による改変が加えられている。特に船穂足尼から表米の間には、豊忍別之君から笠古乃君までの世系が挿入されているが、これは粟鹿本の編纂段階で新たに書き加えられた箇所である。

以上を踏まえるならば、『日下部家譜大綱』の諸本のうちでは東大甲本が祖本としての位置を占めている。その内容は基本的に『日下部系図』を踏襲しているが、特に古代の部分には後世の考証にもとづく改変が加えられている。したがって、古代における日下部氏の実態を考察する場合には、まずは『日下部系図』（およびその底本とされた『諸家系図纂』・『浅羽本系図』所収「日下部系図」）を利用し、必要に応じて東大甲本と比較・照合するのが、穏当な方法であると言える。

また、東大甲本・東大乙本には、但馬国の八木氏・太田垣氏や越前国の朝倉氏などの詳しい世系や事績が記録されており、中世以降における日下部氏の後裔氏族の在り方を考察する際には十分検討に値する。改変が加えられている箇所についても、そこからは後世の人々が自氏の祖先に当たる日下部氏の事績をどのように理解・再構築しようとしたのかを知ることができる。その点も歴史学の考察対象とすべきであろう。

註

（1）拙稿「『日下部系図』の諸本について」（『民俗学研究所紀要』四三、二〇一九年三月刊行予定）。

（2）請求記号二〇七五—三八八。東京大学史料編纂所「所蔵史料目録データベース」に画像が掲載されている。紙幅の関係上、全文はそちらを参照されたい。https://clioimg.hi.u-tokyo.ac.jp/viewer/list/idata/200/2075/388/?m=limit

（3）請求記号二〇七五―四〇七。東京大学史料編纂所「所蔵史料目録データベース」に画像が掲載されている。紙幅の関係上、全文はそちらを参照されたい。https://clioimg.hi.u-tokyo.ac.jp/viewer/list/idata/200/2075/407/?m=limit

（4）兵庫県史編集専門委員会編『兵庫県史』史料編古代一（兵庫県、一九八四年）に冒頭部分が所収されているほか、朝来町教育委員会編『朝来町歴史探訪』（朝来町教育委員会、一九七七年）に冒頭部分の写真版が掲載されている。

（5）宿南保「鎌倉時代の和田山」（和田山町史編纂委員会編『和田山町史』上、和田山町、二〇〇四年）参照。

（6）牧田氏（枚田氏）は日下部氏の系図には見えないが、『朝来志』巻七「枚田村」の項には、枚田郷の地頭であった枚田光盛に関して「光盛ハ日下部姓。朝来郡司磯主八世ノ孫」とある。木村発『朝来志』（臨川書店、一九八五年、初版一九〇三年）参照

（7）拙稿「『日下部系図』の諸本について」（前掲）参照。

（8）『古事記』崇神段では「吉備品遅君・針間阿宗君之祖」を「息長日子王」にかけているのに対し、東大甲本では虚空津比売命の尻付としているが、これはおそらく誤記であろう。

（9）『古事記』開化段では「多遅摩国造」とあるのに対して、東大甲本では「但遅麻国造」に作るが、これは後述する『国造本紀』但遅麻国造条に合わせて、表記を統一したものと思われる。

（10）黛弘道「律令時代に於ける計世法」（『律令国家成立史の研究』吉川弘文館、一九八二年、初出一九五四年）。

（11）拙稿「『日下部系図』の諸本について」（前掲）参照。

（12）『兵庫県史』の解説は、「『古事記』に、開化天皇の皇子日子坐王（彦坐王）の四世の孫・大多牟坂王が多遅摩国造の祖とみえる。それに基づいて作ったものか」とする。兵庫県史編集専門委員会編『兵庫県史』史料編古代一（前掲）参照。田中卓も、大多牟坂王以前の世系については「紀・記を参照して作られた形跡があり、直ちに信用すべきでない」と述べている。田中卓「一古代氏族の系譜―ミワ支族の移住と隆替」（『田中卓著作集2　日本国家の成立と諸氏族』国書刊行会、一九八六年、初出一九五六年）参照。

（13）篠川賢「律令制下の国造」（『日本古代国造制の研究』吉川弘文館、一九九六年）など。

（14）城崎郡奈佐郷は、現在の兵庫県豊岡市の奈佐川流域（杤江から目坂にかけての一帯）に比定されており、その一部が

樋爪庄として庄園化したと考えられている。八木氏から出た奈佐氏はこの地を本拠とし、日下部氏の後裔氏族の中でも八木氏と並ぶ広大な所領を有した。宿南保「鎌倉時代の和田山」（前掲）参照。

(15) 文明年間に成立した原系図は、東大乙本では「但馬国造日下部足尼家譜大綱」と呼称されているが、これは東大乙本のもとになった資料として、林田永助がこのように呼称したに過ぎないのであり、実際にそれが成立した時点での呼称は不明である。東大乙本に先行する東大甲本が、内題を「多遅摩国造日下部宿禰家譜」としていることからすれば、おそらく文明年間に成立した原系図もこれに類する呼称を有しており、「大綱」の語は東大乙本の編纂時に加えられた可能性があろう。

(16)『寛永諸家系図伝』には複数の写本が存在するが、この書入は内閣文庫所蔵本（請求番号一五六―〇〇一五）に見える。

(17) 宿南保「律令制の社会と和田山」（和田山町史編纂委員会編『和田山町史』上、前掲）。

(18) 拙稿「『日下部系図』の諸本について」（前掲）参照。

(19) 東大乙本の乙春朝臣の尻付には「神力直根関」・「神力ヲ得テ功アリ」とあることから、林田永助は「神部」とあった箇所を意図的に「神力」に改変したか、あるいは「神部」を「神力」の意味に誤解したようである。

(20) 田中卓「一古代氏族の系譜―ミワ支族の移住と隆替」（前掲）、宿南保「但馬の古代氏族」（和田山町史編纂委員会編『和田山町史』上、前掲）。神部直根閈については、溝口睦子『日本古代氏族系譜の成立』（学習院、一九八二年）、拙稿「神部氏の系譜とその形成」（『大神氏の研究』雄山閣、二〇一四年、初出二〇一三年）など参照。

(21) 宿南保「但馬の古代氏族」（前掲）。

(22) あるいは、重野安繹が「牧田吉左衛門管理本」と「林田永助蔵本」を謄写した際、両書を比較して、「牧田吉左衛門管理本」の船穂足尼と都牟自が「林田永助蔵本」に見えない旨を、東大甲本の当該箇所に注記した可能性もある。この点については、改めて考察したい。

(23) 東大乙本の大杉勝高の尻付では「日下部足尼家譜大綱」と記されているが、前述のとおり、これは林田永助による呼称であり、応仁二年当時にいかなる呼称が付されていたのかは不明である。

(24) 兵庫県史編集専門委員会編『兵庫県史』史料編古代一（前掲）解説。

(25)　是澤恭三「粟鹿大明神元記の研究（二）」（『日本学士院紀要』一五―一、一九五七年）。

(26)　「沙《いさご》」は「砂」と通用し、そこから転じて「沙部」を「あさこべ」と読むようになったが、和銅六年（七一三）の好字令にしたがって「あさこ」を二文字で「安相」と表記すると「安相部」となってしまうため、「部」を省略して「安相」と表記するようになった、という意味に解される。秋本芳郎校注『日本古典文学大系2　風土記』（岩波書店、一九五八年）頭注参照。

(27)　『新撰姓氏録』右京皇別下　佐伯直条に「景行天皇皇子稲背入彦命之後也。男御諸別命。稚足彦天皇〈諡成務。〉御代、中二分針間国一給レ之。仍号二針間別一。男阿良都命〈一名伊許自別。〉誉田天皇為レ定二国堺一。車駕巡幸、到二針間国神崎郡瓦村東崗上一。于レ時、青菜葉自二崗辺川一流下。天皇詔レ応二川上有一レ人也。仍差二伊許自別命一往問。即答曰、己等是日本武尊平二東夷一時、所レ俘蝦夷之後也。散二遣於針間・阿芸・阿波・讃岐・伊予等国一。仍居レ此氏也。〈後改為二佐伯一。〉伊許自別命以レ状復奏。天皇詔曰、宜二汝為レ君治一レ之。即賜二氏針間別佐伯直一。〈佐伯者所謂氏姓也。直者謂レ君也。〉爾後至二庚午年一。脱二落針間別三字一。偏為二佐伯直一」とある。一方、「国造本紀」針間国造条には「志賀高穴穂朝、稲背入彦命孫伊許自別命定二賜国造一」とある。

(28)　秋本吉郎校注『日本古典文学大系2　風土記』（前掲）補注。

(29)　田中卓も東大甲本の豊忍別乃君と『播磨国風土記』の豊忍別命とが同一人物である可能性を示唆し、東大甲本は「採るべき古伝を多分に遺存しているやうに考へる」と述べている。田中卓「一古代氏族の系譜―ミワ支族の移住と隆替」（前掲）参照。

(30)　この箇所の人名には「乃君」という語が付されているが、これは『円珍俗姓系図』に見える「乃別君」と類似しており、何らかの古い表記を留めている可能性は残されている。ただし、当該箇所が何に拠ったのかが不明である以上、その記述を根拠に『播磨国風土記』の記述を読み換えることには、慎重を期す必要があろう。

(31)　この点に関して、宿南保は「阿佐古之君から日下部表米に至る間の人名は、おおよそ系図らしくない、一般的名称である。この部分の名は創作で、孝徳天皇から始まる日下部系図に疑義を感じてその再編成にかかった林田永助の勇み足ではなかったか」と述べている。この間の人名が完全な創作であるのか、またそれが全て林田永助の手によるものであるかは検討が必要であるが、当該箇所が粟鹿本の編纂段階で挿入されたことは認めてよいと思われる。宿南保「律令制の社会と和田山」（前掲）参照。

（32）田中忠雄は粟鹿本について、「基本的には氏姓制度の時代を守護大名領国制と殆んど同一視して述作されているので原型は室町時代初期にできたであろう」と述べている。田中忠雄「大和王権の時代」（養父町史編集委員会編『養父町史』一、一九九〇年）参照。

小野氏系図小考
――中央貴族の小野氏と武蔵国出身の横山党との連続性について――

榊原　史子

はじめに

小野氏は、近江出身の一豪族であったが、推古朝に小野妹子が遣隋使に登用され、活躍する。妹子の子の毛人と孫の毛野も、朝廷において重要な地位を占めた。その小野氏の系図は、今日までいくつか伝えられているが、小野篁の末裔が武蔵国に土着し、横山党や猪俣党といった武士団になったことを示す系図が存在する。しかし、系図の内容が歴史的な事実を反映したものか否かに関しては、明らかになっていない。そこで、本論においては、篁の末裔が武蔵国に土着したことを伝える小野氏系図を中心として、この問題について考えていきたい。

一　小野氏系図

今日まで伝えられている小野氏の系図を大別すると、Ⅰ中央貴族の小野氏の段階で終わるもの、Ⅱ横山党小野氏とつながるもの、Ⅲ横山党小野氏とは別系となったものの三種類に分けることができる。(1)

Ⅰとしては、『尊卑分脈』に「小野氏」として収められている一本と、『群書類従』系図部巻第六十三に「小野氏系図」として収められている一本を挙げることができる。『尊卑分脈』所収本を①と呼称したい。また、『群書類従』所収本を②と呼称する。『尊卑分脈』は、南北朝時代から室町時代にかけて編纂された最古の系図集であり、編者である洞院公定の没後も、編集が続けられた。(2) そのため、①は、最も成立年代が古い小野氏系図と言える。

次に、Ⅱについてである。横山党とは、平安時代後期から鎌倉、室町時代にかけて、武蔵国を中心として、近隣諸国にまで勢力を伸ばしていた同族的武士団である武蔵七党のうちの一党である。横山党の横山氏は、中央貴族である小野氏の末裔を自称していたため、横山党の系図は、小野氏の系図と連続して作成されており、横山党横山氏の系図が、小野氏の系図ともなる。また、同様に武蔵七党のうちの一党として、猪俣党がある。猪俣党の猪俣氏もまた、小野氏の末裔を自称しており、横山氏と同族関係にあった。そのため、猪俣党の系図は、横山党小野氏の系図と途中まで同じで、枝分かれしたものが多い。

さて、横山党の小野氏系図は、いくつか伝わっており、二系統に大別することができる。(3) これらの系図のうち、研究を行う際に用いられることが多いものは、一方の系統では、『続群書類従』巻第一六六第七輯上に収められた「小野氏系図横山」であり、もう一方の系統では、同じく『続群書類従』巻第一六六第七輯上に収められた「小野系図」である。本論では、「小野氏系図横山」を③とする。また、「小野系図」を④とする。

そして、Ⅲとしては、猪俣党の系図などを挙げることができる。

さて、最初にも述べたが、小野氏の系図のうち、武蔵国の武士団と系統がつながっている系図に関しては、二つの可能性を考えることができる。一つは、武蔵国において武士団を形成した地方豪族出身の小野氏が、中央貴族の小野氏の末裔を自称し、中央貴族の小野氏の系図と、自らの小野氏の系図をつなげて、新しい小野氏系図を作成したという可能性である。これを可能性Aとしたい。Aの場合、地方の小野氏と中央の小野氏とは、氏の名が一致しているが、血縁関係はないことになる。

もう一つの可能性としては、武蔵国の小野氏は、中央貴族の小野氏の末裔であり、系図はそれを反映しているという事態を考えることができる。これを可能性Ｂと呼称したい。Ｂの場合は、中央貴族の小野氏が武蔵国に派遣され、任期が終了した後も武蔵国に残り、土着して武士団を形成し、横山党や猪俣党になったと考えることができる。

これまでの研究においては、日野市編さん委員会編『日野市史』がＢの可能性を示唆しているものの、結論は出されていない。(4) この問題を考察するにあたっては、Ⅰの系図が大切なことは言うまでもないが、Ⅱもまた重要である。Ⅱの系図には、武蔵守を務めたとされる小野隆泰の名が記されている。また、武蔵国に所在した小野牧の別当職を想起させる「野別当」「野三別当」の通称を有する資隆の名も記されており、問題を考えるにあたって、重要な要素となり得るからである。一方、Ⅲには、この問題を考察する手がかりとなるような記述がない。そのため、本論においては、ⅠとⅡに注目して、考察を進めていきたい。

さて、①は、敏達天皇から系図が始まり、小野永見の子である瀧雄と峯守を記し、峯守の子である小野篁の孫の世代である小野美材、女子、小野好古に終わっている。

②もまた、敏達天皇から始まり、永見の子である瀧雄と峯守を記し、峯守の子である葛絃の子、そして同様に峯守の子である篁の曽孫世代に相当する高向利春までを記している。『群書類従』の当該箇所には、「右自菅原氏系図至豊原氏系図十四通得古写一本校合了」とあり、②はその十四通の系図のうちの一つとなる。

また、②は、利春が見える唯一の系図でもある。利春には、「高向氏、延喜頃、美樹二男」という注記が付されており、利春の父とされる小野義材には、「イ美樹、イ忠範子」という注記が見える。これらの注記は、高向氏の出身であった利春が、延喜年間頃に小野義材の二男であった、すなわち養子となったということを伝えていると思われる。これに関しては、後ほど詳しく述べたい。

②においては、篁の子である良真、葛絃、忠範の三人の系統は、各三人の子、すなわち篁の孫の世代の記録で留まっている。それに対して、同様に篁の子である俊生の系統のみ、その孫、すなわち篁の曽孫の世代の利春まで記載されている。そして、系図は、利春の世代で終わっているのである。②においては、利春の存在が強調されており、②は高向利春が小野氏の養子であったことを示すために作成された系図である可能性がある。(5)

③もまた、敏達天皇から始まって、永見が記されるが、永見の子としては、峯守のみが記され、その峯守の子として篁、篁の子として保衡のみが記され、注記において「武蔵守」とされる孝泰の系統を記す。孝泰の子が義孝と時資

であり、「武蔵権介、横山大夫、始住横山」と注記される義孝の系統を記している。

そして、④は、敏達天皇から始まって、永見の子の「峰守」と瀧雄を記し、「峰守」の子である篁と葛絃を記し、篁の子の保衡と俊生を記し、最後に「以畠山牛庵家蔵本写之」と記している。

系図の人名に付された注記を略して、①②③④を引用すると、次のとおりである。

系図①

敏達天皇――春日皇子――妹子「王」――毛人――毛野――永見――瀧雄――恒柯

（永見の子）峯守――篁

篁の子：後生――美材

篁の子：良真――女子、女子

篁の子：葛絵――好古

篁の子：忠範

系図②

敏達天皇――春日皇子――妹子王――毛人――毛野――永見――瀧雄――恒柯

（永見の子）峯守――

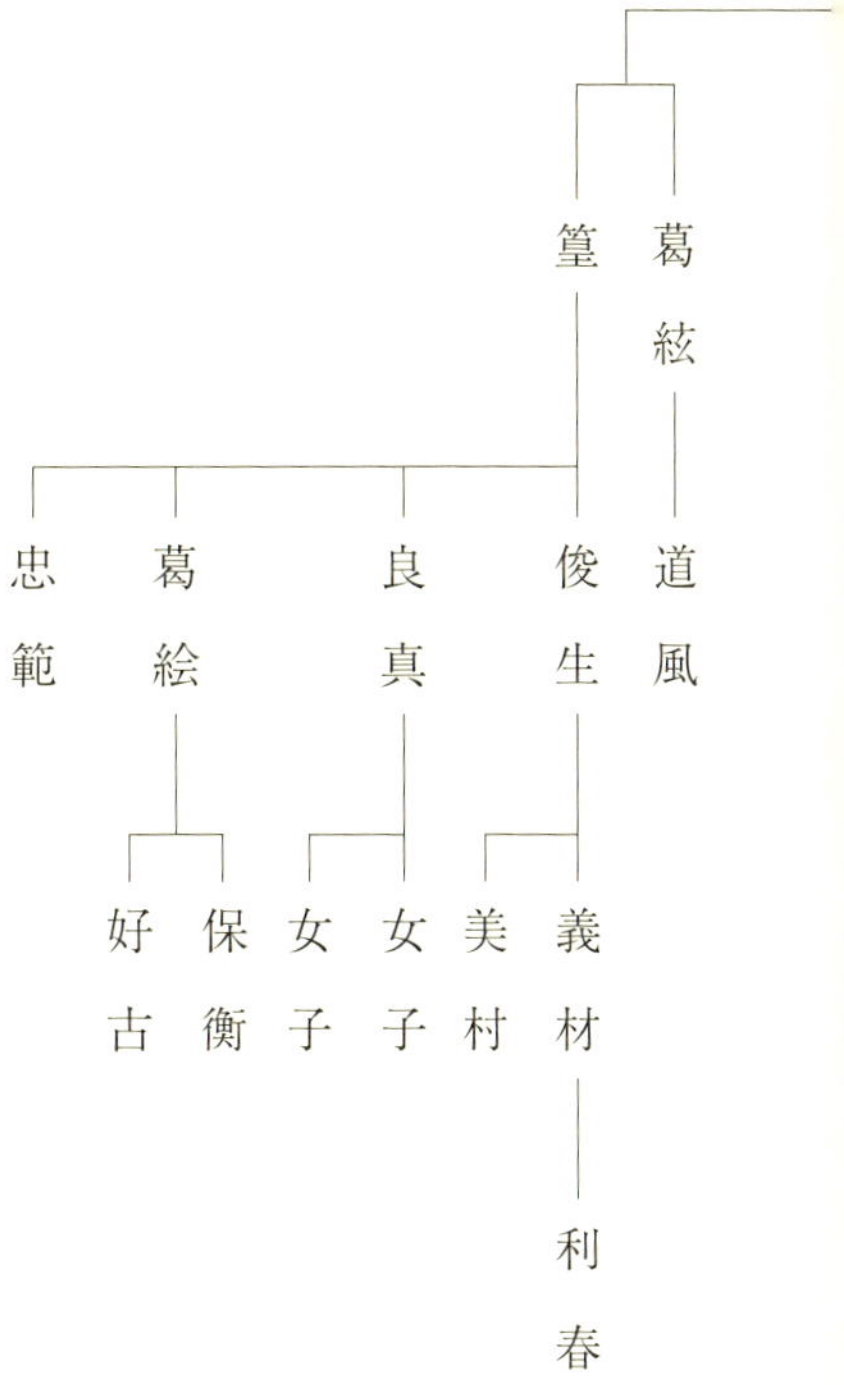
葛紘
道風
篁
俊生
義材
利春
美村
良真
女子
女子
葛絵
保衡
好古
忠範

系図③

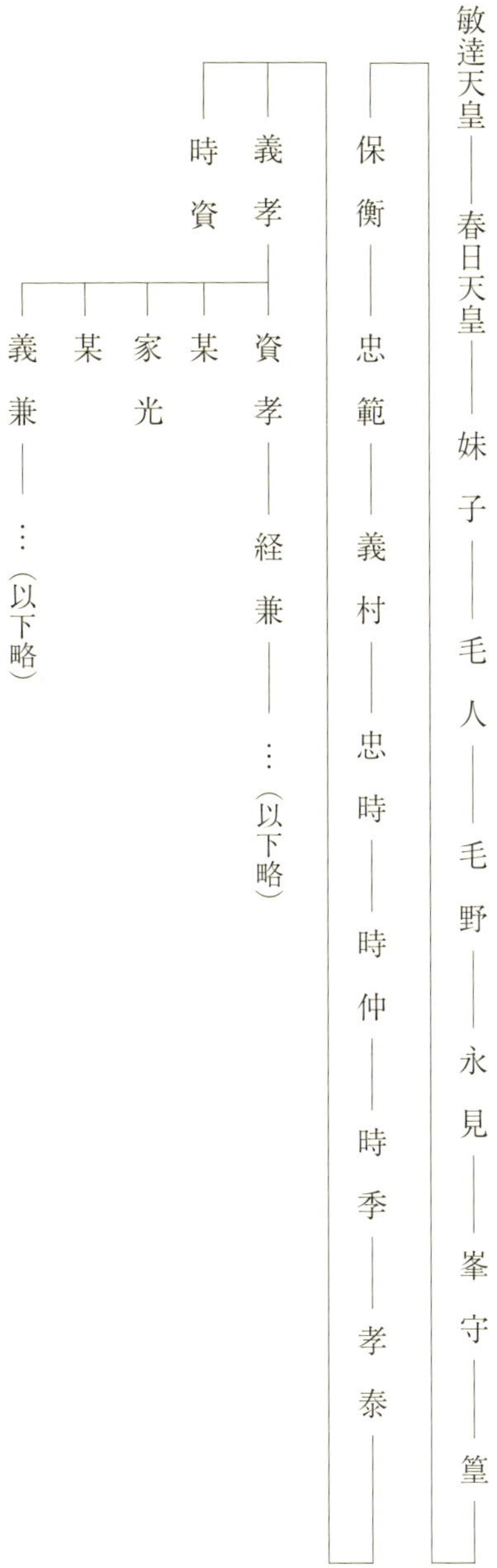
敏達天皇
春日天皇
妹子
毛人
毛野
永見
峯守
篁
保衡
忠範
義村
忠時
時仲
時季
孝泰
義孝
時資
資孝
経兼
（以下略）
某
家光
某
義兼
（以下略）

系図④

敏達天皇
- 忍坂大兄皇子
- 難波皇子
- 春日皇子—妹子—毛人—毛野—永見
- 大派皇子
- 片田皇子
- 尾張皇子
- 皇女
- 皇女
- 皇女
- 皇女
- 皇女
- 皇女
- 皇女
- 皇女
- 皇女
- 皇女

永見
- 峰守
- 瀧雄—恒柯

峰守
- 篁
- 葛絃

葛絃
- 道風
- 春風
- 好古

道風
- 奉時—明尊
- 奉忠—爲国
- 奉明

篁
- 保衡
- 俊生

保衡
- 忠範—義村—忠時—時仲
- 永範
- 美梲

時仲—時季—隆泰—義隆

義隆
- 資隆—経兼…（以下略）
- 次郎
- 時資…（以下略）
- 四郎
- 五郎
- 六郎
- 家光
- 七郎
- 義兼…（以下略）
- 良範
- 阿闍梨

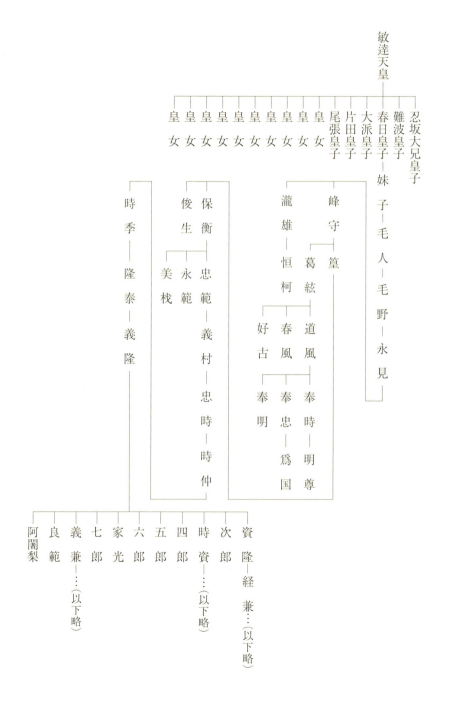

二　篁の子と孫の世代

前節で引用した系図①②③④は、小野篁の子孫を記すことによって系図が広がっている。現存する小野氏の系図は、①②③④以外にも、同様の形態をとっているものが多い。小野篁の子孫を記すことによって系図が広がっているということは、最古の系図である①がそのような形態をとっているため、その他の系図がいずれもそれに倣っていると考えることができる。実際に、篁とその子孫の系統が小野氏の主流であったと思われ、②③④は、『尊卑分脈』所収の系図①に依拠しつつ、さらには国史や口伝を参照して、改定、増補していったのであろう。[6]

さて、中央貴族の小野氏の段階で終わる系図である①と②は、篁の子の人数や表記に関しても、共通する部分が多い。ただ、①に比べて、②のほうが表記される人名が多くなっており、①を受けて、②が作成されたこと、②作成時に新しい情報が付け加えられたことがわかる。また、②と、③④を比較して、系図に書きこまれた人物の数、系図の長さを考えると、③④のほうが②よりもより多く、長くなっており、②のほうが③④よりも成立年代が古い系図と見ることができる。

さて、①では、篁の子は、後生、良真、葛絵、忠範の四人である。葛絵の子が好古となっており、系図はそこで終わっている。また、②では、篁の子は、俊生、良真、葛絵、忠範の四人である。そして、③は、篁の子として保衡のみを記している。一方、④は、篁の子として保衡と俊生を記している。

①に見える後生は、『日本三代実録』貞観九年（八六七）正月戊申（七日）条に見え、大内記正六位上から従五位下になったことがわかる。一方、②④に見える俊生は、『日本三代実録』元慶三年（八七九）十一月庚辰（二十五日）条などにその名を見出すことができる。後生と俊生は、同じ時期に活躍しているのであり、後生と俊生は、同一人物と考えて良いであろう。また、同じく『日本三代実録』元慶元年（八七七）十一月戊午（二十一日）条に、樫生を阿波権介従五位下に任じたとあるが、樫生は官位と年代から考えて、後生の誤記と見て良いであろう。後生の生没年は、

不明である。

また、良真は、『尊卑分脈』によれば、出羽郡司であり、娘に小野小町がいる。しかし、小野良真の名は、『尊卑分脈』にしか記載がなく、他の史料には全く見当たらない。

次に、葛絵であるが、①と②に見えるのみで、そのほかの諸史料には、記載がない。一方、②においては、篁の兄弟として、葛絃の名も見える。小野葛絃の名は、④にも見え、篁の弟とされているほか、諸史料にも記されている。『日本三代実録』元慶元年（八七七）十一月戊午（二十一日）条によれば、小野葛絃は式部大丞で従五位下に昇叙された。また、『気比社古文書』によれば、寛平八年（八九六）五月、越前守在任中に気比大神宮寺の再興に尽くしたとある。

なお、葛絃は、②④では、峯守（峰守）の子、すなわち篁の兄弟となっているが、峯守は宝亀九年（七七八）から天長七年（八三〇）にかけての人物で、篁は延暦二十一年（八〇二）から仁寿二年（八五二）にかけての人物である。葛絃は篁の兄弟と見るよりも、篁の子と見るほうが適切であろう。葛絵と葛絃がいたのではなく、葛絃のみが存在し、葛絵は葛絃の誤字であろう。

そして、忠範であるが、小野氏系図以外の史料にその名が見えない。①②は、忠範に「大内記」と注記しており、忠範は篁の子となっている。一方、③④では、忠範は保衡の子とされている。小野篁は、学問に秀で、作文能力も高く評価されていたのであり、中央貴族の篁の子として、忠範が「大内記」の職に就くことは、十分に考えられることである。忠範は、系図以外にその存在が記されていないが、後生、良真、葛絃が活躍した年代を考えてみると、後生、良真、葛絃、忠範が小野篁の子である可能性は高い。

続いて、篁の孫の世代について見ていきたい。

まず、美材についてである。①では、後生の子として、美材、②では、後生（俊生）の子として、義材と美村の兄弟がいる。そして、義材にのみ、「歌人、イ美樹、イ忠範子」という注記が付されている。

それに対して、④では、保衡の子、すなわち忠範の兄弟として、美枝の名が記されている。一方、③には、美材、もしくはそれに近い名の人物は、記されていない。

小野美材の足跡は、諸史料においてもたどることができる。一方、小野義材、小野美村、小野美樹、小野美枝の名は、小野氏系図以外の史料には見えない。義は美の誤記で、小野美材が正しいと考えられる。また、小野美村は、美材から派生した名前で、実在しなかった人物だと思われる。美樹、美枝も美材の誤記であろう。

美材の生年は不明であるが、『古今和歌集目録』によれば、延喜二年（九〇二）に没した。諸史料にその名が見え、文人貴族として活躍したことが知られる。

同じく『古今和歌集目録』によれば、美材は、寛平九年（八九七）に従五位下大内記に叙任され、それを本官としながら、以後伊予権介と信濃権介をも兼ねた。また、『日本紀略』昌泰元年（八九八）正月二十八日戊辰条によれば、天皇の読書始めの儀において尚復を務めた。

美材は、書に卓越し、『二中歴』第十によれば、弘仁九年（八一八）に、橘逸勢、空海、嵯峨天皇とともに、宮城の門の額に字を記した。また、詩文にも秀で、漢詩作品が『本朝文枠』や『菅家後集』に採られるとともに、勅撰歌人として『古今和歌集』に二首、『後撰和歌集』に一首の和歌作品が採録されている。そして、『古今和歌集目録』は、美材について「参議従三位左大弁篁孫、大内記伊予介後生男」と記している。残された史料から年齢を見ても、やはり美材は後生の子であり、忠範の子ではないと考えられる。

次に、好古についてである。好古は、①②④では、葛絃（絃）の子とされており、③には記されていない。好古は、『日本紀略』安和元年（九六八）二月十四日条に従三位で薨じたとあり、「八十五」とあるから、元慶八年（八八四）の生まれとなる。また、好古は、『公卿補任』にも、「参議従三位篁孫、大宰大弐従四位上葛絃二男」とあり、篁の孫で葛絃の次男である。

続いて、保衡について考えていきたい。保衡は、①に記されていない。②においては、葛絃（絃）の子であり、好古の兄弟とされている。一方、③④では、保衡は篁の子となっており、保衡の子を忠範としている。

保衡の生没年は、不明である。保衡は、『外記補任』によれば、昌泰三年（九〇〇）に少外記から少内記となった。また、『政事要略』巻第五十九赦書事交替雑事十九に収められている「勘解由使勘判抄」によれば、延喜三年（九〇三）正月に肥前守に任じられたが、延喜十三年三月には、得替し、延喜十三年十一月には、勘解由使が前肥前守小野保衛について「雑怠ヲ勘判セシム」としている。そして、『伏見宮御記録』に収録される延喜十七年正月二十八日付の文書には、「尾張国小野朝臣保衛」とある。

篁は延暦二十一年（八〇二）から仁寿二年（八五二）の人物なので、保衡は篁の子としては年代が遅く、③④のように見ることは無理であろう。一方、保衡と好古が活躍した年代を考えてみると、保衡と好古を葛絃の子と見ることは、適切と思われる。同姓同名であることも考えると、肥前国司を務めた小野保衡こそが、系図に見える保衡であると思われ、彼は篁の孫であり、好古の兄弟であろう。(7)

②では、保衡は「阿波守」とのみ注記されている。一方、③では、「正五位下阿波守」、④では、「正五位下陸奥守阿波守伊予守」と注記されている。②③④に記された官位を正しくないと見ることもできるであろうが、肥前守従五位下のほかに、他の国の国司も務め、官位も正五位下に昇ったという可能性もある。

そうなると、問題なのが、③④において保衡の子となっている忠範の存在である。系図の信憑性が最も高いものが①、その次に高いものが②であり、②は③よりも信憑性がある。①と②では、忠範は篁の子であり、好古の叔父となっている。①に保衡が見えないことは、すでに述べたが、先に考察したように、保衡を好古の兄弟と見ると、忠範は保衡の叔父に相当する。②のように、忠範は保衡の叔父であったものが、③④の段階で、保衡の子となってしまったのであろう。①②③④以外にも、小野氏の系図は残されているのだが、それらの系図を比較すると、親子、兄弟、親戚関係に異同が見られる。その点を考慮すると、叔父が子として記されたことも、とくに不思議なことではなく、自然に異なってしまった可能性がある。

三　篁の曽孫世代以降の子孫たち

続いて、篁の曽孫世代について見ていきたい。①は曽孫世代について記しておらず、この世代について記している系図は、②③④である。

②では、篁の曽孫、すなわち第三世代に相当する人物として、養子の利春が記されているが、この利春については、後ほど詳しく考察したい。

③は横山党に関する系図となっているが、篁の子として保衡、保衡の子として忠範、忠範の子、すなわち篁の曽孫として、義村の名が記されている。③は、義村、忠時、時仲、時季、孝泰、義孝、資孝という順で系図が続いていく。④もまた、義村、忠時、時仲、時季、隆泰、義隆、資隆と順に記す。

これらの各人には注記が付されており、③においては、義村は「従五位下」、忠時は「常陸介」、時仲は「下総守」、時季は「治部大輔相模守従四位下」、孝泰は「従四位下武蔵守」、義孝は「隆イ、武蔵権介横山大夫、始住横山」、資孝は「隆イ、号野三別当」と注記されている。一方、④においては、義村は「従五位下上総守二位中将」、忠時は「従五位下上総介常陸守少将」、時仲は「従四位下上総守下野守刑部卿」、時季は「治部大輔相模守従四位下」、隆泰は「武蔵守従五位上」、義隆は「横山大夫、号武蔵大夫、従五位下、始住横山、号野大夫」、資隆は「野別当、助高イ孝イ」と注記されている。

系図の注記によれば、③は元弘三年（一三三三）に鎌倉において討ち死にした重真の甥である兼氏までを記している。一方、④は養和二年（一一八二）に鎌倉で生まれ、「横山右馬允」とされる時兼の曽孫までを記しており、③のほうが新しい時代に成立した系図であることがわかる。

また、③に見える孝泰は、④の隆泰と同じ人物と見るべきであり、③の義孝と④の義隆もまた、同一の人物と考えられる。本論では、より古い時代の系図である④の表記に倣い、隆泰、義隆と表記する。

さて、③④ともに、義村、忠時、時仲、時季、隆泰、義隆、資隆には、官位が注記されており、それらの記述は具体的である。しかし、義村、忠時、時仲、時季、隆泰、義隆、資隆に関しては、系図以外に彼らの存在について記す史料は、残されていない。

さらに、④では、義村が上総守、忠時が常陸守を務めたことになっている。天長三年（八二六）以降、常陸国、上総国、上野国は、親王が国守に任じられるいわゆる親王任国となっていた。小野篁は延暦二十一年（八〇二）から仁寿二年（八五二）にかけて生存した人物なので、その子孫たちの時代には、すでに親王任国の制度が定着していたのであり、この注記は誤りである。(8)

さて、時季の子の隆泰は、武蔵国司であったと注記されている。横山党の発祥地は武蔵国であり、小野牧も武蔵国に所在しているので、横山党の系図の根源は、隆泰に求めることができ、隆泰は重要な人物である。そして、隆泰の子の義隆も、系図以外の史料に見えない人物であるが、③④の注記では、初めて横山に住み、横山大夫を称したとされる。義隆は、横山党の実質的な始祖であり、やはり重要な人物である。③④は、横山党の系統を説明するための系図なので、隆泰と義隆は、実在していた可能性が高い。

資隆は、その義隆の子であるが、横山党にとって、やはり重要人物であることに変わりはない。④の注記によれば、資隆は、長元元年（一〇二八）に八幡太郎義家が相模柳下で誕生した時に、引目役、すなわち鳴弓役を務めた。源義家の生年については、長暦三年（一〇三九）説が有力であり、生誕した場所も河内とされている。そのため、この注記の信憑性については、問題があるが、(9)注記に記されている資隆の略歴は、具体的である。

資隆の子の経兼は、③④の注記によれば、康平五年（一〇六二）に源頼義が前九年の役に勝利した時、敵将である安倍貞任の首を木に打ち付ける役を命じられた。同様の記事が『吾妻鏡』文治五年九月六日条にもあり、この注記の内容を確認することができる。したがって、経兼はこの頃に実在していた人物と見ることができる。そして、経兼の父として資隆が長元元年に実在していたとしても、年代的には合う。

さて、③においては、資隆に「号野三別当」という注記が見え、④においては、資隆に「野別当」という注記が見える。これまでの研究においても指摘されてきたが、「野別当」とは、武蔵国に所在した小野牧の別当という意味があると考えられる。[10]また、「野三別当」の「三」とは、系図において横山党の祖となる隆泰から数えて、三代目、すなわち隆泰の曽孫という意味であろう。

そして、③においては、資隆の子の経兼に「従五位下野大夫、康平五年頼義奥州合戦抽功」、④においては、経兼に「横山次郎大夫従五位下、十八代、八幡殿奥州貞任責給時、横山野次大夫小野経兼承先陳畢」という注記が見え、「野大夫」「野次大夫」という経兼の通称には、小野の「野」が読み込まれていると考えられる。[11]

保衡は延喜三年（九〇五）から延喜十三年（九一三）まで肥前国司であり、延暦二十一年（八〇二）から仁寿二年（八五二）まで生存した篁の孫と考えられることは、すでに述べた。その場合、保衡の子が義村となり、忠時、時仲、時季、隆泰、義隆、資隆、経兼と続いていく。延喜三年頃から康平五年（一〇六二）まで約百五十年間あるが、その間に九世代もの人物が存在するのは、多すぎであり、不自然である。

保衡を篁の孫と見る推定は、ひとまず置き、④の系図どおりに、篁、保衡、義村、忠時、時仲、時季、隆泰、義隆、資隆、経兼の順と考えても、仁寿二年に没した篁から康平五年の経兼まで、十世代あるのは、やはり多すぎであり、不自然である。

このように系図にあるように、保衡のあとに、義村、忠時、時仲、時季と系統が続くことは、無理であり、義村、忠時、時仲、時季に関しては、その注記も信憑性が低く、義村、忠時、時仲、時季は、実在しなかった人物であった可能性が高い。

四　小野牧とその別当

次に、小野牧とその別当について考えてみたい。

小野牧が史料に初めて見えるのは、延喜十七年（九一七）である。『日本紀略』延喜十七年九月七日癸丑条には、陽成院の私牧である武蔵国小野牧が朝廷に貢上した馬三十疋を、醍醐天皇が内裏の仁寿殿で閲し、十八疋を陽成上皇に引き渡したとある。これは駒牽の儀式である。このことから、延喜十七年当時においては、小野牧は陽成院の私牧であったことがわかる。

再び小野牧が史料に記録されるのは、『政事要略』巻第二十三年中行事八月下承平元年（九三一）十一月七日条であり、小野牧が承平元年十一月七日に至って、勅旨牧に切り換えられ、「散位小野諸興」が「別当」に任じられたことが知られる。

この小野牧という名称は、奈良時代から武蔵国にあった小野という地名に由来している。源順が編纂し、承平年間（九三一～九三八）頃に成立した『和名類聚抄』(12)からは、多磨郡に小野郷があったことが知られる。また、武蔵国分寺跡からは、「小野郷」と明記されている瓦の破片が発見されており、奈良時代からこの地域が小野郷と称されていたことがわかる。小野の「小」とは、「野」という意味を強調する接頭語であり、小野郷という地名も多摩郡独自のものではなかった(13)。中央貴族の小野氏は、奈良時代には武蔵国に進出していなかったと思われ、中央の小野氏にちなんで、武蔵国小野郷という地名ができたと見ることは、難しい。「小野」の語の成り立ちを考えても、それは自然発生的に成立した地名と考えることができる。

この小野郷にあった小野牧の所在は、多摩市と、日野市旧七生地区と、八王子市旧由木地区に広がる大栗川と乞田川水系の谷々に求められている(14)。

信濃、甲斐、上野、武蔵国に設置された勅旨牧（御牧）は、九世紀を通じて整備され、十世紀になると『延喜式』

巻第四十八左右馬寮御牧条に見えるような体制となった。武蔵国に設置された勅旨牧は、石川牧、小川牧、由比牧、立野牧、小野牧、秩父牧の六牧である。

『延喜式』巻第四十八左右馬寮御牧条によれば、勅旨牧には、管理運営の責任者として、牧監もしくは別当が置かれた。武蔵国には別当が置かれ、国ごとではなく、一つの牧もしくは数牧ごとに一名が任命された。牧監と別当は、牧の経営に関する現地の最高責任者である。四年の任期が定められ、牧馬の維持、牧の柵や堀の管理に責任を持ち、国司とともに牧馬の点検に立ち会い、牧馬帳を作成した。また、貢馬を率いて上京し、駒牽の儀式に参加した。

五　諸興と隆泰

さて、小野牧の別当を最初に務めた小野諸興は、諸史料に名が残り、確かに実在した小野氏出身の人物であるが、どの小野氏系図にも、その存在が記されていない。次に、この小野諸興について考えてみたい。

諸興が小野牧の別当に任命された後、天慶二年（九三九）には平将門の乱が起こった。それを受けて、諸興は、橘是茂らとともに、押領使に任じられた。藤原忠平は、『貞信公記抄』天慶二年六月九日条に、小野諸興と橘是茂等を押領使に任命したことを記し、「但以五位充例勘文」と記している。さらに、『本朝世紀』天慶二年六月二十一日辛卯条によれば、諸興は、武蔵権介として群盗追捕を命じられた。

五位であるにも関わらず、諸興が押領使に任命されたということは、諸興が武蔵国においてある程度の武力を行使できる力を有していたことを示している。小野牧の別当になったことを契機として、諸興は在地の有力者となったのであろう。牧の別当が国司とは独立した権限を持っていたことを考えると、この時期、諸興は武蔵国の国衙においてかなりの権力を持つようになっていたと思われる。

諸興が武蔵国司であったという記録は、残されていないが、当時の国司の補任に関しては、網羅的に史料に残されておらず、史料に見えないからといって、諸興が国司でなかったと考えるべきではない。詳しくは後述するが、高向利春のように、権介から国司に昇任した例もあり、諸興が武蔵国の国司となった可能性もあるだろう。

一方、系図にはその名が見え、「武蔵守」「武蔵権介」「野別当」といった武蔵国と牧の別当に関係の深い注記が付されているものの、他の史料にはその存在が記されていない人物が、すでに述べた隆泰、義隆、資隆である。(15)

ここで再び諸興について思い出してみたい。諸興は、武蔵権介に任命されたのであり、武蔵国司にまで昇進した可能性も否定できない。一方、系図に記される義隆にも「武蔵権介」の注記が見える。小野氏系図において、義隆の父とされる小野隆泰と、小野諸興は、共通点を有しており、これまでにも小野隆泰と小野諸興を同一人物と考えて、諸興が改名して隆泰になったという見解が、繰り返し出されてきた。(16)

諸興は承平元年（九三一）に小野牧別当に任命されたのであり、経兼が実在していた康平五年（一〇六二）よりも、それは百三十一年前のことである。また、承平元年は、資隆が実在していた年代に近い長元元年（一〇二八）からは、九十七年前にあたり、長暦三年（一〇三九）からは、百八年前にあたる。このようにして考えていくと、諸興は、経兼の曽祖父である隆泰と同じ世代になると思われる。

同じ時期に小野氏を名乗り、小野牧別当と関連が深く、武蔵の国衙における有力者であった人物が二人もいるのは、不自然なことである。諸興と隆泰が存在した年代も重なるので、小野隆泰と小野諸興は、同一人物と見て良いであろう。

古代においては、一人の人物が二つの名前を有することは、珍しいことではなく、この点に関して問題はない。例えば、平国香も、初名を良望といった。

諸興、すなわち隆泰の子孫が、武蔵国において武士団を形成するようになったことを考えると、諸興は任期を終えた後も、武蔵国に土着したと考えられる。任期後の土着を契機として、別の名を名乗るようになった可能性がある。そして、諸興、すなわち隆泰の活動は、その後中央の史料に載ることは、なかったのかもしれない。

ところで、諸興については、彼が散位の出身であるため、在地の有力者であるとか、在庁官人であるといった見解も出されている。(17)諸興自身にまつわる史料からのみでは、彼の出自を考察することは難しいが、九世紀、十世紀には、諸興のほかに、「興」の字を名前に持つ小野氏一族の人物が数人存在する。これらの「興」の字を有する人物たちにも注目し、諸興の出自について考えていきたい。

まず、小野興道である。『続日本後紀』によれば、承和五年（八三八）正月七日に、正六位上から従五位下に昇叙している。承和六年正月十一日には、左衛門佐従五位下となり、承和十三年正月十三日には、陸奥守従五位下に任じられた。また、同年二月二十九日には、下野権介をも兼任するようになった。興道は、当初京にいて、宮中に仕えていたのであり、その後は国司に就任したことが理解できる。

次に、小野景興である。『類聚符宣抄』巻四に収められている延長三年（九二五）三月二十九日の宣旨によれば、内舎人であった。また、『西宮記』巻十六臨時四野行幸からは、延長四年十一月五日に、醍醐天皇の親王の舎人として鷹匠を務めたこと、野行幸の際に武器の携帯が許可されていたことが理解できる。景興は、在庁官人ではなく、京にいたと見るのが適切であろう。

諸興と同時代の人物としては、小野永興がいる。永興は、諸興の弟である。『本朝世紀』天慶元年（九三八）九月八日壬子条からは、小野牧の駒牽を行う際に、諸興の代わりに弟の永興が代理を務めるはずであったが、永興も病気を理由に馬を牽かなかったことがわかる。

そして、小野国興である。『本朝世紀』天慶四年（九四一）十一月二日戊午条によれば、左馬小允であり、『西宮記』巻三によれば、天徳二年（九五八）二月二十一日に右兵衛尉となり、『日本紀略』天徳二年四月二十六日丁丑条によれば、右衛門少尉から右馬助に昇った。また、『菴原公系図』によれば、庵原広統の姉を妻としている。庵原広統は、駿河国の有力者であり、将門の乱の追討に加わった人物である。国興もまた、馬と関係の深い役職を務めてきたのであり、小野牧との強いつながりがあったことが推定できる。国興は、諸興や永興と同時代の人物であり、近い親族であったと思われる。

諸興と弟の永興が「興」の字を共有していることからみて、小野姓で「興」の字を名に帯びていれば、諸興の近親者であり、同じ系統の先祖と見ることができるであろう。(18)

興道、景興、永興、国興の経歴は、馬と関わりを持ち、武官を務めるなどの共通点が見出せる。そして、永興の在京は、一時的なものであったかもしれないが、彼らには、在京して職を務めている時期がある。彼らは武蔵国の在庁官人ではなく、中央貴族の小野氏であったと考えられる。そして、同様の経歴を持つ諸興もまた、地方出身の小野氏ではなく、中央貴族の小野氏一族の出身と見ることができる。

その諸興は、隆泰と見ることができ、篁の直系の末裔として小野氏系図に記されている。しかし、そのほかの「興」の字を名に有する小野氏たちが、小野氏系図に見えないのはなぜであろうか。

興道は、篁と同年代の人物であったと見ることができるが、どの小野氏系図にも見えない。それは、興道が、篁の系統とは少し離れた親戚関係にある小野氏であったためであろう。そして、景興も、興道の系統にある小野氏であり、主流であった篁の系統からは、傍系に当たる位置にあったため、同様に系図に記されていないのだと思われる。諸興の弟である永興と、近い親族の国興に関しては、諸興（隆泰）の子、すなわち直系のみを系図に記しており、親族は系図に載せていないためであろう。

一方、諸興は、実際は興道の系統であるにも関わらず、系図において篁の直系の末裔とされている。それはなぜであろうか。横山党につながる系図において、諸興、すなわち隆泰は、横山党の祖となる重要な人物であり、「武蔵守」という注記も付されている。横山党系の小野氏系図（Ⅱ）の作成者は、その隆泰を、小野氏の主流であった篁に直接つながる系統としたかったのであろう。そのため、篁と隆泰を系図においてつなげたが、忠範のあとに、義村、忠時、時仲、時季を入れて、虚構の官位を記した後に、隆泰の存在を記したのであろう。あるいは、系図の作成者がそのように作成したのではなく、以前からそのように伝えられてきたのかもしれない。

先に、小野氏の系図のうち、武蔵国の武士団と系図がつながっている③④の系図に関して、ＡＢの二つの可能性を提示した。可能性Ａは、武蔵国において武士団を形成した地方豪族出身の小野氏が、中央の小野氏の末裔を自称し、中央貴族の小野氏の系図と、自らの在地の小野氏の系図をつなげて、新しい小野氏系図を作成したというものである。一方、もう一つの可能性Ｂとしては、地方豪族出身の小野氏は、中央貴族の小野氏の末裔であり、系図に書かれている系統が事実を反映しているというものである。

諸興とその近親者ならびにその祖先に関する考察からは、ＡＢの可能性のうち、Ｂの可能性のほうが適切であることがわかる。中央貴族の小野氏が武蔵国に派遣され、任期が終了した後も武蔵国に残り、土着して武士団を形成し、横山党や猪俣党となったのである。ただ、中央貴族の小野氏が、古くから存在する小野という地にある牧を管理するようになったことと、その後武蔵国の有力者として在地に土着するようになったことについての偶然性を考える必要がある。

六　高向利春

ここで、系図②にのみその存在が記され、小野美材の子とされている高向利春に注目してみたい。

高向利春の生没年は不明であるが、『古今和歌集』には利春の歌が一首収められており、『古今和歌集目録』には彼の官歴が記されている。それによれば、まず寛平二年（八九〇）に刑部丞に補任された。そして、延喜十年（九一〇）に武蔵国権少掾に任じられると、延喜十一年には武蔵介に昇った。延喜十四年（九一四）には、「宇多院御給」によって従五位下となる。さらに、延喜十八年には武蔵守に昇り、延長六年（九二八）には甲斐守に任じられた。

『古今和歌集目録』の成立は、平安時代末期に降ることが指摘されているので、[19] 他の史料も見ていきたい。『西宮記』巻五駒牽次は、「牧司利春」が延喜五年八月十四日に秩父の馬を仁寿殿において駒引きし、その功によって黄褂一領を与えられたと記している。ここに見える「利春」は、高向利春と見ることができると思われるが、これに関しては、後ほど詳しく述べたい。

また、『北山抄』巻二年中要抄下十一月辰日節会によれば、延喜十五年十一月二十四日には、利春が武蔵介として宇多院に見参している。

さらに、『扶桑略記』裡書延喜十九年五月二十三日己丑条によれば、武蔵国前権介の源仕が官の租税を強奪し、国府を襲撃して、国司である高向利春を攻めようとした。これは利春が武蔵守になった翌年に起きた事件である。源任は、武蔵国箕輪に土着して、勢力を伸ばした人物であった。この史料からは、高向利春が、武蔵国の国司として国衙に来ていたことが理解できる。

さて、一節においても述べたが、②では、美材の子として、高向利春の名が記されており、「高向氏、延喜頃、美樹二男」という注記がある。また、美材には「イ美樹、イ忠範子」という注記があり、高向利春は延喜年間頃に小野美材の養子だったことになる。利春は、寛平二年（八九〇）から延長六年（九二八）頃にかけて活躍した人物であり、美材は、寛平九年頃から活躍し、延喜二年（九〇二）に没した人物である。利春が美材の養子であったことを記す史料は、この注記が唯一のものであるが、年代的には、この注記の内容は矛盾していない。

なお、利春が小野美材の養子となったのではなく、利春を小野氏の生まれと見て、小野利春が高向氏の養子となって、高向利春と名乗るようになったと考える見解もある。(20)

しかし、先に述べたとおり、利春の名は、諸史料において一貫して、高向利春とされている。また、高向氏の系図が収められている鈴木真年編『百家系図』五三冊は、利春を高向公輔の子としており、利春の兄弟には、高向利恒、高向利生、高向利人がいて、子息には草春がいる。高向利恒、高向利主の名は、諸史料にも見出すことができる。(21)利春、と利恒、利主、利人らは、名前に共通性があることから、ともに公輔の実子であり、当初から兄弟であったと見ることができるであろう。そして、草春は、『拾遺和歌集』に歌を一首残している。この草春は、やはり利春と名前が似ており、利春の子であった可能性が高い。

このように見ていくと、注記のとおりに、高向利春が小野美材の養子となったと考えるべきであろう。ただし、養子となった時期が、②の注記のとおりに延喜年間頃だとして、延喜二年という美材の没年を考えると、二人が交わるのは、延喜元年から二年の二年間のみとなってくる。養子となった時期は、延喜元年の少し前か、延喜元年か延喜二年となるであろう。養子となった後、美材がすぐに亡くなったので、利春は、小野の氏を名乗る機会も少なく、高向の氏を名乗り続けたのかもしれない。あるいは、美材は、利春の養父とはなったが、高向の名を変更することはなかったのかもしれない。まずは、注記の記述どおりに、延喜頃に高向利春が小野美材の養子になったと仮定して、論を進めていきたい。

ところで、延喜五年に、武蔵国に所在する秩父牧の牧司として史料に見えて以降、延喜十八年の武蔵守就任まで、延喜年間において、利春は武蔵国と関わりあいが深い。武蔵国における利春の活動は、秩父牧において始まったと言える。

秩父牧は、秩父郡石田牧（埼玉県秩父郡長瀞町）と、児玉郡阿久原牧（埼玉県児玉郡神川町上阿久原・下阿久原）の二牧の総称であった[22]。『政事要略』二十三年中行事八月下が引用する「西宮記」によれば、延喜三年八月十三日に、「秩父御馬」を醍醐天皇が閲したが、「宇多院」の「供馬」であるために、儀式を行う上卿の参列を省略して、所管の左右馬寮に渡したという。この時点では、秩父牧は宇多院の私牧だったことがわかる。同じく『政事要略』二十三年中行事八月下によれば、その後秩父牧は、朱雀天皇の私牧となり、さらに承平三年（九三三）に至って勅旨牧となった。

さて、『西宮記』巻五駒牽次に見える「牧司利春」は、宇多院の私牧である秩父牧を管理していた。一方、高向利春は、宇多院の推薦によって従五位下になっており、武蔵介として宇多院にも見参している。利春は、宇多院と深い関係を持っていたと考えることができ、「牧司利春」は、高向利春のことだと見ることができる。

一般には、別国の国司や京官などを経て、官位が上昇するのが通例なのだが、利春は、武蔵国権少掾に任じられてからわずか五年後に、同じ武蔵国で介に昇進した。そして、その三年後には、武蔵国守に任じられたのである。また、利春の前任は藤原高風であるが、延喜十七年正月二十九日に武蔵守に任じられて、(23)四月十一日に任符に請印されたにもかかわらず、(24)その翌年利春に交替している。これも通常の国司交替によるものでなく、異例な人事であったことを反映しているであろう。(25)

利春が宇多院の私牧の牧司であったこと、同一の国で権少掾から守へとわずか八年間で昇進したこと、宇多院の私牧の牧司となったこと、宇多院の「御給」を受けたことも、すべて彼が宇多院の周辺にいたことに起因していると思われる。利春は、宇多院の近臣であったと考えることができる。(26)

では、その利春が小野美材の養子となったのは、なぜであろうか。美材は小野家の嫡流であったと思われるが、③④の小野氏系図によれば、子として、小野忠時が見え、②においては、養子の高向利春のみが見える。しかし、小野忠時は、③④では、小野義村の子となっており、美材の子でなかった可能性がある。小野氏系図以外の史料に、忠時の存在は見えず、実在していなかったか、していたとしても、早世したのであろう。美材が養子を迎えたとされていることから考えても、その可能性が高いと思われる。

ともかくも、美材は、晩年において養子を迎える必要があったと思われ、宇多院の近臣であった利春に注目したのであろう。美材は当代一流の文化人として活躍していたのであり、宇多院と交流があっても不思議ではない。その宇多の近臣である利春と、美材が接点を持つ可能性は、十分にある。利春は、高向家の嫡男でなかったかもしれず、それよりも、妹子から続く名門家である小野家嫡流の養子としての地位は、魅力があったのではないだろうか。

延喜元年と延喜二年において、美材は京におり、利春もまた、この時期は武蔵国におらず、京にいた可能性がある。二人が出会っていたことを示す史料もないが、接点を持つことは可能であったと思われる。美材は延喜二年に没したため、利春が実質的に小野家の養子であった期間は短かったが、小野氏との関わりは、消えたわけではなかったであろう。

小野氏において、利春と同年代の人物は、誰であろうか。利春は養子ではあるが、篁の曽孫世代に当たる。③④においては、篁の曽孫世代の人物としては、ほかに義村がいるが、すでに述べたとおり、義村の実在は確認することができない。また、③④には、実在したと考えられる経兼が、前九年の役で活躍したという注記があるが、その経兼から、世代を逆算してみると、②において利春と同年代の人物としては、隆泰、すなわち諸興を考えることができる。美材の最晩年である延喜二年に、利春が小野家に入ったとすると、同時代の小野氏の人物には、諸興がいたのであり、利春と諸興は、同じ時期に親族であったことになり、交流もあったと思われる。

七　天皇家の人間関係と諸興の別当就任

諸興が小野牧の別当となったのは、承平元年（九三一）十一月七日である。高向利春は、宇多院の計らいで、延喜五年（九〇五）から延喜十八年までの間に、秩父牧の牧司から武蔵守にまで昇進したのであるが、利春の義理の親族にあたる小野諸興も、その影響を受けて、小野牧別当となったと考えることもできるのではないだろうか。ただし、宇多院は、承平元年七月十九日に没しているため、宇多院の意向がどこまで働いたか否かは、微妙である。承平元年十一月七日当時の天皇は、朱雀であった。

同じ武蔵国内の牧ではあったが、秩父牧は、もと宇多院の私牧であり、その後朱雀天皇の私牧となった。一方、小野牧はもと陽成院の私牧であった。勅旨牧となった時期は、小野牧が承平元年（九三一）、秩父牧が承平三年である。

貞観十年（八六八）に生まれ、天暦三年（九四九）年に亡くなった陽成院が天皇であった期間は、貞観十八年から元慶八年（八八四）であり、貞観九年生まれの宇多院が天皇であった期間は、仁和三年（八八七）から寛平九年（八九七）である。陽成と宇多は、生年が一年違うのみで同年代である。しかし、陽成が天皇位にある時に、宇多は殿上人の一人として陽成に仕えており、神社行幸の際には、舞を命じられたこともあった。『大鏡』第一巻五十九代宇多天皇十二段には、宇多が即位した後、陽成の御所前を通って行幸した時に、陽成が宇多のことを、「当代は家人にやあらずや」と言ったと記されている。陽成と宇多の関係は、必ずしも良好なものではなかった可能性がある。[27]
陽成天皇が退位した後は、光孝天皇、宇多天皇、醍醐天皇、朱雀天皇の順に、親から子へと皇位が継承されていった。醍醐の皇子である朱雀は、宇多の孫に当たり、光孝天皇系となる。すでに述べたとおり、勅旨牧となる以前の秩父牧を、朱雀は宇多から伝領している。また、朱雀は、宇多が住んだ後院を自分の後院として利用するなど、物質的にも宇多の後継者であった。

朱雀と陽成の関係も、良好なものではなかった可能性がある。陽成の私牧である小野牧を勅旨牧とするにあたって、すでに甲斐守となってはいたが、故宇多院の近臣、すなわち光孝天皇系の近臣であり、秩父牧の牧司をかつて務め、武蔵守に昇りつめるほどに、武蔵国に拠点を築いてきた高向利春の力を借りたく、朱雀天皇の朝廷が、親族の小野諸興を、小野枚の別当としたのかもしれない。

宇多と不仲であったかもしれない陽成の私枚である小野枚を、朱雀朝において勅旨牧にするにあたって、小野諸興を小野牧の別当としたので、諸興を陽成院の近臣と指摘する見解もあるが、[28]小野牧は、私牧から勅旨牧へと大きな転換がなされたのであり、牧の運営を行う別当は、むしろ陽成院とは関係の薄い者を選ぶ必要があったと思われる。

ここまで、系図②において高向利春が美材の二男であったと記されることを仮に肯定して、論を進めてきた。そのように考えると、中央貴族の小野氏出身と考えられる諸興（隆泰）が、武蔵国小野牧別当に任じられた偶然性をはじめとして、陽成、宇多、朱雀の人間関係や牧の伝領についても、説明することが可能となる。これまでの研究においては、諸興（隆泰）を中央貴族の小野氏と見た場合に、彼が武蔵国の小野牧別当に任じられた偶然性について説明することができず、問題となったままであったが、[29]この矛盾も解消する。

利春が美材の養子であったと記されることを事実とする仮定は、成立すると考えて良いであろう。②に記されるとおり、高向利春は、小野美材の養子となったと見ることができるのである。

おわりに

本論では、中央貴族の小野氏の系図と、武蔵国の横山党につながる小野氏の系図の連続性について考察し、それらの系図に記される系統が連続していると結論づけた。そして、小野牧の別当を務めた小野諸興が、系図に記される小野隆泰と同一人物であることも確認した。小野諸興と、名に「興」の字を帯びる小野氏の人々は、小野篁の直系ではなく、傍系の子孫であったと思われるが、中央貴族の小野氏であることに変わりはなかった。

また、小野美材の養子となった高向利春は、武蔵国に所在する小野牧が宇多院の私牧であった時期に、牧の別当を務めていた。宇多院の近親であった利春は、武蔵国衙と国内の牧において影響力を有していたため、武蔵国所在の小野牧が、朱雀朝において勅旨牧となる時に、義理の親族である諸興が別当に任じられたのである。小野牧はそれまで陽成院の私牧であった。

そして、宇多院と同様に光孝天皇系である朱雀天皇は、陽成院とは不仲であった可能性がある。そういった皇族間の対立関係が、武蔵国の小野牧が勅旨牧となった時に、反映された可能性をも、本論では指摘した。

小野諸興は、武蔵国にそのまま土着し、隆泰と名乗り、在地にて勢力を持つようになり、その子孫は、武士団を形成し、横山党となった。すなわち、途中の細部に虚構はあるものの、横山党につながる小野氏系図は、中央の小野氏系図とつながっていると見て良いと、本論では考えたのである。

註

（1）鎌倉佐保「第三回　小野姓横山党の成長（講演録　歴史講座　小野神社の周辺―古代・中世の小野牧・小野氏・六所宮を

めぐって)」(『パルテノン多摩博物館部門研究紀要』九、パルテノン多摩 多摩市文化振興財団、二〇〇五年)参照。

(2) 益田宗「尊卑分脈の成立と編成」(『東京大学史料編纂所報』二〇、一九八五年)、皆川完一・山本信吉編『国史大系書目解題』下(吉川弘文館、二〇〇一年)参照。

(3) 鎌倉佐保、前掲註1紀要参照。

(4) 日野市史編さん委員会編『日野市史』通史編一 自然 原始・古代、一九八八年。

(5) 段木一行「古代末期東国の馬牧―武士団結成の一拠点として」(豊田武先生古稀記念会編『日本中世の政治と文化 豊田武博士古稀記念』吉川弘文館、一九八〇年)参照。

(6) 大橋信弥『小野妹子・毛人・毛野―唐國、妹子臣を號けて蘇因高と曰ふ』(ミネルヴァ書房、二〇一七年)参照。

(7) 鎌倉佐保氏は、前掲註1紀要において、「篁が延暦二一年(八〇二)から仁寿二年(八五二)の人物と言われていますので、篁の子としてはやや遅く、年代があいません。別人なのか、あるいは系図になんらかの間違いがあるのか、その辺はなんとも言えません」(三五頁)と述べている。

(8) 日野市史編さん委員会編、前掲註4書参照。

(9) 鎌倉佐保、前掲註1紀要参照。

(10) 日野市史編さん委員会編、前掲註4書、川尻秋生『古代東国史の基礎的研究』(塙書房、二〇〇三年)参照。

(11) 日野市史編さん委員会編、前掲註4書、鎌倉佐保、前掲註1紀要参照。

(12) 和田英松『本朝書籍目録考証』(明治書院、一九三六年)、池辺弥『和名類聚抄郡郷里駅名考証』(吉川弘文館、一九八一年)参照。

(13) 小野一之「第四回 武蔵国府・総社六所宮・小野神社(講演録 歴史講座 小野神社の周辺―古代・中世の小野牧・小野氏・六所宮をめぐって)」(『パルテノン多摩博物館部門研究紀要』九、パルテノン多摩 多摩市文化振興財団、二〇〇五年)参照。

(14) 段木一行、前掲註5論文、日野市史編さん委員会編、前掲註4書参照。

(15) 東京都八王子市に所在する八雲八幡神社に口伝として伝わる縁起は、武蔵守の隆泰が延長二年(九二四)に、京都の石清水八幡宮を勧請して、同社を建立したとする。さらに、東京都町田市に所在する小野神社は、小野篁の七代の孫である小野孝泰が、武蔵の国司として天禄年間（九七〇～九七三）頃赴任し、小野路のこの地に小野篁の霊を祀ったという縁起を伝えている。しかし、これらの縁起の原史料は、明らかではない。

(16)日野市史編さん委員会編、前掲註4書、鎌倉佐保、前掲註1紀要。

(17)在地の有力者とするのは、福田豊彦『平将門の乱』（岩波書店、一九八一年）、安田元久『武蔵の武士団―その成立と故地をさぐる』（有隣堂、一九八四年）、土田直鎮『古代の武蔵を読む』（吉川弘文館、一九九四年）など。在庁官人とするのは、段木一行、前掲註5論文。日野市史編さん委員会編、前掲註4書は、諸興が中央貴族の小野氏の出身であり、留住貴族である可能性を示唆しつつも、地方在住の有力者であり、在庁官人としている。

(18)多摩市史編集委員会編『多摩市史』通史編一（一九九七年）参照。

(19)『群書解題』九、川尻秋生、前掲註10書参照。

(20)土田直鎮『古代の武蔵を読む』（吉川弘文館、一九九四年）。

(21)『類聚符宣抄』巻九に収められている元慶二年二月十三日の宣旨に、高向利恒の名が見える。また、九条家本『延喜式』巻十裏文書に収められている承暦二年十二月三十日付の文書には、高向利主の名が見える。

(22)日野市史編さん委員会編、前掲註4書参照。

(23)『別聚符宣抄』延喜十七年四月五日官符四。

(24)『類聚符宣抄』第八、任符、四月十一日官符。

(25)川尻秋生、前掲註10書参照。

(26)川尻秋生、前掲註10書など参照。

(27)北山茂夫『日本の歴史』四 平安京（中央公論社、一九七三年）参照。

(28)多摩市史編集委員会編、前掲註18書。

(29)日野市史編さん委員会編、前掲註10書など。

系譜史料論の試み
――岩瀬文庫蔵「法相宗相承血脈次第」影印・翻刻を通して――

藤井　由紀子

はじめに

成城大学民俗学研究所では、過去十年間にわたり、『日本霊異記』『三宝絵』『藤氏家伝』、そして寺院縁起文というように、歴史学と文学史の研究者が連携できる史料を研究対象に取り上げ、研究プロジェクトを進めてきた。参加者それぞれに様々な視点があり、必ずしも統一的な見解を導きだせてきたわけではないが、個人的には『日本書紀』（以下『書紀』と略す）の受容史という観点から、これらを一貫したテーマのもとに捉え、各史料の記述を『書紀』のそれと改めて比較することで、古代史料としての価値に、史実を復元する材料としてだけではない、別の側面を開けないか、その可能性を探ってきた。(1)

周知のように、『書紀』は国が編纂した最初の正史であり、古代史研究における最重要史料である。それゆえ、古代史研究者の間では、『書紀』の内容をさらに補いうる史料の存在もまた重要視され、特に氏文、説話集、寺院縁起文など、『書紀』と重なる記述を持ち、かつ、『書紀』にはない記述を含む史料類について、これを『書紀』の補完史料として特に考究することが行われてきた。しかしながら、『書紀』をはじめ、国のお墨付きを得て成立した正史の場合、その存在感の強さ、言い換えるなら、実際の事実がどうであれ、正史に記録された内容が事実として認められていくという意味では、正史というものが以降に成立する史料に多大な影響を与えてきた可能性も決して否定できないのであり、氏族なり、寺院なりが、正史の内容にあえて独自の立場に基づいた主張を盛り込み、自身の正当性を担保しようとしたケースも十分に想定しうるのである。(2)

さて、以上のような視座からすると、今回、民俗学研究所で取り上げているテーマは、「日本古代の氏と系譜」であり、ダイレクトに史料を取り上げる形にはなっていない。ただし、氏文と同様、始祖や出自を標榜するには恰好の手段であり、作成者の意図が多分に投影されやすいのが系譜史料である。(3)そうした性格を投影してか、近代以降の系譜に関する研究史を振り返ってみても、系譜は家柄やルーツを誇示するための道具としてみなされ、戦前までは信頼度の低い、二次的な史料として扱われてきたといってよい。ところが、戦後、歴史学をはじめ、他分野の研究の進展をうけて、系譜史料の歴史的意義は大きく変化することになった。系譜史料もまた、史実を復元する材料として、その価値を大きく見直されるようになったのである。(4)

そこで、本稿でも、系譜史料というものをどう価値づけていくのか、その史料性について、興福寺内で作成されたと推定される「法相宗相承血脈次第」を取り上げ、自分なりに問題考察の端緒を開いてみようと思う。相承血脈とは、仏法の教えが世代を超え、連綿と継承されていくことを、身体をめぐる血流に喩えたものである。古代氏族に直接関わるものではなく、『書紀』の問題からもいったん離れるが、興福寺は氏族として急速な成長を遂げた藤原氏の氏寺であり、平安時代には藤原氏の有力貴族の子弟たちが入寺し、要職に就いたことで、寺のあり方が大きく左右される例も多々見られた。特に、『書紀』が完成をみた八世紀以降、興福寺では『書紀』の内容をベースに、藤原鎌足や藤原不比等といった始祖的人物を中心にした寺院縁起文が編まれ、鎌足の忌日に行われる維摩会など、法会を併せて整備することで、系譜的な同祖関係を確認し、氏寺としての性格を固めていったとみられる。(5)とすれば、興福寺僧を中心に、法相宗の師資相承関係を示したこの系図に注目することで、藤原氏という古代最大の氏族に対して、氏寺という観点から、何かしらの材料を導き出すこともできるのではないか。そのような考えのもと、本稿では改めてこれを影印・翻刻することにし、その作業から得られた若干の知見を紹介していきたいと思う。

岩瀬文庫蔵「法相宗相承血脈次第」について

西尾市立図書館岩瀬文庫（以下、岩瀬文庫と略す）には、柳原家旧蔵本と称される史料の一群がある。そのなかに「法相宗相承血脈次第」という、法相宗の師資相承関係を示した系図が含まれている。この「法相宗相承血脈次第」は、同じく岩瀬文庫が所蔵する「柳原家旧蔵本目録」という明治時代以降の蔵書台帳に、「一　法相宗相承血脈次第　壱冊」(6)と見えているが、本稿の執筆準備にあたった平成三十年度の段階では、柳原家旧蔵本のうちの未整理史料として扱われており、昭和十一年（一九三六）発行の『岩瀬文庫図書目録』(7)はむろん、「西尾市岩瀬文庫古典籍書誌データベース」(8)の中にもその史料名は登場しない。

しかし、昭和四十六年、簗瀬一雄氏が岩瀬文庫の柳原家旧蔵本について調査した際(9)、この史料を平安時代末期のものと推定したうえで、全文を翻刻して学術雑誌に紹介しており(10)、これによってこの系図の内容を知ることができるようになった。その後、昭和五十五年には、愛知県立大学の国文学研究室によって、同文庫の柳原家旧蔵本の調査がなされており、彼らの調査目録にもまた、「法相宗相承血脈次第」の名が登場している(11)。さらに、昭和五十七年三月、東京大学史料編纂所の編年史料第八・九編室によっても、岩瀬文庫の柳原旧蔵本の調査・撮影がなされているが、こちらは必要な書目についてのみの調査にとどまっており、「法相宗相承血脈次第」についての言及はない(12)。

以上のように、これまでの調査状況を振り返ってみると、本系図の史料としての価値に触れるのは、わずかに簗瀬氏が、史料紹介の冒頭、ごく簡略な解題を付したなかで、これを平安時代末期の成立だと類推した、ただそれのみということになる。興福寺に伝来する、江戸時代のものとされる「法相宗系図」(13)に比べると、成立を平安時代末期と推定する解題内容に比して、興福寺をめぐる諸研究では、本系図を重要史料として用いるということも、特段なされてきてはいないようである(14)。それでは、この系図は系譜史料としてどう位置づけられるのだろうか。以下では、史料の概要について改めて記したうえ、特徴をいくつか抽出し、その歴史的意義を探る手がかりとしてみたいと思う。

現在、この「法相宗相承血脈次第」は、包紙に包まれた状態で岩瀬文庫に蔵されている。包紙の表には、墨書で「龍仁／包紙　二枚／柳原中納言殿」と記されている。墨書の内容からは、この系図が柳原家に伝わることになった経緯が垣間見えるが、龍仁という人物については、残念ながら、にわかには詳らかにすることはできない。ちなみに、この岩瀬文庫には、『愚紳』など、同じく柳原家旧蔵本として、江戸時代中期、多くの貴重な資料を蒐集し、今日、柳原本と呼称される史料群の中核を形づくった、柳原紀光その人の編著本もいくつか蔵されている。ただし、紀光は中納言であったことはないらしく、包紙に記された「柳原中納言」というのが誰を指すのかは、今のところ、不明である。鎌倉時代初期に創設された柳原家は、藤原北家につながる日野家の支流であるから、この系図が柳原家に伝来するに至った理由も、或いはそうしたところに求めることができるかもしれない。

次に、系図本体について、簡略に概要を述べる。形態は横帳袋綴の一冊本で[15]、表紙一丁、本文十二丁、裏表紙一丁から成り、すべて同じ斐紙でつくられている。表紙の左上に「法相宗相承血脈次第」と墨書で外題が記されている。表紙から十一丁までは、紙面を横長に使った縦書きで、十二丁目だけが紙面を縦長に使った縦書きとなっているが、筆跡をみると、墨付十二丁すべて、同一人物の手になるものと考えられる。末尾に奥書や書写奥書はないが、十一丁の最後に、「、、校合了」という、校合に関する奥書があることからすると、この部分までは底本があり、それを写したうえで、十二丁目にさらなる師資相承を書き加えたものと思われる。ただし、全体に虫損がひどく、判読不明な箇所も少なくない[16]。

本系図の内容は、法相宗の系譜を、インドから起こして、中国・朝鮮・日本と、四つの国にまたがって書き出したものである。具体的には、釈迦如来に始まり、インドでは無著や世親、中国では玄奘やその門下の霊潤・窺基、新羅では智鳳・智鸞・智雄らの名を挙げ、その智鳳から日本の義淵（本系図では義渕と表記）へと法相が伝わったことが示されている。以降、義淵の七上足とされた、宣教・行基・良弁・玄昉・隆尊・良敏・行達（本系図の順による・本系図では玄防と表記）を経て、日本の法相宗僧たちの名を列ねる。そして、十一丁目の最後、おそらくはこの系図の校合者と思われる信縁という興福寺僧でいったん系図を終え、十一丁目からは、守朝・平仁（本系図では平仁・平忍と表記）・勧詮（本系図では勧詮・観詮と表記）の三人から改めて系図を書き起こし、第二十七代興福寺別当の頼信、左大臣藤原宗忠の子息であり、第三十四代興福寺別当をつとめた覚晴、さらに、その弟子で、大学匠として知られた蔵俊というようにつないで、そこで系図を締めくくっている。この系図には、興福寺のほか、元興寺、大安寺、薬師寺、東大寺、西大寺の法相宗僧たちが名を列ねるが、その多くは興福寺僧であることから推して、これは興福寺内で作成されたものと考えてよい。また、最後に興福寺僧蔵俊の名を記すことからすると、少なくとも蔵俊が史料に見え始める十二世紀後半以降に作成されたもの、とみることができる。

なお、本系図のように、師資相承の源流をインドとすることは珍しくなく、早くは最澄の「内証仏法相承血脈譜」にその例がある。これは、弘仁十年（八一九）、南都の僧綱たちの反論に対して、最澄が天台法華宗の正統性を明らかにするべく撰述した仏法の相承系譜であるが、その冒頭に「叙して曰く、譜図の興るや、其の来ること久し。夫れ仏法の源は中天に出て、大唐を過ぎて日本に流はる。天竺の付法は已に経伝あり、震旦の相承は亦血脈を造る。我が叡山の伝法未だ師師の譜あらず。謹んで三国の相承を纂して以て一家の後葉に示す」とあって、血脈譜撰述の意図が明確に示されている[17]。これに比して、「法相宗相承血脈次第」の場合は、系図撰述の意図に関する記述はないが、本系図が十二世紀後半頃の成立だとみられることや、蔵俊の弟子の覚憲に、『三国伝灯記』という、仏教の三国伝来について述べた表白文があることからすると、平安時代末期から盛行する釈迦信仰に基づいて形成された、中世的な三国仏教観が作図の基底にはあると考えられる[18]。

それでは、本系図の特徴として、どのような点が認められるであろうか。まず、日本以降の部分について、必ずしも系図が年代順に記されておらず、かつ、同じ人物がくりかえし登場するなど、かなり複雑な構成となっていることが挙げられる。これについては、興福寺内に複数のソースがあり[19]、それらを包括するような形で法相宗の系図づくりが目指されたのではないか、と推測される。しかし、興福寺僧はむろん、法相に関わる多くの僧侶たちを扱っているためか[20]、未整理な部分があり、正直、編集が行き届いているとは言い難い。系図が年代順ではない点に関しては、たとえば、興福寺初代別当慈訓をはじめ、初期の法相宗僧たちが終盤に登場しているし、同じ人物が複数回登場する点に関しては、たとえば、三丁表において、義淵に続き、日本人僧の二番目に名前の記された賢璟は、室生寺創建などの事績で知られる興福寺僧であるが[21]、本系図に都合五回も登場している。それだけではなく、賢璟の師僧である宣教よりも前に名前が挙げられているほか、つづく三丁裏においても、賢璟の弟子である修円を先に記す形で、宣教の師資相承として、修円と賢璟とが一緒に名を連ねる一方、その賢璟の師資相承に再び修円の名が登場しており、一紙内に何回も同一人物の名が登場する状況が見てとれる。はたしてこれが入り組んだ師資相承関係を盛り込んだ結果なのか、それとも単に混乱をきたした結果なのかは、直ちには判断できないが、系図としてはかなりわかりにくい構成となっている、と言わざるをえない[22]。

ところで、こうした本系図の複雑な構成に関わって、最も象徴的な箇所として注目しておきたいのが、十丁裏の慈訓の系譜上、その弟子仁秀の師資相承に、願安、霊仙[23]、最澄の三人が一緒に名を列ねていることである。すなわち、願安は「金勝寺本願／世号𦬇」、霊仙は「入唐聖人／松□（室カ）本願」とそれぞれ記されているほか、日本天台宗を立宗した最澄は「伝教大師／入唐」と割書きされている。初代別当慈訓が系図の後半になって登場する唐突さに加え、興福寺僧としては異端的な経歴を持つ僧侶たちが系図に取り込まれていることは注意を引くが[24]、その内容はほぼ史実に基づいており、願安は弘仁年間（八一〇～八二四）、近江国金勝山に金勝寺を創建した興福寺僧であり[25]、霊仙は延暦二十二年（八〇三）、遣唐学問僧として渡唐し、二十年以上もの滞在のすえ、中国最先端の訳経場で翻訳事業に携わったのち、五台山の地で客死した興福寺僧である。また、天台宗を開いた最澄を法相宗僧とすることについては、平安時代を通して末寺や教学をめぐって天台僧たちが興福寺とは対立的状況にあったことを考えると、やや奇異にうつるが、弘仁七年、最澄自身の作になる「弘仁七年謁四天王寺聖徳太子廟詩」という詩が光定『伝述一心戒文』に収載されており、そのなかに「日本玄孫興福寺沙門最澄」と見えている[26]。なお、『興福寺別当次第』によれば[27]、三人の師僧とされた仁秀は、師の慈訓に代わり、興福寺の寺主として寺務を執行した僧侶で[28]、後世になると近江国に仁秀の開創寺院伝承が複数見られるようになり、若干ながら本系図との関わりも類推できて興味深い[29]。いずれにせよ、平安時代末期には、主流以外の僧侶たちをこうした形で見ていたのであり、その彼らを法相宗の一流として系図のなかに積極的に位置づけることが試みられたのであろう。

次に、本系図の特徴として、系図が十一丁目の信縁でいったん終了し、十二丁目から新たに形式を変えて書き出し、蔵俊で終わっていることが挙げられる。簗瀬氏もこの点に基づいて、本系図は「蔵俊の門弟によって書写されたもの[30]」と推測している。そこで、信縁、蔵俊、それぞれの僧たちに注目してみると、まず信縁は、藤原北家の小野宮流の出自であり、中納言藤原経季の孫にあたる。父は園城寺僧増覚で、法勝寺執行をつとめ[31]、また、その兄で、信縁の叔父にあたる藤原季仲は、興福寺の俗別当で[32]、永長元年（一〇九六）十月には造興福寺司の長官、すなわち、九月二十五日の大火で興福寺の大半が焼亡した、その再建復興事業のトップに補任されている[33]。さらに、季仲は院司でもあったらしく、興福寺の強訴を白河院に奏上したと記録されている[34]。このように、近親者が院とのつながりを深めていたためか、信縁自身も最勝寺上座を経て、法勝寺執行や円勝寺執行となっている[35]。ちなみに、本系図で信縁の師僧とされる範俊は真言宗の東寺僧で、院の御修法に効験があったとして法橋に叙されて僧綱に上り、白河院の側近となっている。康和二年（一一〇〇）十月七日、非成業、すなわち、法会講師を経ることなく、院宣によって興福寺権別当に就任したが[36]、この人事が引き金となって、翌年には維摩会における範俊の講師挙に対して興福寺大衆が抗議[37]、さらにその翌年八月にも同寺大衆によって範俊の住房が破られるという事態となっている[38]。以上のごとく、信縁は白河院にかなり近い環境にあった僧侶であり、時にそれは興福寺と対立的な状況を含むものでもあったことがわかる。それが本系図の校合者という立場に影響しているか否かは不明であるが、さらにこの信縁に関しては、当時、興福寺の末寺であった法隆寺に、永久四年（一一一六）、懺悔罪障のため信縁が書写したという経一巻が、法隆寺一切経として残っていることを、参照までに付言しておきたい[39]。

一方、蔵俊という僧侶は、平安時代末期の興福寺の学僧で、秀でた学才の持ち主として知られる。貴種の出自ではなかったことが影響したのか、官僧としての出世は決して早くはなかったが、その学才ゆえ藤原頼長に召され、因明を講義することもしばしばであったと『台記』等に記録されている。さらに、蔵俊の著作としては、安元二年（一一七六）、院宣により『注進法相宗章疏』を奉っているほか、『大乗法相宗名目』などの著作もあったとされる。[40]以上のような蔵俊の事績を踏まえると、本系図の十二丁で改めて守朝、平仁、勧詮の名を挙げ、[41]一度、これらの法流が頼信に統合されたのち、そこからまた永縁—勝超、慶助—恵暁と二流に分かれたそれが、覚晴を経て、系図の最後で蔵俊に再び集約された形で記されていることも首肯できる。

ちなみに、本系図への言及はないが、十二丁に記された僧侶たちに関しては、院政期の南都仏教の動向を藤原頼長との関係を通して論じた横内裕人氏、[42]および、中世の興福寺門跡について考究した高山京子氏による興味深い論考がある。すなわち、横内氏によると、三会の中心とされた維摩会をはじめとして、「宗義の優劣を決める論義の場においては、論理的な陳述によって敵者（相手）を伏し自説を認めさせる論法を説く因明が重要視され」[43]たとしたうえで、当該期の南都の因明研究を支え、頼長にも因明を伝授した恵暁と蔵俊に注目する。特に、蔵俊は、藤氏長者であった頼長が院権力と対抗関係にあったことに呼応して、天台による因明排斥に対して反駁を試みていたことなど、彼ら興福寺僧の教学の政治的な側面を指摘している。また、高山氏は、貴種が入寺した興福寺では法流上の師資相承は重視されていないと考えられてきたことに対して、門跡の宗教的機能は一概に形骸化していたとはいえず、興福寺が法相宗を伝持するうえで門跡の法流相承は重要な意味があったという立場から、大乗院尋尊『三箇院家抄』所載の「血脈相承次第等」[44]や、同じく尋尊による『大乗院寺社雑事記』文明七年（一四七五）四月五日条所載「血脈図」[45]を引きつつ、門跡と法流相承の関係について論じたなかでこれらの僧たちを取り上げている。[46]なお、守朝以下、蔵俊まで、十二丁目に記載された僧侶たちは本系図に複数回登場しており、[47]蔵俊に至る系譜を改めて強調していることは明らかである。本系図の編纂意図はここに記された僧侶の構成からだけでは推測できないが、この時期、既存の系図にさらに系図を重ねることで僧侶の法脈を示す例のあったことは、留意しておいてもよいだろう。

以上、本稿で取り上げた「法相宗相承血脈次第」は、十二世紀の成立、中世になりなんとする頃の系図であり、「古代の氏と系譜」という本書全体のテーマからすると、違和感の残る内容となったかもしれない。しかしながら、系図の最後に記された蔵俊の弟子であり、第四十五代興福寺別当であった覚憲は、承安三年（一一七三）、興福寺の本願である藤原鎌足の聖霊のために講筵を催し、鎌足の画像の前で、仏教の三国伝来について語り、日本での仏教弘通に貢献した鎌足の遺徳を顕彰した表白を残している。[48]本来、鎌足の忌日法会であった維摩会は、後に僧綱輩出の関門とされた三会のなかでも最重要法会として国家制度のなかに組み入れられ、氏族としての行事以上の意味をになうことになった。ところが、覚憲の例に見るように、鎌足の遺徳を顕彰することが氏族の紐帯となる、そうした氏寺としての役割は、中世に入ってもなお失われていないのである。興福寺は、長い期間、氏寺として氏族との関係をどうつくりあげてきたのか。[49]それを考察する手がかりの一つとして、覚憲とほぼ同時代に作成されたであろう、この「法相宗相承血脈次第」を取り上げてみた次第である。

岩瀬文庫蔵「法相宗相承血脈次第」影印・翻刻

【付記】

・本史料は、学術研究に資する目的で、西尾市岩瀬文庫より特別利用の許可を得て、写真撮影を許されたものである。本史料の掲載をご許可いただいた岩瀬文庫には心よりお礼を申し上げる次第である。

・本史料は、成城大学民俗学研究所共同研究「日本古代の氏族と系譜」プロジェクトのほか、同朋大学仏教文化研究所「日本仏教の成立と展開」研究会においても研究利用されており、翻刻するにあたって難読文字については、同研究会メンバーおよび、同研究所所員の千枝大志氏より助言をいただいた。

・本稿は、二〇一八年度〜二〇二〇年度、科学研究費基盤研究C（課題番号18K00917）による成果の一部である。

【凡例】

・翻刻にあたっては、できうる限り原本の再現に努めているが、文字の大小・配列・改行位置が、必ずしも原本とは一致しない場合がある。

・系図線はすべて朱線である。

・漢字はすべて当用漢字に改めている。

・僧名については、一般的な表記と異なる文字を使っている場合、その文字の横にルビで（ママ）を入れた。

　例　玄昉　→　玄防《（ママ）》

・虫損による難読不明箇所は、□で示した。

・本史料は、虫損により、のどの部分が完全に開くことができない状態にあり、写真は史料を損なわない範囲で撮影を行っている。たとえば、五丁裏、のどの近くに「覚□大僧都」とあるが、このうち「覚」は六丁のほうに貼りついた状態となっている。また、八丁裏から十丁裏にかけて、のどの近くに「仙□」という文字が見えているが、これは七丁裏にある「仙□小僧都」という記述の一部が虫損によって見えているものである。

【表紙】

法相宗相承血脈次第

【二丁表】

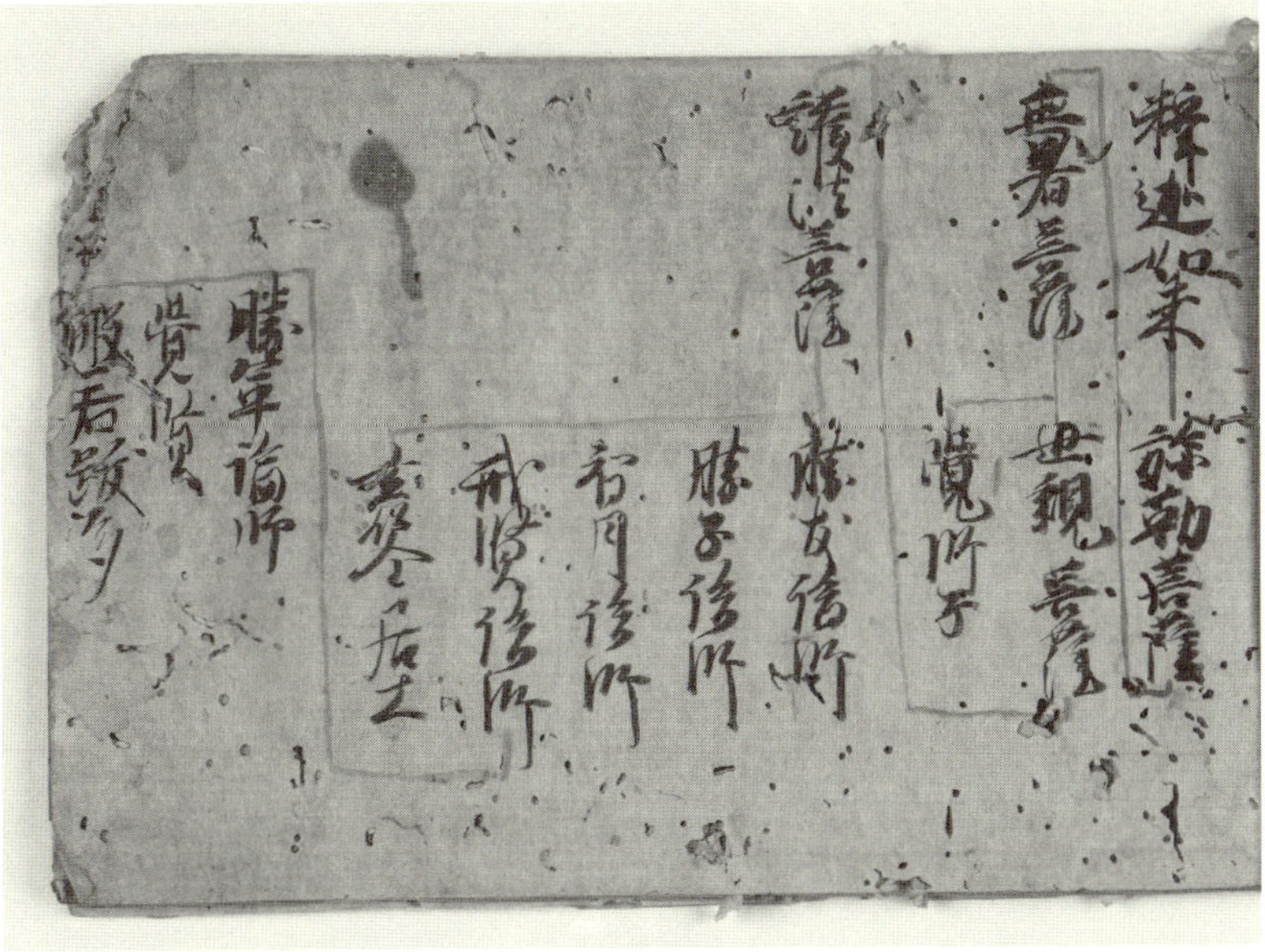

釈迦如来―弥勒菩薩

無著菩薩

世親菩薩　覚師子

護法菩薩

勝友論師　勝子論師　智月論師　戒賢論師　玄鑑居士

勝軍論師　覚賢　般若跋多

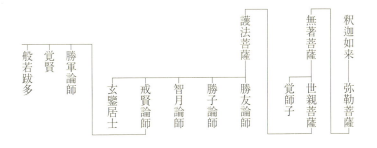

【二丁裏・三丁表】

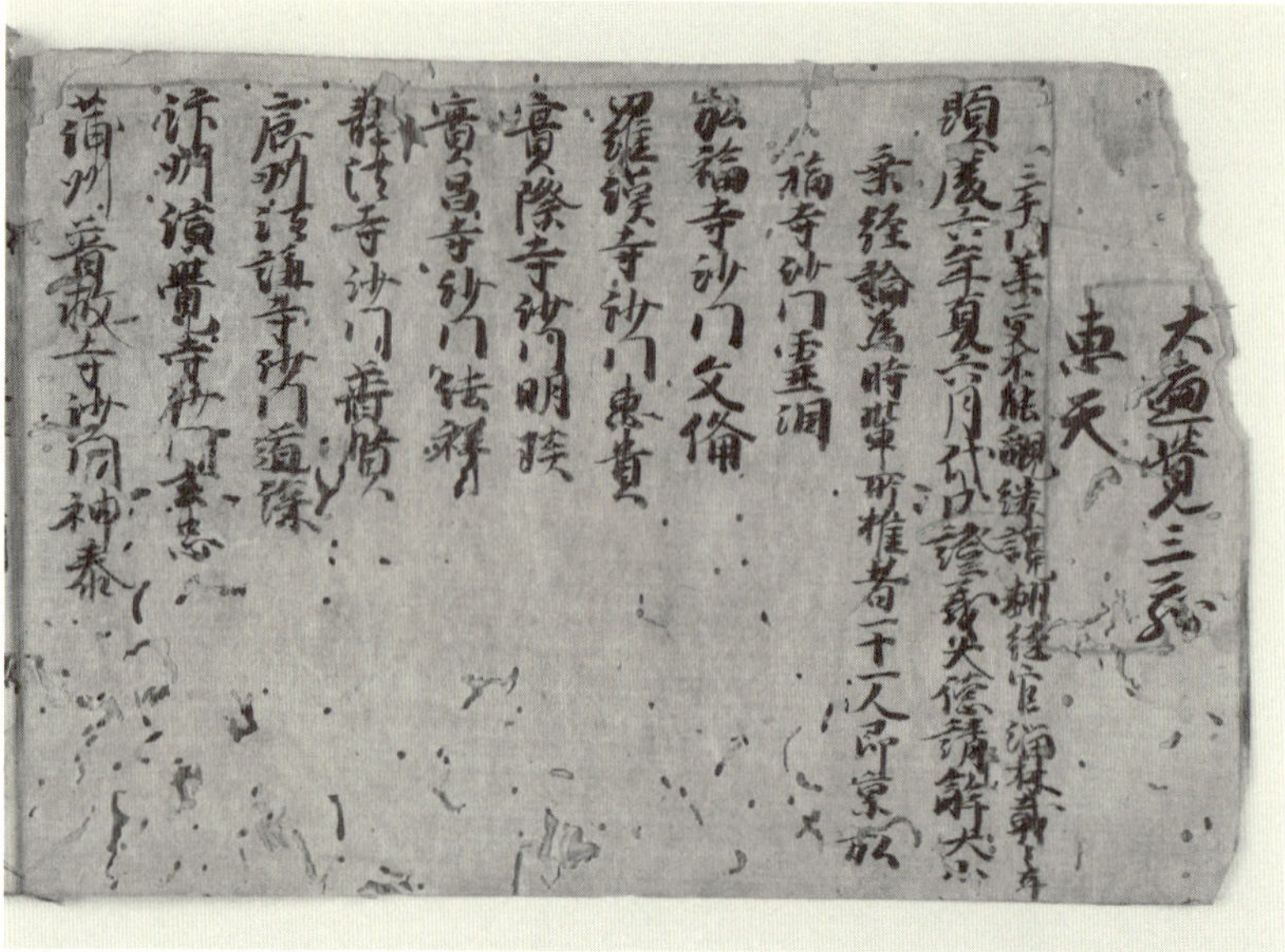

大遍覚三蔵
恵天
三千門葉実不能覼縷譏翻経官溜（ママ）林載之耳
顕慶六年夏六月戊戌証義大徳請解大小
乗経論為時輩所推者一十一人即京弘
福寺沙門霊潤
弘福寺沙門文備
羅漢寺沙門恵貴
実際寺沙門明琰
実昌（ママ）寺沙門法祥
静法寺沙門普賢
廊州法講寺沙門道深
汴州演覚寺沙門玄忠
蒲州普救寺沙門神泰

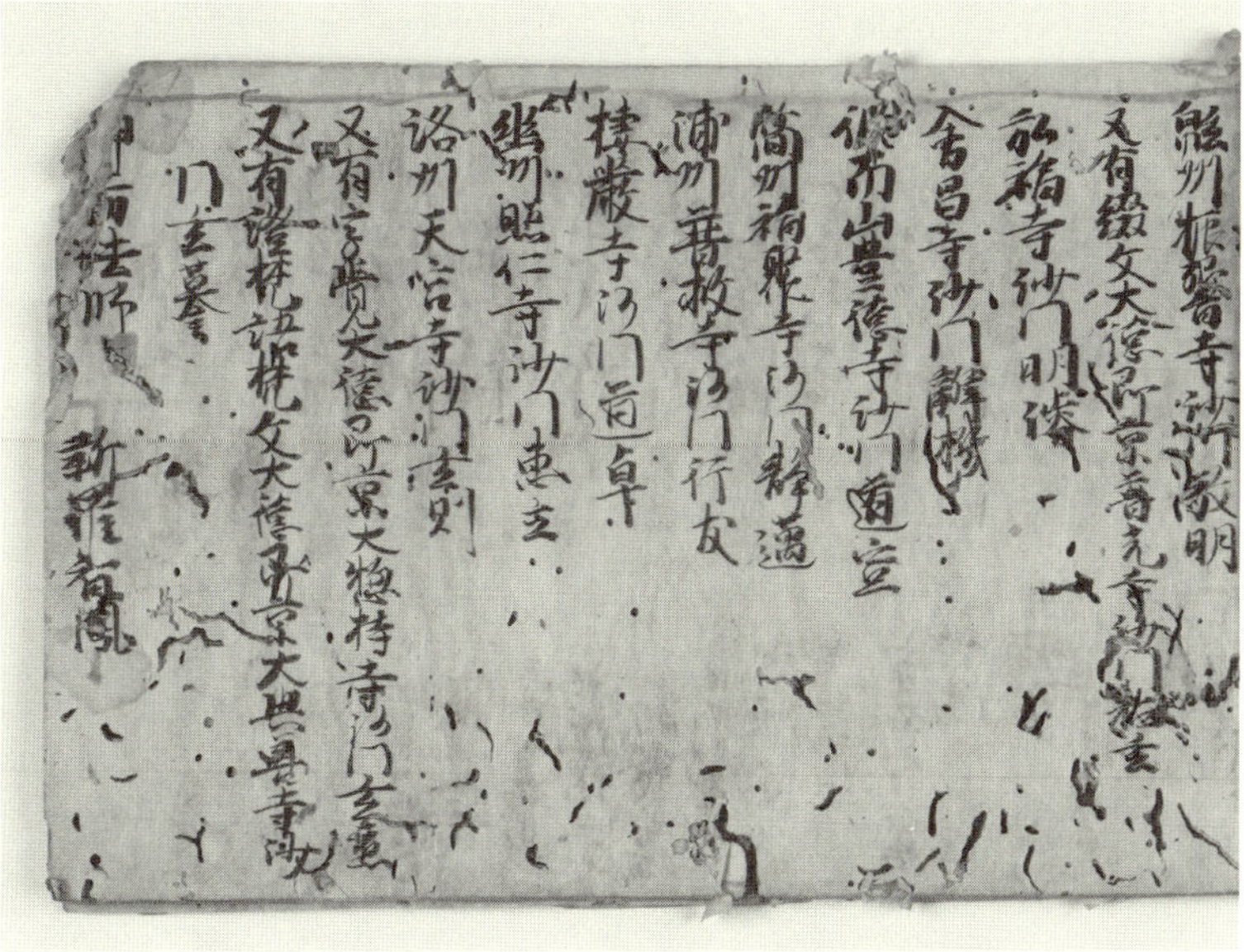

緜州振響寺沙門敬明
又有綴文大徳即京普光寺沙門栖玄
弘福寺沙門明濬
会昌寺沙門弁機
終南山豊徳寺沙門道宣
簡州福聚寺沙門静邁
浦（ママ）州普救寺沙門行友
棲巌寺沙門道卓
幽州照仁寺沙門恵立
洛州天宮寺沙門玄則
又有字（ママ）覚大徳即京大惣持寺沙門玄応
又有証梵語梵文大徳即京大興善寺沙
門玄謩
神昉法師　　┌新羅智鳳─

【二丁裏・三丁表】

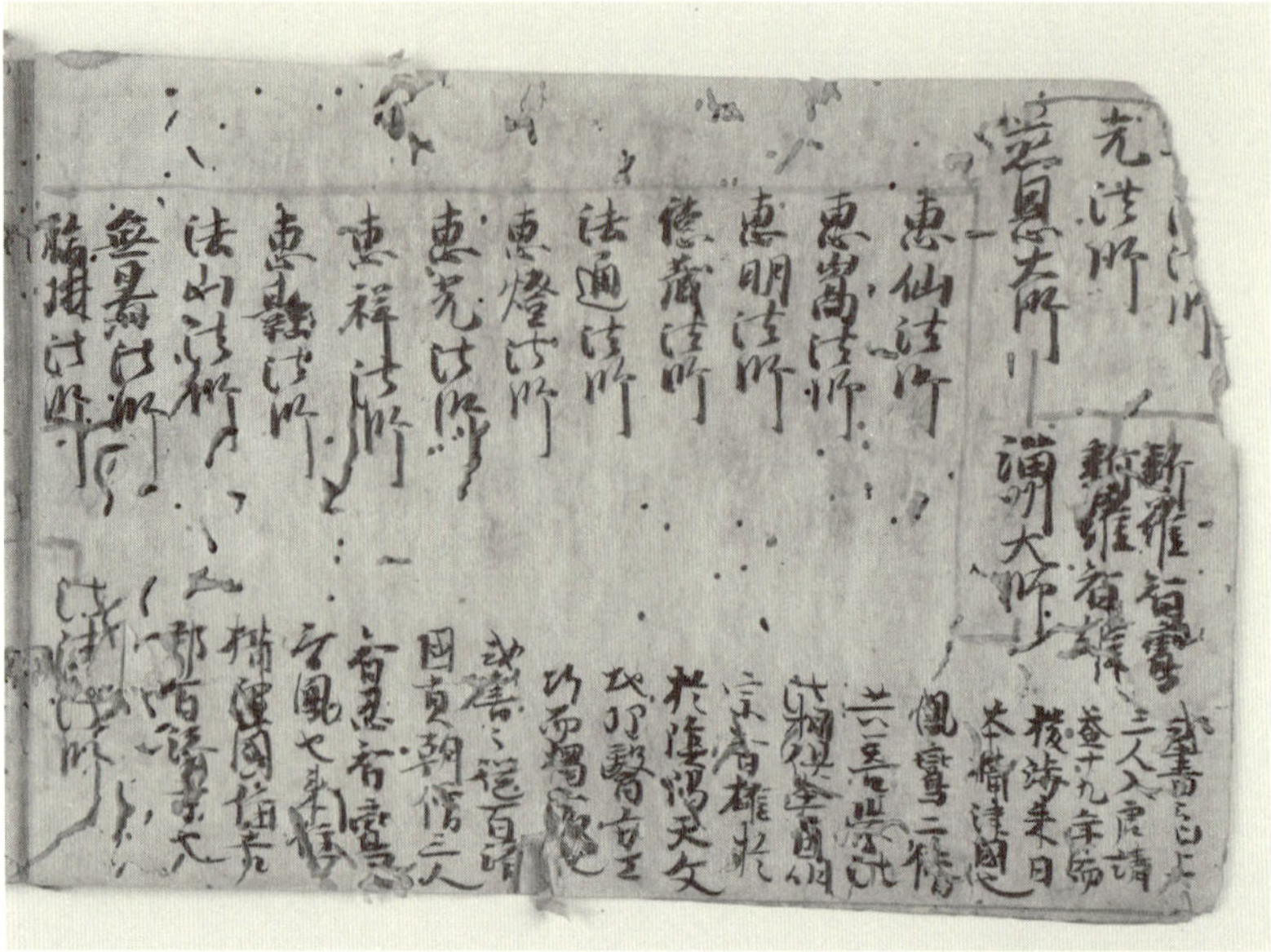

□□法師
光法師
慈恩大師
新羅智鸞
新羅智雄
淄州大師
恵仙法師
恵嵩法師
恵明法師
徳蔵法師
法通法師
恵燈法師
恵光法師
恵祥法師
恵融法師
法山法師
無暑法師
福琳法師

或書云已上
三人入唐請
益十九年而
抜渉来日
本摂津国也
鳳鸞二僧
共善学法
法相倶舎因明
宗智雄於（ママ）
於陰陽天文
地理医方工
巧而独□也
或書云従百済
国貢朝僧三人
智忍智鸞
智鳳也来住
摂津国住吉
郡百済寺也

法清法師

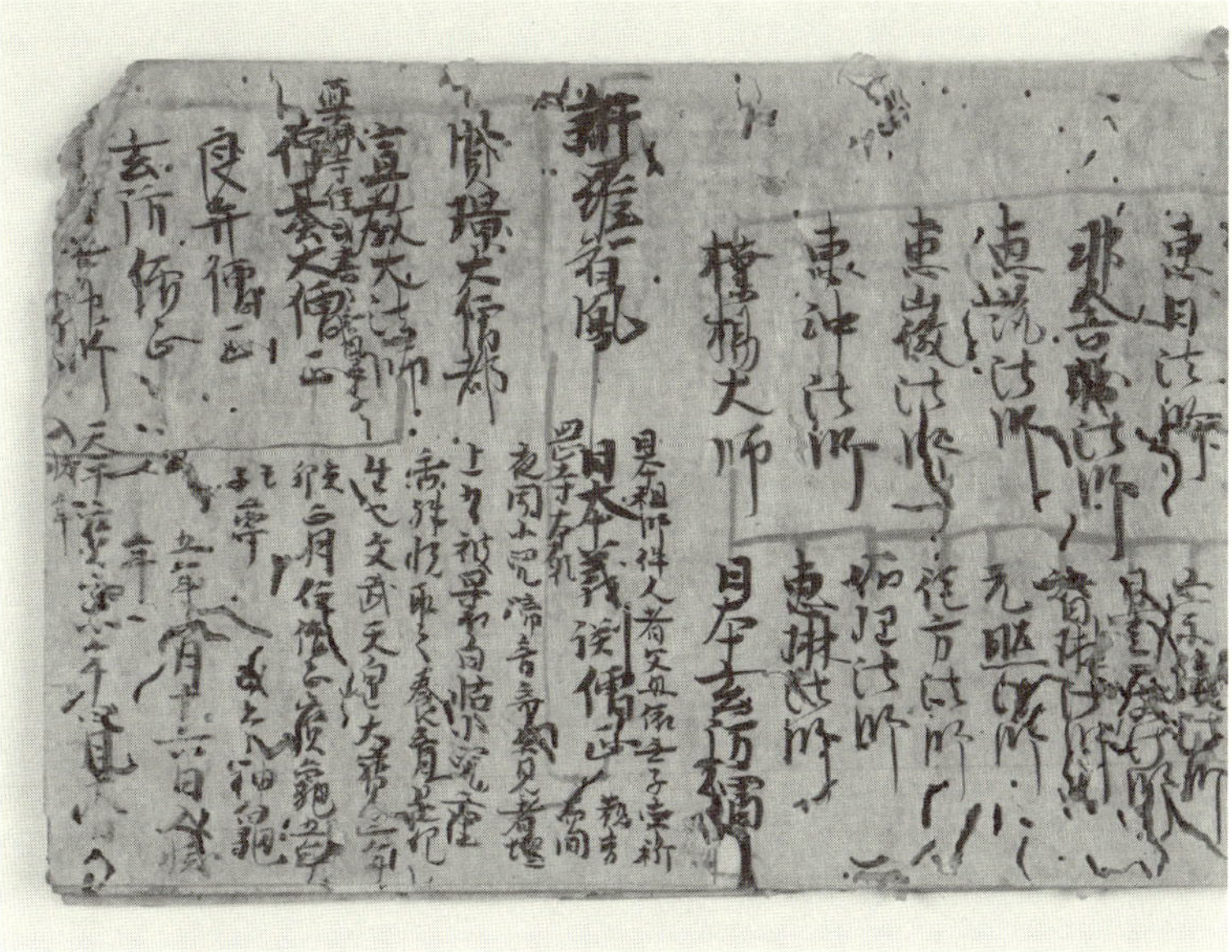

恵日法師
那舎勝法師
恵説法師
恵黴法師
恵沖法師
樸楊大師

崇俊法師
曇□法師
智琳法師
元照法師
従方法師
如理法師
恵琳法師
日本玄防（ママ）僧

新羅智鳳
日本祖師件人者父母依無子常祈
観音
而間
日本義渕（ママ）僧正
岡寺本願
夜聞小児啼音奇出見者垣
上有被裏白帖小児童
香殊悦取之養育是化
生也文武天皇大宝三年
癸卯正月任僧正宝亀五年
壬子（ママ）率　或書云神亀
五年十月十六日入滅
年

賢璟大僧都
宣教大法師
薬師寺住或書云智鳳弟子
行基大僧正
良弁（ママ）僧正
玄防僧正
□□（隆尊カ）律師
天平宝字四年四月十八日入滅

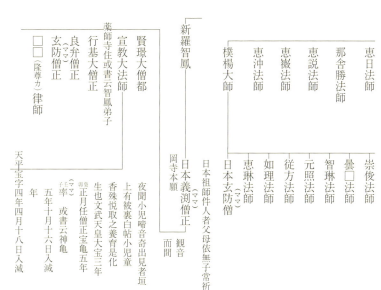

【三丁裏・四丁表】

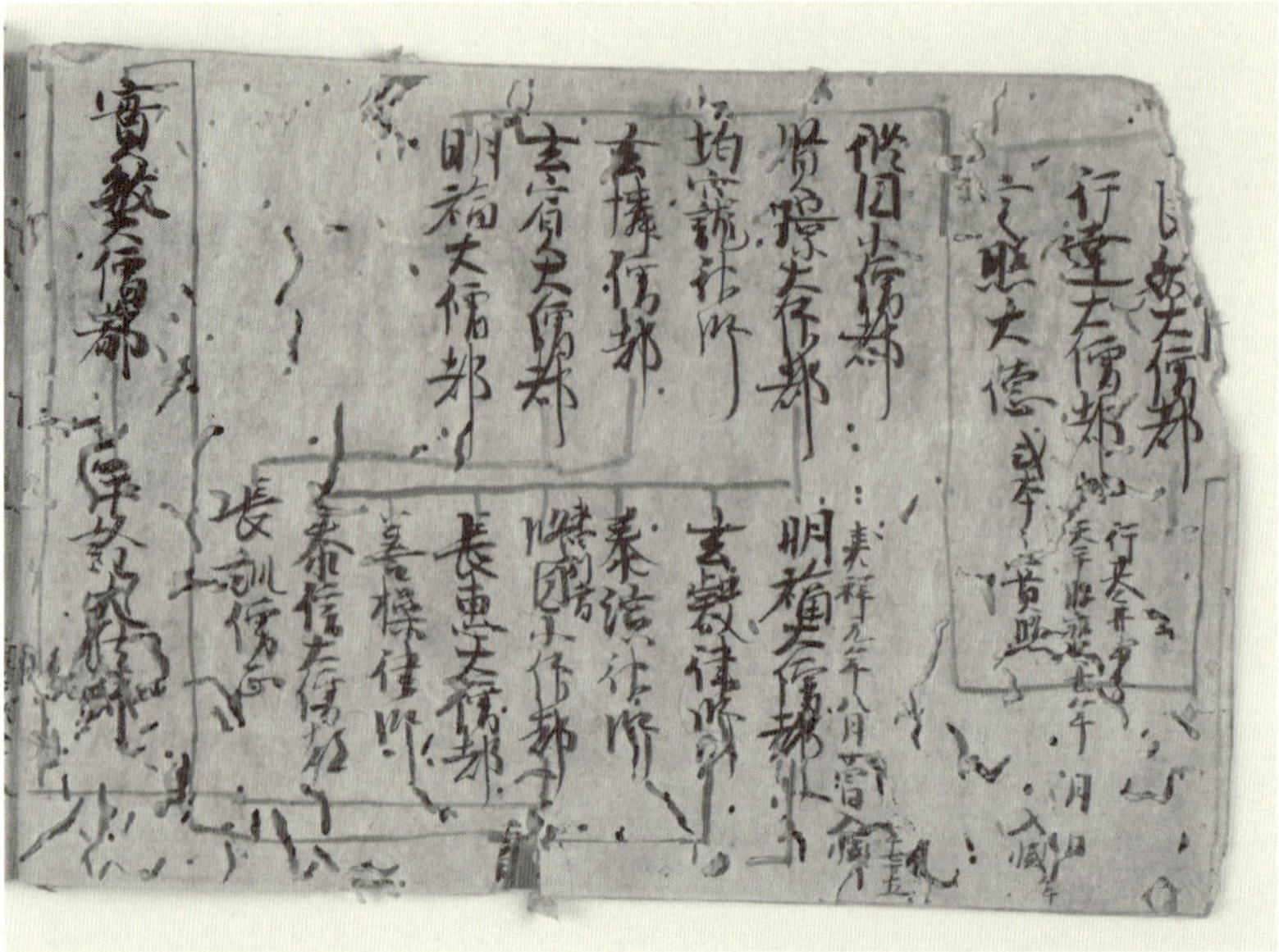

良敏大僧都　行基廾弟子
天平勝宝七年　月　日入滅　年
行達大僧都
定照大徳　或本云実照

修円小僧都
賢璟大僧都
均寵律師
玄憐僧都
玄賓大僧都
明福大僧都

明福大僧都　嘉祥元年八月廿四日入滅　年七十五
玄叡律師
泰演律師
第四別当
修円小僧都
長恵大僧都
善操律師
泰信大僧都

長訓僧正

実敏大僧都　平詮大法師

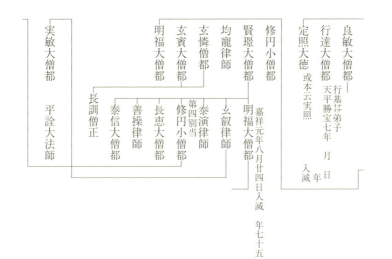

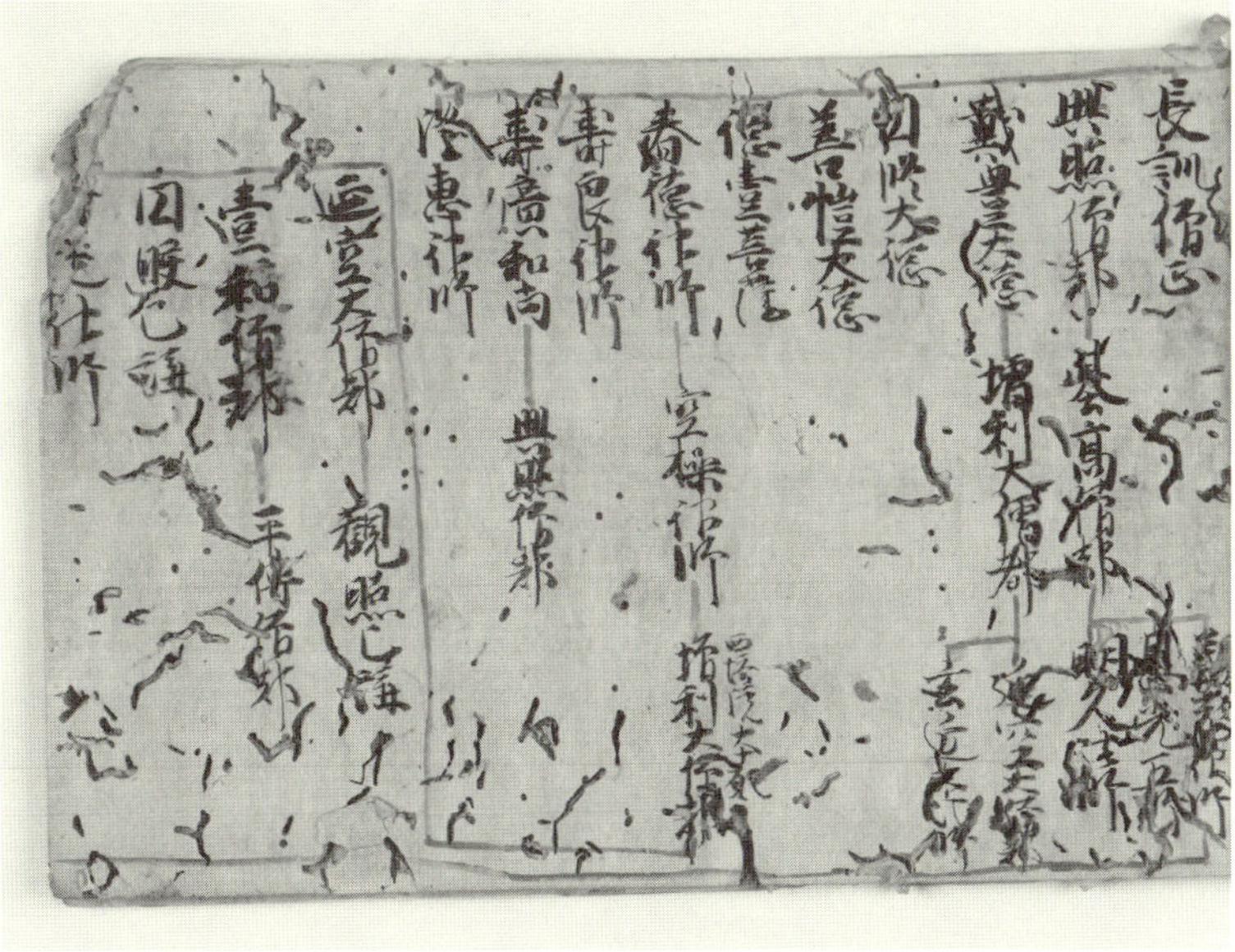

長訓僧正
興照僧都――基高僧都――義光律師　西□（院カ）本願
　　　　　　　　　　　恩光五師
　　　　　　　　　　　明久法師
戴（ママ）豊大徳――増利大僧都――延空大僧都
　　　　　　　　　　　　　　　玄匠大法師
円修大徳
善愷大徳
徳壹菩薩
春徳律師――空操律師――増利大僧都　西塔院本願
寿良律師
寿広和尚――興照律師
隆恵律師
延空大僧都――観照已講
壹和僧都――平傳僧都
円暎已講
□□律師

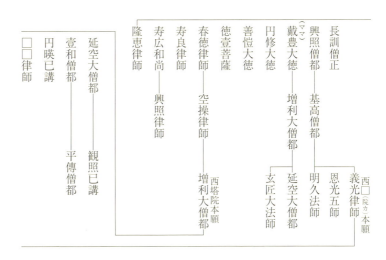

【四丁裏・五丁表】

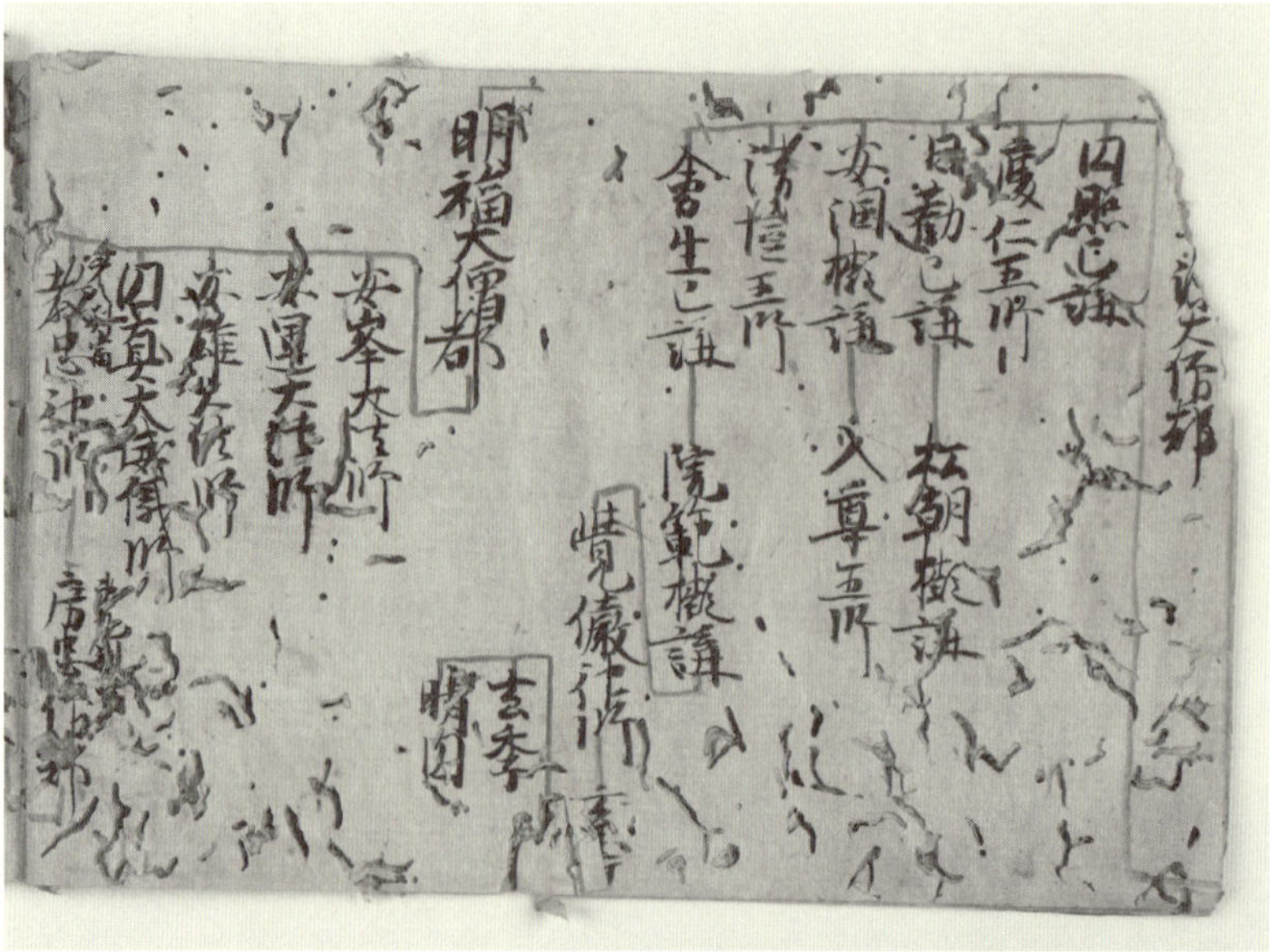

□源大僧都
円照已講
慶仁五師
日勧（ママ）—松朝擬講
安潤擬講—入尊五師
清愷五師
会生已講—院範擬講—覚儼律師—玄寿
玄季
晴円

明福大僧都
安峯大法師
安運大法師　※僧都を消した上に法師と書く
安雄大法師
円真大威儀師
第八別当 教忠律師—第九別当 房忠律師

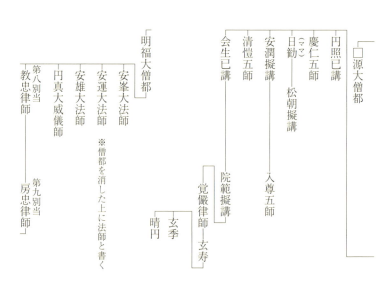

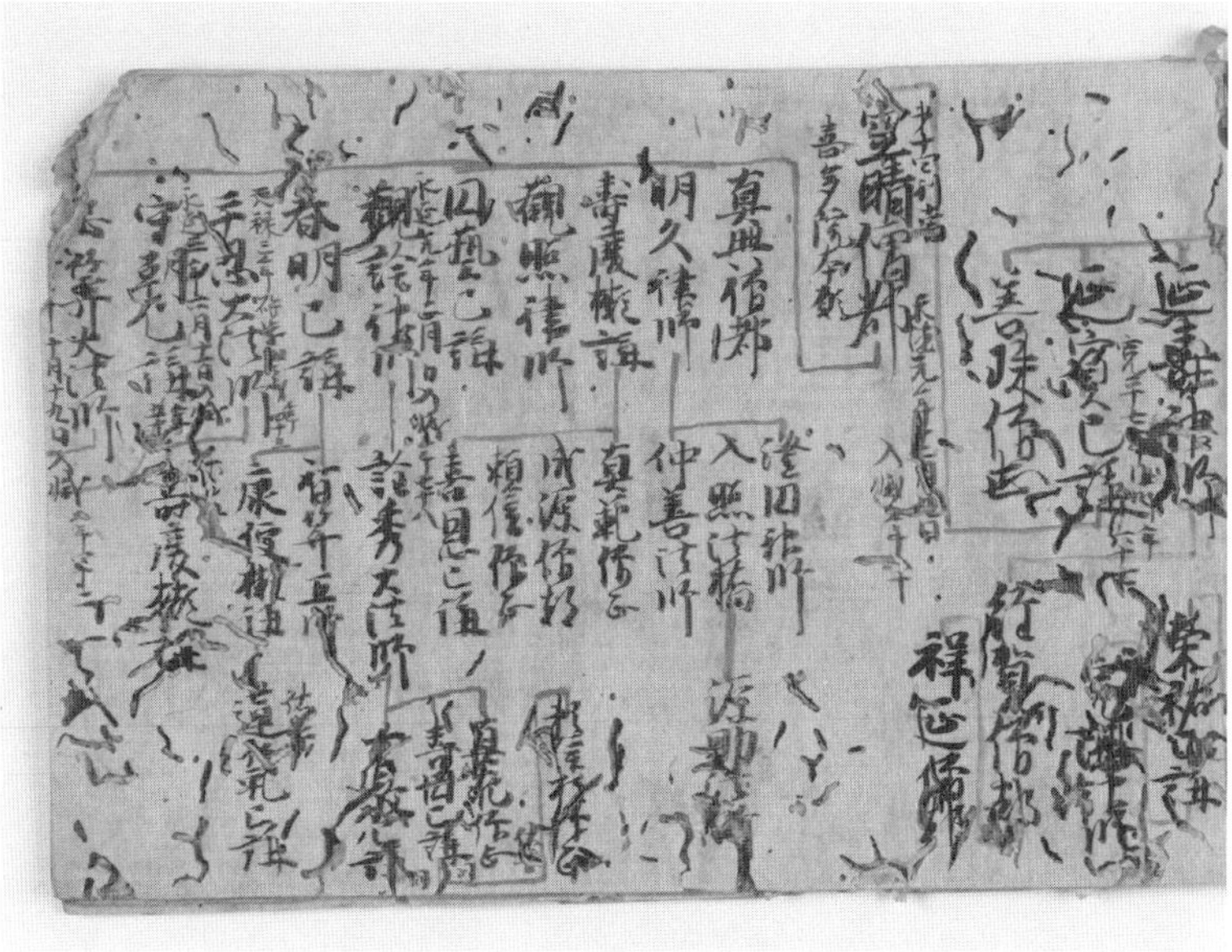

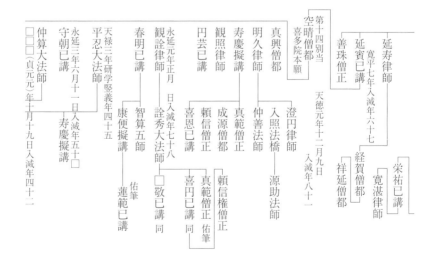

延寿律師
寛平七年入滅年六十七
延賓已講
善珠僧正
栄祐已講
寛湛律師
経賀僧都
祥延僧都
第十四別当
空晴僧都
喜多院本願
天徳元年十二月九日
入滅年八十一
真興僧都
澄円律師
明久律師
入照法橋
源助法師
仲善法師
寿慶擬講
真範僧正
観照律師
成源僧都
円芸已講
頼信僧正
喜恩已講
観詮律師
永延元年正月　日入滅年七十八
詮秀大法師
頼信権僧正
真範僧正　佑筆
喜円已講　同
□敬已講　同
春明已講
智算五師
康便擬講
佑筆
蓮範已講
平忍大法師
天禄三年研学竪義年四十五
寿慶擬講
守朝已講
永延三年六月十一日入滅年五十□
仲算大法師
□□□(貞元元)年十月十九日入滅年四十二

【五丁裏・六丁表】

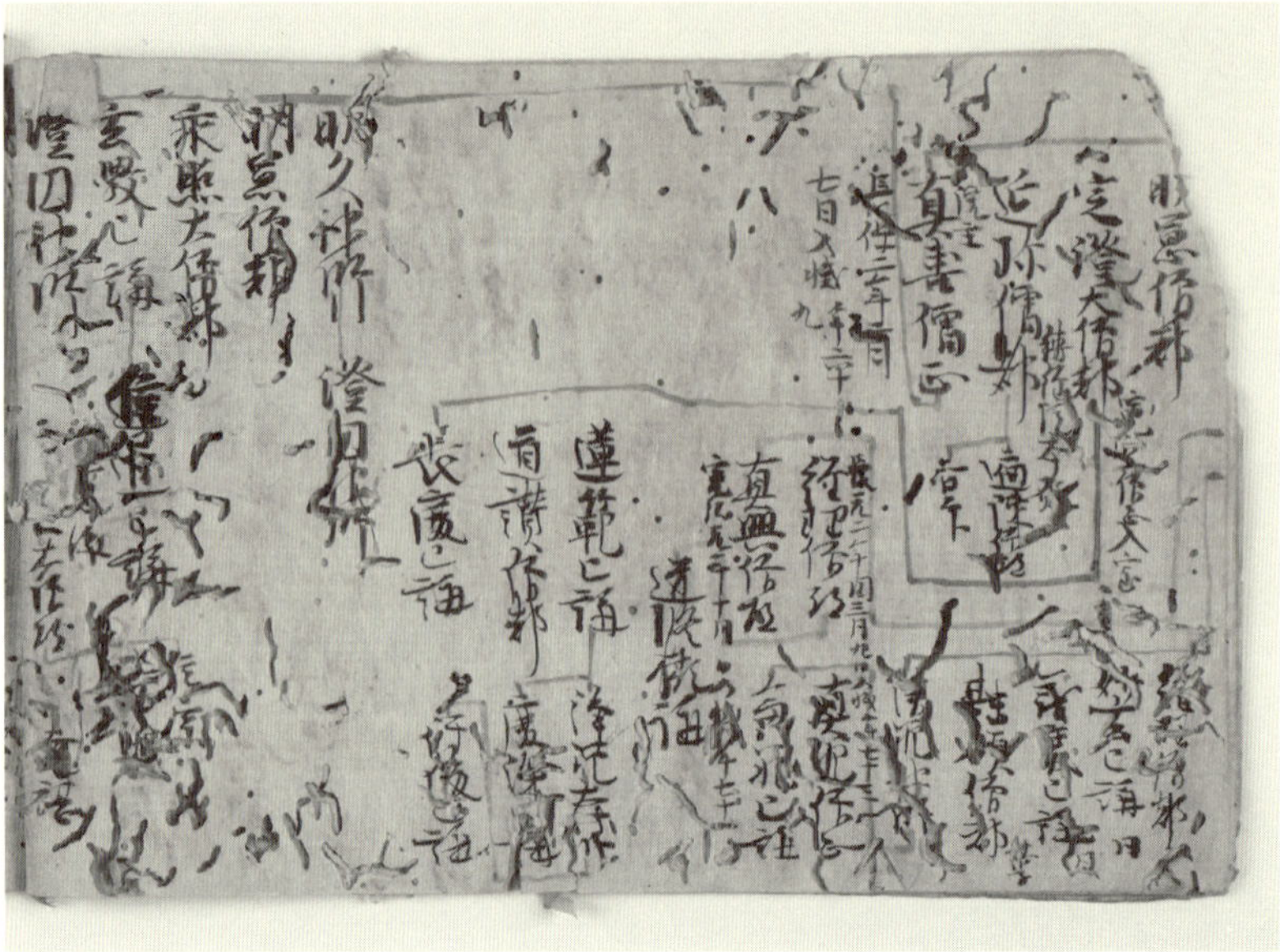

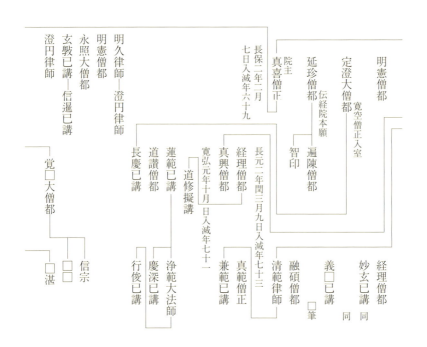

明憲僧都
定澄大僧都　寛空僧正入室
延珍僧都　伝経院本願
院主
真喜僧正
長保二年二月
七日入滅年六十九
明久律師—澄円律師
明憲僧都
永照大僧都
玄斅已講—信暹已講
澄円律師

遍陳僧都
智印
長元二年閏三月九日入滅年七十三
経理僧都
真興僧都
寛弘元年十月
日入滅年七十一
道修擬講
蓮範已講
道讃僧都
長慶已講
覚□大僧都

経理僧都
妙玄已講　同
義□已講　同
□筆
融碩僧都
清範律師
真範僧正
兼範已講
浄範大法師
慶深已講
行俊已講
信宗
□□
□湛

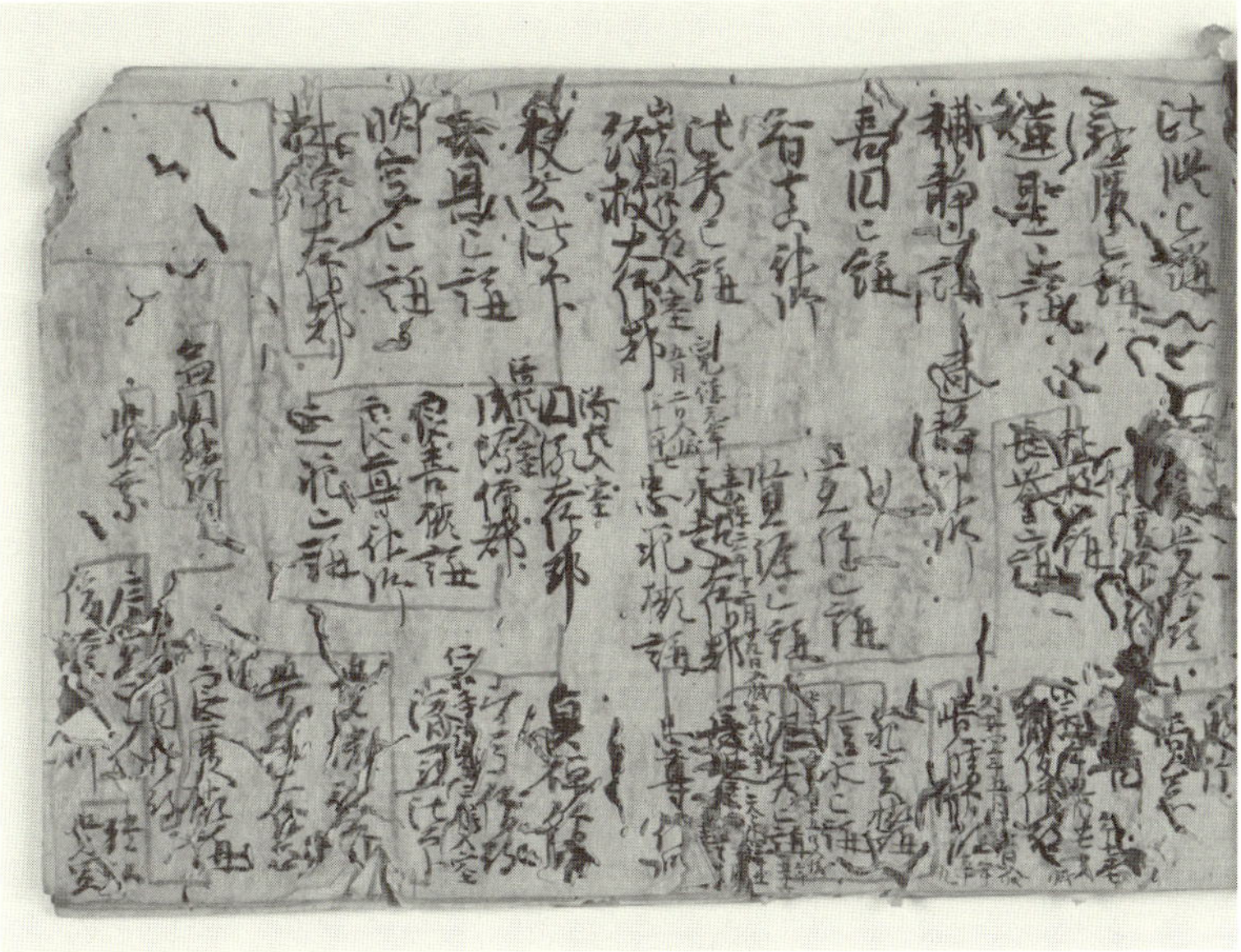

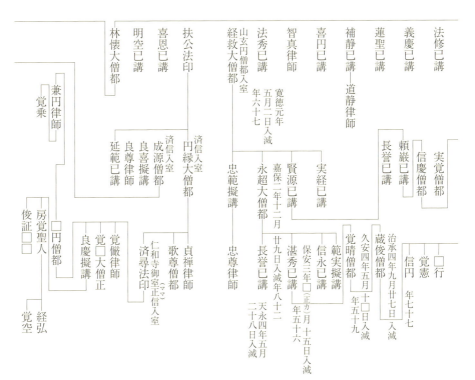

法修已講
義慶已講
蓮聖已講
補静已講―道静律師
喜円已講
智真律師
法秀已講　寛徳元年五月二日入滅　年六十七
経救大僧都　山玄円僧都入室
扶公法印
喜恩已講
明空已講
林懐大僧都

実覚僧都
信慶僧都
頼厳已講
長誉已講
実経已講
賢源已講　嘉保二年十二月廿九日入滅年八十二
永超大僧都
忠範擬講
円縁大僧都　済信入室
成源僧都　済信入室
良喜擬講
良尊律師
延範已講
兼円律師
覚乗

□行
覚憲
信円　年七十七
蔵俊僧都　治承四年九月廿七日入滅
覚晴僧都　久安四年五月十□日入滅　年五十九
範実擬講
信永已講
湛秀已講　保安二年□(正カ)月十五日入滅　年五十六
長誉已講　天永四年五月二十八日入滅
忠尊律師
貞禅律師
歌尊僧都
済尋法印　仁和寺御室(マヽ)正信入室
覚儼律師
覚□大僧正
良慶擬講
□円僧都
房覚聖人
俊証□□
経弘
覚空

【六丁裏・七丁表】

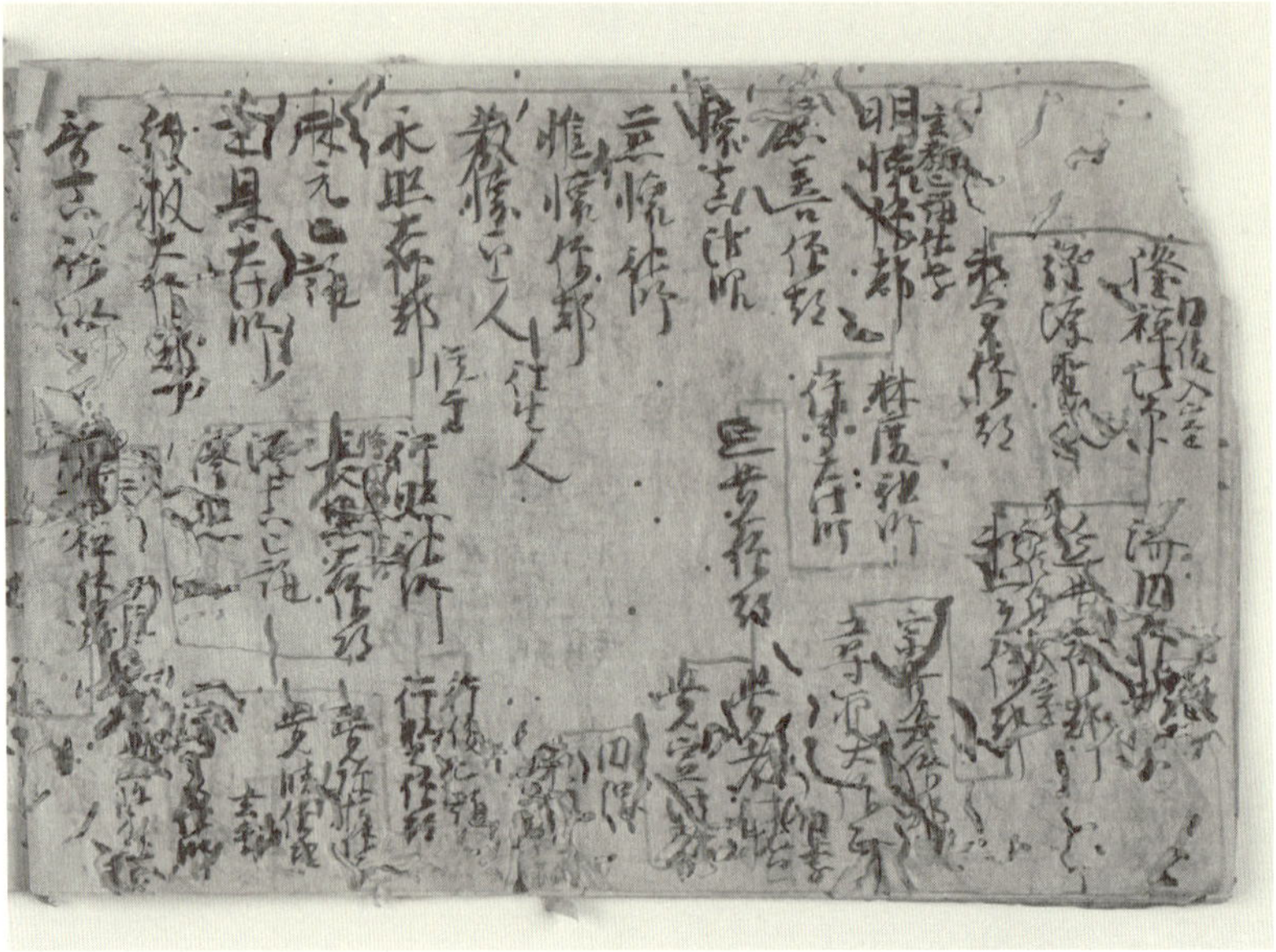

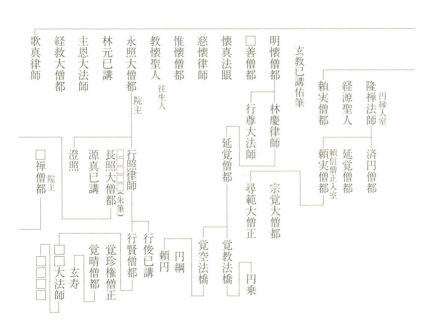

隆禅法師 円縁入室
経源聖人
頼実僧都

済円僧都
延覚僧都
頼実僧都 頼信僧正入室

玄教已講佑筆

明懐僧都
林慶律師
行尊大法師

延覚僧都
宗覚大僧都
尋範大僧正

覚教法橋
円乗
覚空法橋
円綱
頼円

□善僧都
懐真法眼
慈懐律師
惟懐僧都
教懐聖人 往生人
永照大僧都 院主

行照律師
行俊已講
行賢僧都

□□□□□(朱筆)長照大僧都
覚珍権僧正
覚晴僧都
玄寿
□□大法師
□□□□

源真已講
澄照

林元已講
主恩大法師
経救大僧都
歌真律師

□禅僧都 院主

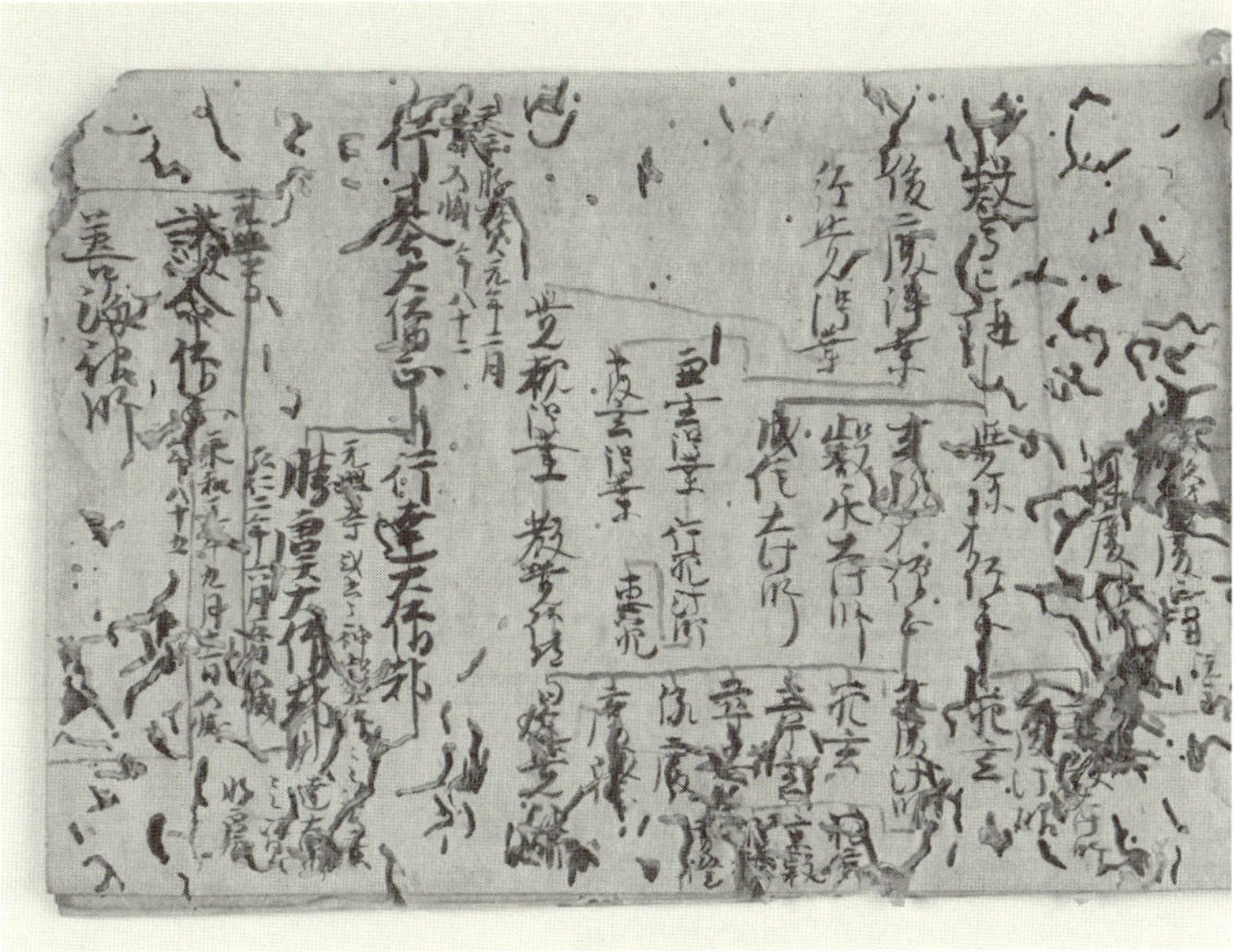

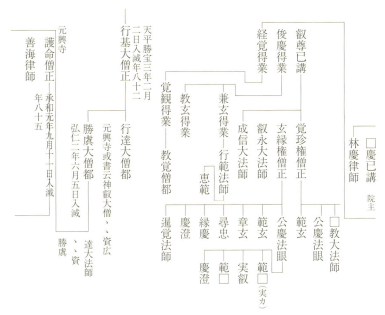

□慶已講　院主
林慶律師
叡尊已講
俊慶得業
経覚得業
覚珍権僧正
玄縁権僧正
叡永大法師
成信大法師
兼玄得業—行範法師
恵範
教玄得業
覚観得業—教覚僧都
□教大法師
公慶法眼
範玄
公慶法眼
範玄
章玄
尋忠
縁慶
慶澄
遅覚法師
範□（実カ）
実叡
範□
慶澄
天平勝宝三年二月
二日入滅年八十二
行基大僧正
行達大僧都
元興寺或書云神叡大僧、、資広
勝虞大僧都
弘仁二年六月五日入滅
達大法師
、、資
勝虞
元興寺
護命僧正—承和元年九月十一日入滅
年八十五
善海律師

【七丁裏・八丁表】

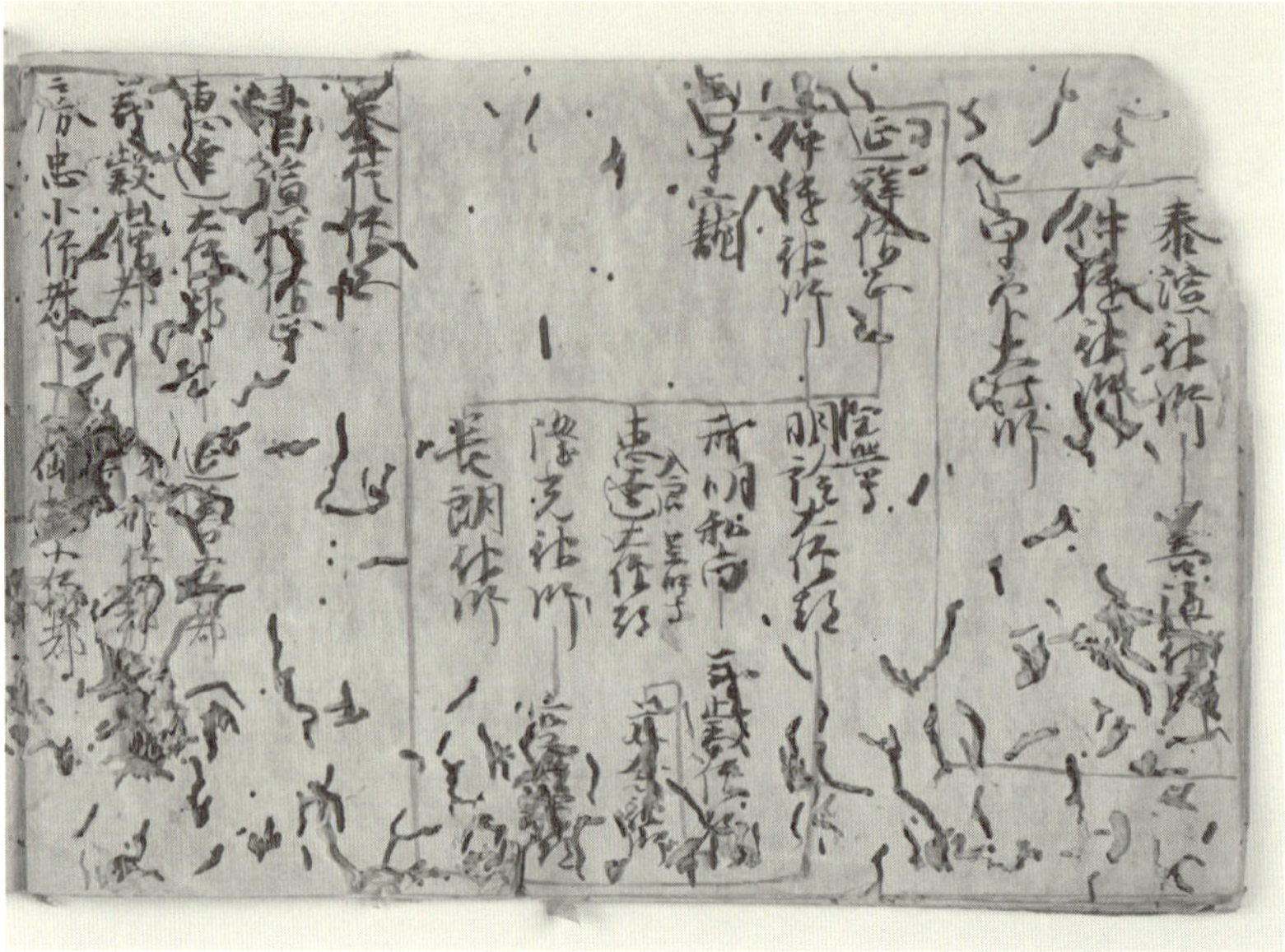

泰演律師 ― 善海律師
仲継律師
守印大法師

延祥僧正
仲継律師
守寵

元興寺
明詮大僧都
戒明和尚 ― 義叡僧都
入唐　薬師寺
恵達大僧都
慈念律師
隆光律師 ― 空□僧都
長朗律師

益信僧正
壱演権僧正
恵達大僧都 ― 延善小僧都
義叡小僧都 ― □（蔵カ）祚僧都
房忠小僧都 ― 仙□（忠カ）小僧都

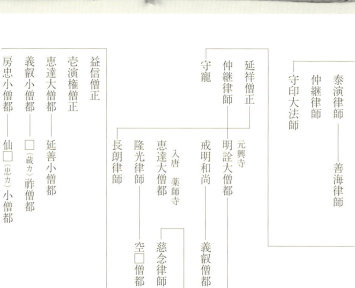

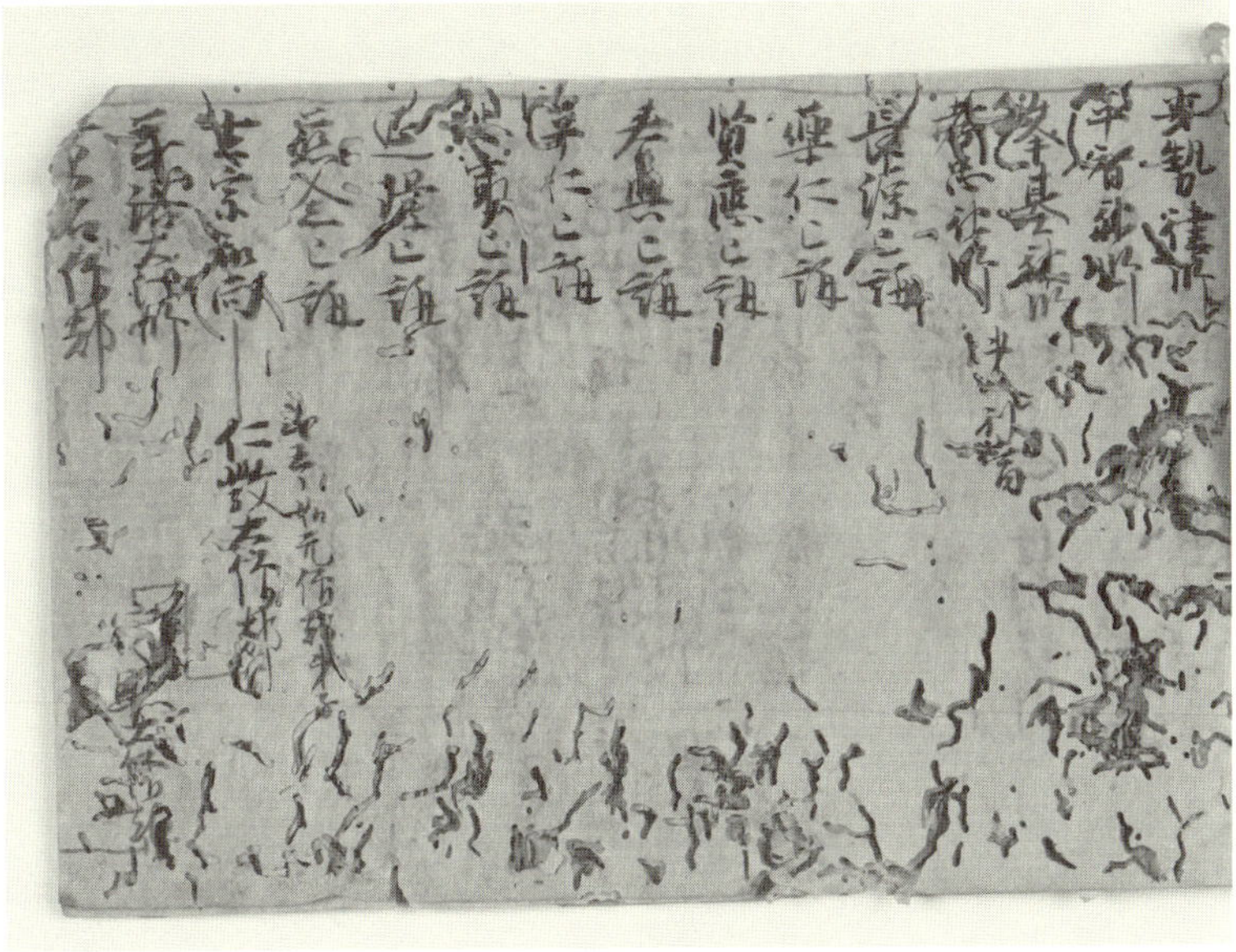

安勢律師
平智律師
峯基律師
孝忠律師　第八別当
長源已講
薬仁已講
賢応已講
春興已講
平仁已講
忠最已講
延璟已講
慈念已講
（マヽ）
玄宗和尚――仁斅大僧都　或書云如元僧都弟子
　　　　　　　└定照大僧都
□（義カ）洛大法師
小［朱字］
□□僧都

【八丁裏・九丁表】

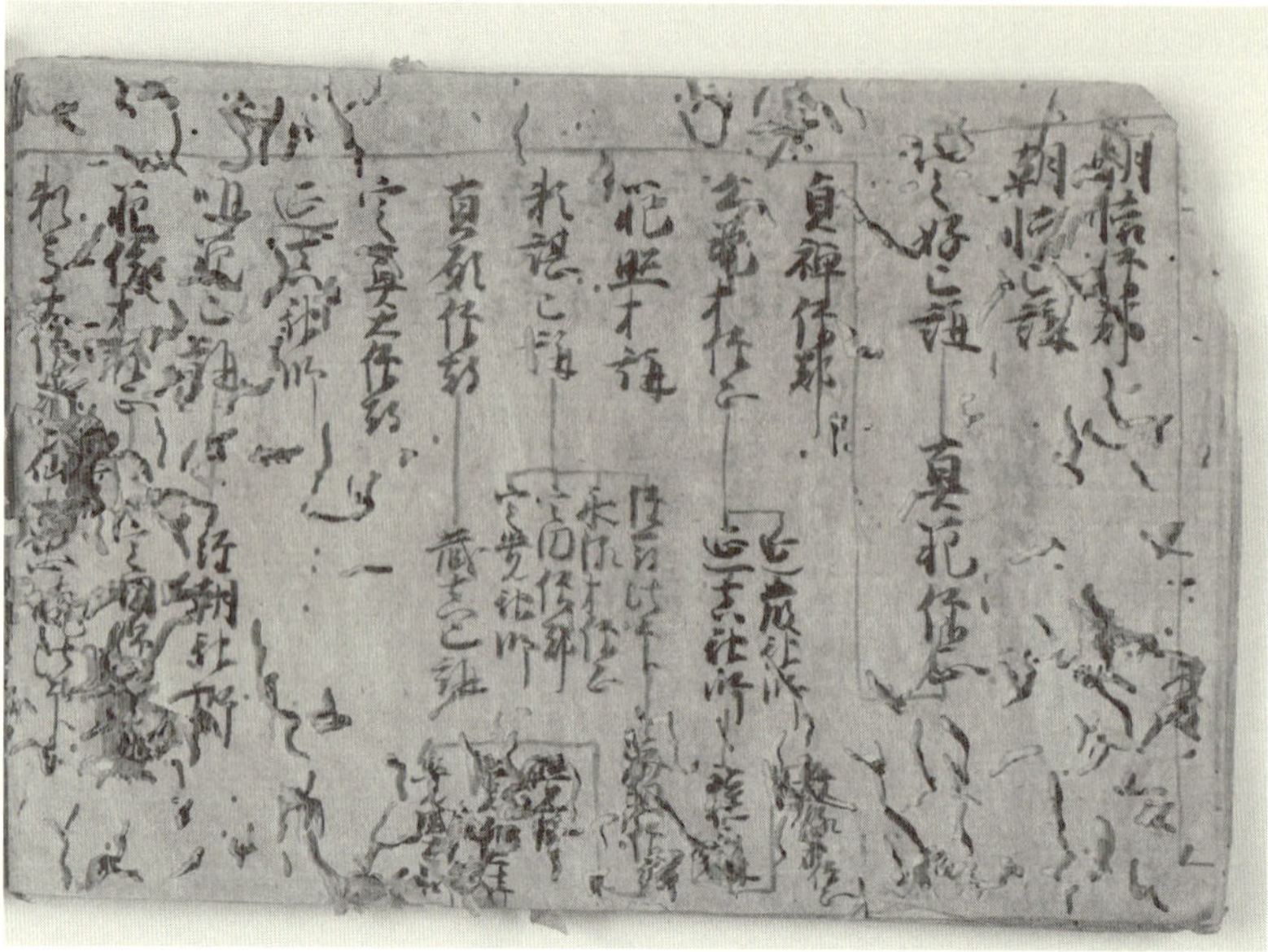

明懐僧都

朝懐已講

定好已講——真範僧正

貞禅僧都

公範権僧正——延厳律師

　　　　　　延真律師——教縁権僧正

　　　　　　　　　　　□□□□

範照擬講

頼諶已講——経尋法印——□円僧都——覚□

　　　　　　　　　　　　　　　　　覚□□□

　　　　　　　　　　　　　　　　　覚盛□□

　　　　　永縁権僧正

　　　　　定円僧都

　　　　　定覚律師

真願僧都——蔵真已講

定真大僧都

延真律師

明範已講——経朝律師

範俊権僧正——定円僧□（都カ）

頼尊大僧都——恵暁法印

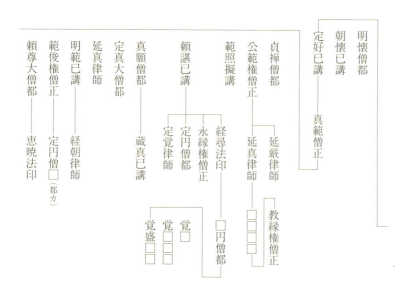

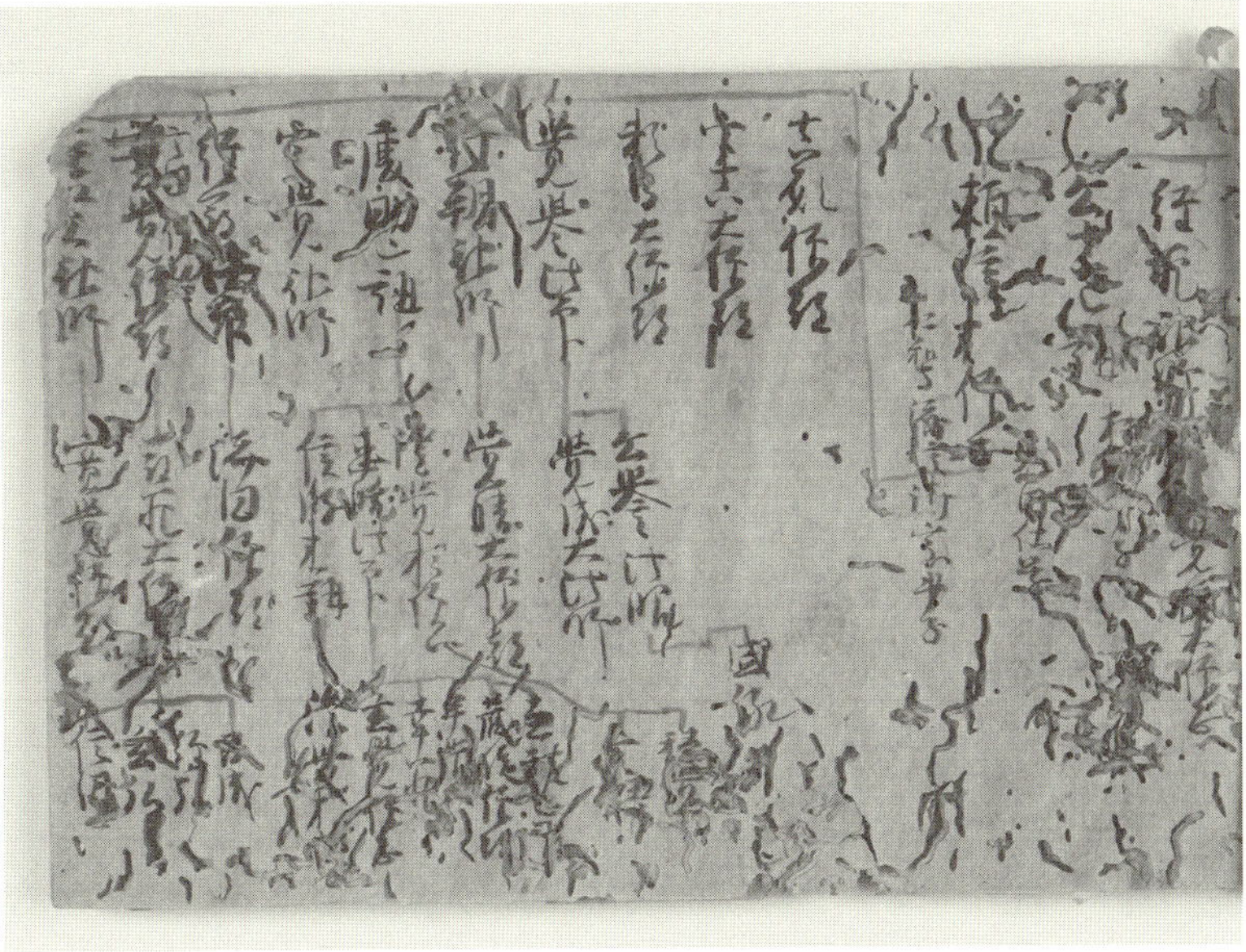

- 経範律師
  - 覚□大僧正
- 公真已講
  - □□□□弟子
- 頼信権僧正
  - □円佑筆
  - 仁和寺済信御室弟子
- 真願僧都
- 定真大僧都
- 頼尊大僧都
- 覚誉法印
  - 公誉法眼
    - 盛縁
  - 覚成大法師
- 経朝律師
  - 覚晴大僧都
- 慶助已講
  - 隆覚権僧正
    - 祐覚
    - 定□
  - 恵暁法印
    - 兼祐已講
    - 蔵俊僧都
    - □□
    - 幸範
    - 玄覚僧正
  - 信□(勝)擬講
    - 隆覚権僧正
- 定覚律師
- 経尋法印
  - 済円僧都
- 定円僧都
- 実覚僧都
  - 尋範大僧都
    - □成
    - 経弘
    - 玄弘
    - 信円
- □□律師
  - 実覚僧都

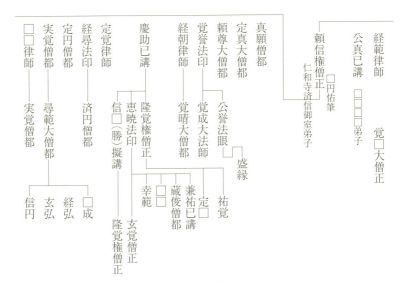

【九丁裏・十丁表】

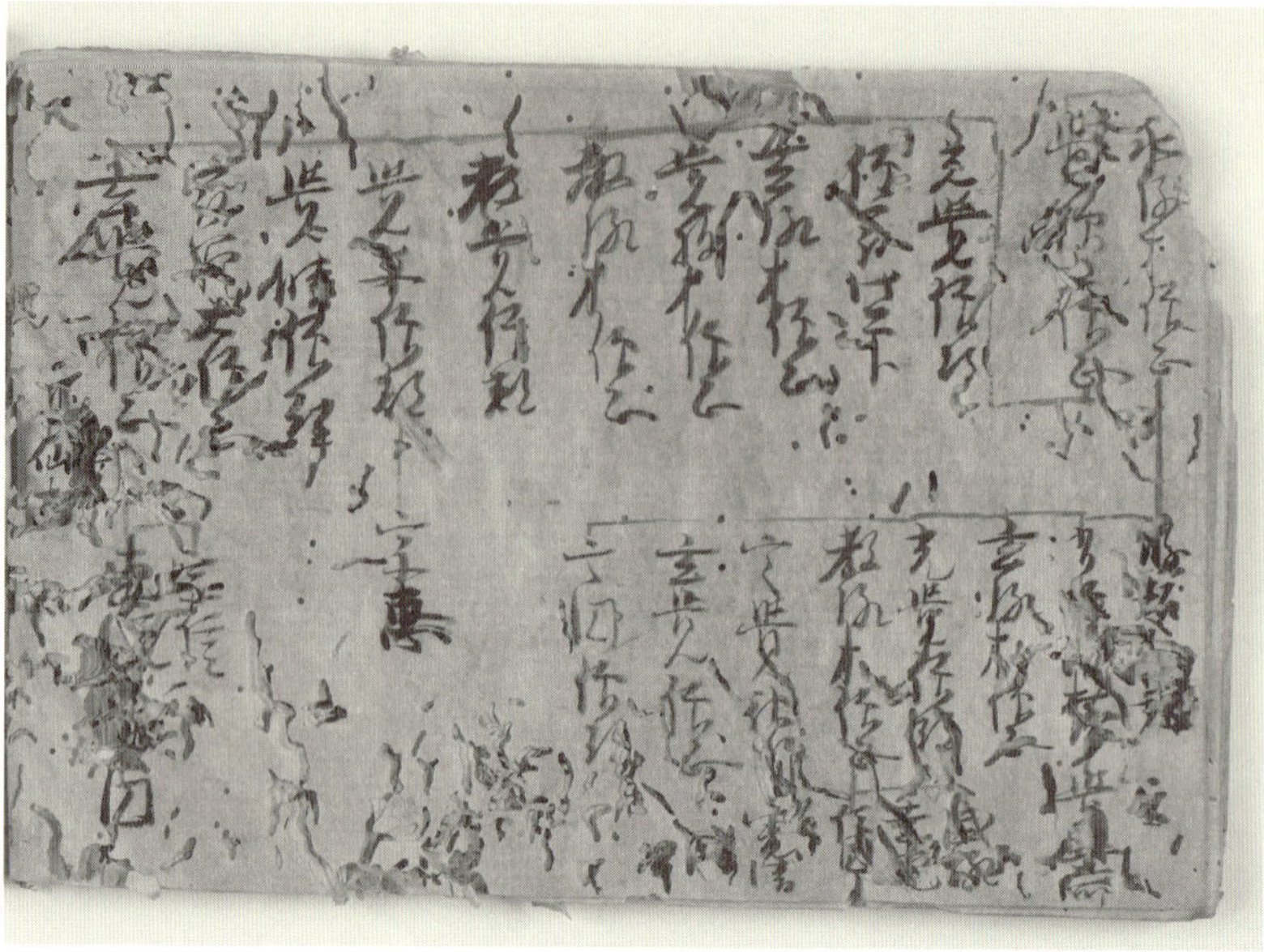

- 永縁権僧正
  - 勝超擬講
    - 有□(経カ)□□覚□□師
    - 玄縁権僧正
    - 光覚僧都 —— 盛縁
    - 教縁権僧正 —— 幸範
    - 定覚律師 —— □□
    - 玄覚僧正 —— □□
    - □(定)円僧都
- 覚□大僧正
  - 光覚僧都
  - 経尋法印
  - 玄縁権僧正
  - 覚縁権僧正
  - 経縁権僧正
  - 教覚僧都
  - 覚□僧都 —— 宗恵
  - 覚晴僧都
  - 尋範大僧正
  - 玄覚僧正
    - 宗信
    - 恵□(信カ) —— □(信カ)円

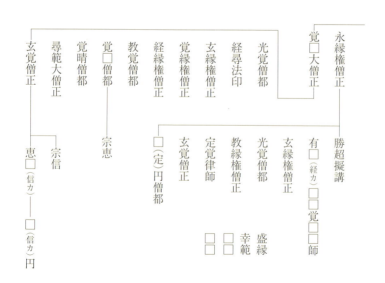

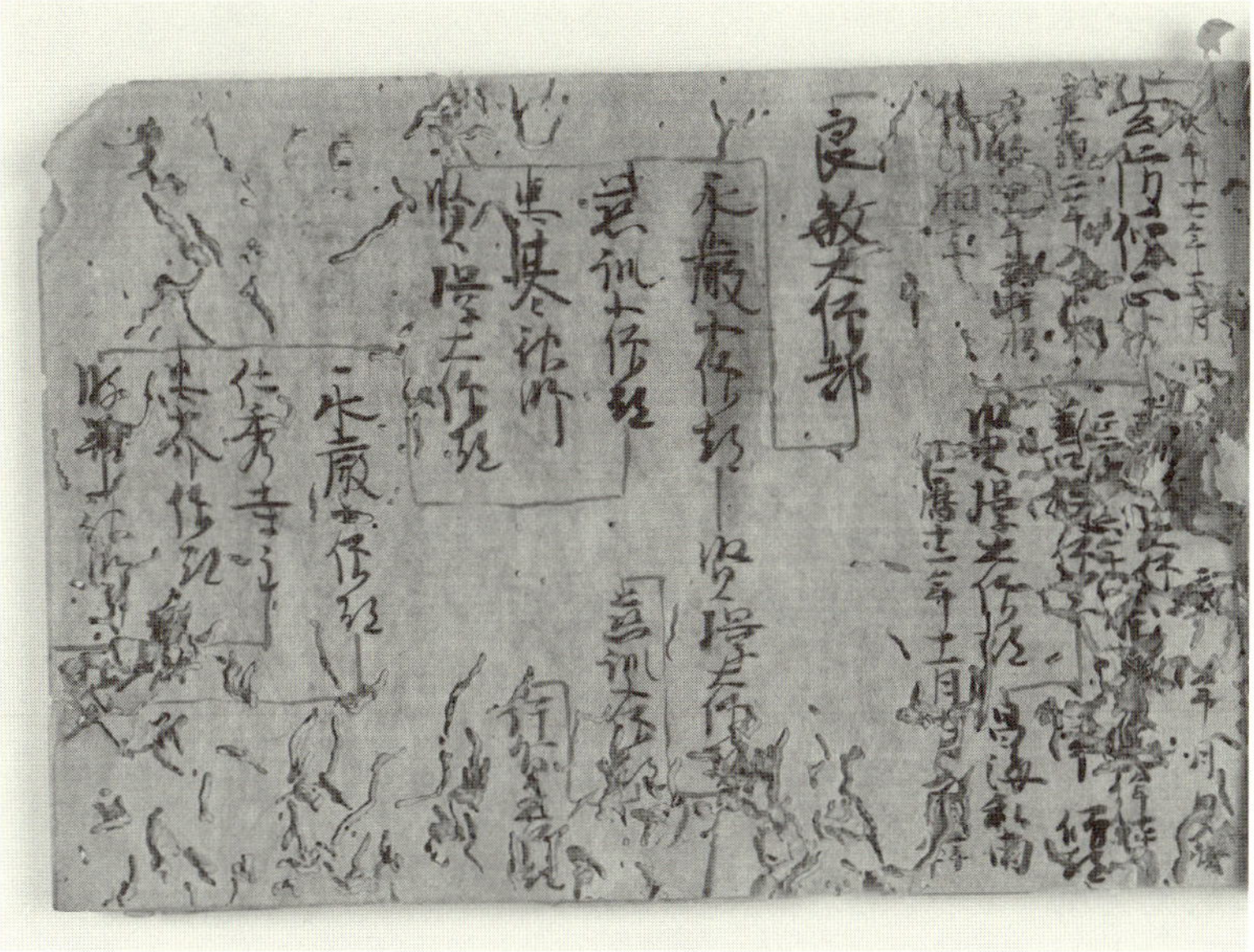

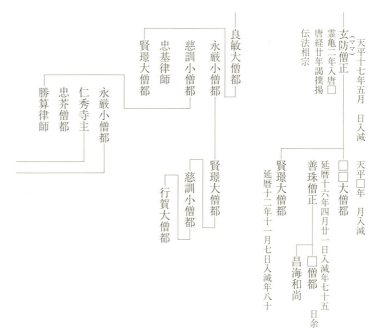

天平十七年五月　日入滅
玄防（ママ）僧正
霊亀二年入唐□
唐経廿年謁撲揚
伝法相宗

天平□年　月入滅
□□大僧都

延暦十六年四月廿一日入滅年七十五
善珠僧正

□僧都　日余

昌海和尚

賢璟大僧都
延暦十二年十一月七日入滅年八十

良敏大僧都

永厳小僧都

慈訓小僧都

忠基律師

賢璟大僧都

永厳小僧都

仁秀寺主

忠芥僧都

勝算律師

賢璟大僧都

慈訓小僧都

行賀大僧都

【十丁裏・十一丁表】

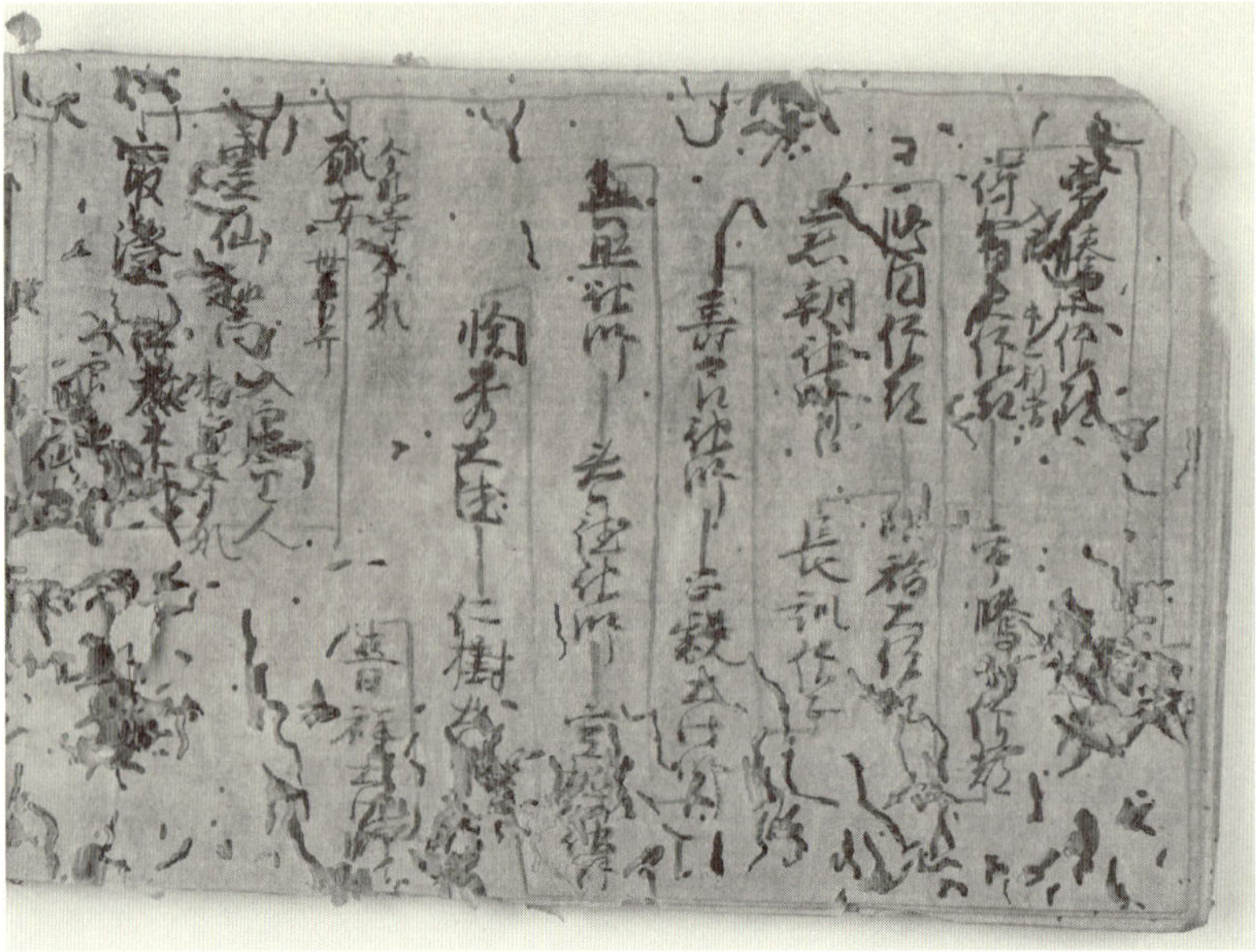

常騰小僧都

行賀大僧都　入唐　第三別当 ― 常騰小僧都

修円僧都 ― 明福大僧都

慈朝律師 ― 長訓僧正

寿良（ママ）律師 ― 正叡大法師

興照律師 ― 春徳律師 ― 空操律師

愉秀大徳 ― 仁樹大法師 ― 晋祥大法師

願安　金勝寺本願　世号芸

霊仙和尚　入唐聖人　松□（室カ）本願

最澄　伝教大師　入唐

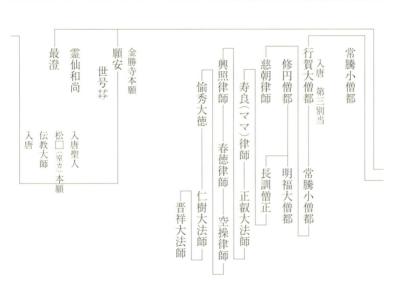

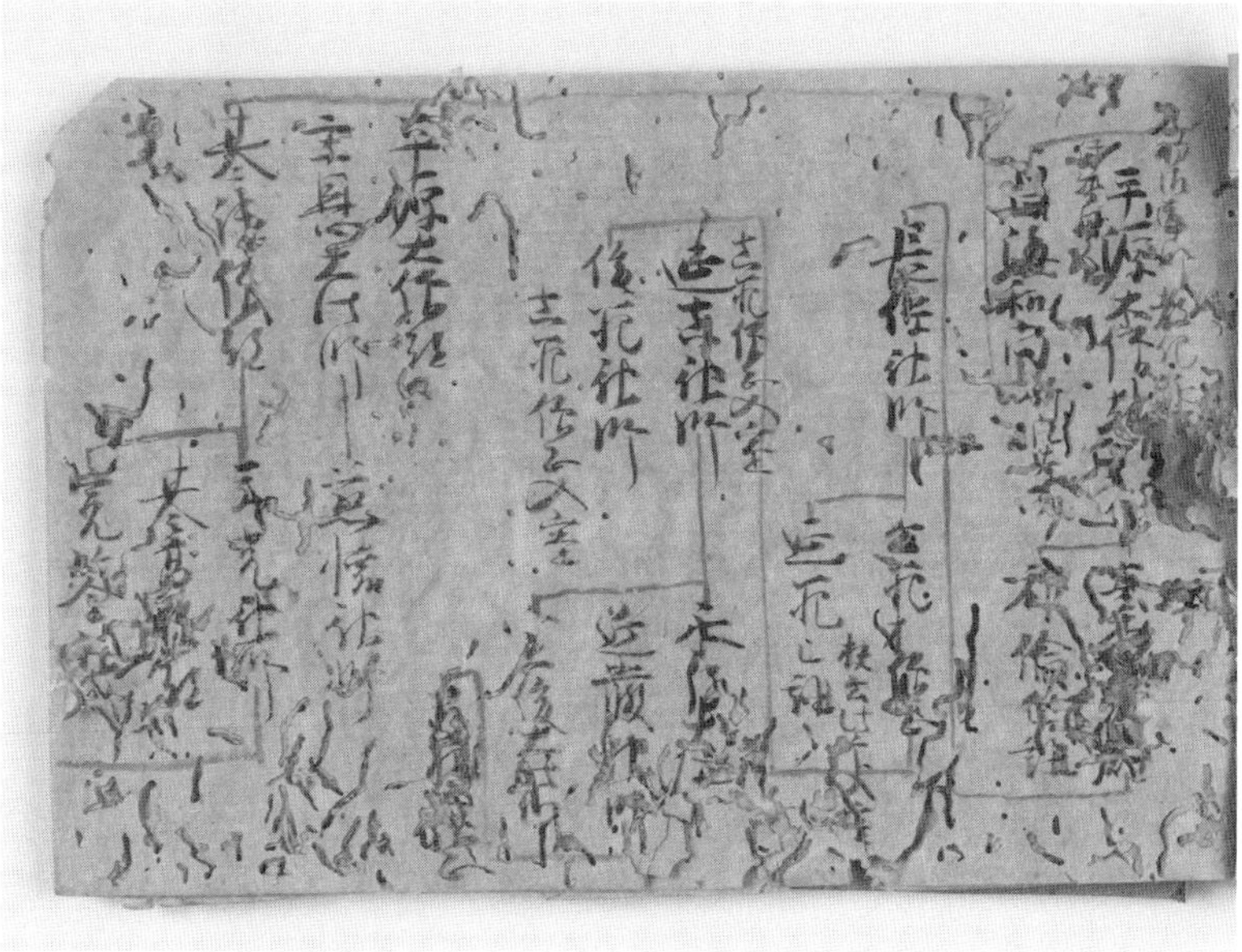

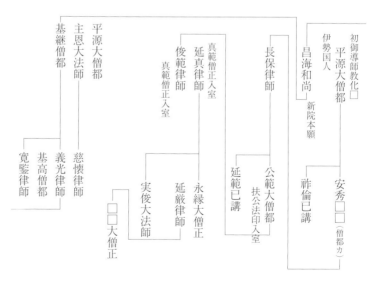

初御導師教化□
伊勢国人
平源大僧都
安秀□□（僧都カ）
祚倫已講
昌海和尚
新院本願
長保律師
公範大僧都
扶公法印入室
延範已講
真範僧正入室
延真律師
永縁大僧正
延厳律師
俊範律師
真範僧正入室
実俊大法師
□□大僧正
平源大僧都
主恩大法師
慈懐律師
基継僧都
義光律師
基高僧都
寛鑒律師

【十一丁裏・十二丁表】

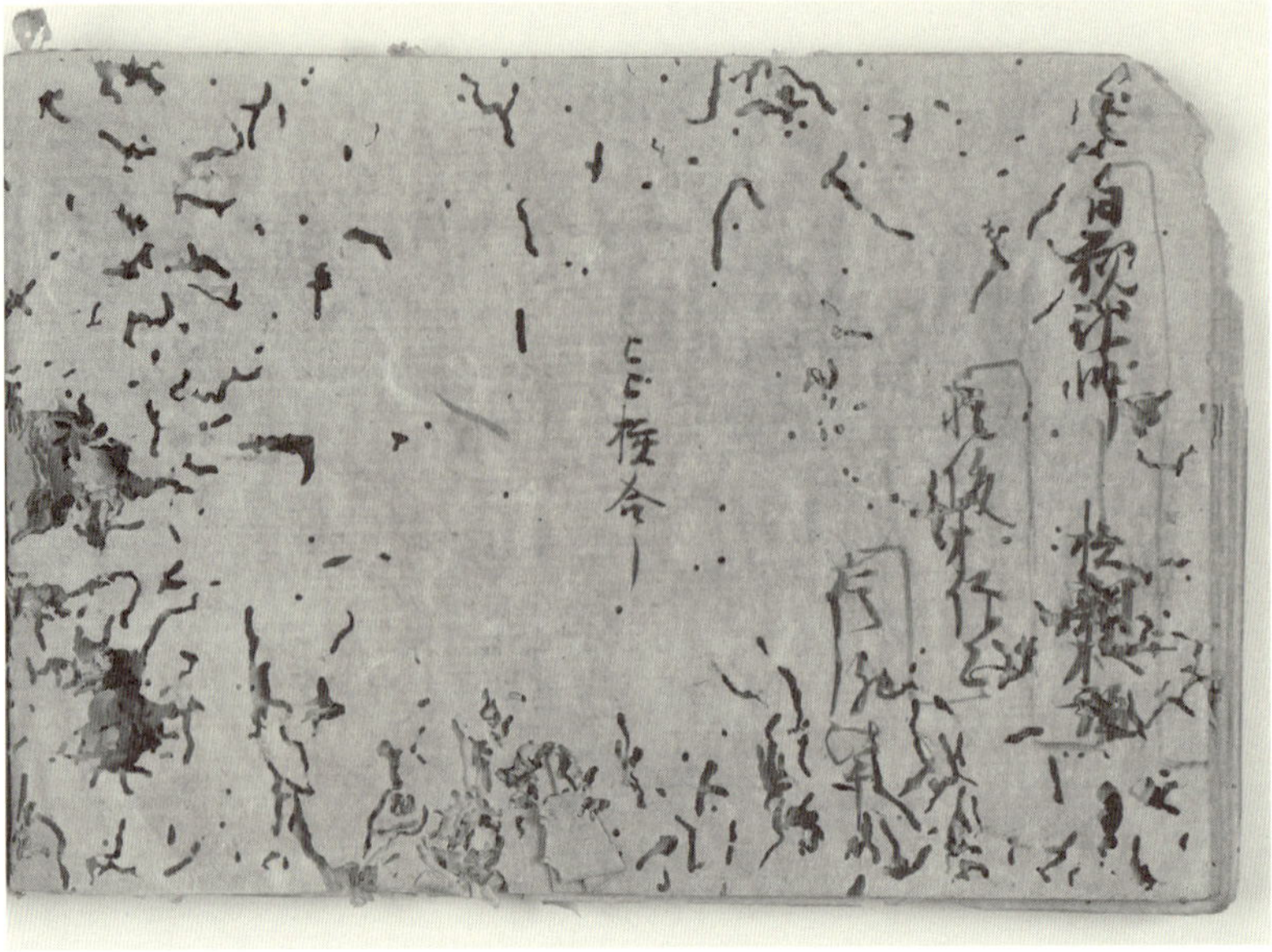

日観律師
松朝擬講
範俊権僧正
信縁法印
、、校合了

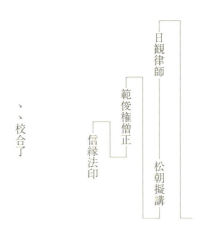

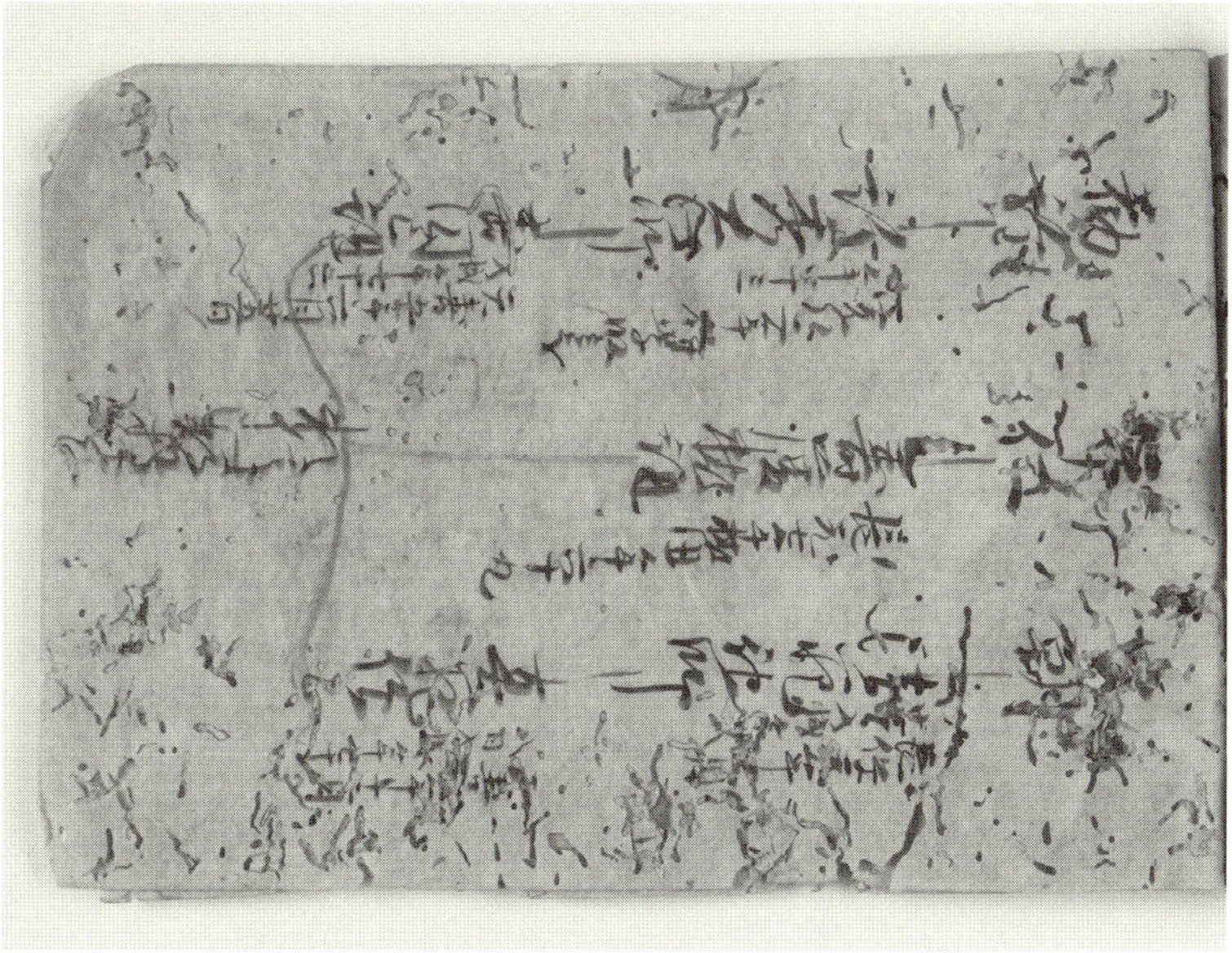

勧詮―詮秀大法師（寛弘二年研学竪者／年四十三）―喜円已講（天喜五年六月廿五日／入滅年七十六）

平仁―寿慶擬講（長元七年擬講／年六十九）―頼信法務権僧正

守朝―清範律師（長保元年正月／廿二日入滅年卅八）―真範僧正（天喜□年十二月／八日入滅年七十）

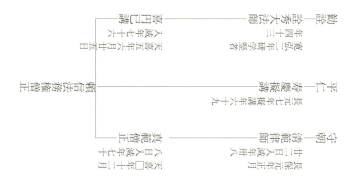

【十二丁裏】

- 頼信
  - 慶助已講（天永三年正月廿七日入滅　年七十三）
    - 恵暁法印（入滅年八十　応保三年十二月十四日）
      - 蔵俊
  - 永縁権僧正（天治二年四月五日　入滅年七十七）
    - 勝超擬講（長承二年擬講年　六十九）
      - 覚晴
        - 蔵俊

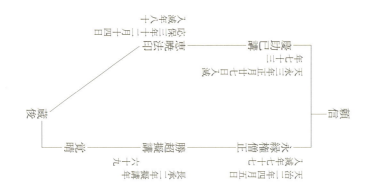

註

（1）藤井由紀子「『日本霊異記』と聖徳太子―日本古代における変革的意識の胎動―」（小峯和明・篠川賢編『日本霊異記を読む』、吉川弘文館、二〇〇四年一月）。同「象徴化された沙弥徳道と藤原北家の祖房前―長谷寺縁起を通して見る『三宝絵』の時代―」（小島孝之・小林真由美・小峯和明編『三宝絵を読む』、吉川弘文館、二〇〇八年二月）。同「藤原仲麻呂と入唐僧定恵―『藤氏家伝』撰述と興福寺との関係をめぐって―」（篠川賢・増尾伸一郎編『藤氏家伝を読む』、吉川弘文館、二〇一一年一月）。同「寺院縁起文の史料性について―『興福寺縁起』を読む―」（小林真由美・北條勝貴・増尾伸一郎編『寺院縁起の古層―注釈と研究―』、法藏館、二〇一五年三月）。

（2）氏文、寺院縁起文、説話集の内容と、『書紀』に記された内容とを改めて比較し、両者に共通する記述については、共通する原史料があったと想定することもできるが、『書紀』に対抗する意図をもって、『書紀』を参考にしながら作文された可能性もまた想定できる。

（3）系譜史料は必ずしも正史との直接的関係が想定できるものばかりではないが、古代史料を通して研究プロジェクトで考察してきた諸問題とも通底するものがあると考える。

（4）系図や系譜の史料性については、以下を参照のこと。太田亮「系図と系譜」（国史研究会編『岩波講座　日本歴史』第八回配本（岩波書店、一九三四年九月）。飯沼賢司「系譜史料論」（『岩波講座　日本通史』別巻3「史料論」、岩波書店、一九九五年十二月）。鈴木正信「日本古代氏族系譜の分析視角」（『彦根論叢』第三九〇号、二〇一一年十二月）。青山幹哉「史料学としての系図学入門」（『アルケイアー記録・情報・歴史―』第七号、二〇一三年三月）。

（5）藤井由紀子「氏寺考―寺院縁起文の史料性検討を通して―」（加藤謙吉編『日本古代の氏族と政治・宗教』下、雄山閣、二〇一八年三月）。

（6）島津忠夫・長友千代治・森正人・矢野貫一『岩瀬文庫本調査おぼえがき　付　柳原家旧蔵本目録』（愛知県立大学文学部国文学研究室、一九八〇年二月）。

（7）岩瀬文庫編『岩瀬文庫図書目録』第三版（財団法人岩瀬文庫、一九三六年九月）。

（8）「西尾市岩瀬文庫古典籍書誌データベース」（https://trc-adeac.trc.co.jp/WJ11C0/WJJS02U/2321315100/）。

（9）簗瀬一雄「岩瀬文庫の目録について」（『碧冲洞通信』第八号、一九六二年一月）。

（10）簗瀬一雄「資料紹介　法相宗相承血脈次第」（『南都仏教』第二十六号、一九七三年六月）。ちなみに、本史料は堀池春峰氏の勧めによって同誌に掲載することになったという。
（11）註6同報告。
（12）「西尾市立図書館岩瀬文庫史料調査」（『東京大学史料編纂所報』第十七号、一九八二年）。
（13）興福寺蔵「法相宗系図」（奈良国立博物館編『解脱上人貞慶―鎌倉仏教の本流―』、奈良国立博物館・神奈川県立金沢文庫・読売新聞社、二〇一二年四月）。同図録の解説によると、「釈迦如来の後、インドにおいて唯識を確立していった弥勒（慈氏菩薩）・無著・世親から、元弘三年（一三三三）に興福寺別当となった覚実の時代まで、興福寺を中心とした法相の法系を示した系図。日本への法相の伝来は四回とされ、第一伝（道昭）と第二伝（智通・智達）は元興寺へ、第三伝（智鳳・智鸞・智雄）と第四伝（玄昉）は興福寺に伝えられたが、後に北寺伝と称される興福寺の法系が盛んとなった。各師の名の横には、略歴や特記事項が書き添えられている」とあり、この解説では年代は江戸時代（十七世紀）とされているが、中世に遡る可能性もあると考える。
（14）本系図の構成は非常に煩瑣なものとなっているが、簗瀬氏による翻刻では、系譜の流れを㋑㋺㋩といった記号を用いて示すなど、一見して系譜の全体像が把握しづらく、誤字も多く含まれていて、史料としてそのまま用いるには躊躇される部分がある。なお、本系図を用いた論考には、以下のようなものがある。富貴原章信『日本唯識思想史』（大雅堂、一九四四年五月。後に、『富貴原章信仏教学選集第三巻　日本唯識思想史』として再版、国書刊行会、一九八九年一月）。田村圓澄「摂論宗の日本伝来について」「摂論宗の日本伝来について〈補説〉」（『南都仏教』第二十五号・第三十二号、一九七〇年十月・一九七四年七月。後に、「摂論宗の伝来」として、速見侑編『論集奈良仏教1　奈良仏教の展開』に再々録、雄山閣出版、一九九四年十月）。川端新「興福寺院家領荘園の形成」（大山喬平教授退官記念会編『日本国家の史的特質　古代・中世』、思文閣出版、一九九七年五月。後に『荘園制成立史の研究』に所収、思文閣出版、二〇〇〇年十一月）。泉谷康夫『興福寺』（日本歴史叢書・新装版、吉川弘文館、一九九七年十一月）。
（15）縦一六・二cm×横二五・七cm。
（16）本系図には、虫損による癒着によって、のどの部分が完全に開くことができない箇所もある。
（17）「叙曰。譜図之興其来久実。夫仏法之源出於中天。過於大唐流於日本。天竺付法已有経伝。震旦相承亦造血脈。我叡山伝法未有師師譜。謹纂三国之相承以示一家之後葉云爾」（比叡山専修院附属叡山学院編『伝教大師全集』第一、世界聖典刊行協会、一九七五年四月）。

(18) 横内裕人氏は、覚憲の『三国伝灯記』について、「顕教各宗の価値は教えの起源の如何によって差別化、序列化される」、「釈迦との距離に覚憲の歴史観の基準点が置かれている」としたうえで、「空間的には三国世界観上の印度を起点とするかどうか」、「時間的にはどちらが釈迦滅後に近いかどうか」と述べ、こうした考えのもと、覚憲は、「天台宗、華厳宗は震旦で行われた義解、つまり解釈にすぎず、印度の弘経、つまり経文そのものではないと断言し、その起源が印度か震旦かで、宗の差異化、序列化を図って」おり、「八宗のなかで三論宗と法相宗が諸宗法門の根源である」と考えていた、としている。（横内裕人「東大寺図書館蔵覚憲撰『三国伝灯記』―解題・影印・翻刻―」（『南都仏教』第八十四号、二〇〇四年十一月。後に、『日本中世の仏教と東アジア』に所収、塙書房、二〇〇八年二月）。

(19) 醍醐寺本『諸寺縁起集』（『校刊美術史料　寺院篇上巻』、中央公論美術出版、一九七二年三月）収載の「興福寺縁起」についてかつて論じた際、十八冊より成り、興福寺、東大寺、元興寺、大安寺、西大寺、薬師寺、唐招提寺など、二十の寺院の縁起が収載されている醍醐寺本の、その構成と内容を考慮すると、興福寺内には早い時期から興福寺だけでなく、主要寺院に関する縁起が一通り揃っており、醍醐寺本の執筆者である興福寺僧弁豪は、それらを利用した可能性を指摘したことがある（注1藤井論文『寺院縁起の古層』）。

(20) 「法相宗相承血脈次第」に登場する日本の法相宗僧の数は延べ四百七十二人（重複登場者を含む）であるのに対して、「法相宗系図」では百六十八人（重複登場者なし）で、かつ、前者の系図と同様、蔵俊までの人物に限ると百人となり、その数にはかなりの開きがある。

(21) 佐久間龍「一官僧の思想―賢璟伝考―」（日本宗教史研究会編『諸宗教との交渉』、法蔵館、一九六九年七月。後に「賢璟」として『日本古代僧伝の研究』に所収、吉川弘文館、一九八三年四月）。

(22) 興福寺蔵の「法相宗系図」では、シンプルに「宣教―賢璟―修円」と、整理された記述となっている。

(23) 法相宗から遣唐学問僧に選ばれ、長安醴泉寺の般若三蔵の訳経場で『大乗本生心地観経』の翻訳に携わったのち、五台山に移住し、そこで客死したという霊仙については、あまり史料が残っておらず、平安時代末期の史料とはいえ、ここに霊仙の名があることに驚き、これをきっかけとして、本系図について調べはじめることになった。なお、霊仙が仏教史上において注目されるようになったのは、円仁が『入唐求法巡礼行記』のなかで霊仙の五台山での足跡について書き残したことを除けば、近代以降の動向が大きく影響している。すなわち、大正時代に石山寺から『大乗本生心地観経』が発見されたことで、中国の訳経場で活躍したグローバルな日本人僧として霊仙に注目が集まるようになったほか、日中戦争時の五台山では、中国占領にむけての宣撫工作の一環として、この地で亡くなった日本人僧霊仙の慰霊法要が陸軍特務機関によって大々的に行われており、特務機関の呼びかけのもと、当時、多くの日本人中国仏教史学者が五台山入りして調査研究活動に従事していた。そのことが霊仙の歴史的再評価につながっている。なお、日中戦争下の霊仙研究については、「日中戦争下の学術調査と人的交流を探るプロジェクト―興亜留学生小川貫弌の記録より」（日本学術振興会科学研究費 基盤研究C 課題番号18K00917　二〇一八～二〇二〇年度　研究代表者藤井由紀子）の研究過程で得られた知見である。また、プロジェクト着手に至るまでに、以下のような成果もある。藤井由紀子編『戦時下の中国仏教研究―西厳寺蔵「小川貫弌資料」と山西省調査記録』（同朋大学仏教文化研究所、二〇一六年十二月）。藤井ほか「特別調査報告　西厳寺蔵「小川貫弌資料」調査報告（一）」（『同朋大学仏教文化研究所紀要』第三十六号、二〇一七年三月）。同「特別調査報告　西厳寺蔵「小川貫弌資料」調査報告（二）」（『同朋大学仏教文化研究所紀要』第三十七号、二〇一七年十二月）。

(24)　興福寺蔵の「法相宗系図」には、「慈訓―仁秀―願安―平源」とあり、霊仙や最澄のことは一切見えない。

(25)　「日本仏教の成立と展開研究会」を主宰する脊古真哉氏によると、願安について記した史料もまた限られており、『続日本後紀』承和五年（八三八）年十二月己亥条に「天皇於清涼殿修佛名懺悔、限以三日三夜、律師静安・大法師願安・実敏・願定・道昌等遞為導師、内裏仏名懺悔自此而始」（『新訂増補国史大系　続日本後紀』普及版、吉川弘文館、一九七八年二月）、寛平九年（八九七）六月二十三日付「太政官符」応試度金勝寺年分者二人事（『類聚三代格』巻二「年分度者事」（『新訂増補国史大系』類聚三代格前篇、吉川弘文館、一九九〇年八月）に「興福寺故伝燈大法師位願安。禅居此山。修練無比」とある、これらの記述に次いで、本系図が古い史料になるという。

(26)　『伝述一心戒文』（比叡山専修院附属叡山学院編『伝教大師全集』第一、世界聖典刊行協会、一九七五年四月）。弘仁七年、最澄が四天王寺の聖徳太子廟に詣でた際に詠んだもので、桓武天皇という強力な後ろ盾を失い、天台宗の存続を聖徳太子に祈念するという、最澄の転機を象徴する重要な詩である。

（27）『興福寺別当次第』（『大日本仏教全書』興福寺叢書第二、名著普及会、一九八〇年十一月）。そのほか、仁秀については、『扶桑略記』に『日本後紀』の逸文として簡略な卒伝が紹介される程度である（『新訂増補国史大系　扶桑略記・帝王編年記』、吉川弘文館、一九六五年十二月）。

（28）慈訓は藤原仲麻呂の側近で、天平宝字七年九月（七六三）、仲麻呂の失脚にともなって興福寺別当の座を追われている。なお、佐久間氏は、慈訓失職後、興福寺別当職は弟子仁秀に譲られたとしている（佐久間竜「慈訓について」『仏教史学』第六巻第四号、一九五七年十月。後に「慈訓」として『日本古代僧伝の研究』所収、吉川弘文館、一九八三年四月）。

（29）長らく嘉吉元年（一四四一）の撰述とされてきたものの、近年、江戸時代後期の撰述と指摘されている『興福寺官務牒疏』（『大日本仏教全書』寺誌叢書第三、名著普及会、一九八〇年十一月）では、仁秀は栗太郡の陀羅尼寺（金勝寺別院）や、坂田郡の世継寺など、近江国にある諸寺院の開基とされ、霊仙も一説に近江国坂田郡出身と言われていて、願安や最澄も含め、これらの僧侶たちをつなぐキーワードとして近江や山林修行が浮かんでくるが、いずれも確証はない。なお、『官務牒疏』をめぐる諸説については以下の通り。馬部隆弘「偽文書からみる畿内国境地域史―「椿井文書」の分析を通して―」（『史敏』第二号、二〇〇五年四月、後に『日本史学年次別論文集　中世2-2005年』に所収、朋文出版、二〇〇七年十月）。松岡久美子「椿井権之輔周辺による近世伽藍絵図について」（栗東市文化体育振興事業団編『忘れられた霊場をさぐる・報告書一―栗東・湖南の山寺復元の試み―』、栗東市文化体育振興事業団、二〇〇五年三月）。馬部隆弘「椿井政隆による偽創作活動の展開」（栗東市文化体育振興事業団編『忘れられた霊場をさぐる・報告書三』、栗東市文化体育振興事業団、二〇〇八年三月）。藤本孝一「近衛基通公墓と観音寺蔵絵図との関連について―『興福寺官務牒疏』の検討―（『中世史料学叢論』、思文閣出版、二〇〇九年四月）。

（30）註10簗瀬氏論文。

（31）平林盛得『五十音引僧綱補任　僧歴綜覧　推古卅二年―元暦二年』（笠間書院、一九七六年七月）

（32）『中右記』永長元年九月二十六日条「裏書」（『増補史料大成　第九巻　中右記一』、臨川書店、一九六五年十月）。これは永長元年九月二十五日に大火で焼失した興福寺の堂塔再建ための勘申記事で、興福寺別当と藤氏弁官である藤原季仲が並んで記されていることから、季仲は興福寺俗別当であったと判断される（岡野浩二「興福寺俗別当と勧学院」、『仏教史学研究』第三十四巻第二号、一九九一年十月。後に『平安時代の国家と寺院』に改訂所収、塙書房、二〇〇九年十月)。

(33)『後二条師通記』永長元年十月九日条(『大日本古記録　後二条師通記・下』、岩波書店、一九五八年六月)。

(34)『中右記』寛治七年(一〇九三)八月二十六日条(註32同書)。

(35)註31平林氏同書。なお、保安二年(一一二一)には大安寺別当にも補任されている。

(36)『東寺長者補任』巻第二の天永三年(一一一二)条に「康和三年十月七日任興福寺権別当、依院宣成氏挙、非成業東寺人、希代之例也」とある(『続々群書類聚』第二、続群書類聚完成会、一九六九年十二月)。

(37)『殿暦』康和三年十月十七日条(『大日本古記録　殿暦一』、岩波書店、一九六〇年十二月)。

(38)『中右記』康和四年八月六日条・八月二十一日条(『増補史料大成　第十巻　中右記二』、臨川書店、一九六五年十月)。

(39)法隆寺が所蔵する法隆寺一切経のうち、『大智度論』巻八十四に、「永久四年歳次十月十八日興福寺上乗院末学信縁/為懺悔罪障書写了　〔別筆：校了〕/願以此妙善、早与法界衆生、登無上正覚耳/〔別筆：法隆寺僧智印一校了〕」とあり、永久四年(一一一六)十月、信縁がこれを書写して智印が校合したことを記した書写奥書がある(「一　一切経」図版58、法隆寺昭和資財帳編集委員会編『法隆寺の至宝―昭和資財帳―　第7巻』、小学館、一九九七年三月)。当時、法隆寺は興福寺の末寺で、法隆寺別当には興福寺から僧が就任するなど、その経営は興福寺が主導する形で行われていたと考えられる(藤井由紀子「太子信仰寺院の復活　本寺興福寺と末寺法隆寺」、『アリーナ』第五号、二〇〇八年三月。同「法隆寺における一切経事業の歴史的意義について―史料的価値の在りかを考える」、『同朋大学仏教文化研究所紀要』第三十五号、二〇一六年三月)。

(40)『興福寺別当次第』治承三年(一一七九)条(『大日本仏教全書』興福寺叢書第二、名著普及会、一九八〇年十一月)。橋本義彦『人物叢書　藤原頼長』(吉川弘文館、一九六四年九月)。佐伯良謙『因明作法変遷と著述』(法隆寺、一九六九年三月)。横内裕人「藤原頼長の因明研究と南都仏教―院政期小乗仏教試論―」(『南都仏教』第七十九号、二〇〇〇年十月。後に、『日本中世の仏教と東アジア』所収、註18横内氏前掲書)。蔵俊の子弟からは、覚憲、信円など、著名な興福寺別当僧も輩出された。

(41)冒頭の守朝、平仁、勧詮の三名は、いずれも第十四代興福寺別当空晴の弟子たちで、没年にして蔵俊とは約二百年の開きがある。このうち平仁は興福寺僧ではなく、東大寺僧である。

(42) 註40横内氏前掲論文。
(43) 因明について横内氏は、上田晃圓氏の論考を引いて、因明学は自宗の宗義を客観的に発揚せんとするための論理を作法に順じて考究する領域としての仏教論理学であるとしている。
(44) 小泉宜右・海老沢美基校訂『史料纂集 古記録編 三箇院家抄第一』(続群書類従完成会、一九八一年九月)。主要部分は、応仁二年(一四六八)頃に成立したとされる。
(45) 辻善之助編纂校訂『増補続史料大成〔普及版〕大乗院寺社雑事記 六』(臨川書店、二〇〇一年七月)。
(46) 高山京子『中世興福寺の門跡』(勉誠出版、二〇一〇年二月)。たとえば、藤原師実の子息であり、興福寺の貴種入寺の始まりとされる一乗院院主の覚信が頼信の入室弟子となったのは、「頼信が清範―真範の法流を受け継ぎ、二明の奥旨を究め、「寺門之棟梁」たる人物であったから」だとするほか、蔵俊についても、二明の才学が彼の碩学としての内実であったことが述べられている。ちなみに、ここにいう二明とは、内明(興福寺における唯識)と因明(唯識の理解に不可欠な論理学)のことを指すとしている。
(47) 蔵俊の名は、本系図の六丁表と九丁表にも覚晴大僧都の師資相承として登場する。そのほかの僧は以下の通り、守朝二回、清範二回、真範四回、平仁三回、寿慶二回、勧詮二回、詮秀二回、喜円三回、頼信五回、永縁四回、勝超二回、覚晴五回、慶助二回、恵暁三回(十二丁目も含む)。
(48) 『三国伝灯記』(註18横内氏論文)。
(49) 光明皇后の死去や藤原仲麻呂の失脚、或いは、藤原忠平による法性寺創建、藤原師輔による楞厳院創建など、興福寺の氏寺としての成長には時代ごとに浮き沈みがある。なお、中世における興福寺の氏寺的あり方に着目した論考として、註46の高山氏の著書のほか、古くは日下佐起子「平安末期の興福寺―御寺観念の成立―」(『史窓』第二十八号、一九七〇年三月)がある。

第三部　氏と地域社会

「既多寺知識経」と氏寺

三舟　隆之

はじめに

奈良時代における地方の民間知識経としては、播磨国賀茂郡の「既多寺知識経」が著名である。「既多寺知識経」には、針間国造氏を中心としてさまざまな氏族が写経に参加しており、氏族史や「知識」の研究以外にも播磨国賀茂郡の郡的世界を復元できる史料としても重要である。そこに見える氏族関係では針間国造氏を中心にした地域小集団の序列が見られ、知識結の事例として重要な内容を示している。

近年の古代寺院史研究では、従来の「氏寺」説を批判して、「知識寺」・「知識寺院」という概念が提唱されている。(1)この「既多寺知識経」の「既多寺」が「知識寺院」に該当するかについて、「氏寺」・「知識」などのさまざまな視点から検討してみたい。

一　「既多寺知識経」と氏族

1.「既多寺知識経」の性格

「既多寺知識経」は正確には『大智度論』百巻の写経で、天平六年（七三四）十一月二十三日の日付と写経場所である播磨国賀茂郡既多寺の奥書が共通する。『大智度論』は、インドの竜樹の著作にかかる『摩訶般若波羅蜜経』の注釈書で、鳩摩羅什が漢訳した百巻の経論である。この既多寺の『大智度論』（以下、「既多寺知識経」と称す）は、その後山階寺を経て石山寺に伝来し、「石山寺一切経」として今日に伝わった。(2)「既多寺知識経」については、すでに田中塊堂氏によって百巻中七十五巻分の知識数が紹介されたが、(3)戦後の混乱期に石山寺から流失したものもあり、現在八十六巻が確認される。代表的な研究には『石山寺の研究　一切経篇』のほかに、『兵庫県史』第一巻第七章、(4)岡田精司(5)・佐藤信氏の研究があり、(6)近年では今津勝紀・吉川聡氏の研究がある。(7)また『加西市史』の編纂に伴って、詳細な調査が行われている。(8)

民間知識経としての「既多寺知識経」の性格については、鬼頭清明氏がすでに指摘しているように、在地豪族を中心とした知識集団によって写経されていること、中でも特に針間国造氏一族が多いことが注目され、『大般若経』が祖先崇拝と結びついて発願・書写されていることから、その注釈書である『大智度論』も同様な性格を持つことが推測される。

佐藤信氏は、その中に女性仏教信仰者の名前が見られることから、奈良時代の地方の民間仏教では女性が中心的な役割を占めていたことを指摘している。(9)さらに佐藤氏は巻九六・九七・一〇〇、巻三三と三四、巻五六と六〇の間に同筆関係が認められるとし、それが尾題にも反映しているところから、一帙十巻を単位としている点に注目している。そしてそれは知識名にも反映し、「尼願宗沙弥」や「六人部奈支佐」がいずれも第二帙（巻一一～二〇・第三帙（巻二一～四〇）の枠内であるほか、針間国造姓が巻六一～六五、巻七一～七六、巻九一～九六と、各帙の冒頭巻からひとまとまりの姓の知識が見られることから、針間国造氏の主導によって各帙を単位として知識のとりまとめが行われ、さらにそれが個人単位としてではなく、同族的な単位の中で写経に参加しているという重要な指摘を行っている。

この指摘を受けて栄原永遠男氏は、『播磨国風土記』と「既多寺知識経」の知識名から播磨国賀茂郡の復元を試みている。栄原氏は十巻ごとに知識が割り振られていることを指摘しているが、さらに知識者の内容から大きく二類に分けられることに注目し、第一類の第二～四帙は女性中心で、その中に「佐伯直漢古優婆夷」の名が巻三三に確認できるところから、これらの女性が第二類の諸氏族の一族の女性であった可能性を指摘する。次に第二類では、第五・

六帙、第七帙、第八・九帙、第一〇帙の四グループにごとに針間国造一族が割り当てられ、そのあとに他氏族が割り当てられた可能性を指摘する。とくに針間国造氏以外の他氏については、一つの氏の成員が二つ以上の帙グループに現れることはなく、同じ氏の成員はそれぞれ必ず一つの帙グループにまとまっており、これから針間国造氏が、全体としては一つの氏であるが、それが四つの小集団によって構成されているという重要な指摘を行っている。すなわち針間国造氏は四つの小集団から形成され、それぞれの小集団は他氏と結合して「地域小集団」を形成していたとするのである。そしてこの「地域小集団」は賀茂郡内の針間国造氏とつながる氏の有姓者のみによって知識を構成し、部姓者を含まない点も指摘している。『播磨国風土記』賀茂郡穂積里には穂積臣の存在が知られるところから針間国造氏以外の有姓者の存在も考えられ、「既多寺知識経」の写経に参加しなかった氏族も存在することを指摘している。(10)

以上が佐藤氏・栄原氏による「既多寺知識経」研究の成果の概要であるが、地方の民間発願写経を考える上で重要な指摘を多分に含んでいる。

2.「既多寺知識経」に見える氏族

そこでまず次に、「既多寺知識経」に見える氏族を再度検討してみよう。

①針間国造

『和名抄』では、播磨国は明石・賀古・印南・飾磨・揖保・赤穂・佐用・宍粟・神埼・多可・賀茂・美嚢郡の十二郡からなり、この内『播磨国風土記』飾磨郡条に「国造豊忍別命」の名が見えることから、「針間国造」は飾磨郡に本拠を置いた豪族と考えられ、(11)針間鴨国造は播磨国賀茂郡を本拠地としたと思われる豪族で、「明石国造」は明石郡を中心とした郡レベルの国造であると考えられる。

『日本書紀』仁徳十六年七月条には「播磨国造祖速待」の名が見え、『国造本紀』では「針間国造」は「志賀高穴穂朝。稲背入彦命孫伊許自別命定㆓賜国造㆒」とあり、「針間鴨国造」は「志賀高穴穂御世。上毛野国造同祖御穂別命児市入別命定㆓賜国造㆒」とあり、「明石国造」は「軽嶋豊明朝御世。大倭直同祖八代足尼児都弥自足尼定㆓賜国造㆒」とある。『日本書紀』景行四年二月甲子条では、「弟稲背入彦皇子、是播磨別之始祖也」とあり、[12]『新撰姓氏録』右京皇別下では、「佐伯直。景行天皇皇子稲背入彦命之後也」とあり、当初「針間別佐伯直」の氏姓を賜ったが、庚午年に「針間別」の三字が脱落して「佐伯直」となったとある。系譜から見れば、「針間国造」は「針間別佐伯直」であろう。

一方「針間鴨国造」は「志賀高穴穂御世。上毛野国造同祖御穂別命児市入別命定㆓賜国造㆒」とあり、上毛野氏と同祖関係を持つ。『播磨国風土記』賀毛郡伎須美野条では「国造黒田別」が、同じく賀毛郡玉野村の条では「国造許麻」の名が見え、これらの国造は「針間鴨国造」を指すと考えられる。後述する「既多寺知識経」の既多寺は賀茂郡に所在する寺院なので、「既多寺知識経」に見える「針間国造」は「針間鴨国造」を指すと考えて良いであろう。[13]

② 針間直・播磨直

『正倉院古裂銘文集成』には、飾磨郡大領に「播磨直」氏の名が見える。大領という地位から、この播磨直氏も針間国造の系譜を引く氏族であると考えられ、「既多寺知識経」の序列では針間国造氏の次に針間直氏が来ているので、針間国造氏と同族関係にあるものと思われる。

③ 山直（山部直）

山部直氏は、元々は山林の管理や産物を貢納する伴造系氏族で各地に分布し、『新撰姓氏録』では摂津国神別・和泉国神別に見え、和泉国和泉郡山直郷が本拠地と推定される。『古事記』仁徳天皇段では、応神皇女の女鳥王を妃にしようとしたところ、使者に出した異母弟の速総別王が女鳥王と結婚してしまい、怒った仁徳は山部大楯連に追討を命じ、二人を殺したという伝承がある。一方この伝承は、『日本書紀』仁徳四十年二月条では雌鳥皇女と隼別皇子となっており、追討者は吉備品遅部雄鯽と播磨佐伯直阿俄能胡となっている。山部氏と佐伯直氏で共通の伝承となっている可能性がある。

『播磨国風土記』美嚢郡志深里の於奚・袁奚の二皇子の伝承では、山部連少楯が播磨国に遣わされて二皇子を発見したとある。『日本書紀』顕宗天皇即位前紀でも少楯は播磨国司とあって、『書紀』に見える顕宗・仁賢天皇の宮には播磨に宮を営んだことが記され、『播磨国風土記』の記事と相違しない。それゆえ山部氏は播磨国と関係が深く、『播磨国風土記』宍禾郡比治里条では山部比治が里長に任命された記事があり、安師里でも同様に山部三馬も里長となる記事があって、播磨国に土着している氏族であることが知られる。

また山部連少楯は、『播磨国風土記』賀毛郡玉野村の国造許麻の娘、根日女命伝承でも登場するので、賀茂郡とも関係があったことが推測される。平城宮跡出土木簡でも播磨国多可郡那珂郷に「山直小弓」・「針間直」・「倭文連高山」の名が見え、(14)賀茂郡以外にも山部直氏・針間直氏が分布している様子が判明する。

④佐伯直

佐伯氏は軍事的伴造氏族で、『新撰姓氏録』右京皇別下によれば、佐伯直氏は成務天皇の御代に播磨国を給わって「針間別」と称し、その後応神天皇から日本武尊の東征の折に俘虜となった蝦夷の支配を命ぜられたところから「針間佐伯直」を称したとある。播磨佐伯直阿俄能胡は雌鳥皇女と隼別皇子を誅殺した後、仁徳の命に背いて雌鳥皇女の玉を密かに奪ったことが露見し死罪を命じられたが、私地を献上することで許された伝承がある。

『播磨国風土記』神前郡多駝里条には、応神天皇が巡幸したときに佐伯部等の始祖阿我乃古がこの土地の所有を直接願い出たところから「多駝」となった地名由来説話が存在し、ここでも佐伯直阿俄能胡が登場している。「既多寺知識経」の写経事業では「神崎郡佐伯直等美女」が参加しており、『播磨国風土記』の伝承も踏まえて考えると、佐伯直氏の本拠地は神埼郡であると思われる。

⑤上毛野系氏族

車持氏は朝廷の車の製作に当たる伴造氏族で、『新撰姓氏録』左京皇別下車持公条に豊城入彦命の後裔とあり、上毛野君系氏族である。雄略天皇に乗輿を献上したので車持公の氏姓を賜ったとあり、『日本書紀』履中五年十月条に車持君の名が見える。後述する大野君氏と共に上毛野氏と同祖関係にある。(15)

大野君氏は、上野国山田郡大野郷を本拠地とする。上毛野君氏や車持君氏らと同様に、天武十三年（六八四）に朝臣姓を賜り、中央貴族化する。壬申の乱で功績を挙げた大野君果安以来軍事に関係し、とくに蝦夷征討に活躍している。

⑥ 伴造系氏族

石作連氏は石の加工を職掌とする氏族で、『新撰姓氏録』では垂仁天皇の皇后日葉酢媛命のために石棺を作って献上し、石作大連公の氏姓を賜ったとある。『新撰姓氏録』には、左京および摂津・和泉国神別に石作連氏が存在し、『播磨国風土記』印南郡大国里伊保山条には、神功皇后が亡くなった仲哀天皇の殯宮の場所を探していたところ、石作連大来が伊保山に見つけたという伝承が残る。『播磨国風土記』では、この他に石作首等の居住地として石作里の記事を載せる。

また衣縫造氏は裁縫を職掌とする氏族で、『日本書紀』雄略十四年正月条では身狭村主青らに引率られて渡来した「漢織・呉織及衣縫兄媛・弟媛」の後裔で、渡来系氏族である。同年三月条には檜隈野に安置され、弟媛は漢衣縫部、漢織・呉織は飛鳥衣縫部・伊勢衣縫の祖となったという伝承があり、崇峻元年是歳条ではその家を壊して法興寺を造営したとある。また『新撰姓氏録』左京神別に衣縫造が石上朝臣と同祖とあり、物部系氏族の衣縫造も存在する。『続日本後紀』承和八年（八四一）三月癸酉条には、河内国志紀郡の衣縫造金継女が孝女として顕彰された記事があり[16]、大和・伊勢だけでなく河内にも分布する。

六人部氏は火明命系氏族であるが、職掌などは不明である。『新撰姓氏録』では右京神別天孫で、「火明命五世孫武礪目命之後也」とあり、尾張連氏と同祖である。また山城国神別、摂津国神別、和泉国諸蕃などにも見える。尾張連氏については、『播磨国風土記』飾磨郡貽和里条の馬墓池地名伝承で、尾治連等の上祖長比子がこの地に葬られた伝承が存在する。

⑦ 中央系氏族

平群朝臣氏は武内宿禰後裔氏族で大和国平群郡平群郷を本拠地とし、応神・履中・雄略朝に活躍した伝統的有力豪族である。物部連氏は大和王権の軍事氏族で河内国渋川郡を本拠地とし、大和王権を支える有力豪族である。物部氏は同系氏族が多く、全国に分布している。また中臣氏は宮廷の祭祀を掌る氏族で物部氏とも関係が深く、大和王権を支えた有力氏族であると共に、地方の祭祀を掌る氏族とも関係を持ったので、各地に分布する。采女臣は宮中の采女を管掌していた氏族で、『古事記』神武段では饒速日命の子宇摩志麻遅命を祖とする。『新撰姓氏録』では、右京神別上や和泉国神別に見える。「既多寺知識経」の写経事業に参加しているこれらの氏族は、中央系氏族でも播磨国に土着した氏族と考えられる。

⑧渡来系氏族

民直氏は渡来系氏族倭漢氏の一枝族で、『日本書紀』欽明七年七月条に「川原民直宮」の名が見え、高市郡の「檜隈邑人」とある。『播磨国風土記』揖保郡少宅里条では里の本の名が漢部里とあり川原若狭が登場するが、この川原氏も渡来系氏族であり、民直氏と同族の可能性がある。また『日本書紀』天武元年（六七二）七月の壬申の乱の際には、民直小鮪が大伴連吹負の配下として大海人皇子方に参加している。平城宮内裏東方東大溝地区出土木簡からは「播磨国賀茂郡下賀（茂）」「民直豊国庸米一俵」と記されており、賀茂郡下鴨里に民直氏が存在していたことが知られる。

⑨その他

神田君の詳細については不明である。新潟県延命寺遺跡から「神田君万（呂）」という人名の木簡が出土している。

⑩僧侶など

尼願宗沙弥、尼妙信沙弥、福縁優婆夷、信蔵僧、向姓禅師などの名が見えるが、これらの僧侶の詳細は不明である。

以上、「既多寺知識経」に見える氏族を見ると、①播磨国の在地氏族②中央氏族③上毛野君系氏族④渡来系氏族⑤その他に分類が出来そうである。

①の播磨国在地系氏族は言うまでも無く、この知識経の壇主である針間国造（針間鴨国造）であり、それに針間直・播磨直、佐伯直氏が国造系の氏族として加わり、『播磨国風土記』に見える石作連氏が加わる。『日本書紀』・『播磨国

風土記』の伝承からすれば、山部直氏のような直姓の氏族も土着した氏族と考えて良く、②の平群朝臣・物部連・中臣・采女臣やなども、土着氏族と考えて良いと思われる。③の上毛野君系氏族である大野君・車持連氏も、『播磨国風土記』飾磨郡少川里条では、庚寅年（持統四年〔六九〇〕）に播磨国司が上毛野氏であった記事があり、また『国造本紀』では針間鴨国造は「上毛野同祖」とある。

注目すべきは、この写経に参加した氏族は基本的には賀茂郡を中心としているが、「神崎郡佐伯直等美女」と「神崎郡六人部奈支佐」という人物が、賀茂郡ではなく神埼郡から参加していることである。反対に同じ針間直・山部直氏でも多可郡に存在する氏族は参加しておらず、また同じ賀茂郡でも『播磨国風土記』賀茂郡には品治部・巨勢部や穂積臣が見えるが、これらの氏族は参加していないので、この写経グループは個別的で地縁的であるという今津勝紀氏の指摘がある。[17]

3．賀茂郡の古代寺院

『播磨国風土記』によれば、賀茂郡には上鴨・下鴨・修布・三重・楢原・起勢・山田・端鹿・穂積・雲潤・河内・川合里の十二里が存在する。郡としては大郡にあたり、広範な郡域を有する。古代寺院においても、白鳳期寺院が多く存在する（図1）。そこで次に播磨国賀茂郡の古代寺院から、「既多寺知識経」に参加した「地域小集団」の寺院について検証してみたい。[18]

① 殿原廃寺（加西市殿原町字寺ノ前）

殿原町国府寺境内に比定され、調査の結果基壇状遺構・中門・僧坊と推定される遺構が検出されている。[19] かつて塔心礎があったが、現在所在は不明である。塔基壇の位置から法隆寺式伽藍配置が想定されるが、詳細は不明である。

出土した軒丸瓦は五種、軒平瓦は六種あり、このうち創建期の軒丸瓦は幅線珠文縁単弁八葉蓮花文軒丸瓦で、外縁部の幅線は河合廃寺・中西廃寺と似る。また単弁八葉蓮花文は、繁昌廃寺と同じ系統と考えられ、剣先状の単弁八

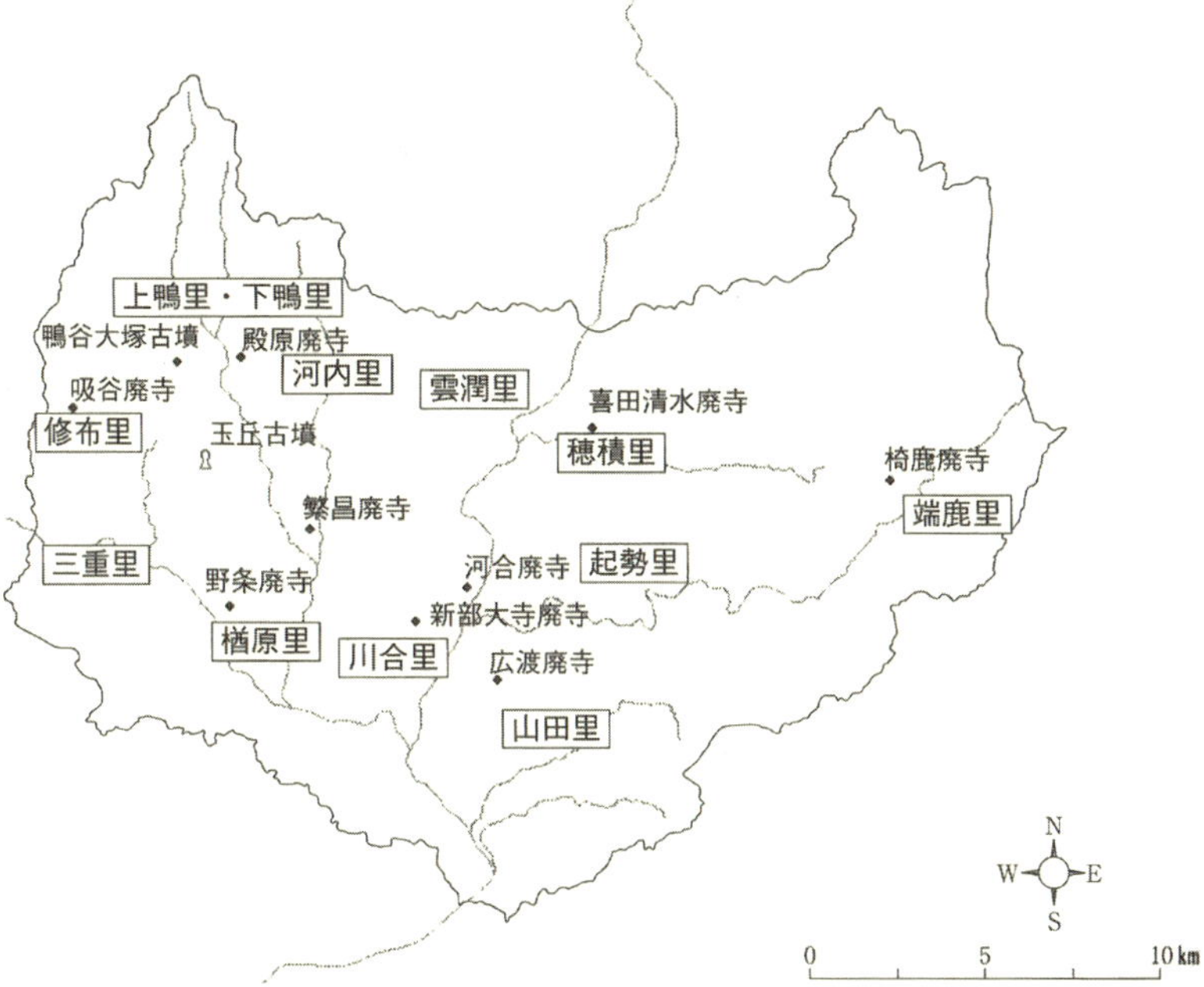

図1　賀茂郡古代寺院分布図（註17今津文献より引用）

葉蓮花文は、西条廃寺と同笵である。そのほか瓦当周辺の縄目叩きの技法など、西条廃寺とは瓦当笵の移動を含めた工人集団の移動が推測される。[20]また細弁十六葉蓮花文軒丸瓦は、広渡廃寺・野口廃寺・石守廃寺と似る。賀茂郡では上鴨里に所在したと推定され、創建年代は七世紀後半と考えられ、付近に「北町」という地名も残るところから、「既多寺知識経」の「既多寺」の可能性が高い。殿原廃寺が「既多寺」であったとする今津勝紀氏の指摘は、妥当であろう。[21]

② 繁昌廃寺（加西市繁昌町字寺ノ前）

一九八〇～八二年にかけて発掘調査され、西塔・金堂・講堂・築地・南門・北門を検出した。東塔は未検出であるが、薬師寺式伽藍配置を採ると考えられる。[22]出土瓦や土師器・須恵器から、金堂・西塔・講堂・北門・南門の順に建てられている。出土遺物は軒丸瓦が四種、軒平瓦四種で、鴟尾・熨斗瓦などが出土している。創建期の軒丸瓦は単弁八葉蓮花文で、忍冬唐草文軒平瓦が組み合う。創建年代は七世紀後半で、隣接する式内社の乎疑原《おぎわら》神社には「五尊像石仏」があり、元は繁昌廃寺のものと思われる。また廃寺の西方台地斜面には、天神山・尼か池・山の脇窯跡などが存在し、繁昌廃寺に瓦を供給していたことが知られる。窯跡からは殿原廃寺と同笵の軒丸瓦が出土しているが、この瓦は繁昌廃寺からは出土していない。乎疑原神社に残る梵鐘名には「西河合郷」とあるので、川合里に所属した可能性も考えられる。

③ 吸谷廃寺（加西市吸谷町字観音垣内）

吸谷廃寺は修布里に所在したと考えられ、一九九一年に一部調査され、僧坊と推定される建物址三棟などが検出されている。現在、慈眼寺内に円形柱座を持つ礎石や塔心礎が存在するが、伽藍配置などは不明であった。最近の第四次発掘調査で新たに地下式の塔心礎が発見され、さらに金堂と推定される基壇跡が検出されたことから、法隆寺式伽藍配置を採る可能性がある。出土する軒丸瓦は川原寺式の複弁八葉蓮花文軒丸瓦で、四重弧文軒平瓦が組み合う。また単弁十六葉蓮花文軒丸瓦、忍冬唐草文軒平瓦なども出土している。創建時期は、七世紀後半と考えられる。

④ 野条廃寺（加西市野条町）

野条廃寺は土壇などが存在し、薬師寺式伽藍配置が想定されるが詳細は不明である。楢原里に所在すると推定され、出土する軒丸瓦・軒平瓦から八世紀中頃の創建と推定される。

⑤ 河合廃寺（小野市河合中町字薬師前）

賀茂郡川合里にあり、一九五三年に地下式塔心礎が発見され、塔基壇が検出された。現在の薬師堂のあるところが金堂基壇と推定され、法隆寺式伽藍配置が想定される。出土した遺物は、軒丸瓦が三種、軒平瓦が四種あり、創建期の軒丸瓦は山田寺式の系統につながる幅線珠文縁単弁八葉蓮花文軒丸瓦で、三重弧文軒平瓦が組み合う。この形式は、中西廃寺・殿原廃寺でも共通する。創建時期は七世紀後半と考えられ、川合里に所在したと考えられる。

⑥ 新部大寺廃寺（小野市新部町字大寺）

河合廃寺と同じく賀茂郡川合里にあり、東塔の心礎が現存し、薬師寺式伽藍配置が想定され、「仙源寺」という寺名の伝承がある。出土した軒丸瓦は四種、軒平瓦は三種あり、創建期の軒丸瓦は重圏文縁単弁八葉蓮花文軒丸瓦で、河合廃寺の重圏文縁単弁九葉蓮花文軒丸瓦の後続形と思われる。また波状文縁単弁十一葉蓮花文軒丸瓦は、広渡廃寺の単弁九葉蓮花文軒丸瓦と弁数は異なるが酷似する。法隆寺式の忍冬唐草文軒平瓦は古式の様相を示し、繁昌廃寺・吸谷廃寺でも見られる。創建時期は、七世紀後半と考えられる。

⑦ 広渡廃寺（小野市広渡町字竹ノ本）

山田里に所在した考えられ、以前は「土橋廃寺」という名称で呼ばれていたが、『浄土寺縁起』に見える「広渡寺」と考えられることから、「広渡廃寺」という史跡名に変更された。賀茂郡起勢里にあり、一九七一年から調査が行われ、その結果東西両塔・金堂・講堂・中門・南大門・回廊・金堂両脇基壇などが検出され、薬師寺式伽藍配置であることが判明した。[23] 出土した軒丸瓦は六種、軒平瓦は五種存在する。創建期の軒丸瓦は重圏文縁六葉蓮花文軒丸瓦で、四重弧文軒平瓦が組み合う。そのほか明石市太寺廃寺の軒丸瓦を祖形とする鋸歯文縁六葉蓮花文軒丸瓦や新部大寺廃寺と同笵である鋸歯文縁九葉蓮花文軒丸瓦、殿原廃寺・繁昌廃寺と同系統の八葉蓮花文軒丸瓦などが出土している。創建時期は、七世紀後半と考えられる。

⑧ 喜田・清水遺跡（加東郡社町喜田）

賀茂郡穂積里に所在したと考えられ、一九九一年に区画整理に伴う確認調査で瓦溜め・基壇の版築を検出した。伽藍配置などは不明で、創建期の軒丸瓦は単弁六葉蓮花文軒丸瓦と素文軒平瓦で、八世紀中頃から十一世紀頃まで存続したと考えられる。

⑨ 椅鹿廃寺（加東郡東条町椅鹿）

賀茂郡端鹿里に所在した考えられ、塔心礎が現存するが詳細は不明である。

以上、賀茂郡内の古代寺院を概観したが、いくつかの点に注目したい。まずこれらの寺院の中でももっとも古い寺院は、河合廃寺が想定される。河合廃寺の軒丸瓦では、輻線珠文縁軒丸瓦が殿原廃寺と共通し、また山田寺式の亜

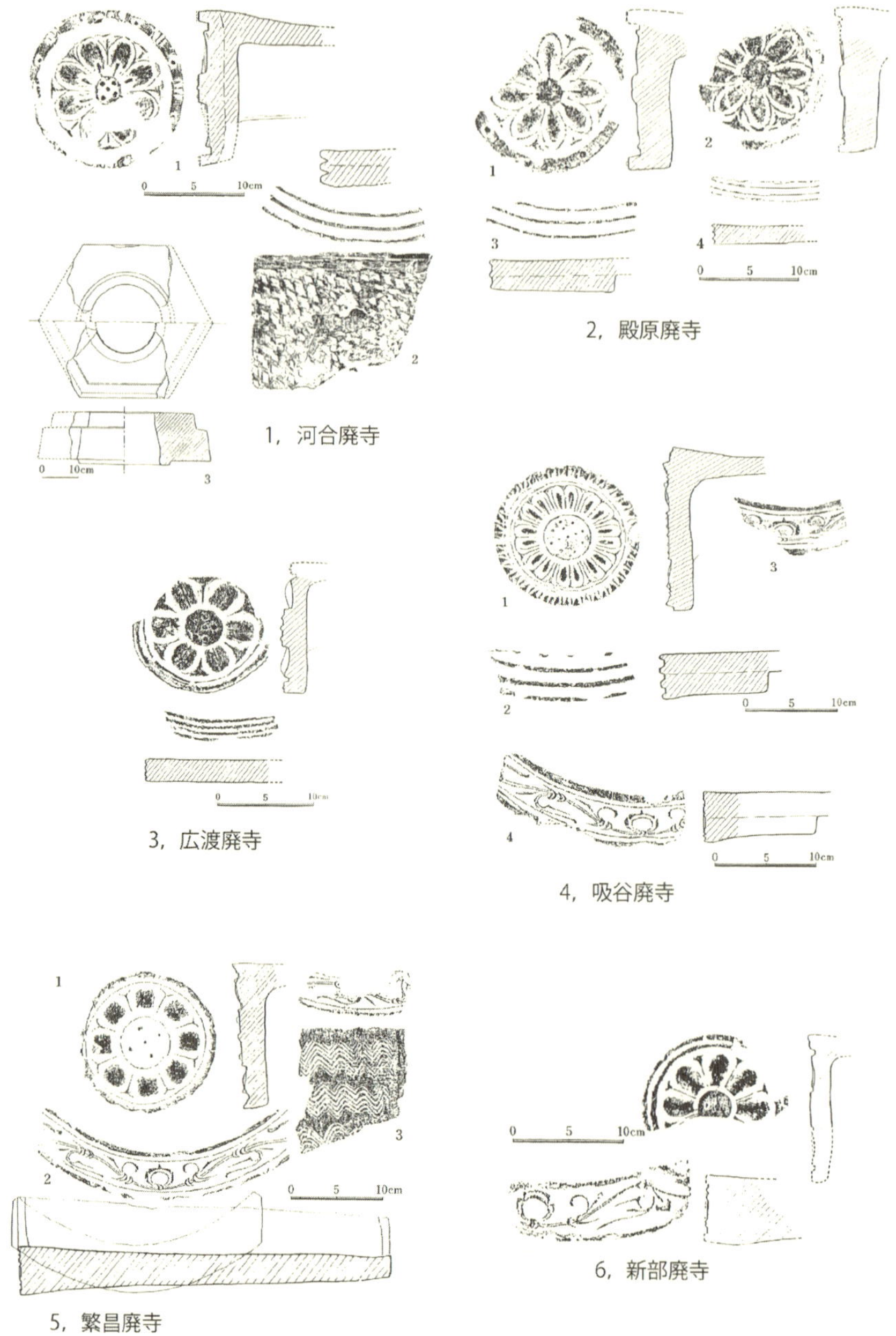

図２　賀茂郡古代寺院出土軒瓦（註 19 村川文献より引用）

流と考えられる重圏文縁軒丸瓦が、新部大寺廃寺・広渡廃寺と共通している。寺院の創建年代からすれば、河合廃寺の次に殿原廃寺・広渡廃寺が古く、さらにその後に繁昌廃寺・新部大寺廃寺・吸谷廃寺が続くと考えられる。「既多寺」の比定寺院としては、喜田・清水遺跡や野条廃寺は八世紀中頃以降の創建と考えられるから対象外であり、天平六年の「既多寺知識経」段階で存在した賀茂郡の古代寺院は、殿原廃寺（上鴨里）・吸谷廃寺（修布里）・繁昌廃寺（川合里ヵ）・河合廃寺（川合里）・新部大寺廃寺（川合里）・広渡廃寺（山田里ヵ）・椅鹿廃寺（端鹿里）の七ヶ寺であるが、椅鹿廃寺も地理的位置から「既多寺」には想定できない。またある程度寺名が想定される広渡廃寺（「広渡寺」）・新部大寺廃寺（「仙源寺」）も、「既多寺」である可能性からははずれるであろう。とすれば、「既多寺」は殿原廃寺・吸谷廃寺・繁昌廃寺が想定され、とくに上鴨里に所在し「北町」という地名に一番近い殿原廃寺が、やはり一番有力となると思われる。

「既多寺知識経」の研究では余り注目されていないが、「既多寺」に比定される殿原廃寺以外に、栄原氏が想定する四つの「地域小集団」によって造営された寺院は、これらの中に含まれるものと思われる。また里レベルでも、とくに河合里では繁昌廃寺・河合廃寺・新部大寺廃寺の三ヵ寺が存在しており、河合廃寺は法隆寺式伽藍配置、繁昌廃寺と新部大寺廃寺は双塔式伽藍配置が推定されている。さらに殿原廃寺はその軒瓦などの特徴から見ると、河合廃寺・繁昌廃寺と製作技法・文様などの類似性が見られ、賀茂郡でも中心的な寺院である（図2）。一方、吸谷廃寺から出土する軒丸瓦はは川原寺系の複弁八葉蓮花文軒丸瓦で、他の単弁系の軒丸瓦を有する寺院とは系統を別にするものと思われる。

これらの寺院の存在から考えれば、写経を行う設備としての寺院は各地域小集団には「氏寺」として存在していたわけで、それぞれの「氏寺」ではなく、あえて「既多寺」で『大智度論』の写経を行う意義について、改めて考察する必要があるであろう。

二　地方豪族と知識集団

次に、このような在地で行われた写経事業の例について検討してみたい。まず「既多寺知識経」と同様に、評・郡を単位として知識結を行った写経例には以下の例がある。

①『金剛場陀羅尼経』跋語

歳次丙戌年五月、川内国志貴評内知識、為七世父母及一切衆生、敬造金剛場陀羅尼経一部、藉此善因、往生浄土、終成正覚、教化僧宝林

とあって、[24]「丙戌年」は天武天皇十四年（六八五）に川内国志貴評内の知識集団が、教化僧宝林を中心として「七世父母及一切衆生」のために『金剛場陀羅尼経』を写経したものと考えられ、願文の目的の「終成正覚」は「粟原寺伏鉢銘」のそれとも共通する。

②『瑜伽師地論』跋語

天平二年歳次庚午九月、和泉監大鳥郡日下部郷石津連大足書写、大檀越優婆塞練信従七位下大領勲十二等日下部首麻呂総知識　七百九人〈男二百七十六人、女四百三十三人〉

とあり、[25]天平二年（七三〇）和泉国大鳥郡大領日下部首麻呂が共同体を知識として組織し、写経を行ったことが知られる。この場合その人数から推測すると、郡を単位にして知識が参加していると思われる。

反対に評・郡を単位とせず広範な地域で氏族が写経に参加し、「既多寺知識経」と同様に地方寺院で行われた写経の例として、紀伊国那賀郡御毛寺の例がある。

昭和三十五年（一九六〇）に和歌山県海草郡野上町の薬師寺から、『大般若経』全六〇〇巻が発見された。この内最古の書写年代は天平十三年（七四一）であり、巻四一九の奥書には、「天平十三年歳次辛巳四月紀伊国御毛寺智識／紀直商人写」とあり、また巻四三八では、「天平十三年歳次辛巳潤月紀伊国那賀郡御気院写奉知識大般／若一部六

「百脱カ」河内国和泉郡坂本朝臣栗柄」とあり、巻四三七では「天平十三年歳次辛巳四月上旬紀国奈我郡三毛□□知識□写／大般若経一部六百巻／河内国和泉郡式部省位子坂本朝臣栗柄仰願為四恩」とある。

この「御毛寺知識経」の写経事業に参加した氏族では、河内国和泉郡の「坂本朝臣栗柄」という人物が、わざわざ紀伊国那賀郡の「御気院」まで来て『大般若経』を書写している。(26)「坂本朝臣栗柄」という人物は式部省に出仕している官人であることが明らかであるが、天平勝宝七歳（七五五）九月の「班田司歴名」には算師として、「坂本栗栖」が『大日本古文書』（四－八一）に見える。またこの他では、巻四九四・四九六・四九七の三巻の奥書に「上毛野伊賀麻呂」という名が見え、「上毛野伊賀麻呂」は平城京右京六条四坊に住んでおり、正倉院文書の写経所文書にも経師としてその名前が見える（『大日本古文書』一〇－三三五など）。この経歴から推測すれば、「上毛野伊賀麻呂」はこの写経の指導者として参加し、また平城京とこの地を往還していることがわかる。上毛野氏は、『日本霊異記』中巻第十一縁に「上毛野公大椅」の名が見えるところから、紀直商人と同様、紀伊国の在地豪族である可能性もあろう。また『新撰姓氏録』和泉国皇別によれば「坂本朝臣」と紀氏は同祖であるから、この知識集団は紀氏を中心とする紀伊国の在地豪族の擬制的同族関係を基礎としている可能性があり、評・郡を単位とせず、むしろ擬制的同族関係による地方寺院の写経事業である。

以上の例を見ると、まず知識経写経では擬制的同族関係を中心に知識結が行われている例が「御毛寺知識経」で、これは「既多寺知識経」と同様である。一方、在地の地縁的な関係から、評・郡を単位として知識を動員する例が『金剛場陀羅尼経』や『瑜伽師地論』の例で、これらから「既多寺知識経」の写経事業の性格を検討すると、擬制的同族関係を中心としながら地縁的関係を含んで知識経の写経事業が行われた例とみることが出来る。

三　針間国造から見た「既多寺知識経」の意義

最後に、播磨国賀茂郡「既多寺知識経」の写経の持つ意味を言及したい。「既多寺知識経」の写経に参加した氏族は、「針間国造」氏を中心とした「地域小集団」がそれぞれの帙を担当したものと指摘されているが、実はこれは「氏寺」というものを理解する上で非常に重要な点を示唆していると思われる。

「氏寺」について田村圓澄氏は、氏寺は氏族の族長・氏上が建立し氏族一門の擁護帰依を受け、住僧も一門から選ばれ、その子孫により帰依相伝せられた寺であると定義している。(27)すなわち、族長による仏教受容の段階では、氏族共同体の成員を率いて祖先崇拝の儀礼を行う場所としての「伽藍」が要求され、それは同時に族長の世俗的権力を象徴する場所でもあった。この田村氏の「氏寺」論が、現在の「氏寺」の定義の代表であろう。

しかしこの「氏寺」論も、中村英重氏によって批判されている。中村氏は蘇我馬子の法興寺の他に倉山田石川麻呂の山田寺などの寺院が建立されていることを挙げ、法興寺が蘇我氏一門の氏寺になっていないこと、この時期の蘇我氏に複姓が発生し原初的な「家」が成立した結果、「家寺」として建立されたと指摘した。(28)

中村氏による「氏」の形態は、以下の三区分に分けられる。

Ⅰ　血縁的親族集団（ウヂ）…親族説
Ⅱ　血縁的ないし同族的系譜集団・組織（氏）…同族説
Ⅲ　擬制的同族、擬制的系譜集団・組織（擬制的同族）

中村氏が考える「氏」とはⅡの概念であるが、しかし「金井沢碑文」における同族の結合のあり方や、「既多寺知識経」における「針間国造」氏と他氏との結合、さらに『西琳寺文永注記』に見える氏族は文氏一族の同族関係を中心としながらも地縁的関係を結ぶ氏族も加わっていることを考えると、(29)「氏」は明らかにⅢの擬制的同族、擬制的系譜集団・組織（擬制的同族）である。

播磨国賀茂郡の「既多寺知識経」の写経に参加した氏族を見ると、針間国造二十七人、針間直六人、山直九人、佐伯直五人、物部連二人、石作連二人、六人部・中臣・平群朝臣・車持連・民直・大野君・衣縫造など各一人であり、針間国造氏を中心として在地の氏族が参加していることが知られ、「針間国造—針間直氏—他氏族」という序列が明らかであり、それぞれが地域小集団を形成している。また「既多寺知識経」では、「神崎郡佐伯直等美女」と「神崎郡六人部奈支佐」という人物が、賀茂郡ではなく神埼郡から参加しているが、同様な例としては武蔵国橘樹郡影向寺遺跡出土の「无射志国荏原評」文字瓦銘がある。影向寺遺跡は橘樹郡に所在しているので、郡・評域を越えた瓦の供給について、影向寺遺跡が「公寺」であるという議論や知識による寄進であるという説が存在するが、『万葉集』巻二〇の防人歌では、武蔵国の橘樹郡にも荏原郡にも「物部」「椋椅部」という同じ氏族が分布している。これは公的行政区画を超えて伝統的勢力圏が遺存していた可能性を示しているのだが、それは播磨国賀茂郡既多寺の知識写経でも同様であることを考えれば、影向寺遺跡の場合でも旧勢力圏を基盤とした知識集団であり、その知識結集のあり方は擬制的同族による在地共同体が本質なのではなかろうか。

延喜十四年（九一四）八月八日官符には播磨国の国造田が六町とあり[30]、令制下では一国造が存在していたことになる。『国造本紀』に見える播磨国の国造は針間鴨国造・針間国造・明石国造の三国造であるから、令制下で国造と認められたのは一氏であったと思われる。それが三国造のいずれであるかはわからないが、明石国造は明石郡を中心とする国造であるとすれば、播磨国を支配地域とした国造は「針間国造」であろう。律令制下で国府・国分寺が置かれたのが飾磨郡で山陽道が通る交通の要地でもあり、『播磨国風土記』飾磨郡条に「国造豊忍別命」が存在し、令制下でも飾磨郡大領に「播磨直」氏がいることからも、「針間国造」は飾磨郡を本拠とする国造であったと考えるのが妥当である。しかし一方で、記紀の伝承では佐伯直氏が播磨国を給わって「針間別」を称しており、『播磨国風土記』神前郡多駝里条では佐伯直氏がその地を賜る地名由来説話が存在するので、佐伯直氏が「針間国造」であった可能性も否定できない。さらに『国造本紀』や『播磨国風土記』では、賀茂郡にも「針間国造」が存在したことは明らかであり、これが『国造本紀』の「針間鴨国造」であろう。これらから考えると「針間国造」を称する氏族は一氏ではなく、複数の氏族が「針間国造」を称していた可能性がある。その中で賀茂郡の「針間国造」は、それとは別に「針間鴨国造」とされて『国造本紀』で扱われたのではなかろうか。

とすれば賀茂郡を本拠とする「既多寺知識経」の「針間国造」（針間鴨国造）は、賀茂郡を中心とする支配地域に縮小され、令制下ではすでに「針間国造」としての権威を失っていたと思われる。しかし「針間鴨国造」の意識としてはあくまでも「針間国造」であり、そのため「既多寺知識経」でも「針間鴨国造」ではなく「針間国造」を称したものと思われる。したがって「既多寺知識経」の写経事業は金井沢碑文と同様に、失われつつある「針間国造」の同族関係を再確認するための事業であったのではなかろうか。そしてその擬制的同族関係を中心にして地縁的な地域小集団が加わり、揺らぐ旧国造の権威を再確認し共同体の結束を強化することが目的ではなかったのではないか。

『日本書紀』天武十一年（六八二）十二月庚申朔壬戌条には、

詔曰、諸氏人等、各定下可二氏上一者上而申送。亦其眷族多在者、則分各定二氏上一。並申二官司一。然後斟二酌其状一、而処分之。因承二官判一。唯因二小故一、而非二己族一者、輙莫レ附。

とあり、[31]ここでは天智三年（六六四）の甲子宣以降、氏上の新制を行い、大氏・小氏の氏上を定めている。これは畿内豪族を対象としたものであるが、天武五年四月辛亥条では畿外豪族の任用法を定めて国造を対象としている。天武十年九月甲辰条では氏上未定の氏族が少なからず存在したことが窺えるが、このように大化前代の氏族は従来の「氏」を分割して新たな「氏」を創設しており、これは畿外でも国造制から評制への移行が従来の国造支配下の豪族が評司として任用されたのと軌を一にする。したがって、針間国造・針間直、そして佐伯直・山部直氏は元々同じ祖先伝承を持つ同族であったと考えられるが、針間鴨国造氏も大化以後のこのような氏族政策の中で分割されて在地豪族として存在していたのではなかろうか。律令制の成立によって氏集団の結束が緩むが、[32]国造制が消滅し同族が分割される中で、仏教の受容は改めてその同族関係を再認識させるものであったと思われる。「既多寺知識経」の写経事業の意義は、すでに擬制的同族関係化しつつある針間鴨国造氏が、「針間国造」として「知識結」を行って、その関係を再結集する意義があったと思われる。(33)

おわりに

以上、「既多寺知識経」の写経事業の意義についてさまざまな視点から考察を試みたが、最後にそれが「既多寺」で行われた意義についても述べたい。

「既多寺」は「針間国造」（針間鴨国造）氏の「氏寺」であるが、先述したように賀茂郡にはその他の寺院もすでに造営されている。それらは「既多寺知識経」に参加した小集団の「氏寺」でもあるが、「既多寺」は針間鴨国造氏の「氏寺」であったため別格であったのであろう。それは「既多寺」に比定される殿原廃寺の軒丸瓦が、播磨国のその他の寺院と関係することからも裏付けることが出来る。(34)

「氏寺」は、血縁を中心とする同族集団（氏）に地縁的な擬制的集団を「知識」として加えて構成される。(35)ただ「既多寺知識経」の場合、「既多寺」は地名を冠する寺院名であり、そのような地名寺院の場合はやはり地域を基盤とするのであろう。「既多寺」は針間鴨国造氏の「氏寺」であるが、同時に異姓の氏族が加わっていることは、「氏寺」が地縁的な在地共同体の結束強化を目的としていることも同時に認識しなければならない。『日本霊異記』上巻第一〇縁では、在地の法会に壇主を中心とする親族のほかに「在地の衆」が参加していることが見て取れるが、これは「既多寺知識経」の構成メンバーとも重なる。「既多寺知識経」の写経事業は、播磨国賀茂郡における在地社会を知ることが出来る史料であるとともに、「氏寺」や「知識」という在地での仏教信仰の実態を示すものであると言える。

註

（1）竹内亮「古代の造寺と社会」（『日本古代の寺院と社会』塙書房、二〇一六年）。
（2）田中稔「石山寺一切経について」（『石山寺の研究　一切経篇』石山寺文化財綜合調査団、一九七八年）。
（3）田中塊堂『日本写経綜鑑』（三明社、一九五三年）。
（4）『兵庫県史』第一巻第七章（兵庫県、一九七四年）。
（5）岡田精司「播磨国既多寺の知識経について」（『兵庫県の歴史』一一、一九七三年）。
（6）佐藤信「石山寺所蔵の奈良朝写経―播磨国既多寺知識経『大智度論』をめぐって―」（『古代の遺跡と文字資料』名著刊行会、一九九九年）。
（7）今津勝紀「日本古代の村落と地域社会」（『考古学研究』五〇－三、二〇〇三年）、同「既多寺大智度論と針間国造」（『律令国家史論集』塙書房、二〇一〇年）、吉川聡「石山寺一切経『大智度論』の基礎的研究」（『石山寺資料叢書』史料篇三、二〇一〇年）。
（8）「第二章古代の賀茂郡と社会」（『加西市史』第一巻本編、二〇〇八年。二一五～二三五頁）。
（9）佐藤信「石山寺所蔵の奈良朝写経」（『古代遺跡と文字資料』名著刊行会、一九九九年）。
（10）栄原永遠男「郡的世界の内実」（『大阪市立大学文学部紀要　人文研究』第五一巻第二分冊　歴史学、一九九九年）。
（11）『兵庫県史』第一巻は、豊忍別命を但馬国造とする（前掲註4　一三六頁）。
（12）日本古典文学大系『日本書紀』上（岩波書店、二八七頁）。
（13）栄原前掲註10論文
（14）奈良国立文化財研究所『平城宮発掘調査出土木簡概報』三〇－三一、一九九五年。
（16）中林隆之「播磨国と上毛野系氏族」（『風土記から見る古代の播磨』神戸新聞総合出版センター、二〇〇七年）。
（16）新訂増補国史大系『続日本後紀』承和八年三月癸酉条（吉川弘文館、一一七頁）。
（17）今津勝紀「既多寺大智度論と針間国造」（『律令国家史論集』塙書房、二〇一〇年）。
（18）『加西市史』第七巻史料篇一考古　二〇一〇年を参照。

(19) 寺院遺跡は、西田猛「託賀、賀毛郡の古代寺院」(『古代寺院からみた播磨』第三回播磨考古学研究集会資料集 二〇〇二年)、村川行弘編『兵庫県の考古学』(吉川弘文館、一九九六年)、『東播磨古代瓦聚成』井内古文化研究室、一九九〇年などを参考。
(20) 菱田哲郎「東播磨の古代寺院と氏族伝承」(『喜谷美宣先生古稀記念論集』喜谷美宣先生古稀記念論集刊行会、二〇〇六年)。
(21) 今津前掲註17論文
(22) 『播磨繁昌廃寺』(加西市教育委員会、一九八七年)。
(23) 『播磨広渡寺廃寺跡発掘調査報告』(小野市教育委員会、一九八〇年)。
(24) 『大日本古文書』二四−一、東京大学出版会。
(25) 『寧楽遺文』(東京堂出版、六一二頁)。
(26) 薗田香融篇『南紀寺社史料』(関西大学出版部、二〇〇八年)。またこの「御毛寺」「御気院」は、『日本霊異記』の「弥気堂」を指していると思われる(拙稿「『日本霊異記』に見える「堂」と「寺」」(『日本霊異記』説話の地域史的研究』法藏館、二〇一六))。
(27) 田村圓澄「氏寺」『国史大辞典』第二巻(吉川弘文館、一九八〇年)。
(28) 中村英重「氏寺と氏神」(『古代氏族と宗教祭祀』吉川弘文館、二〇〇四年、二六七頁)。
(29) 拙著「「西琳寺縁起」と「知識」—西琳寺は「知識寺」に非ず—」(加藤謙吉編『日本古代の氏族と政治・宗教』下、雄山閣、二〇一八年)。
(30) 新訂増補国史大系『政事要略』中 三一三頁。
(31) 日本古典文学大系『日本書紀』下(岩波書店、四五七頁)。
(32) 吉川敏子「八世紀の氏族の様相」(『氏と家の古代史』塙書房、二〇一三年)。
(33) 北康宏氏は、仏教の知識が伝統的なトモの観念と融合することを指摘している(「大王とウヂ」(『日本古代君主制成立史の研究』塙書房、二〇一七年))。

(34) 菱田哲郎「東播磨の古代寺院と氏族伝承」(『喜谷美宣先生古稀記念論集』、二〇〇六年)。

(35) 三舟前掲註29論文

須恵器生産と部民制

大川原　竜一

はじめに

日本古代の氏族を考えるにあたって重要な論点の一つは、大化以前に王権が列島内における政治的支配を確立する過程で、各地の首長をいつどのような形で把握し、そしてその支配構造に組みこんでいったのかという問題である。王権の政治的支配は、王と仕奉関係をむすんだ中央・地方の氏族によっておこなわれていた。かつて吉村武彦は大化以前の王権の列島支配や仕奉関係について、その具体例として須恵器生産および陶邑窯跡群をとりあげて、「人制」や部民制の内容とその変遷を考察した(1)。

本稿では、王権の職務分掌組織である部民制と須恵器生産との関係を考察する。そのうえで、大化以前の陶邑窯跡群における須恵器生産がどのような体制のもとで運営されたのかを考える。

一　大化以前の須恵器生産体制に関する学説史整理

古代における最大の須恵器生産地である陶邑窯跡群（以下、陶邑と表記）は、現在の大阪府南部（堺市・和泉市・岸和田市・大阪狭山市）の泉北丘陵一帯に所在し、須恵器焼成窯跡を中心に古墳群や集落跡などから構成される一大遺跡群である(2)。この遺跡群は五世紀から十世紀まで操業していたことが発掘調査によって分かっており、とくに五世紀中頃から六世紀において列島内の須恵器生産の中心地として王権と直接的な関わりをもっていたことが指摘されている。[3] 五世紀前半までの須恵器生産は、王権と密接な関わりのある首長や朝鮮半島との対外交渉に携わった首長の拠点で確認され、[4] 五世紀後半以降には陶邑がそれらに強い影響をおよぼし、またそこから全国各地へ須恵器生産の技術が伝播していったと考えられている。[5]

陶邑における須恵器の生産体制については考古学の発掘調査による実態解明が進み、文献史学によるいくつかの学説も提示されている。また須恵器生産体制の存在形態に関しては、高橋照彦が研究史をまとめている。[6] そこで本節では、陶邑を含めた大化以前の須恵器生産体制と部民制との関係を中心に学説を整理して、論点を提示したい。[7]

戦後の研究においては、大化以前の手工業生産は王権が掌握したとみなされ、その生産者集団および生産物も王権により収奪されていたとして、王権の職務分掌組織である部民制を前提にした議論がなされてきた。[8] 須恵器の生産者集団についても、『日本書紀』雄略天皇七年是歳条（後掲）にみえる「陶部」の記載や、「陶」「須恵」の遺称地が全国各地の須恵器窯跡付近に所在することをもとに、「陶部」と称する部に組織されて支配を受けていたとする見解が一般的であった。

このような部民制の枠組みで須恵器生産をとらえる通説的見解に対して、浅香年木は大化以前の手工業生産に対する支配形態の多様性を論じるにあたって、須恵器生産は部民制に組みこまれていなかったとする説を示した。[9] 具体的には、全国において八世紀から九世紀の文献史料にあらわれる「陶」もしくは「須恵」に関連する地名や神名はきわめて少なく、また「陶部」の痕跡を伝える部姓者や伴造も見出せないことから「陶部」という部の実在を疑問視した。そのうえで、五世紀後半以降にそれまで王権が把握していた須恵器の生産と流通が、陶邑以外へ急速に拡大したことによって王権の独占ではなくなり、須恵器の生産者集団は部として掌握される必要性が稀薄になっていたため、「陶」もしくは「須恵」の名を帯びる特定の伴造氏族や「陶部」として組織化されず、大化以前の須恵器生産は部民制の「外周」に置かれ、首長層の支配する一定の交易圏を基盤にして展開したものと論じている。陶邑の須恵器生産体制についても「陶部」を管掌する伴造としての氏族名を見出せないことから、須恵器の生産者集団は式内社の陶荒田神社と関わる荒田直や、紀氏と同祖関係を有する大村直を通じて掌握されていたと推測した。浅香の論はそれまでの通説的見解に見直しをはかるものとして評価できる。

他方、大化以前の須恵器生産を部民制の枠組みでとらえつつも、陶邑や各地の須恵器生産の中心的な役割は、ミワ氏（三輪氏、大神氏、神氏）やその部であるミワ部、または神直・神人・神人部など氏族名にミワを含むミワ系氏族によって担われていたとする説が出されている。ミワ氏は古代の大和国城上郡大神郷（現在の奈良県桜井市三輪周辺）を本拠とし、同地にそびえる三輪山における祭祀を職掌としていたとされる氏族である。この三輪山の山中・山麓に点在する祭祀遺跡から陶邑において生産された須恵器が多く出土していることは早くから知られていた。

この点を考古学から考察した佐々木幹雄は、陶邑に神直などのミワ系氏族が分布していることに注目し、陶邑の須恵器生産と三輪山との間に密接な関係のあることを論じた。[10] 佐々木は、陶邑において須恵器生産を開始した渡来系の集団が祭祀用の須恵器の供給をきっかけにして、三輪山の神を祭っていた三輪山麓の集団と擬制的同族関係を結んだとする。そして彼らの一部が陶邑から三輪山へ移り、三輪山麓の集団から祭祀権を継承してミワ氏となったと解釈した。これに対して和田萃は、ミワ氏が陶邑の須恵器生産者集団を支配下に置き、須恵器を三輪山祭祀に使用したことから両者の間に擬制的同族関係が生じたと指摘している。[11]

近年は陶邑のみならず各地の須恵器生産の遺跡の実態が明らかになり、その生産体制とミワ氏との関係が論じられている。

坂本和俊は全国各地の須恵器生産遺跡の周辺にミワ氏と関連する地名や神社あるいは人名の分布が確認できるとし、地方の須恵器生産においてもミワ氏が重要な役割を果たしていた可能性を指摘した。[12] 余語琢磨は福岡県の牛頸窯跡群から出土した「大神君」や「大神部」の名を刻書した大甕を分析し、その内容から「大神君―大神部」というミワ系氏族の支配形態による須恵器生産が開窯当初の古墳時代から存在していたと考察している。[13] また後藤建一は、天平十二年（七四〇）の「遠江国浜名郡輸租帳」と静岡県西部に位置する湖西窯跡群を関連づけて分析し、神直・神人・

神人部などミワ系氏族が同遺跡の須恵器生産に関わったことを想定した。[14]

さらに菱田哲郎はこの近年の考古学の成果を発展させ、大化以前の須恵器生産と部民制との関係を再評価している。すなわち牛頸窯跡群・湖西窯跡群にくわえ、大宝二年（七〇二）の「御野国加毛郡半布里戸籍」にみえる神人や「御野国各牟郡中里戸籍」の神直族といったミワ系氏族も岐阜県の美濃須衛古窯跡群の須恵器生産に関わったとみて、ミワ部の職掌の一つに須恵器生産があり、ミワ部は管掌氏族であるミワ氏との擬制的な関係を通して三輪山祭祀をおこなうことになったと考察した。[15] そのうえで、陶邑において神直を頂点とするミワ部がミヤケを生産の拠点として須恵器生産を担い、そしてミワ部を中心とする部民制の枠組みがミヤケとセットで全国の須恵器生産地に展開し、大化以前の須恵器生産が維持・管理されていたと論じた。大化以前の須恵器生産の体制を各地の須恵器生産地への工人の移動や技術伝播の展開過程をふまえたうえで考察した点は、高く評価できる。

一方で高橋照彦は、『日本書紀』にみえる人名を根拠に「陶部」の存在は推し量れないこと、陶邑を含む各地の須恵器生産はミワ系氏族あるいはミワ部と関連づけられる場合が少なくないが、すべてがミワ氏の管掌下にあったわけではなく、地域の有力氏族が関わった可能性が十分に想定されることを考古学的知見のもと再検討している。[16]

これら考古学による研究を踏襲し、近年文献史学の立場から溝口優樹が、陶邑とミワ氏との歴史的関係について考察をくわえている。[17] すなわち六世紀後葉から七世紀前葉に、王権は各地域において安定した須恵器生産を確立させるため、在地のミワ系氏族の支配秩序を利用して須恵器生産者集団を部民制のもとで再編し、そして地域支配の質的・量的な拡大にともなって須恵器生産の管轄権をミワ氏に委譲したと述べている。さらにミワ氏はミワ系氏族を中央において統轄したが、本来須恵器生産という職務を王権から分掌されたのはあくまでも地方の首長層であるミワ系氏族であり、その基盤として設定された部がミワ部であったと述べている。

このように須恵器生産とミワ系氏族とを関連づける説がある一方で、鷺森浩幸が、ミワ部はミワ氏の「部曲」（豪族の領有民）であり、王権と直結する性格の部ではないとして、ミワ部は三輪山の祭祀に関連する限りにおいて陶邑と関わったのであり、須恵器生産を管理下に置いていたとはいい難いと疑問を呈している。そして諸史料を再検討したうえで、「陶部」とはのちの紀直氏の同族（姓は直・首）を中心とするもので、その氏族が陶邑における須恵器生産に関与したと推測し、「陶部」の存在をめぐる論を改めて検討の俎上にのせている。(18)

大化以前の須恵器生産と部民制の関係について、如上の学説をまとめると、おおよそつぎのように分けられる。

〔A〕須恵器生産および生産者集団を部民制の枠組みでとらえる。

A―1　須恵器生産者集団は、「陶部」と称する部に組織された。

A―2　須恵器生産者集団は、ミワ氏あるいはミワ部、ミワ系氏族が担った。

〔B〕須恵器生産は部民制に組みこまれていなかった。

陶邑を含む大化以前の須恵器生産が王権の支配制度のなかに位置づけられるのかどうか、またそれが部民制として組織化されていたと考えるならば、その職務の担い手が「陶部」ないしミワ部であったのか、議論は輻輳しており決着をみていない。この問題が複雑であるのは、須恵器生産のみならず、当該期の手工業生産全般における部民制の構造や支配形態をどのように理解するかという大枠の課題を検討する必要があるからである。

大化以前の須恵器生産と部民制との関わりを示す文献史料は、先にふれたように『日本書紀』雄略天皇七年是歳条の「陶部」が唯一の事例である。そのため須恵器生産体制については考古資料から裏づけて明らかにしなければならないが、部民制の構造の解明はやはり文献史料に依拠せざるを得ない。

ゆえに「陶部」の存在を議論する前提として、須恵器生産およびその技術者集団が王権の支配体制のもとでどのように組織化されたのか、生産に携わった部の編成とその支配形態について論じなければならない。そこで次節では、『日本書紀』雄略天皇七年是歳条（以下、雄略紀七年条と略記）に述べられた技術者集団の編成の形態を考察し、そこから部民制と須恵器生産との関係を追究する。

二　部の編成と須恵器生産

1．雄略紀七年条からみた部の編成

「陶部」について記した雄略紀七年条は、つぎの通りである。

『日本書紀』雄略天皇七年是歳条（〈　〉内は細字双行。以下、同様。）

（前略）於レ是、西漢才伎歓因知利在レ側。乃進而奏曰、巧二於奴一者、多在二韓国一。可二召而使一。天皇詔二群臣一曰、然則宜下以二歓因知利一、副二弟君等一、取二道於百済一、并下二勅書一、令上レ献二巧者一。於レ是、弟君銜レ命、率レ衆、行到二百済一、而入二其国一。々神化二為老女一、忽然逢レ路。弟君就訪二国之遠近一。老女報言、復行二一日一、而後可レ到。弟君自思二路遠一、不レ伐而還。集二聚百済所レ貢今来才伎於大嶋中一、託レ称レ候レ風、淹留数レ月。（中略）弟君之婦樟媛、国家情深、君臣義切。忠踰二白日一、節冠二青松一。悪二斯謀叛一、盗殺二其夫一、隠二埋室内一、乃与二海部直赤尾一将二百済所レ献手末才伎一、在二於大嶋一。天皇聞二弟君不在一、遣二日鷹吉士堅磐固安銭一〈堅磐、此云二柯陀之波一〉使二共復命一。遂即安二置於倭国吾砺広津〈広津、此云二比慮岐頭一〉邑一。而病死者衆。由レ是、天皇詔二大伴大連室屋一、命二東漢直掬一、以二新漢陶部高貴・鞍部堅貴・画部因斯羅我・錦部定安那錦・訳語卯安那等一、遷二居于上桃原・下桃原・真神原三所一〈或本云、吉備臣弟君、還レ自二百済一、献二漢手人部・衣縫部・宍人部一〉。

この記事は、百済からの「今来才伎（イマキノテヒト）」の招聘を伝えたものである。またこれはいわゆる吉備氏の反乱伝承の一部であるとされ、その伝承の構成や原資料の問題をめぐり多くの考察が重ねられてきた(19)。

ここでは、「西漢才伎」歓因知利の進言をうけた雄略天皇が、百済から優れた技術者たちを貢献させようと、吉備上道臣田狭の子の弟君に歓因知利を副えて派遣したとある。けれども弟君は命令に背き、百済の貢じた「今来才伎」（「手末才伎」）は大嶋（百済の地か）に集められ留め置かれたままになっていた。そこで弟君の妻の樟媛は夫の謀反を

嫌悪し、ひそかに夫を殺害して、海部直赤尾とともに「手末才伎」たちを連れて大嶋に滞在した。弟君がいなくなったことを聞いた雄略天皇は使者を遣わして復命させ、そして才伎たちを「倭国吾砺広津邑」に安置した。ところが病気になって死ぬ者が多かったので、雄略天皇は大伴大連室屋に詔して東漢直掬に命じ、「新漢（イマキノアヤ）」の陶部高貴・鞍部堅貴・画部因斯羅我・錦部定安那錦・訳語卯安那らを上桃原・下桃原・真神原の三所に遷し居住させたという。ここに「鞍部」「画部」「錦部」とともに「陶部」という名称が記されているのである。

本条にみえる「才伎」とは「巧者」とも記される技術者集団を示し、「鞍部」や「錦部」などの手工業技術者のみならず、「訳語」という学識を本分とする者も含まれていたことが分かる。また「陶部高貴」たちに冠されている「新漢」の「新」や「今来才伎」の「今来」とは、『日本書紀』において雄略期より以前の旧来の渡来人とは区分された、新来・新参の渡来人を意味する呼称である。[20]「新漢」たちの活動をたどると、「鞍部」や「錦織」（錦部）の名を有する人物が六世紀後半の敏達期にみえる（『日本書紀』敏達天皇十三年〔五八四〕是歳条）。こうした「今来才伎」と位置づけられる五世紀後半以降の新たな技術者たちの渡来は、当時の国際情勢に照らしておおむね史実として存在したと認められており、本条は王権が技術者の渡来を重視し、その招聘につとめた事実を反映するものと評価される。[21]

ところで本条には、「陶部高貴」や「鞍部堅貴」「画部因斯羅我」たち「今来才伎」は、はじめ「倭国吾砺広津邑」に安置され、その後東漢直掬によって上桃原・下桃原・真神原の三所に遷居させられたと記されており、東漢氏による技術者集団の移配の様相が分かる。[22]さらに「陶部」の人名に冠せられた「新漢」の「漢」という語に表されるように、渡来系の技術者集団は東漢氏と統属関係にあったことが考察できる。この東漢直掬による移配は、雄略紀七年条に「天皇詔二大伴大連室屋一、命二東漢直掬一」とあるように天皇から大伴大連室屋を介して命じられている。このことから両者の統属関係と技術者集団の移配は私的におこなわれたものではなく、王権によってなされたものであることが分かる。すなわちこれら本条の考察をまとめると、五世紀後半から六世紀にかけて畿内に移住してきた新たな渡来系の技術者集団は、はじめ王権の直接的な庇護下に置かれていたが、のちに王権によって東漢氏の統属下に編入されたという歴史的な背景を読みとることができる。

くわえて雄略紀七年条と関連する史料としてはつぎの記事がある。

『日本書紀』雄略天皇十六年十月条

詔、聚二漢部一、定二其伴造者一。賜レ姓曰レ直〈一云、賜、漢使主等、賜レ姓曰レ直也〉。

ここでいう「伴造」とは部を統轄する職位であり、一云に「漢使主等」と記されているように東漢氏ら（ここでは西漢氏も含む）が任じられたもので、それらに従属する部である「漢部」を編成したことが述べられている。つまりこの記事は、王権に仕える多くの部が設定され、その部の統轄者として東漢氏らを伴造に任命したという起源を説いたものとみなすことができる。雄略紀七年条と考えあわせるならば、これら一連の伝承は[23]、大化以前に渡来系の技術者集団が東漢氏の統属下において部として編成され、王権の職務分掌体制に組みこまれるようになったことを述べたものといえる[24]。

これら東漢氏の統属下において編成された渡来系の部は、その多くが王権のもとで生産に携わり、律令制下の造兵司や鍛冶司、織部司に所属した品部・雑戸へと引きつがれたとみなされている[25]。律令制下の品部・雑戸の氏姓からは、「金作部」や「弓削部」、「韓鍛冶」、「鎧作」（『続日本紀』養老六年〔七二二〕三月辛亥条[26]）、「桉作」（『同』和銅六年〔七一三〕十一月丙子条[27]）、「錦部」（『同』天平神護元年〔七六五〕十二月乙巳条[28]）など、多様な職務の技術者集団の存在が確認できる。ここにみえる「桉作」や「錦部」は雄略紀七年条の「鞍部」や「錦部」との関係がうかがわれ、大化以前の渡来系の部を基礎としていたことが考えられる。そこでこれらとならんで「陶部」という部の存在が想起されうるが、しかしそれが果たして王権のもとで編成された須恵器生産者集団を意味するものであるかは検討の余地がある。

そもそも倭国における部民制の成立時期を示す直接の史料はなく、現在のところ確実な「部」の名称を記した資料としては、六世紀中頃の築造とされる島根県松江市の岡田山一号墳から出土した大刀銘の「各田卩臣」（額田部臣）

があげられる。また石上部皇子・泥部穴穂部皇女・泥部穴穂部皇子・泊瀬部皇子（崇峻天皇）など「部」称をもつ皇子女が欽明天皇の子の世代から出現することから、部民制は遅くとも六世紀後半の欽明期には成立していたと考えられる。ただし部の呼称は、六世紀前半に成立したとされる百済の二十二部司制にならって用いられるようになったとみなされている。(29) それゆえ高橋照彦が指摘するように、(30)「陶部」「鞍部」「画部」「錦部」に付された「部」字は倭国における部の名称の根拠とは必ずしもなりえず、雄略紀七年条に記載された人名のみでは「陶部」という部の存在を確定することはできないのである。そこで雄略期の東漢氏に関連するもう一つの史料として、「坂上系図」（『続群書類従』第七輯下所収）に引用された『新撰姓氏録』逸文を検討する。

2．『新撰姓氏録』逸文からみた部の編成

「坂上系図」は東漢氏の枝氏であった坂上氏の系図であり、阿智王という人名の尻付に「姓氏録第廿三巻曰」ではじまる下記の文が録されている（以下、「逸文」と略記(31)）。

「坂上系図」所引『新撰姓氏録』逸文

姓氏録第廿三巻曰、阿智王。

誉田天皇〈諡応神〉御世、避二本国乱一、率二母並妻子母弟迁二興徳一、七姓漢人等帰化。七姓者、第一段〈古記、段尖公字畐等、一云二員姓一〉、是高向村主、高向史、高向調使、評首、民使主首等祖也。（中略）天皇矜二其来志一、号二阿智王一為二使主一。仍賜二大和国檜隈郡郷一居レ之焉。于レ時、阿智使主奏言、臣入朝之時、本郷人民往離散。今聞三偏二在高麗・百済・新羅等国一。望請、遣レ使喚レ来。天皇即遣レ使喚レ之。

大鷦鷯天皇〈諡仁徳〉御世、挙レ落随レ来。今高向村主、西波多村主、平方村主、石村村主、飽波村主、危寸村主、長野村主、俾加村主、茅沼山村主、高宮村主、大石村主、飛鳥村主、西大友村主、長田村主、錦部村主、田村村主、忍海村主、佐味村主、桑原村主、白鳥村主、額田村主、牟佐村主、甲賀村主、鞍作村主、播磨村主、漢人村

主、今来村主、石寸村主、金作村主、尾張吹角村主等、是其後也。爾時、阿智王奏、建二今来郡一。後改号二高市郡一。而人衆巨多、居地隘狭、更分二置諸国一。摂津・参河・近江・播磨・阿波等漢人村主是也。

この文は、『新撰姓氏録』の原本に収められていた右京諸蕃上・坂上大宿禰条の一部とみなされている。(32)『新撰姓氏録』は八世紀末から九世紀初頭に各氏族より進上された資料をもとに編纂された氏族台帳であり、「逸文」は坂上氏の主張による東漢氏の起源、および渡来系諸氏との関係を伝えた史料として評価されている。(33)その内容はつぎのように分けて解釈することができる。

〔a〕応神朝に阿智王（のちに使主を賜姓される）が「七姓漢人」らを率いて帰化した話
〔b〕「七姓漢人」の本国における姓と、その後裔氏族の名
〔c〕高麗・百済・新羅などから阿智使主の「本郷人民」を招喚した話
〔d〕仁徳朝に来住した者の子孫と称する三十氏の村主姓氏族の名
〔e〕「今来郡」（のち高市郡と改称）の建郡と、「漢人村主」の諸国分置にいたる経緯

〔a〕は、『日本書紀』応神天皇二十年九月条に同様の記事があり（「倭漢直祖阿知使主、其子都加使主、並率二己之黨類十七県一、而来帰焉。」）、東漢（倭漢）氏の祖の阿智使主（阿知使主）が、その子の都加使主とともに「己之黨類十七県」を率いて来帰したことが述べられている。ただし『古事記』応神天皇段には、「秦造之祖、漢直之祖、及知レ醸レ酒人、名仁番、亦名須須許理等、参渡来也。」とのみある。そこには阿智使主の名や「黨類十七県」についての記述がないことから、阿智使主は東漢氏の渡来の出来事を応神朝にかけるために後から付加された人物とみることができる。また都加使主も、『日本書紀』応神天皇三十七年二月戊午朔条に阿智使主とともに中国南朝の呉に遣わされた人物として記されている（「遣二阿知使主・都加使主於呉一、令レ求二縫工女一。」）。都加使主は、「坂上系図」の系譜において彼の三人の子を祖として枝氏が分かれたと録されているように、東漢氏一族の始祖的な人物と位置づけられ、雄略紀七年条の「東漢直掬」と同一人物とみられている。

〔b〕には応神朝に阿智使主が率いてきたという「七姓漢人」の後裔なる諸氏が記載され、〔d〕には仁徳朝に来住した者の子孫と称する村主姓氏族がみえる。両者は「坂上系図」では阿智使主・都加使主の系譜に連なっていないことから、東漢氏の一族とは区別される渡来系の氏族であるとして認識されていたことが分かる。さらに〔e〕にみえる「今来郡」の建郡記事が、雄略紀七年条の東漢氏による移配の内容と合致していることから、「七姓漢人」や仁徳朝の来住者は東漢氏の統属下に編入された多数の渡来系の技術者集団とみなされ、〔b〕〔d〕はその後裔の氏族と推定できる。

このうち〔d〕の村主姓氏族をみると、金作・忍海・飽波の名があり、それらは先述した律令制下の品部・雑戸の氏姓にも確認できることから（『続日本紀』養老六年三月辛亥条）、大化以前に東漢氏の統属下にあった渡来系の部との関連性がうかがわれる。[34] さらに関晃は、このほかに東漢氏がしたがえていた渡来系の部として、特殊技術を担った「錦部」「鞍部」「金作部」「吹角部」の存在を〔d〕の錦部・鞍作・金作・吹角の村主姓氏族の名から想定しており、それら村主姓氏族を東漢氏のもとで渡来系の部の指揮管掌にあたった者の後裔と位置づけた。くわえて鞍部を管理した氏族として「桉師首」（元興寺伽藍縁起并流記資財帳）や「鞍首」（法隆寺金堂釈迦三尊像光背銘）、「鞍部首」（元興寺露盤銘）の名がみえ、錦部について「錦織首」（『日本書紀』推古天皇十八年〔六一〇〕十月乙巳条）、朝妻金作部について「阿沙都麻首」（元興寺露盤銘）の事例が確認できることから、村主姓氏族の前身が大化以前において首姓や漢人を称していた場合もあったことを指摘している。[35]

このように「逸文」の〔d〕にみえる鞍作村主や錦部村主は、大化以前に東漢氏のもとでそれぞれ「鞍部」「錦部」を管掌した氏族の後裔であり、雄略紀七年条の「鞍部堅貴」「錦部定安那錦」と密接な関係性を見出すことができる。[36]「鞍部堅貴」「錦部定安那錦」らの渡来系の技術者集団は東漢氏のもとで「鞍部」「錦部」として編成され、その生産技術は律令制下の品部・雑戸へと継承されたと考えられる。けれども一方で、〔d〕の村主姓氏族のなかには「陶部」につながる名はみえないのである。この点は、浅香年木が文献史料に「陶」もしくは「須恵」の名を帯びる部名・

人名を見出せないと論じたことと大きく関連する。

もとより「逸文」は九世紀初めに坂上氏の主張を記録したものであり、〔d〕に記された氏族名がかつて東漢氏のもとで渡来系の部を指揮管掌していた者の後裔を網羅していたとは必ずしもいえない。しかしながら〔d〕の村主姓氏族のなかに律令制下の品部・雑戸と一致する名が存し、それが雄略紀七年条の人名と関わるのに対して、「陶部」につながる氏族名が見出せないことは、少なくとも雄略紀七年条にみえる「陶部高貴」およびその須恵器生産の技術が「陶部」として組織化されていなかったことを推測させる。

それでは大化以前の須恵器生産はどのように展開したのであろうか。「鞍部堅貴」「錦部定安那錦」らと同様に、「陶部高貴」の須恵器生産の技術も新しい技術の重要性を認識する王権の職務分掌体制のなかに組みこまれたことは間違いないと思われる。その技術者集団が東漢氏の統属下においてどのように編成されたのか、改めて考える必要がある。

この点について「逸文」の〔d〕の村主姓氏族を今一度鑑みると、錦部・鞍作・金作・吹角村主のほかはみな地名を冠していることが分かる。なかでも高宮・忍海・佐味・桑原村主はいずれも大和の葛城地方の地名であり、『日本書紀』神功皇后摂政五年三月己酉条にみえる葛城襲津彦が新羅から捕えてきた「桑原・佐糜・高宮・忍海、凡四邑漢人等」の名と一致することはつとに知られている。(37)「四邑漢人」のうち忍海漢人は律令制下の品部・雑戸としても確認でき（『続日本紀』養老六年三月辛亥条）、「四邑漢人」は、葛城氏の衰退ののちに東漢氏のもとに編入された渡来系の技術者集団と推測される。(38)また忍海漢人は、『肥前国風土記』三根郡漢部郷条に「昔者、来目皇子、為三征二伐新羅一、勒二忍海漢人一、将来居二此村一、令レ造二兵器一。因曰二漢部郷一。」と述べられているように、鍛冶技術を有し、王権の地域的拡大とともに全国各地に展開していたことが認められる。

これに関連して「逸文」の〔e〕においては、「漢人村主」を摂津・参河・近江・播磨・阿波等諸国に分置したことが記されている。その内容は、『続日本紀』延暦四年（七八五）六月癸酉条の坂上苅田麻呂等の上表文に「其人男女、挙レ落随レ使尽来、永為二公民一。積レ年累レ代、以至二于今一。今在二諸国一漢人、亦是其後也。」と述べられていることと合致している。また『播磨国風土記』餝磨郡条には「右、称二漢部一者、讃芸国漢人等、到来居二於此処一。故号二漢部一。」、『同』揖保郡枚方里条には「所三以名二枚方一者、河内国茨田郡枚方里漢人、来到、始居二此村一。故曰二枚方里一。」とあり、讃岐や河内から播磨へ漢人・漢部が移配されたことが記されている。大化以前における渡来系の技術者集団の展開がこれらの例からも確かめられる。

このように東漢氏のもとに編入された渡来系の技術者集団は、「鞍部」と鞍作村主、また「錦部」と錦部村主のように、多くがその職掌に因む氏姓を有したであろうが、忍海漢人や飽波漢人のように地名を冠したものもいたことが分かる。この例を敷衍すると、史料上に「陶」や「須恵」といった須恵器生産に関わる部名や氏族名が見出せなくとも、大化以前において須恵器生産の技術は東漢氏のもと地名を冠した漢人や首姓氏族（ないし村主姓）に担われていったことが想定できる。もしそうであるならば、大化以前の須恵器生産は漢人・漢部の拡大とともに各地に展開した可能性が考えられる。

三　陶邑の須恵器生産体制とミワ氏

1. ミワ氏と須恵器生産

すでにまとめたように、ミワ氏（三輪氏、大神氏、神氏）あるいはミワ部、ミワ系氏族が大化以前の須恵器生産の中心的な役割を担っていたとする説が提示されている。本節では陶邑を含めた須恵器生産体制とミワ氏との関係について検討する。

ミワ氏と須恵器生産との関係を示す史料として先学においてとりあげられてきたのが、『古事記』『日本書紀』にみえるオホタタネコ（意富多多泥古、大田々根子）の伝承である。まず『古事記』崇神天皇段には、つぎの伝承がみえる。

『古事記』崇神天皇段

此天皇之御世、役病多起、人民死為レ尽。爾天皇愁歎而、坐二神牀一之夜、大物主大神、顕レ於二御夢一曰、是者我之御心。故、以二意富多多泥古一而、令レ祭二我御前一者、神気不レ起、国安平。是以駅使班レ于二四方一、求下謂二意富多多泥古一人上之時、於二河内之美努村一、見二得其人一貢進。爾天皇問二賜之汝者誰子一也。答曰、僕者大物主大神、娶二陶津耳命之女、活玉依毘売一、生子、名櫛御方命之子、飯肩巣見命之子、建甕槌命之子、僕意富多多泥古白。於レ是、天皇大歓以詔之、天下平、人民栄。即以二意富多多泥古命一、為二神主一而、於二御諸山一拝二祭意富美和之大神前一、（中略）因レ此而役気悉息、国家安平也。（中略）〈此意富多多泥古命者、神君・鴨君之祖〉。

すなわち崇神天皇の時に疫病が流行して、人民が死に絶えようとしていた。天皇はこれを愁い嘆いていたところ、ある夜大物主神が夢に現れ、「疫病は私の意思であり、オホタタネコに私を祭らせるならば、神の祟りは起こらなくなり、国も安らかになる」と告げた。そこで天皇は全国に使いを遣わしてオホタタネコを捜し求めたところ、「河内之美努村」でみつけた。天皇がオホタタネコに出自を尋ねると、「私は、大物主神が陶津耳命の女の活玉依毘売を娶って生んだ子である櫛御方命、その子である飯肩巣見命、その子の建甕槌命の子で、オホタタネコである」と答えた。天皇は大いに喜び、彼を「神主」として「御諸山」（三輪山）において「意富美和之大神」を祭らせた。これによって疫病は終息し、国中は安らかになったという。

また『日本書紀』にも同様の話がある。

『日本書紀』崇神天皇七年二月辛卯条

詔曰、昔我皇祖、大啓二鴻基一。其後、聖業逾高、王風転盛。不レ意、今当二朕世一、数有二災害一。恐朝無二善政一、取二咎於神祇一耶。盍下命二神亀一、以極中致レ災之所由上也。於レ是、天皇乃幸二于神浅茅原一、而会二八十万神一、以卜問之。是時、神明憑二倭迹々日百襲姫命一曰、天皇、何憂二国之不一レ治也。若能敬二祭我一者、必当自平矣。天皇問曰、教二如此一者誰神也。答曰、我是倭国域内所居神、名為二大物主神一。時得二神語一、随レ教祭祀。然猶於レ事無レ験。天皇乃沐浴斎戒、潔二浄殿内一、而祈之曰、朕礼レ神尚未レ尽耶。何不レ享之甚也。冀亦夢裏教之、以畢二神恩一。是夜、夢有二一貴人一。対二立殿戸一、自称二大物主神一曰、天皇、勿二復為レ愁。国之不レ治、是吾意也。若以二吾児大田々根子一、令レ祭レ吾者、則立平矣。亦有二海外之国一、自当帰伏。

『日本書紀』崇神天皇七年八月己酉条

倭迹速神浅茅原目妙姫・穂積臣遠祖大水口宿禰・伊勢麻績君、三人共同レ夢、而奏言、昨夜夢之、有二一貴人一、誨曰、以二大田々根子命一、為下祭二大物主大神一之主上、亦以二市磯長尾市一、為下祭二倭大国魂神一主上、必天下太平矣。天皇得二夢辞一、益歓二於心一。布二告天下一、求二大田々根子一、即於二茅渟県陶邑一得二大田々根子一而貢之。天皇、即親臨二于神浅茅原一、会二諸王卿及八十諸部一、而問二大田々根子一曰、汝其誰子。対曰、父曰二大物主大神一。母曰二活玉依媛一。陶津耳之女。亦云、奇日方天日方武茅渟祇之女也。（後略）

『日本書紀』崇神天皇七年十一月己卯条

命二伊香色雄一、而以二物部八十手所レ作祭神之物一。即以二大田々根子一、為下祭二大物主大神一之主上。（中略）仍定二天社・国社、及神地・神戸一。於レ是、疫病始息、国内漸謐。五穀既成、百姓饒之。

『日本書紀』崇神天皇八年十二月乙卯条

天皇、以二大田々根子一、令レ祭二大神一。（中略）所謂大田々根子、今三輪君等之始祖也。

これらの『日本書紀』の内容をまとめると、以下の通りである。崇神天皇の治世になってから災いがしばしば起こるため天皇が占うと、大物主神が倭迹々日百襲姫命にのりうつって、「よく私を敬い祭るならば、天下は平穏になる」と告げた。天皇は教えにしたがって祭祀をおこなったが、効験がなかった。そこで天皇が斎戒し祈ると、夢に大物主神と称する貴人が現れて、「国が治まらないのは私の意によるものだ。もし我が子のオホタタネコをして私を祭らせたならば、たちどころに平穏になるだろう」と告げた（崇神天皇七年二月辛卯条）。さらに、倭迹速神浅茅原目妙姫・大水口宿禰・伊勢麻績君ら三人も同じ夢をみて奏上してきたため、天皇は夢のお告げを得て喜び、天下に布告してオホタタネコを捜させると、「茅渟県陶邑」において彼をみつけだした。天皇がオホタタネコに出自を尋ねると、「父は大物主大神といい、母は活玉依媛であり、陶津耳の女である」と答えた（崇神天皇七年八月己酉条）。そして彼を大物主神を祭る主となし、その他の天社・国社を定めたところ疫病は終息し、国内が静謐となったという（崇神天皇七年十一月己卯条）。さらに翌年にもオホタタネコに大物主神を祭らせたことを伝えている（崇神天皇八年十二月乙卯条）。

『古事記』『日本書紀』にみえるオホタタネコの伝承は、如上の通りである。

大物主神は、「於二御諸山一拜二祭意富美和之大神前一」と記されるように（『古事記』）、三輪山の神である。またオホタタネコは、『古事記』の分註に「此意富多多泥古命者、神君・鴨君之祖」と、また『日本書紀』にも「所謂大田々根子、今三輪君等之始祖也」とある。さらに『新撰姓氏録』にはつぎのようにみえることから、ミワ氏・鴨君氏らの祖と位置づけられた人名であることが確認できる。

『新撰姓氏録』大和国神別

大神朝臣　素佐能雄命六世孫大国主之後也。初大国主神娶二三島溝杭耳之女玉櫛姫一。夜未レ曙去、来曾不二昼到一。於レ是、玉櫛姫績レ苧係レ衣。至レ明随レ苧尋覓、経二於茅渟県陶邑一、直指二大和国真穂御諸山一。還視二苧遺一、唯有二三縈一。因レ之号二姓大三縈一。

賀茂朝臣　大神朝臣同祖、大国主神之後也。大田田禰古命孫大賀茂都美命〈一名大賀茂足尼〉、奉レ齋二賀茂神社一也。

このオホタタネコが「茅渟県陶邑」から捜しだされたと『日本書紀』にあることから、ミワ氏の出自をめぐって議論があり、さらにこの伝承の主体を、ミワ氏あるいは陶邑の須恵器生産者集団とみるかで説が分かれているのである。[39]

和田萃は、ミワ氏が陶邑の須恵器生産者集団を支配下に置いたことにより、その集団の祖であるオホタタネコを系譜のなかに組みいれたと解した。そして、ミワ氏が生産者集団から貢納される須恵器を三輪山の祭祀において使用したことで、両者の間に擬制的同族関係が生じたと考えた。(40) 菱田哲郎は、オホタタネコの伝承には三輪山祭祀に従事するミワ氏が陶邑や各地のミワ部を統轄するという関係が反映しているとみなし、この伝承は神直を頂点とするミワ部たちが、陶邑の須恵器生産者集団が三輪山の神の祭祀に関与したことの説明としてもっていたものであると考察した。(41) また溝口優樹は、当該の伝承はミワ氏が陶邑の生産者集団を支配下に置き、王権の須恵器生産を主導するようになったことの正当性を主張したものであると位置づけている。(42)

それでは、この伝承からオホタタネコおよびミワ氏と陶邑との関係、さらにはミワ氏と須恵器生産との関係をどのように考えることができるであろうか。

先述したように、オホタタネコが捜しだされた場所について、『日本書紀』においては「茅渟県陶邑」とある。「茅渟県」は古代の和泉国地域に比定されている。陶邑はこの「茅渟県陶邑」をもとにつけられた遺跡名称である。ところが一方で、『古事記』では「河内之美努村」で捜しだされたと記されている。この「河内之美努村」の名と関連する見野山（現在の堺市）がかつての和泉国大鳥郡にあり、天平宝字元年（七五七）の和泉国分国以前は河内国に属していたことから、(43)「河内之美努村」は「茅渟県陶邑」と同一地域を表していると考える見解もある。けれども厳密にいうならば、『古事記』には「陶邑」の語はみえず、陶邑とオホタタネコとの関係はうかがえないことに留意しなければならない。

またオホタタネコの出自について『日本書紀』においては、父は大物主神で、母は陶津耳の女の活玉依媛であるとし、『古事記』ではオホタタネコを陶津耳命の女の活玉依毘売の五世孫であると記している。この『古事記』『日本書紀』に共通してみられる母方の人名の「陶」字は、須恵器生産に関連するものと考えられている。しかしながらさきの『新撰姓氏録』大和国神別・大神朝臣条において「茅渟県陶邑」は、玉櫛姫が大国主神の衣にかけた糸を辿って通過する場所として記されるのみであり（「玉櫛姫績レ苧係レ衣。至レ明随レ苧尋覓、経二於茅渟県陶邑一」）、オホタタネコと陶邑や須恵器生産者集団との関わりはみられないのである。(44)

さらに『古事記』『日本書紀』において、大物主神を祭るための祭器を作ったのは物部氏の祖のイカガシコヲであるという点が共通していることは看過できない。物部氏は王権に関わる物一般の生産に携わった氏族である[45]。『日本書紀』の伝承には、イカガシコヲを「神班物者」とし（「乃卜下使二物部連祖伊香色雄一、為中神班物者上、吉之。」）、さらに大物主神への「祭神之物[46]」を彼に作らせたとあり、イカガシコヲを祖とする物部氏が王権の祭祀における神への祭器の製作を担っていたことが記されている。つまりオホタタネコの伝承からは、彼と須恵器生産との関係はうかがえないのである。

このように本伝承を、オホタタネコやそれを祖と位置づけるミワ氏が須恵器の生産に関与していたことを述べたものとみることは難しい。ミワ氏に関して『古事記』『日本書紀』に共通している話型は、三輪山に鎮座する大物主神の祟りにより国中に災異が起こったため、その子孫であるオホタタネコを祭主として大物主神を祭らせて鎮めた点である。これらは、オホタタネコを祖と位置づけるミワ氏にとって、三輪山祭祀をあずかり王権に仕えることを語った伝承なのであり、オホタタネコやミワ氏が須恵器生産を担ったことを伝えたものではないのである。陶邑で生産された須恵器が三輪山の祭祀遺跡から多く出土する考古学の事実をふまえると、三輪山祭祀と陶邑の須恵器に関係があったことは認められるが、これはミワ氏が須恵器生産をおこなっていたことを必ずしも意味するものではない。おそらくミワ氏が三輪山祭祀に必要な須恵器の収取においてのみ陶邑に関わっていたものと考えられるのではないだろうか。

それでは、陶邑の須恵器生産はいかなる氏族が担い手となっていたのか、またその生産体制はどのように復元できるのであろうか、項を改めて考察する。

2．陶邑の須恵器生産体制について

陶邑は、『和名類聚抄』によれば、和泉国大鳥郡大村郷、上神郷、和田郷、および和泉郡の信太郷、坂本郷、池田郷の範囲にあたる[47]。これらの地域を本拠とした氏族については、『新撰姓氏録』の記載からつぎのように推定されて

いる。(48)

大鳥郡

大村郷—大村直、荒田直、菱木（比志貴）造、末使主：（高蔵寺地区・陶器山地区）

上神郷—神直、大庭造、神人：（栂地区）

和田郷—和太連、民直、和山守首、和田首、狭山連：（光明池地区・大野池地区）

和泉郡

信太郷—信太首、取石造、伯太首神人：（大野池地区）

坂本郷—坂本朝臣、韓国連：（大野池地区）

池田郷—池田首、池辺直、和田首：（光明池地区・谷山池地区）

このなかでもとくに上神郷にミワ系氏族の神直が分布していることが注目されてきた。ミワ系氏族は三輪山祭祀の職掌によってミワ氏と結びつき、各地に分布していった氏族である。(49)ただしつぎの史料からも明らかなように、陶邑の位置する和泉国の神直は「神魂命」の後裔と録されており、紀伊国を本拠とする紀氏と同祖関係を称していた。

『新撰姓氏録』和泉国神別（括弧内は筆者。以下、同様。）

神直　同神（神魂命）五世孫生玉兄日子命之後也。

陶邑の神直は、紀氏と同祖関係を有していた首長が三輪山祭祀という職掌によってミワ氏と結びつき、ミワという氏族名を称したものと考えられる。また全国各地に設置されたミワ部はミワ氏の「部曲」であり、(50)現地のミワ系氏族に管掌された。それゆえミワ氏と同様にミワ部やミワ系氏族も、三輪山祭祀という職掌の範囲においてのみ各地の須恵器生産地に関わったものと位置づけられ、須恵器生産をおこなっていたわけではないと推測できる。(51)すなわち史料上には、ミワ氏・ミワ部・ミワ系氏族と須恵器生産を関連づけるものは見受けられず、もともと須恵器生産が彼らの職掌であったとはいえないのである。

ところで前節において、大化以前における須恵器生産の技術は、東漢氏のもと地名を冠した漢人や首姓氏族（ないし村主姓）に担われていった可能性を指摘したが、陶邑周辺を本拠とした首姓氏族と渡来系氏族を『新撰姓氏録』から掲げると、以下の通りである。

『新撰姓氏録』和泉国皇別

池田首　景行天皇皇子大碓命之後也。日本紀漏。

『新撰姓氏録』和泉国神別

和山守首　同レ上（神魂命五世孫天道根命之後也）。

和田首　同レ上（神魂命五世孫天道根命之後也）。

『新撰姓氏録』和泉国諸蕃

池辺直　坂上大宿禰同祖、阿智王之後也。

信太首　百済国人百千之後也。

取石造　出レ自二百済国人阿麻意彌一也。

『新撰姓氏録』未定雑姓　和泉国

伯太首神人　天表日命之後也。

これらのうち坂上氏と同祖関係を有する池辺直は東漢氏の一族である。またこのなかには、池田首（池田郷）や和田首（和田郷）、信太首（信太郷）という郷名を称する氏族が見出せる。吉田晶が指摘するように、このような氏族は、郷名が定められた段階においてその郷内で政治的・社会的に優位を占めていたと考えられる。[52] 須恵器生産の技術が、東漢氏のもと地名を冠した漢人や首姓氏族によって担われていった可能性を考えあわせると、陶邑における須恵器生産は池田首や和田首、信太首などが担っていたことが示唆されるのである。

ただし各地域における生産物の収取体制の構築が可能であったのは、そこに首長層の人民支配が存在していたためであることに留意しなければならない。[53] この点について須恵器と近い手工業である土師器生産を担った土師部の事例をとりあげる。

『日本書紀』雄略天皇十七年三月戊寅条

詔二土師連等一、使レ進下応レ盛二朝夕御膳一清器上者。於レ是、土師連祖吾笥、仍進二摂津国来狭々村、山背国内村・俯見村、伊勢国藤形村及丹波・但馬・因播私民部一。名曰二贄土師部一。

『日本書紀』安閑天皇元年閏十二月是月条

（前略）物部大連尾輿、恐二事由レ己、不レ得二自安一。乃献二十市部、伊勢国来狭々・登伊〈来狭々・登伊、二邑名也〉贄土師部、筑紫国膽狭山部一也。

前者は贄土師部の設定を伝えた史料である。贄土師部は伴造たる土師連氏の統属下に置かれ、「応レ盛二朝夕御膳一清器」を生産・貢納するために設けられたことがうかがえる。さらに、土師連の祖の吾笥が摂津や山背などの「村」や「私民部」（所有民）を貢進したとある。また後者の史料にも「伊勢国来狭々・登伊〈来狭々・登伊、二邑名也〉贄土師部」とあるように、贄土師部の基盤はそれぞれの「村」から供出されたその地に居住する人間集団であったことが分かる。この事例を敷衍するならば、陶邑の須恵器生産についても大村直や神直などの各氏族から人間集団が供出されていたと考えられよう。そして地名を冠した首姓氏族や渡来系氏族の管掌のもとで須恵器生産がおこなわれたとみなされるのである。

おわりにかえて

本稿では、大化以前における須恵器生産と部民制との関係について論じてきたが、陶邑における須恵器生産を考えるうえで、ミヤケにも着目する必要がある。中村浩は、部を強固に支配するため陶邑に須恵器の集荷・保管・搬出の機能を有するミヤケが設置されたとみている。[54]また菱田哲郎や溝口優樹は、ミヤケを生産の拠点として部が須恵器の貢納・奉仕をおこなったことを考察している。[55]

ミヤケは六世紀以降に多様な目的をもって設定された王権の政治的軍事的拠点であったと考えられている。[56]陶邑周辺のミヤケとしては、『日本書紀』安閑天皇元年十月甲子条に「桜井屯倉〈一本云、加二既茅渟山屯倉一也〉。」とある「茅渟山屯倉」が知られる。ミヤケと部の関係は、部の廃止に関わる『日本書紀』孝徳天皇大化二年（六四六）三月壬午条の皇太子奏に、孝徳天皇が「其群臣連及伴造国造所有、昔在天皇日所レ置子代入部、皇子等私有御名入部、皇祖大兄御名入部〈謂二彦人大兄一也〉、及其屯倉、猶如二古代一、而置以不。」と問い、それに対して皇太子が「故献二入部五百廿四口・屯倉一百八十一所一。」と答えたという記事がみえる。部とミヤケが一対でとりあげられていることは興味深く、各地域に部を管理する機関としてミヤケが存在した。また『播磨国風土記』神前郡多駝里条には「品太天皇御俗、参度来百済人等、随二其俗一造レ城居之。其孫等、川辺里三家人、夜代等。」という伝承がみえ、渡来系集団の生産や交通においてミヤケが拠点的役割を果たし、王権の地域支配の進展とともに渡来系技術が列島規模に展開した様相が想定できる。[57]

大化以前の王権の地域支配において、ミヤケ制は部民制や国造制とともに重要な仕組みであった。須恵器生産の広範な展開を考えるうえで、ミヤケの果たした機能は軽視すべきではない。この点を今後の課題として擱筆する。

註

（1）吉村武彦「倭国と大和王権」（朝尾直弘ほか編『岩波講座　日本通史　第2巻　古代1』岩波書店、一九九三年）。

（2）東西一一キロ、南北九キロにおよぶ範囲を、窯跡の分布をもとにして、陶器山（略号MT）、高蔵寺（TK）、栂（TG）、大野池（ON）などの地区に分けて調査されている。

（3）中村浩『泉北丘陵に広がる須恵器窯　陶邑遺跡群』（新泉社、二〇〇六年）。

（4）植野浩三「日本における初期須恵器生産の開始と展開」（『奈良大学紀要』二一、奈良大学、一九九三年）、同「五世紀後半代から六世紀前半代における須恵器生産の拡大」（『文化財学報』一六、奈良大学文学部文化財学科、一九九八年）。

（5）菱田哲郎「須恵器の生産者―五世紀から八世紀の社会と須恵器工人」（上原真人ほか編『列島の古代史　ひと・もの・こと4　人と物の移動』岩波書店、二〇〇五年）。

（6）高橋照彦「須恵器工人の存在形態に関する基礎的検討」（高橋照彦編『二〇〇三～二〇〇六年度科学研究費補助金基盤研究（B）研究成果報告書　須恵器生産における古代から中世への変質過程の研究』大阪大学大学院文学研究科、二〇〇七年）。

（7）陶邑の初期段階については、中林隆之「古代和泉地域と上毛野系氏族」（和泉市史編さん委員会編『和泉市史紀要第一一集　古代和泉郡の歴史的展開』和泉市教育委員会、二〇〇六年）や溝口優樹a「氏族分布からみた初期陶邑古窯跡群」（『日本古代の地域と社会統合』吉川弘文館、二〇一五年、初出二〇一三年）の説があり、陶邑の形成に紀伊や葛城の勢力が関わったと考察している。また溝口は、五世紀後半の「人制」段階においては「神人」が「茅渟県陶邑」に上番し、それにもとづいた労働力編成により須恵器生産が担われたとみている。同b「「神人」と陶邑古窯跡群」（『日本古代の地域と社会統合』前掲、初出二〇〇九年）。

（8）石母田正「古代社会と物質文化―「部」の組織について―」（『古代末期政治史序説―古代末期の政治過程および政治形態―』下巻、未来社、一九五六年、初出一九五五年。のち『石母田正著作集　第二巻　古代社会論Ⅱ』岩波書店、一九八八年に所収）、楢崎彰一「須恵器」（石母田正ほか編『古代史講座9　古代の商業と工業』学生社、一九六二年）。

（9）浅香年木「手工業部とその周辺」（『日本古代手工業史の研究』法政大学出版局、一九七一年）。

（10）佐々木幹雄「三輪と陶邑」（大神神社史料編修委員会編『大神神社史』大神神社社務所、一九七五年）、同「続・三輪と陶邑―三輪氏の成立についての覚え書―」（『民衆史研究』一四、民衆史研究会、一九七六年）。なお佐々木幹雄「三輪山祭祀の歴史的背景―出土須恵器を中心として―」（滝口宏先生古稀記念考古学論集編集委員会編『古代探叢―滝口宏先生古稀記念考古学論集―』早稲田大学出版部、一九八〇年）では、三輪山祭祀と王権の発展との深い関わりを強調している。

(11) 和田萃「三輪山祭祀の再検討」(『日本古代の儀礼と祭祀・信仰』下、塙書房、一九九五年、初出一九八五年)。
(12) 坂本和俊「東国における古式須恵器研究の課題」(千曲川水系古代文化研究所編『東国における古式須恵器をめぐる諸問題—第Ⅰ分冊—』北武蔵古代文化研究会・群馬県考古学研究所・千曲川水系古代文化研究所、一九八七年)。
(13) 余語琢磨「八世紀初頭の須恵器工人」(『早稲田大学大学院文学研究科紀要別冊 第一七集 哲学・史学編』早稲田大学大学院文学研究科、一九九〇年)。
(14) 後藤建一「『天平12年遠江国浜名郡輸租帳』と湖西窯跡群」(吉岡康暢先生古希記念論集刊行会編『吉岡康暢先生古希記念論集 陶磁器の社会史』桂書房、二〇〇六年)。
(15) 菱田註5前掲論文、同a『古代日本 国家形成の考古学』(京都大学学術出版会、二〇〇七年)、同b「三輪の神と須恵器生産」(『大美和』一二〇、大神神社、二〇一一年)。ただし菱田はa著書において「須恵器生産に関わった部民が神部だけであったかどうかは明らかにできない」とし、さらに「同じ生産分野であっても異なる部民が関与した可能性は考えておく必要がある」とも述べている(一三一頁)。
(16) 高橋註6前掲論文。
(17) 溝口優樹「ミワ系氏族と須恵器生産の再編」(『日本古代の地域と社会統合』前掲、初出二〇一二年)。
(18) 鷺森浩幸「陶邑と陶部」(栄原永遠男編『日本古代の王権と社会』塙書房、二〇一〇年)。
(19) 大橋信弥「『吉備氏反乱伝承』の史料的研究—星川皇子反乱事件をめぐって—」(『日本古代の王権と氏族』吉川弘文館、一九九六年、初出一九七三年)、吉田晶「吉備氏伝承に関する基礎的考察—雄略紀七年是歳条を中心として—」(『吉備古代史の展開』塙書房、一九九五年、初出一九八三年)。
(20) 加藤謙吉「渡来の人びと」(佐伯有清編『古代を考える 雄略天皇とその時代』吉川弘文館、一九八八年)。
(21) 関晃「初期の帰化人」(『日本歴史新書 帰化人』至文堂、一九五六年。のち『関晃著作集 第三巻 古代の帰化人』吉川弘文館、一九九六年に所収)、平野邦雄「今来漢人」(『大化前代社会組織の研究』吉川弘文館、一九六九年)、加藤謙吉「渡来人」(雄山閣出版編『古代史研究の最前線 第一巻〔政治・経済編〕上』雄山閣出版、一九八六年)、加藤註20前掲論文、田中史生「渡来人と王権・地域」(鈴木靖民編『日本の時代史2 倭国と東アジア』吉川弘文館、二〇〇二年）。

(22)「倭国吾砺広津邑」の比定地については意見が分かれているが、「上桃原・下桃原・真神原三所」はのちの大和国高市郡の地に位置していたと推定されている。『日本書紀』推古天皇三十四年（六二六）五月丁未条に蘇我馬子の「桃原墓」という名（「大臣薨。仍葬二于桃原墓一。」）や、『日本書紀』崇峻天皇元年（五八八）是歳条に法興寺が建てられた「真神原」の名称がみえる（「壊二飛鳥衣縫造祖樹葉之家一、始作二法興寺一。此地名二飛鳥真神原一。」）。

(23) 雄略紀七年条には本文にくわえて分註が付されており、そこには弟君が百済から帰国して、漢手人部・衣縫部・宍人部を献上したという異伝がみえる。この内容は、『日本書紀』雄略天皇十四年正月戊寅条にみえる、中国南朝の呉から「手末才伎」の漢織・呉織・衣縫の兄媛・弟媛らが渡来したという記事と類似している（「身狭村主青等、共二呉国使一、将二呉所レ献手末才伎、漢織・呉織及衣縫兄媛・弟媛等一、泊二於住吉津一。」）。これらもまた「今来才伎」を編成した渡来系の部の存在をうかがわせる。

(24) 関晃「倭漢氏の研究」（史学会編『史学雑誌』六二―九、山川出版社、一九五三年。のち『関晃著作集　第三巻　古代の帰化人』吉川弘文館、一九九六年に所収）、加藤註20前掲論文。

(25) 平野邦雄「品部と雑戸」（『大化前代社会組織の研究』前掲、初出一九六八年）。

(26)「伊賀国金作部東人、伊勢国金作部牟良・忍海漢人安得、近江国飽波漢人伊太須・韓鍛冶百嶋・忍海部乎太須、丹波国韓鍛冶首法麻呂・弓削部名麻呂、播磨国忍海漢人麻呂・韓鍛冶百依、紀伊国韓鍛冶杭田・鎧作名床等、合七十一戸、雖三姓渉二雑工一、而尋二要本源一、元来不レ預二雑戸之色一。因除二其号一、並従二公戸一。」

(27)「詔、正七位上桉作磨心、能工異才、独越二衆侶一。織二成錦綾一、実称二妙麗一。宜下磨心子孫免二雑戸一、賜中姓栢原村主上。」

(28)「河内国錦部郡人従八位上錦部毗登石次、正八位下錦部毗登大嶋、大初位下錦部毗登真公・錦部毗登高麻呂等廿六人、賜二姓錦部連一。」

(29) 津田左右吉「上代の部の研究」（『日本上代史の研究』岩波書店、一九四七年、初出一九二九年。のち『津田左右吉全集　第三巻　日本上代史の研究』岩波書店、一九六三年に所収）。百済の二十二部司制とは官司の職務を分掌した部局の制度であり、官司の組織を「部」で示している。『周書』巻第四十九・百済伝に「各有二部司一、分二掌衆務一。内官有二前内部・穀部・肉部・内掠部・外掠部・馬部・刀部・功徳部・薬部・木部・法部・後官部一。外官有二司軍部・司徒部・司空部・司寇部・点口部・客部・外舎部・綢部・日官部・都市部一。」とある。

(30) 高橋註6前掲論文。

(31) 佐伯有清『新撰姓氏録の研究　考證篇　第五』（吉川弘文館、一九八三年）一〇〇頁参照。

(32) 田中卓「新撰姓氏録の基礎研究―原本と抄本とに関する諸問題―」（『日本古典の研究』皇学館大学出版部、一九七三年、初出一九五三年。のち『田中卓著作集9　新撰姓氏録の研究』国書刊行会、一九九六年に所収）。「坂上系図」に引用された『新撰姓氏録』逸文は全部で十六条あり、これらを繋ぎあわせると、坂上大宿禰条のほぼ全文が復原できる。

(33) 加藤謙吉「東漢氏の氏族組織の成立」（『大和政権と古代氏族』吉川弘文館、一九九一年）。

(34) 平野註25前掲論文。

(35) 関註24前掲論文。なお関は、「七姓漢人」の後裔は高向漢人玄理や南淵漢人請安など、部を必要としない職掌の文筆・出納・計算・外交その他の学術技芸にも携わったとみている。

(36) 鷺森註18前掲論文。

(37) 「是時俘人等、今桑原・佐糜・高宮・忍海、凡四邑漢人等之始祖也。」

(38) 加藤註33前掲論文。

(39) 吉井巖や直木孝次郎はこの伝承を、陶邑において須恵器生産に携わっていたミワ氏の一氏が五世紀以降に三輪山の祭祀に関与した史実にもとづいたものであるとみなした。吉井巖「崇神王朝の始祖伝承とその変遷」（『天皇の系譜と神話』二、塙書房、一九七六年、初出一九七四年）、直木孝次郎「天香久山と三輪山―大和における古代政治史の一齣―」（『古代河内政権の研究』塙書房、二〇〇五年、初出一九七七年）。また松前健も、渡来系の須恵器生産者集団からでたミワ氏が三輪山の祭祀権を掌握したと考えている。松前健「三輪山伝説と大神氏」（『大和国家と神話伝承』雄山閣出版、一九八六年、初出一九七五年。のち『松前健著作集　第10巻　日本神話論Ⅱ』おうふう、一九九八年に所収）。第一節において述べたように、佐々木幹雄は、陶邑の須恵器生産者集団が三輪山麓の集団と擬制的同族関係を結び、三輪山祭祀をつかさどる説話を作りだしたとした。佐々木註10前掲論文。これらの説に対して伊野部重一郎は、オホタタネコの伝承は陶邑の技術者集団を統属した豪族がミワ氏と結びつき創出したものであると批判している。伊野部重一郎「大田田根子と三輪君」（『記紀と古代伝承』吉川弘文館、一九八六年、初出一九八三年）。この伊野部の説に対しては佐々木幹雄が反論を呈しており、のちに伊野部は、三輪山の神威のおよんだ陶邑の豪族が伝えたものであると説を改めている。佐々木幹雄「三輪君氏と三輪山祭祀—伊野部重一郎氏の御批判に答えて—」（日本歴史学会編『日本歴史』四二九、吉川弘文館、一九八四年）、伊野部重一郎「大田田根子と陶邑」（『神道学』一四一、神道学会、一九八九年）。

(40)　和田註11前掲論文。

(41)　菱田註15b前掲論文。

(42)　溝口註7b前掲論文。

(43)　霊亀二年（七一六）に珍努宮の造営・管理のため和泉監が設置され、一時河内国より分立するが、天平十二年（七四〇）にふたたび河内国に属し、天平宝字元年（七五七）に最終的に分国し和泉国として独立する。

(44)　オホタタネコの母方についていては、陶津耳の別名とされる「奇日方天日方武茅渟祇」に「茅渟」の地名が含まれていることから（『日本書紀』崇神天皇七年八月己酉条）、和泉地域の首長であった可能性が考えられる。土橋寛は、陶津耳は陶工技術者を管理した人の名で、鴨氏の出自であると考察している。土橋寛「神話と歴史—大物主神をめぐって—」（日本文学研究資料刊行会編『日本文学研究資料叢書　日本神話Ⅱ』有精堂出版、一九七七年、初出一九七三年）。

(45)　篠川賢『日本古代氏族研究叢書①　物部氏の研究』（雄山閣、二〇〇九年）。

(46)　『古事記』には「又仰二伊迦賀色許男命一、作二天之八十毘羅訶一〈此三字以レ音也〉、定二奉天神地祇之社一。」とある。

(47)　中村浩『和泉陶邑窯の歴史的研究』（芙蓉書房出版、二〇〇一年）、中村註3前掲著書、菱田註5前掲論文。

(48)　吉田晶「和泉地方の氏族分布に関する予備的考察」（小葉田淳教授退官記念事業会編『小葉田淳教授退官記念　国史論集』小葉田淳教授退官記念事業会、一九七〇年）、中村浩「和泉陶邑窯の成立—初期須恵器生産の概観的考察—」（『和泉陶邑窯の研究—須恵器生産の基礎的考察—』柏書房、一九八一年、初出一九七三年）、佐伯有清『新撰姓氏録の研究　考證篇　第二・四・六』（吉川弘文館、一九八二年〜一九八三年）。

(49) 鈴木正信「大神氏の分布とその背景」(『彦根論叢』三九五、滋賀大学経済学会、二〇一三年)。
(50) 「部曲」は諸豪族の純然たる私有民ではなく、諸豪族のもとに区画され、王権により領有を認められたものであり、それらの豪族を通じて職掌をもって王権へ従属・奉仕した人間集団であると考えられている。鎌田元一「「部」についての基本的考察」(『律令公民制の研究』塙書房、二〇〇一年、初出一九八四年)、同「部民制の構造と展開」(『律令公民制の研究』前掲、初出一九八四年)。
(51) 鈴木正信「大神氏始祖系譜の歴史的背景—オオタタネコと陶邑の関係をめぐって—」(『彦根論叢』三九六、滋賀大学経済学会、二〇一三年)。
(52) 吉田注48前掲論文。
(53) 拙稿「大化以前の国造制の構造とその本質—記紀の「国造」表記と『隋書』「軍尼」の考察を通して—」(歴史学研究会編『歴史学研究』八二九、青木書店、二〇〇七年)、同「国造と伴造についての基本的考察—「造」の本質から—」(篠川賢・大川原竜一・鈴木正信編『国造制・部民制の研究』八木書店、二〇一七年)。なお鷺森浩幸は、和太連や民直といった大鳥郡に居住する中臣系氏族が陶邑の須恵器生産と関わりを有していたと論じている。鷺森浩幸「陶邑古窯跡群と中臣系氏族」(和泉市史編さん委員会編『和泉市史紀要 第一一集 古代和泉郡の歴史的展開』和泉市教育委員会、二〇〇六年)。
(54) 中村浩「和泉陶邑窯の経営—茅渟山屯倉に関する一考察—」(『和泉陶邑窯の研究—須恵器生産の基礎的考察—』柏書房、一九八一年、初出一九七七年)。
(55) 菱田註5前掲論文、溝口註7b前掲論文。
(56) 舘野和己「屯倉制の成立—その本質と時期—」(『日本史研究』一九〇、日本史研究会、一九七八年)、同「ミヤケ制再論」(奈良古代史談話会編『奈良古代史論集』二、真陽社、一九九一年)。
(57) 田中史生『倭国と渡来人 交錯する「内」と「外」』(吉川弘文館、二〇〇五年)。

高麗朝臣氏の氏族的性格――二つの「高麗」をめぐる記憶の受容――

長谷部　将司

はじめに

日本古代の諸氏族にとって、ウジとカバネによって構成される姓、その中でも特にウジは自らの立脚点を示すものであり、天皇（大王）より賜与されることで公認され、朝廷内での地位・役割を表象する。この状況は能力主義を建前とする律令制下でも基本的に不変であり、新たに台頭して朝廷内に一定の地位を築いた人物（氏族）は、その台頭の過程でしばしば改賜姓され、既存の、もしくは新たに構築された氏族秩序に組み込まれた。

筆者はかつてそのような人物（氏族）の代表例として和気清麻呂（和気朝臣氏、本姓は磐梨別公氏）について検討を加え、その際に類似性が見られる氏族として高麗福信と高麗朝臣氏についても言及した。(1)ただし、その言及はあくまで和気氏に対する補助的な扱いで、特に和気氏と異なり九世紀以降に姿を消すことになった要因については触れることがなかった。一方、近年では福信の本貫地である武蔵国高麗郡の建郡一三〇〇年を一つの契機として、高麗郡および高麗朝臣氏に関する研究が多方面より深化している。

以下では近年の高麗郡・高麗氏研究の成果を再検討しつつ、改めて福信を到達点とする八世紀の高麗朝臣氏について全体的な把握を試みる。その上で、最終的に衰退を余儀なくされた当該氏族の限界性の要因を明らかにしていきたい。

一　高麗郡・高麗福信をめぐる研究状況

高麗福信について、『続日本紀』（以下、『続紀』とする）延暦八年（七八九）十月乙酉条における彼の死亡記事に付随して、詳細な薨伝が載録された（以下、「福信薨伝」とする）。煩雑ではあるが、議論の出発点となる史料であり、以下に全文を掲載する。

散位従三位高倉朝臣福信薨。①福信武蔵国高麗郡人也。②本姓肖奈。③其祖福徳、属二唐将李勣抜一平壌城一、来二帰国家一、為二武蔵人一焉。福信即福徳之孫也。④小年随二伯父肖奈行文一入レ都。⑤時与二同輩一、晩頭往二石上衢一、遊二戯相撲一。巧用二其力一、能勝二其敵一。遂聞二内裏一、召令レ侍二内竪所一、自レ是着レ名。初任二右衛士大志一、稍遷、天平中授二外従五位下一、任二春宮亮一。⑥聖武皇帝甚加二恩幸一。勝宝初至二従四位紫微少弼一。⑦改二本姓一賜二高麗朝臣一、遷二信部大輔一。神護元年授二従三位一、拝二造宮卿一、兼歴二武蔵近江守一。⑧宝亀十年上レ書言、臣自レ投二聖化一、年歳已深。但雖二新姓之栄、朝臣過レ分、而旧俗之号、高麗未レ除。伏乞改二高麗一以為二高倉一。詔許レ之。天応元年遷二弾正尹一、兼二武蔵守一。延暦四年上レ表乞レ身、以二散位一帰レ第焉。⑨薨時年八十一。

（丸数字・傍線は筆者、以下も同様）

ここから、②福信の本姓は肖奈（公）であり、③祖父福徳の時に滅亡した高句麗より亡命して武蔵国に居を定めたこと、①本貫地は武蔵国高麗郡だが、④伯父の肖奈行文について上京し、⑤相撲の巧みさが宮中で評判となり登用され官人として出身したこと、⑥天平年間には聖武天皇の寵愛を受け、⑦天平勝宝年間に高麗朝臣を賜姓され、多くの官職を歴任して従三位にまで昇進したこと、⑧宝亀十年（七七九）に改めて高倉朝臣を賜姓され、その後も要職を務め、⑨八一歳で亡くなったことなどが確認できる。

以上のように、本姓は肖奈公で、最終的な姓は高倉朝臣であった福信だが、国史大辞典をはじめとした辞書類の多くに「高麗朝臣福信」で立項されるように、一般的には高麗福信として語られる。その要因としては、福信自身の活躍の多くが高麗朝臣時代のものであること、高倉朝臣氏が福信の死後ほどなくして姿を消すことなどが挙げられる。ただそれ以上に、ウジの「高麗」（高句麗）が亡命してきた祖先の故国名を示すものであると同時に、『続紀』霊亀二年（七一六）五月辛卯条に、

以㆓駿河、甲斐、相模、上総、下総、常陸、下野七国高麗人千七百九十九人㆒、遷㆓于武蔵国㆒、置㆓高麗郡㆒焉。

と、八世紀になり建郡された彼自身の本貫地の郡名でもあるという、福信および高麗（肖奈、高倉）氏の性格・実態を規定する上で欠かせない情報となっている点が大きいだろう。さらに、福信はこのような渡来系氏族かつ地方豪族という立場から出身して朝廷で活躍を重ね、最終的に公卿の地位にまで昇進したが、そこには朝廷内で彼の台頭を促した人物（集団）や要請（発揮）された能力があったことは想像に難くない。実際にこれまでの高麗氏・福信に対する先行研究でも、この二点が検討の中心となっていた。

武蔵国高麗郡の建郡をめぐっては、それまで東国各地に配置していた高句麗出身者を一箇所に集約させるという極めて政治的な処置であり、古くはこれを高句麗出身者に対する隔離策(2)または融和・優遇策(3)と捉えるかで意見が分かれたが、この議論はあまり本質的ではない。それより建郡の主目的として、これまで未開の領域が広がっていた当該地域の開発促進策(4)、地方行政整備のためのモデル提示説(5)、在地性が強かった北武蔵地域に対する国家による支配強化策(6)、小中華意識の発現としての外交政策(7)などが挙げられている。ただし、これらの諸点は相互矛盾するものではなく、複数の要素を認めつつ、その中で何を一番強調すべきかというところでもあるが、近年では外交的側面を重視する傾向が強い。

また、福信の中央での躍進の要因をめぐっては、一貫した古代天皇権力との密着や、藤原氏、特に藤原仲麻呂政権との密着(8)が主に指摘されている。彼らの期待は福信およびその背後に控えた氏族集団の有する軍事力にあったとするのが一般的であるが、同集団が保有する造営などの作事能力への期待(9)に対する指摘もある。さらに、福信や一族の武蔵国司就任などからその在地性を強調する指摘もあるが(10)、この指摘には少々違和感を感じる。後世の高麗郡域では、

どの程度の歴史的事実が反映されているかは別として、後述する高麗（王）若光が大きく顕彰される[11]一方で、福信に対する言説はほとんど見られない。それこそ郷土に縁のある偉人であれば誇張してでも関係性を強調しがちな地域社会において、一切顧みられないというのは単なる偶然なのか。再検討の余地があろう。

二　肖奈公氏の成立―福徳の渡来と高麗郡―

肖奈氏として確認できる最も古い人物は、「福信薨伝」③が伝える福信の祖父福徳である。福徳は唐将李勣による平壌城攻略、すなわち高句麗滅亡の六六八年かその数年以内に渡来し、その後どこかの段階で武蔵国に移住したとされるが、この記載を踏まえて福徳の実像を明らかにする際には注意すべき点がある。一点目は福徳の渡来前すなわち高句麗時代の立場と、渡来後の亡命高句麗人社会での地位がそれぞれいかなるものか、二点目は武蔵国居住の実態、特に後の高麗郡との関係がいかなるものかということである。

まず前者について。福信の本姓は肖奈（公）であり、「福信薨伝」では福徳もそうであるかのように書かれるが、実際に福徳の代にまで遡るかは不明である。そもそもこの「肖奈」は『続紀』の写本では「背奈」と伝来されてきたが、佐伯有清氏が高句麗の支配者集団を区分する五部の一つである消奴部に由来する「肖奈」とすべきと指摘した[12]ことで、以降通説化した。なお、同時に佐伯氏は、消奴部が高句麗の滅亡直前における五部の一つ下部・西部の遺称であることをふまえ、「肖奈」が高句麗の地域名に由来する可能性を指摘しているが、従うべきであろう。なお、後に福信が賜姓された高麗朝臣氏について、『新撰姓氏録』左京諸蕃下の高麗朝臣条では、

出㆑自㆓高句麗王好台七世孫延典王㆒也。

と、その祖を高句麗好太王に求めているが、同書内の他の事例などからして仮冒の可能性を否定できず、たとえ事実としても後裔氏族の高い地位を保証するものではない。加えて、「福信薨伝」③の記載からも福徳が渡来後に出身し

て朝廷に仕えた形跡はうかがえない。以上の点より、福徳は高句麗の支配者集団の一員ではなかった可能性が高く、移住先の小集団程度の指導者に過ぎなかったと考えられる。

次いで後者について。「福信薨伝」以前で福徳のみならず高句麗出身者が武蔵国に移配された記事は見えず、高麗郡建郡以前では、『日本書紀』（以下、『書紀』とする）持統天皇元年（六八七）三月己卯条に、

以㆓投化高麗五十六人㆒、居㆓于常陸国㆒。賦㆑田受㆑稟、使㆑安㆓生業㆒。

と、常陸国の事例のみが確認できる。ただし、建郡記事より駿河・甲斐・相模・上総・下総・常陸・下野などへの移住実態が確認できることからも、『書紀』『続紀』などに記載されない移配も多かったことが判明する。その点でも福徳の武蔵国移住は事実としてよいが、その地が後の高麗郡に重なる地域だったかはまた別である。当時の高麗郡域に相当する現日高市および飯能市域では、縄文時代の終焉と共に遺跡数が激減したが、八世紀になると急速に増大する。また、当地の飯能市堂ノ根遺跡から常陸国新治窯跡群で生産されたと見られる須恵器・土師器などが多く出土したことから、富元久美子氏は空閑地だった当郡域に建郡にあわせて他国などから多くの人が移住してきたことを確認した[13]。この点をふまえると、七世紀段階に遡るであろう福徳の移住先は、後の高麗郡域ではない武蔵国内の他場所ということになる。候補地として「狛江」の地名から多摩郡域なども想定されるが、それ以上のことは言えない。その上で、福徳本人は亡くなっていた可能性が高いが、福徳の子、すなわち福信の父の代に相当する高麗郡の建郡に際して、他国の高句麗出身者と同様にこの地に移住してきたのであろう。

この福徳に対して、亡命高句麗人全般の指導的な役割を果たすことが出来た人物がいるとすれば、既に多く指摘されるように、それは『続紀』大宝三年（七〇三）四月乙未条に、

従五位下高麗若光賜㆓王姓㆒。

と、高句麗を示す高麗をウジとして従五位下の位階を保持し、新たに高麗王を賜姓された高麗（王）若光になる[14]。この若光は『書紀』天智天皇五年（六六六）十月己未条に、

高麗遣二臣乙相奄鄒等一進レ調。大使臣乙相奄鄒、副使達相遁、二位玄武若光等。

と、滅亡直前の高句麗から使者の一人として派遣された玄武若光と同一人物と考えられ、帰国前に高句麗が滅亡したことで本国に戻る機会を失い、そのため最終的に帰化して定住するに至ったとみられる。この「玄武」も高句麗五部の一つである黒部（絶奴部、北部、後部）と考えられるが、福徳と同様にこれだけでは若光が高句麗の支配者集団に属していたと断定できない。ただし、若光は国家の存亡がかかった重要な使節の副使相当として渡来しており、支配者集団の一員であったことは疑いない。

とすれば、若光が賜姓された「高麗王」は、本条以前から存在していた百済王氏の事例と同様と捉えることができる。すなわち、当該地域からの亡命者集団の代表的な一族に対して、祖国の地名のウジとカバネ王を合わせた姓を賜与することで擬制的な冊封関係を構築させ、倭王権および律令国家の小中華意識を満たそうとしたのである。なお、若光以外に高麗王を賜姓されうる存在として、同じく帰国できなくなった若光の上位者でもある乙相奄鄒や達相遁も挙げられる。彼らではない理由として、荒井秀規氏は若光が高句麗王家の一族であった可能性、および他の二人が天武天皇九年（六八〇）に高麗（ただし新羅の傀儡としての高句麗）の使者一九人が帰国した際に一緒に帰国した可能性を示唆するが(15)、カバネ王の賜与に際して故地の王族であることが必須でないことは後述する肖奈王の存在が証明するし、二人が実質的に異なってしまった国へ帰国したのかという疑問が残る。むしろ、若光らの渡来から高麗王賜姓までの三七年という間隔を考慮すると、この間に上位格の二人が死去し、若光が実質的な最上位格だったと捉える方が自然であろう。

このように、八世紀初頭における亡命高句麗人の代表格は高麗若光だが、そのことが関東地方や後の高麗郡での指導力に直結するとは限らない。近年、藤原宮跡から「□□〔高麗ヵ〕若光」(16)と、若光の名が記された木簡が出土した。この木簡の出土場所からは宮内省・中務省とその被官司に関わるものが多く出土し、紀年木簡は文武天皇二年（六九八）以降の約一〇年間に集中する(17)ことから、若光は高麗王賜姓の前後に都を拠点として出仕していたことが推察される。そのような若光がその後十数年の間に拠点を関東地方に移すとは考え難く、またこれまでの活躍期間を考えると高麗郡の建郡前に亡くなった可能性が高い。さらに、若光はその渡来の経緯からして祖国から家族・一族を伴わず、単身での滞在および活動を余儀なくされたと考えられ、一族や子孫が移住先で勢力を拡大することも想定しがたい。若光が関東地方にやってきた可能性を完全に排除することはできないが、その可能性は限りなく低いだろう。

一方で、福徳はその経緯からして家族ないし一族を伴っての渡来と考えてよく、移配先の開発などで指導力を発揮することはできたであろう。とはいえ、先述の常陸系の土器の存在や、十世紀段階での状況ではあるが、『倭名類聚抄』では高麗郡内に「高麗〈古萬〉上総〈加無豆布佐〉」の二郷を載せるように[18]、他国からの移住者も高麗郡内でそれぞれ一定の勢力を有していた。福徳の一族すなわち肖奈氏は高麗郡建郡時における突出した存在ではなく、郡内に複数存在した有力勢力の一つ程度であったとすべきだろう。

三　高麗朝臣氏の成立─行文・福信の出身と躍進─

肖奈氏として最初に官撰史書に登場する人物は、「福信薨伝」④にも見える福信の伯父行文である。養老五年（七二一）正月の文人らに対する褒賞では、明経第二博士正七位上の行文は碩学の一人として賜物されている[19]。次いで神亀四年（七二七）十二月には、渤海使の通訳など使者との対応のためと考えられるが、正六位上から従五位下を授かり貴族層の末端に連なった[20]。また、『藤氏家伝』では天平元年（七二九）ごろの「宿儒」の一人とされ[21]、『万葉集』では「博士消奈行文大夫」として一首[22]、『懐風藻』では「従五位下大学助背奈王行文」「年六十二」として長屋王宅での宴席時の二首が載録されるなど[23]、八世紀前半の代表的な文人として存在感を示していた。その後は史料上から姿を消すが、長屋王との親密な関係がうかがえるも、その後の藤原武智麻呂首班下でも一目置かれているように、政争に巻き込まれて失脚したとは考え難い。おそらくは天平年間に入りほどなく亡くなったと考えられる。

行文の生年は、『懐風藻』の没年齢をふまえると、およそ六七〇年前後となる。これは父の福徳が渡来した時期に相当し、福徳が武蔵国に居を移した頃は誕生前かまだ幼かったと考えられる。この点から、行文の中央出身以前の活動拠点は武蔵国としてよく、最終的な本貫地も福信と同様に武蔵国高麗郡であろう。なお、加藤謙吉氏は地方豪族の中で在地と都にそれぞれ拠点を有して連携する事例を指摘して両貫制の概念を提唱した。(24) 確かに指摘のような地方豪族の活動実態は事実としてよいが、福信が半世紀以上の官歴を重ねて従三位になっても本貫地は武蔵国高麗郡のままであったように、八世紀段階では後の京貫のような戸籍の移動はほぼない。「両貫」の語は誤解を招きかねない表現でもあり、特に八世紀の事例では用いるべきではないだろう。よって、幼少期に武蔵国にいたであろう行文も同様で、その死まで本貫地は不変とすべきである。

その行文が官人として都に拠点を移す時期は、生年や養老五年の地位に至るまでに五年や十年の在京では足りないであろうことなどを考慮すると、六九〇年代が妥当ではないか。この時期は飛鳥浄御原令の施行、藤原京遷都から大宝律令の制定に至る律令国家形成の最終段階に位置する。本格的な律令制を導入するにあたり、渡来系氏族の少なからずが祖国で身につけ渡来後も子孫に継承させたであろう、儒教的な知識・教養を保持する人物に対する需要は相当に高まっていたはずである。肖奈氏がどの程度儒教的な背景を持っていたかは定かではないが、行文が出身時にそれらの知識をある程度獲得できていたとすれば、地方かつ大学などの教育制度が未整備だったこの時代では、自氏族内で獲得した以外には考えられない。この点において、行文の躍進の要因は肖奈氏が保持していた祖国での「記憶」であり、ここに移住先の武蔵国にかかわる在地性を見出すことはできない。

この行文を足がかりとして中央に出身したのが福信であった。福信の生年は、延暦八年に八十一歳で亡くなったので、和銅二年（七〇九）となる。高麗郡建郡の霊亀二年時に八歳であることから、おそらくは移住先の武蔵国で生まれた後、幼少時に父と共に高麗郡に本貫地を移したものと考えられる。行文に高麗郡での居住実態はなかったと思われるが、福信は実際に移住を経験したのであろう。そして「小年」とあるので十代のうちと考えられるが、行文を頼って都に出てきた。近江昌司氏は神亀四年に行文が従五位下を授かった点に注目し、福信は行文の五位到達を機にその養子となり、行文の蔭位に預かり出身したと捉えた。(25) 確かに福信の父が高麗郡の郡司であったか不明な状況下において、この想定は十分あり得るものと考えられる。ただし、「福徳薨伝」の文章構造からすると、行文の役割は福信を都に導くまでで、その後の記載は逆に都における福信の出身が行文によらなかったことを示している。それが、石上衢での相撲の評判が聖武天皇の耳に届き、そのため内竪所に召し出されて官人として歩み始めたという、福信の特異な出身事情に由来することは疑いない。

そこで、今後の検討のために、福信はもちろん肖奈公から高倉朝臣までを含めた、高麗朝臣氏の全ての人物とその来歴を時系列的にまとめたものが次頁の【表】である。

この表から、福信は初期には右衛士大志や中衛少将などの武官を勤めつつ、後の孝謙天皇の春宮亮や光明皇太后の紫微少弼なども歴任し、聖武太上天皇の葬儀に際しては山作司も勤めたことがわかる。同時に何か国かの国司も勤めているが、基本的に兼官であり他の官職との関係からしても赴任はしなかっただろう。いずれにせよ、福信は出身の際に示したその腕力（身体能力）を背景に、王権に密着した存在として朝廷内での地位を固めていったことがうかがえる。行文の蔭子孫としての出身であったならば、おそらくは行文を受け継ぎ学者畑を歩んだ可能性が高いことを考慮すれば、この結果は福信自身にとって明らかに想定外であった。また、武蔵国からおそらく単身で都に出身した福信が、その後近親者などは身近にいたにせよ、潜在的な軍事力でもある多くの同族集団をすぐに動員できる状態で抱えていたとも考え難く、王権側からすれば福信の背後に在地の同族集団を見るのではなく、純粋に個人の資質を勘案しての登用であったのだろう。

このように順調に出世を続ける中で、福信を中心とする肖奈氏は賜姓される。『続紀』天平十九年六月辛亥条には、

正五位下肖奈福信、外正七位下肖奈大山、従八位上肖奈広山等八人、賜二肖奈王姓一。

と、福信および大山・広山を含む八名に肖奈王が賜姓された。なお、本条では本姓が「肖奈」のみだが、福信はそれ

表　高麗朝臣（肖奈公・肖奈王・高倉朝臣）氏の官歴

西暦	元号・月	人物と官歴 福信	行文	
七二一	養老五・正		明経第二博士・正七位上	
七二七	神亀四・十二		正六位上→従五位下	
	神亀年間？		「従五位下大学助」※	
	神亀・天平年間	内竪（竪子）		
		右衛士大志		
七三八	天平十・三	従六位上→外従五位下		
七三九	天平十一・七	→従五位下		
七四三	天平十五・五	従五位上→正五位下		
	天平十五・六	→春宮亮		
			大山	広山
七四七	天平十九・六	肖奈公→肖奈王を賜姓		
			外正七位下	従八位上
七四八	天平二十・二	→正五位上		
七四九	天平二十一・正			「（春宮）坊舎人従八位上」
	天平勝宝元・七	→従四位下		
	天平勝宝元・八	中衛少将→＋紫微少弼		
	天平勝宝元・一一	→従四位上（美濃員外介？）		
七五〇	天平勝宝二・正	肖奈王→高麗朝臣を賜姓		
	天平勝宝二・二	「（美濃）員外介」		
	天平勝宝二・八		「（造東大寺司）判官」	
	天平勝宝二・九		→遣唐使判官？	
七五四	天平勝宝六・四		判官正六位上→従五位下	
七五六	天平勝宝八・五	→山作司（聖武）		
	天平勝宝八・六	「従四位上紫微少弼中衛少将山背守」		
	天平勝宝八・七	「従四位上紫微少弼武蔵守」		
七五七	天平勝宝九・正	「竪子」		
	天平勝宝九・五	→正四位下		
	天平宝字元・閏八		「（造東大寺司）次官」	
七六〇	天平宝字四・正	→信部（中務）大輔		
七六一	天平宝字五・十		→武蔵介	
	天平宝字五・十		→遣高麗（大）使	
七六二	天平宝字六・四			正六位上→遣唐副使
	天平宝字六・十		卒去（遣高麗大使従五位下）	
	天平宝字六・十二		→贈正五位下	
	天平宝字六・十二	「内匠頭正四位下」		

七六三	天平宝字七・正	↓但馬守		
七六四	天平宝字八・正			↓外従五位下
	天平宝字八・七			「右虎賁（兵衛）佐外従五位下」
	天平宝字八・十	↓但馬守		
七六五	天平神護元・正	↓従三位		
七六七	天平神護三・三	造宮卿但馬守↓＋法王宮職大夫		
七七〇	神護景雲四・八	↓御装束司（称徳）		
	神護景雲四・八	造宮卿↓＋武蔵守		
			石麻呂	殿継
七七三	宝亀四・二	造宮卿（楊梅宮造畢）	↓従五位下	
七七四	宝亀五・九		↓中務員外少輔	
七七六	宝亀七・三	造宮卿↓＋近江守		
七七七	宝亀八・五			大学少允正六位上↓（渤海）送使
七七八	宝亀九・二		↓武蔵介	
	宝亀九・十			↓従五位下
七七九	宝亀十・三	高麗朝臣↓高倉朝臣を賜姓		
七八〇	宝亀十一・三			↓治部少輔
七八一	天応元・五	↓弾正尹		
	天応元・五			↓大判事
	天応元・十二	↓山作司（光仁）		
七八二	天応二・三			↓下総介
七八三	延暦二・六	弾正尹↓＋武蔵守		
七八五	延暦四・二	致仕（弾正尹従三位兼武蔵守）		
	延暦四・三		↓治部少輔	
七八六	延暦五・十			↓玄蕃頭
七八七	延暦六・二		↓中務少輔	
	延暦六・九			↓左京亮
七八八	延暦七・二			↓大和介
七八九	延暦八・二		↓美作介	
	延暦八・十	薨去（散位従三位）		
七九九	延暦十八・二			↓主計頭
八〇四	延暦二十三・正			従五位上、↓駿河守
八〇六	延暦二十五・正			↓肥後守

注）出典は基本的に『続日本紀』、『日本後紀』による。ただし正倉院編年文書所載のものは、煩雑になるので初登場時を「　」で記し、その後は省略した。なお※は『懐風藻』による。

↓の右は当該条での叙位・任官、＋は兼官をそれぞれ示す。また（　）内は筆者による補足。

以前より肖奈公を称しており、[26]本条は「公」を省略しただけといえる。これは結果的に「公」から「王」へというカバネのみの変更だが、賜姓の主体である王権側からすれば、かつて設定したものの、おそらくは若光の後に十分に継承されなかった高麗王氏に準ずる存在として、身近に侍る福信を改めて位置づけようとしたものと考えられる。

ただ、高句麗全体を表象しない「肖奈」と、高句麗王族の一員とは見なされていない福信らに対しての「王」の取り合わせには、かなりの強引さを感じさせる。そのためか、このわずか三年後、『続紀』天平勝宝二年（七五〇）正月丙辰条には、

従四位上肖奈王福信等六人賜二高麗朝臣姓一。

と、福信ら六名に高麗朝臣が賜姓され、ここに高麗福信が誕生した。ウジを祖国全体を表象する「高麗」に改めることで当該氏族の持つ渡来性を前面に押し出しつつ、同時にカバネを有力な臣下の表象である「朝臣」とすることで、それまでの高麗王氏との差別化を図りつつ、福信を支配者集団の一員として位置づけ直そうとしたものと考えられる。

このような王権主導による相次ぐ賜姓の背景に当時の国際関係をみること、具体的には高句麗の後身と称して登場した渤海に対して、その名分関係が定まらない中で明確に下位（臣下）と位置づけるべく選択されたとの菅澤庸子氏の指摘[27]は、田中史生氏により同時期に対立を深めていた新羅をも含めた日本型中華秩序維持の観点から体系化され、[28]現在ほぼ通説化している。筆者も基本的に異論はないが、この短期間での相次ぐ変更からは、何とかすべしという王権側の強い意志は感じるも、計画的に実行されたというより、場当たり的に実施された感が強い。そして何より強調すべきは、少なくともこの一連の賜姓に際して当該氏族側の意向は全く顧みられていないということである。

四　高倉朝臣氏の成立―「高麗」の記憶との決別―

実際のところ福信の来歴は特殊であり、福信の例のみをもって高麗朝臣氏を規定することには慎重でなければなら

ない。だが、先述の【表】の通り、幸い福信以外に数人の高麗朝臣氏の官人を確認することができる。

福信と共に肖奈王を賜姓された大山と広山は、その後共に天平宝字年間に至るまでの活躍が見られることから、血縁関係は不明だが福信と同世代の渡来三世と考えてよかろう。名前の類似性から二人は兄弟の可能性もあるが、それ以上は不明である。大山は天平勝宝二年八月以前から造東大寺司判官であったが[29]、同年九月には遣唐使判官に任命されて渡唐し、同六年四月に帰国した遣唐使一行に対する叙位で従五位下を授かった[30]。帰国後は再び造東大寺司に出仕したようで、天平宝字元年（七五七）以降は造東大寺司次官[31]としてしばしば造東大寺司関係の文書に登場する。同五年十月に今度は遣高麗（渤海）使に任命され再び渡海するも、同六年十月、帰国途中の船上での病が元で帰国直後に死去した[32]。広山は天平二十一年正月より春宮坊舎人として写経所に上日[33]しており、同年の写経所関係の文書に多く名を残している。その後の動向はしばらく不明だが、天平宝字六年四月には遣唐副使に任命され[34]（ただし渡唐は実現せず）、天平宝字八年七月段階での右虎賁（兵衛）佐外従五位下[35]を最後に史料上から姿を消す。

この二人に共通するのは、遣唐使・遣渤海使といった外交関係への従事が顕著な点である。この傾向は、親族関係はやはり不明だが、渡来第四世代と考えられる高麗殿継が宝亀八年五月に帰国する渤海使の送使となったように[36]、世代を超えて一族間に継承されている。とはいえ、田中史生氏が一族の外交使節は高麗朝臣の時にのみ派遣されたことを指摘し、高麗朝臣の賜姓と同様で、使者としての派遣は王権側の中華意識を満たすためと断じたこと[37]は重要な意味を持つ。本人達の資質・素養もあったとは思うが、多くは王権側の意図によって外付けされた「高麗」意識により、本人達の思惑を越えた所で決定されたのである。また造東大寺司や春宮坊・写経所など、王権に密着した官司が活動の中心となっている点も共通する。正倉院文書など史料の性格からして必然的にそうなりがちな点は否めないが、この傾向は福信とも共通する。ただし、いずれもある程度専門的な技術・知識を求められる部署でもあり、必要な技術・知識は出身以前に氏族内の教育などで既に獲得されていたと考えられる。行文と同様に、渡来前の高句麗在住時から保持してきた氏族としての記憶が彼らの出身において発揮されたと捉えられよう。

この点を踏まえると、従三位に昇進した後の福信が長期間にわたり造宮卿を勤めたことも合点がいく。福信の造宮卿在任期間は、任命・交替記事こそないものの、天平神護三年（七六七）から宝亀七年[38]の前後を含んだ十数年に及んだ。しかも、称徳から光仁という王統交代の前後でもその立場が不変であるように、当時においては代え難い存在であった。そのような中、『続紀』宝亀四年二月壬申条では、

初造宮卿従三位高麗朝臣福信専三知造二作楊梅宮一。至レ是宮成。授二其男石麻呂従五位下一。

と、平城宮内の離宮である楊梅宮の完成時に、福信の功績を伝えると同時に息子の石麻呂が従五位下を授かっている。ここからは、福信を中心とした造営事業に石麻呂の尽力も大きかったことがうかがえ、都に拠点を置く者のみではあろうが、一族ぐるみでの活動を見せていたのであろう。このような土木技術者としての手腕も、渡来系氏族としての高麗氏が世代を超えて伝え、福信以下に受け継がれた記憶の一環と考えてよいだろう[39]。

さて、ここまで福信および他の高麗氏の動向を確認したが、彼らの行動原理に武蔵国ないし高麗郡出身という在地的な要素は希薄である。例外は福信が三度にわたり守を歴任し、大山と石麻呂も介に就任した本貫地の武蔵国司である。中村順昭氏はこの国司就任について、基本的に兼官であり石麻呂以外は実際に赴任しなかったが、彼らは国司として地域社会を代表することで国内の懸案事項を解決させる原動力となったと評価した[40]。この見解はおおむね了承されているが、この評価は福信らが地域を代表するという前提があって初めて成立する。だが、これまでの検討より、この時点での高麗氏が高麗郡で確固たる地位を築いていたかは疑問で、在地勢力としての同族と連携を図ったような形跡も見られない以上、本貫地ゆえに密接な関係ありという見取りには慎重でなければならない。

そもそも国司などの任命において恣意性が入り込む余地があるとすれば、その主体はあくまで任命権者の王権側になる。確かに福信らの武蔵国司就任において、王権側が彼らに本貫地である任国の押さえを期待する側面はあったかも知れないが、当地との関係性が強固とは言えない福信が果たせる役割は他の国司とそう変わらず、期待と実態との間の齟齬は否めない。福信の場合は同じく兼官の但馬守や近江守と併せて捉え直す必要があり、大山は直後に遣高麗

（渤海）使に就任することからも、少なくとも兼官の事例については、実行力への期待というより恩寵の表象程度に捉えておくのが妥当である。

その一方で、宝亀十年、福信らは改めて高倉朝臣を賜姓された。『続紀』宝亀十年三月戊午条には、

従三位高麗朝臣福信賜二姓高倉朝臣一。

と、改賜姓の結果のみを載せ、これまでの改賜姓と同様にその理由は明示されない。ただ「福信薨伝」⑧からは、福信自らが改姓を申し出て、帰化よりの年月の経過や朝臣賜姓に触れつつ、渡来系としての旧俗を明示する「高麗」を除くために「高倉」の名を提示したことが判明する。とはいえ、姓の最終的な賜与権は王権側にあり、氏族側の要請がそのまま認められるとは限らない。実際のところ、高麗朝臣は明らかに王権主導で賜与されており、その際の目的が有効である限り、その意図を否定する方向での改姓はあり得ない。

ゆえに、ここには「高麗」をめぐる状況の変化を想定すべきである。高麗朝臣の賜姓段階で未確定状況にあった日本と渤海の名分関係は、宝亀八年に渤海国王が日本への古来（高句麗時代）からの朝貢を認めるなど渤海側が妥協することで確定し、安定した関係が構築された。[41] この結果、それまで国内在住の高麗朝臣氏が果たした役割を、外国の渤海が引き受けることが確定したことで、福信らが朝廷内で高麗を名乗り続ける必然性は消滅した。とはいえ、大山が任命された天平宝字年間の遣高麗使から殿継が任命された宝亀年間の渤海送使という表記の変化に顕著なように、その渤海はかつての高句麗そのものから高句麗の後身という認識に変わっており、王権側として積極的に高麗の姓を改める必然性までは感じていなかったであろう。これらの点より、この賜姓は国際情勢の変化を背景に福信らが計画・提案し、受け入れ可能と判断した王権が許可したと捉えることができる。

では、なぜ福信らは自らの氏族的性格の表象でもある「高麗」を除くことを求めたのか。この点を考える上で、福信が朝臣のカバネに執着している点は見逃せない。朝臣は天武八姓の二番目だが実質的な最上位であり、議政官を輩出するような氏族のカバネは多くが朝臣であった。福信は高麗朝臣の賜姓後も順調に出世を続けて三位まで達した

が、その後は十五年間にわたり非参議の公卿として留め置かれた。福信がその要因をウジの「高麗」に象徴される自らの出自に求めたことは想像に難くない。事実、渡来系氏族が議政官に登用されるのは、母方が渡来系氏族である桓武天皇段階の和朝臣家麻呂まで待たなくてはならない。福信としては自氏族が抱える限界性を突破してもう一段政界の中枢に入り込むべく、渡来系としての氏族性を打ち消す方向の改姓を志向したのではないか。既に天皇の恩寵を被り、朝廷内で確固たる地位を築いていた福信にとって、「高麗」はこれ以上の出世の阻害要因だったかも知れない。だが、他の高麗氏の人々からすれば、「高麗」を名乗るからこそ国内外での外交の局面で活躍する機会が与えられていた側面があった。「高麗」の喪失は後進が確実に出世するための足がかりを奪うことにもつながった。

また、「高麗」は福信の本貫地である武蔵国高麗郡の地名でもあった。地方豪族にとって郡名（国名）をウジとすることは、当事者側の意識はどうあれ、その地を代表する存在と公的に認定されたことを意味する。つまり、高麗朝臣氏のウジには高句麗に由来を持つ渡来系氏族の側面と、武蔵国に由来を持つ地方豪族の側面が重層化していた。そこで「高麗」を改めることは、意識上ではあるが、本貫地との関係をも断ち切ることにもなる。それこそ父祖段階から国家の方針で度々の移住を余儀なくされ、青年期には既に上京し官人として歩み始めた福信にとって、この結論に迷いはなかったであろう。「福信薨伝」⑧でも高句麗「旧俗」に対する本人の言及はあれど、在地に対する言及はない。彼らを登用した王権側も、求めていたのは高句麗出身としての高麗氏であり、高麗郡出身の高麗氏ではなかった。しかも、新たなウジが高麗を一字改変した高倉で、これが地名に由来するものではなさそうなことからも、高麗郡に代わる新たな本拠地が存在したとも考え難い。このような高倉氏における在地性の希薄さは、筆者がかつて言及した、比較的長期間にわたり都と在地をまたいで活動を続けていた和気氏や賀陽氏[42]などと比しても顕著である。

以上のように、在地性を切り離し都で官人集団の一員として歩むことを選択した高倉氏だが、彼らが以降の時代を生き抜くための氏族的な根拠は、半世紀以上かけて表出させた行文以来の学問的素養と、福信の恩寵を背景とした土木系官僚としての姿であった。だが、行文段階では確かに他の諸氏族に比して優位性があった学問的素養は、律令制の進展により、他の諸氏族でも容易に獲得できるようになることで優位性が失われた。さらに、福信の恩寵が多分に個人的ゆえにその継承は困難であり、土木技術の活用についても、この後に長岡・平安京遷都など事業が大規模・多様化する中で、動員できる集団を多数背後に抱えた在地性を有し、その上で桓武との結びつきも強めた秦氏や和気氏などに主導権が移っていった。(43) そのため、個人を越えた恩寵を再生産する装置、すなわち姻戚関係や奉仕伝承に基づく排他的な職掌などを構築できず、動員力の源泉である在地性も希薄な高倉氏は、他の多くの諸氏族と同様、次第に没落を余儀なくされたのであった。

おわりにかえて

そもそも、官職への任命や改賜姓にしても主体は基本的に王権側にあり、恣意性を発揮できるのも王権側であった。確かに乏しい史料の残存状況や、選択と編纂を経ている残存史料の恣意性を考慮した時、史料からこぼれ落ちたものや行間を読むことは非常に重要である。そのような中、高麗氏の場合は、福信の活躍のおかげでもあるが、当該時期の地方出身氏族として例外的に史料が豊富であり、総体として在地との関係性が強調されてきた。だが、考察の結果をふまえれば、福信を中心とした高麗氏と本貫地である高麗郡との関係性は希薄であり、最終的には高倉への改姓によりほぼ切れてしまう。中央での栄達を果たした福信による、在地に残っていた同族の引き立てなども確認できず、このことも高麗郡に残った肖奈氏が地域で突出した存在になりきれず、その後没落して地域に名を残すことがなかった要因の一つになったのではないか。

このように、高麗氏が地方出身氏族であることは否定しないが、高麗氏・福信と高麗郡との密接な関係という言説は、そうあってほしいという現代の我々の願望が生み出した幻想だったのではないかとも思われる。当然ながら、中央で活躍する地方出身者がそれだけですなわち在地の有力者とは限らず、地方出身者がすべからく在地との強い関係性を保持しているとも限らない。今後はもう一度その原点に立ち返って他の諸氏族についても捉え直し、それでも関係性が確認できた時に改めて強調するような姿勢が必要となろう。

註

（1）拙稿「和気朝臣氏の成立」（『日本古代の地方出身氏族』岩田書院、二〇〇四年、初出一九九八年）。
（2）今井啓一「帰化人の来住」（『古代の日本　七・関東』角川書店、一九七〇年）。
（3）近江昌司「仲麻呂政権下の高麗朝臣福信」（『日本古代の政治と制度』続群書類従完成会、一九八五年）。森公章「古代日本における在日外国人観小考」（『古代日本の対外認識と通交』吉川弘文館、一九九八年、初出一九九五年）。
（4）今井啓一、前掲註2論文。
（5）高橋一夫「古代寺院成立の背景と性格」（『埼玉県古代寺院跡調査報告書』、一九八二年）。
（6）加藤かな子「北武蔵の古代氏族と高麗郡設置」（『駒沢史学』三七、一九八七年）。富元久美子「渡来人による新郡開発」（『古代の開発と地域の力』高志書院、二〇一四年）。
（7）田中史生「『王』姓賜与と日本古代国家」（『日本古代国家の民族支配と渡来人』校倉書房、一九九七年、初出一九九四年）。宮瀧交二「古代武蔵国高麗郡をめぐる研究の現状について」（『地域のなかの古代史』岩田書院、二〇〇八年）。荒井秀規「渡来人（帰化人）の東国移配と高麗郡・新羅郡」（『古代東ユーラシア研究センター年報』一、二〇一五年）。
（8）近江昌司、前掲註3論文。
（9）拙稿、前掲註1論文。
（10）中村順昭「八世紀の武蔵国司と在地社会」（『律令官人制と地域社会』吉川弘文館、二〇〇八年、初出二〇〇六年）。
（11）高麗王若光は現在も日高市に鎮座する高麗神社の祭神とされ、高麗神社に伝来する鎌倉時代成立の『高麗氏系図』によれば若光の子孫が代々宮司を務めているとされる。『高麗神社と高麗郷　増補版』（高麗神社、一九七九年、旧版一九三一年）。

(12) 佐伯有清「背奈氏の氏称とその一族」(『新撰姓氏録の研究　拾遺篇』吉川弘文館、二〇〇一年、初出一九九一年)。
(13) 富元久美子、前掲註6論文。
(14) なお、加藤謙吉氏は本条の「高麗」を通称的なものと捉え、若光が賜った姓を「高麗王」ではなく「王」とすべきと指摘した。加藤謙吉「高麗若光と高麗福信」(『日本古代の豪族と渡来人』雄山閣、二〇一八年、初出二〇一〇年)。だが、鈴木正信氏が批判したように、本条の前後ですら明らかにウジを省略した賜姓記事が散見している。鈴木正信「大神朝臣狛麻呂と武蔵国高麗郡」(『日本古代の氏族と系譜伝承』吉川弘文館、二〇一七年、初出二〇一六年)。従五位下を保持する若光がこの段階でもまだ賜姓されていなかったとも考え難く、「高麗」から「高麗王」への賜姓とすべきである。
(15) 荒井秀規、前掲註7論文。
(16) 『藤原宮木簡』三―一三一六号木簡(奈良文化財研究所、二〇一二年)。
(17) 『藤原宮木簡』三・解説(奈良文化財研究所、二〇一二年)。
(18) 『倭名類聚抄』巻六、武蔵国第八十三、高麗郡条。
(19) 『続紀』養老五年正月甲戌条。
(20) 『続紀』神亀四年十二月丁亥条。
(21) 『藤氏家伝』下、武智麻呂伝。
(22) 『万葉集』巻十六―三八三六、謗佞人歌一首。
(23) 『懐風藻』従五位下大学助背奈王行文二首。
(24) 加藤謙吉「地方豪族の中央出仕形態と両貫制」(加藤謙吉、前掲註14書、初出二〇一五年)。
(25) 近江昌司、前掲註3論文。
(26) 『続紀』天平十年三月辛未条。
(27) 菅澤庸子「古代日本における高麗の残像」(『史窓』四七、一九九〇年)。
(28) 田中史生、前掲註7論文。
(29) 「天平勝宝二年八月廿日造東大寺司解」(正倉院編年文書二五―一三四頁)。

(30)『続紀』天平勝宝二年九月己酉条、『続紀』天平勝宝六年四月壬申条。
(31)「造東大寺司解」(正倉院編年文書四－二三九頁)、「越前国使等解」(正倉院編年文書四－五五頁)。
(32)『続紀』天平宝字五年十月癸酉条、『続紀』天平宝字六年十月丙午朔条。
(33)「経師等上日帳」(正倉院編年文書十－三三八頁)。
(34)『続紀』天平宝字六年四月丙寅条。
(35)「双倉北雑物出用帳」(正倉院編年文書四－一九二・一九四頁)。
(36)『続紀』宝亀八年五月癸酉条。
(37)田中史生、前掲註7論文。
(38)『続紀』神護景雲元年三月己巳条、『続紀』宝亀七年三月癸巳条。
(39)拙稿、前掲註1論文。
(40)中村順昭、前掲註10論文。
(41)石井正敏「日本・渤海交渉と渤海高句麗継承国意識」(『日本渤海関係史の研究』吉川弘文館、二〇〇一年、初出一九七五年)。
(42)拙稿「平安初期の京貫と在地社会」(『吉備地方文化研究』一九、二〇〇九年)。
(43)平野邦雄『和気清麻呂』(吉川弘文館、一九六四年)。拙稿「「忠臣」清麻呂像の完成」(前掲註1書、初出二〇〇一年)。

古代東北の豪族と改賜氏姓

永田　一

はじめに

和銅二年（七〇九）三月、律令国家は陸奥・越後両国において蝦夷を征討するため、巨勢麻呂を陸奥鎮東将軍に、佐伯石湯を征越後蝦夷将軍に、紀諸人を同副将軍に任じた。(1) これ以降も八世紀前半には養老四年（七二〇）の蝦夷征討、神亀元年（七二四）の陸奥国の海道蝦夷と出羽蝦狄の征討、天平九年（七三七）の陸奥・出羽連絡路敷設を目的とした遠征といったように、律令国家は陸奥・出羽両国で蝦夷に対し軍事行動をとった。また、八世紀後半の宝亀五年（七七四）には、いわゆる三十八年戦争がはじまり、以後三十八年間にわたって蝦夷との衝突が繰り返された。この戦いは弘仁二年（八一一）に終結したが、陸奥国では承和三～七年（八三六～八四〇）と斉衡元～二年（八五四～八五五）に大規模な騒乱が発生しており、蝦夷と非蝦夷系住民との軋轢などにより、不安定な状態が続いた。(2)

このように、陸奥国においては八・九世紀を通じて幾度となく蝦夷に対する軍事行動が繰り返されたが、人的・物的にこれを支えていたのが陸奥国南部の非蝦夷系豪族である。彼らは、積極的に蝦夷征討に協力することで台頭していき、その中で、阿倍・毛野・大伴などの有力中央諸氏と系譜関係を持つことを求めていった。神護景雲三年（七六九）には道嶋嶋足により大量の改賜氏姓が申請され、(3) 延暦十六年（七九七）にも陸奥国の豪族に対し一括して改賜氏姓が行われた。(4) これらの事例をはじめとして、『続日本紀』以下の五国史には陸奥国の豪族の改賜氏姓記事が数多く見える。

陸奥国の豪族の改賜氏姓については、これまでにも林陸朗氏(5)・高橋富雄氏(6)・鈴木啓氏(7)・熊谷公男氏(8)らによって詳細に検討されてきた。しかし、一九九二年の熊谷氏の研究以降、この問題についてあまり検討されていない。一方、篠川賢氏により大化前代に職としての国造が陸奥国南部の地域には実在しなかったとする研究が二〇〇五年に発表されており、(9) 陸奥国南部の地域に対するヤマト政権の支配について改めて検討したうえで、この問題について考察する必要が生じている。また、出土文字資料をもとに郡内における在地豪族の盛衰を考察した研究なども発表されている。本稿では、こうした新たな研究にも注目しながら、古代の陸奥国の豪族の改賜氏姓について検討し、その傾向の変化と陸奥国の豪族の盛衰の関係について明らかにしていく。

一　陸奥国の豪族に対する改賜氏姓の基本的な傾向とその背景

『続日本紀』以下の五国史で陸奥国の豪族の改賜氏姓を確認してみると、天平勝宝五年（七五三）六月から貞観十二年（八七〇）十二月までその事例が見える。(10) 陸奥国牡鹿郡の丸子牛麻呂・丸子豊嶋ら二四人に牡鹿連姓を賜与したのが最初の事例で(11)（表1－3・4）、第二例は天平勝宝五年八月に陸奥国の丸子嶋足に牡鹿連姓を賜与したというも

表1　陸奥国の非蝦夷系豪族の人名一覧

	郡名年・月・日	郡	人名	官職・位階等	事項	出典
1	天平勝宝元年（七四九）閏五月十一日	小田	丸子連宮麻呂	私度沙弥	法名を授け師位に入る	続紀
2	同右	小田	日下部深淵	出金山の神主	（授位）外少初位下	続紀
3	天平勝宝五年（七五三）六月八日	牡鹿	丸子牛麻呂	外正六位下	（改賜氏姓）牡鹿連	続紀
4	同右	牡鹿	丸子豊嶋	正七位上	（改賜氏姓）牡鹿連	続紀
5	同年八月二十五日	牡鹿	丸子嶋足	大初位下	（改賜氏姓）牡鹿連	続紀
6	天平神護二年（七六六）十二月三十日	名取	名取公龍麿	正六位上	（改賜氏姓）名取朝臣［郡は氏姓から推定］	続紀
7	神護景雲元年（七六七）七月十九日	宇多	吉弥侯部石麿	外正六位上勲十等	（改賜氏姓）上毛野陸奥公	続紀

8	同年十月十五日	牡鹿	道嶋宿祢三山	外従五位下	〈授位〉従五位上 〈理由〉伊治城造営	続紀
9	神護景雲三年（七六九）三月十三日	白河	丈部子老	外正七位上	〈改賜氏姓〉阿倍陸奥臣	続紀
10	同右	賀美	丈部国益		〈改賜氏姓〉阿倍陸奥臣	続紀
11	同右	標葉	丈部賀例努	正六位上	〈改賜氏姓〉阿倍陸奥臣	続紀
12	同右	安積	丈部直継足	外従七位下	〈改賜氏姓〉阿倍安積臣	続紀
13	同右	信夫	丈部大庭	外正六位上	〈改賜氏姓〉阿倍信夫臣	続紀
14	同右	柴田	丈部嶋足	外正六位上	〈改賜氏姓〉安倍柴田臣	続紀
15	同右	会津	丈部庭虫	外正八位下	〈改賜氏姓〉阿倍会津臣	続紀
16	同右	磐城	丈部山際	外正六位上	〈改賜氏姓〉於保磐城臣	続紀
17	同右	牡鹿	春日部奥麻呂	外正八位下	〈改賜氏姓〉武射臣	続紀
18	同右	曰理	宗何部池守	外従七位上	〈改賜氏姓〉湯坐曰理連	続紀
19	同右	白河	靫大伴部継人	外正七位下	〈改賜氏姓〉靫大伴連	続紀
20	同右	黒川	靫大伴部弟虫	外従六位下	〈改賜氏姓〉靫大伴連	続紀
21	同右	行方	大伴部三田	外正六位下	〈改賜氏姓〉大伴行方連	続紀
22	同右	苅田	大伴部人足	外正六位上	〈改賜氏姓〉大伴苅田臣	続紀
23	同右	柴田	大伴部福麻呂	外従八位下	〈改賜氏姓〉大伴柴田臣	続紀
24	同右	磐瀬	吉弥侯部人上	外正六位上	〈改賜氏姓〉磐瀬朝臣	続紀
25	同右	宇多	吉弥侯部文知	外正六位下	〈改賜氏姓〉上毛野陸奥公	続紀
26	同右	名取	吉弥侯部老人	外正七位下	〈改賜氏姓〉上毛野名取朝臣	続紀
27	同右	賀美	吉弥侯部大成	外正七位下	〈改賜氏姓〉上毛野名取朝臣	続紀
28	同右	信夫	吉弥侯部足山守	外従八位下	〈改賜氏姓〉上毛野鍬山公	続紀
29	同右	新田	吉弥侯部豊庭	外大初位上	〈改賜氏姓〉上毛野中村公	続紀
30	同右	信夫	吉弥侯部広国	外少初位上	〈改賜氏姓〉下毛野静戸公	続紀
31	同右	玉造	吉弥侯部念丸	外正七位上	〈改賜氏姓〉下毛野俯見公	続紀
32	同年四月六日	行方	下毛野公田主	外正七位下	〈改賜氏姓〉下毛野朝臣	続紀
33	同年十一月二十五日	牡鹿	大伴部押人	俘囚外少初位上勲七等	俘囚の名を除き調庸民とする 〈理由〉先祖は紀伊国名草郡片岡里の人	続紀
34	宝亀二年（七七一）十一月十一日	桃生	牡鹿連猪手	外従七位下	〈改賜氏姓〉道嶋宿祢	続紀

	郡名年・月・日	郡	人名	官職・位階等	事項	出典
35	宝亀三年（七七二）七月十七日	安積	丈部継守		（改賜氏姓）阿倍安積臣42と同一人物	続紀
36	宝亀十一年（七八〇）三月二十二日	牡鹿	道嶋大楯	大領	伊治公呰麻呂に殺される	続紀
37	延暦元年（七八二）五月三日	信夫	安倍信夫臣東麻呂	外大初位下	（授位）外従五位下〈理由〉軍粮を進上［郡は氏姓から推定］	続紀
38	延暦四年（七八五）二月七日	小田	丸子部勝麻呂	大領正六位上	（授位）外従五位下〈理由〉征夷軍に従軍	続紀
39	延暦八年（七八九）六月三日	会津	会津壮麻呂	進士	征夷に従軍し戦死［郡は氏姓から推定］	続紀
40	同右	牡鹿	道嶋御楯	別将	敗残兵を率いて帰還	続紀
41	延暦十年（七九一）二月五日	磐城	丈部善理	外従七位下	（授位）外従五位下〈理由〉延暦八年、征夷軍に従軍し死亡	続紀
42	同年九月五日	安積	阿倍安積臣継守	大領外正八位上	（授位）外従五位下〈理由〉軍粮を進上	続紀
43	延暦十五年（七九六）十二月二十九日	？	吉弥侯部善麻呂	外少初位下	（改賜氏姓）上毛野陸奥公	後紀
44	延暦十六年（七九七）正月十三日	白河	大伴部足猪	外□八位□	（改賜氏姓）大伴白河連	後紀
45	同右	曰理	五百木部黒人		（改賜氏姓）大伴曰理連	後紀
46	同右	黒川	大伴部真守	外少初位上	（改賜氏姓）大伴行方連	後紀
47	同右	行方	大伴部兄人	外少初位上	（改賜氏姓）大伴行方連	後紀
48	同右	安積	丸子部古佐美	外少初位上	（改賜氏姓）大伴安積連	後紀
49	同右	安積	大田部山前		（改賜氏姓）大伴安積連	後紀
		※1				
50	同右	富田	丸子部佐美		（改賜氏姓）大伴安積連	後紀
51	同右	小田	丸子部稲麻呂		（改賜氏姓）大伴安積連	後紀
52	同右	遠田	丸子部八千代	外大初位上	（改賜氏姓）大伴山田連	後紀
53	同右	磐瀬	□		（改賜氏姓）大伴宮城連	後紀
54	延暦十八年（七九九）三月四日	柴田	大伴部人根	外少初位下	（改賜氏姓）大伴柴田臣	後紀
55	弘仁二年（八一一）四月四日	志太	志太連宮持	外正六位下	（授位）外従五位下〈理由〉征夷の功績［郡は氏姓から推定］	後紀
56	弘仁五年（八一四）正月十九日	牡鹿	牡鹿連息継	外従六位下	（授位）外従五位下［郡は氏姓から推定］	類史
57	天長三年（八二六）正月二十三日	賀美	上毛野賀茂公宗継	外従五位下	（授位）外正五位下［郡は氏姓から推定］60と同一人物か	類史

58	同右	磐城	磐城臣藤成	外正六位上	（授位）外従五位下［郡は氏姓から推定］	類史
59	同右	？	上毛野陸奥公吉身	外正六位上	（授位）外従五位下	類史
60	天長九年（八三二）四月二十一日	賀美	上毛野賀美公宗継	※2外正五位下	（授位）従五位下［郡は氏姓から推定］	類史
61	同右	菊多	湯坐菊多臣福足	借外従六位上勲六等	（授位）外従五位下［郡は氏姓から推定］	類史
62	承和七年（八四〇）二月十六日	柴田	丈部豊主	権大領	（改賜氏姓）阿倍陸奥臣68と同一人物	続後紀
63	同右	伊具	陸奥真成	擬大毅	（改賜氏姓）阿倍陸奥臣	続後紀
64	同右	？	丈部継成		（改賜氏姓）下毛野陸奥公	続後紀
65	同年三月四日	耶麻	丈部人麿	大領外正八位上勲八等	（改賜氏姓）上毛野陸奥公	続後紀
66	同年三月十二日	磐城	磐城臣雄公	大領外正六位上勲八等	（授位）仮外従五位下〈理由〉軍功。橋・官舎正倉等の修造71・75と同一人物	続後紀
67	同右	宮城	物部已波美	権大領外従六位上勲七等	（授位）仮外従五位下〈理由〉私池を造り公田を灌漑。私稲を公民に提供	続後紀
68	承和八年（八四一）三月二日	柴田	阿倍陸奥臣豊主	権大領外従六位下勲七等	（授位）借外従五位下〈理由〉国司褒挙	続後紀
69	同右	黒川	靫伴連黒成	大領外従六位下勲八等	（授位）借外従五位下〈理由〉国司褒挙 72と同一人物	続後紀
70	同右	江刺	上毛野胆沢公毛人	擬大領外従八位下勲八等	（授位）借外従五位下〈理由〉国司褒挙	続後紀
71	承和十年（八四三）十一月十五日	磐城	磐城臣雄公	大領借外従五位下勲八等	（授位）従五位下〈理由〉公勤を褒める	続後紀
72	同右	黒川	靫伴連黒成	大領外従五位下勲八等	（授位）従五位下〈理由〉公勤を褒める	続後紀
73	同年十一月十六日	白河	狛造智成	百姓外従八位上勲九等	（改賜氏姓）陸奥白河連	続後紀
74	同右	安積	狛造子押麻呂	百姓外少初位下	（改賜氏姓）陸奥安達連	続後紀
75	承和十一年（八四四）正月八日	磐城	磐城臣雄公	大領外従五位下勲八等	（改賜氏姓）阿倍磐城臣	続後紀
76	同右	磐城	磐城臣貞道		（改賜氏姓）阿倍磐城臣	続後紀
77	同右	磐城	磐城臣弟成		（改賜氏姓）阿倍磐城臣	続後紀
78	同右	磐城	磐城臣秋生		（改賜氏姓）阿倍磐城臣	続後紀
79	承和十五年（八四八）二月二十二日	磐瀬	丈部宗成	権大領外従七位上	職田を支給〈理由〉公勤に怠りなし81と同一人物	続後紀
80	同年五月十三日	白河	奈須直赤龍	大領外正七位上	（改賜氏姓）阿倍陸奥臣	続後紀

	郡名年・月・日	郡	人名	官職・位階等	事項	出典
81	同右	磐瀬	丈部宗成	権大領外従七位上勲九等	（改賜氏姓）阿倍陸奥臣	続後紀
82	同右	磐城	陸奥丈部臣継嶋	磐城団擬少毅	（改賜氏姓）阿倍陸奥臣	続後紀
83	同右	?	丈部本成	権主政外従七位下	（改賜氏姓）阿倍陸奥臣	続後紀
84	同右	信夫	大田部月麻呂	擬主帳	（改賜氏姓）阿倍陸奥臣	続後紀
85	同右	標葉	陸奥標葉臣高生	擬少領	（改賜氏姓）阿倍陸奥臣	続後紀
86	同右	伊具	陸奥臣善福	麻続郷戸主磐城団擬主帳	（改賜氏姓）阿倍陸奥臣	続後紀
87	同右	色麻	陸奥臣千継	少領外正七位上勲八等	（改賜氏姓）阿倍陸奥臣	続後紀
88	貞観三年（八六一）十月十六日	磐瀬	石瀬朝臣富主	大領※3外従五位下?	（授位）借外従五位下91と同一人物	三実
89	貞観五年（八六三）十二月十六日	磐瀬	吉弥侯部豊野	正六位上勲九等	（改賜氏姓）陸奥磐瀬臣〈理由〉天津彦根命之後	三実
90	貞観六年（八六四）七月十五日	磐瀬	磐瀬朝臣長宗	権大領外正六位上	（授位）借外従五位下	三実
91	貞観七年（八六五）十一月二日	磐瀬	磐瀬朝臣富主	大領※4借外従五位下	（授位）外従五位下	三実
92	貞観十一年（八六九）三月十五日	柴田	阿倍陸奥臣永宗	権大領外正八位上	（授位）借外従五位下	三実
93	同右	名取	刑坂宿祢本継	名取団大毅外正六位上	（授位）借外従五位下	三実
94	貞観十二年（八七〇）六月二日	菊多	丈部継麿		（改賜氏姓）湯坐菊多臣	三実
95	同右	菊多	丈部浜成		（改賜氏姓）湯坐菊多臣	三実
96	同年十二月九日	安積	矢田部今継		（改賜氏姓）阿倍陸奥臣	三実
97	同右	安積	丈部清吉		（改賜氏姓）阿倍陸奥臣	三実
98	元慶元年（八七七）三月二十三日	?	吉弥侯部真保	外正六位上勲五等	（授位）外従五位下	三実

※1…富田郡は延暦十八年に色麻郡に併合された（『日本後紀』延暦十八年三月辛亥条）。
※2…国史大系は「従」とするが、『青森県史』資料編古代1文献史料（青森県、二〇〇一年）二三五頁の校訂に従う。
※3…授位された借位（借外従五位下）と矛盾するので、誤りと推測される。
※4…「借」は諸写本にはないが三実貞観三年十月十六日丙辰条により補うとする、『青森県史』資料編古代1文献史料（青森県、二〇〇一年）二七五頁の校訂に従う。
・本表は『続日本紀』以下の五国史と『類聚国史』を対象として作成した。
・出典は略称を用いた。『続日本紀』→続紀、『日本後紀』→後紀、『続日本後紀』→続後紀、『日本三代実録』→三実、『類聚国史』→類史。

のである[12]（表1－5）。さらに、『続日本紀』神護景雲三年三月辛巳条によると、道嶋嶋足が陸奥大国造として大量の改賜氏姓を一括して申請している（表1－9～31）。こうしたことから、陸奥国の豪族に対する改賜氏姓が行われるようになった直接の契機は、道嶋嶋足が陸奥国出身者としては異例の出世を遂げ、律令国家の東北経営において大きな役割を果たすようになったことにあると言える。征夷による軍事行動をはじめとする蝦夷政策の積極化にはそれを支える存在が必要で、その役割を担った新興階層を新たに在地の支配層として認定する必要があり、陸奥国の改賜氏姓は神護景雲年間以降に急激に増加した[13]。

では、陸奥国の豪族に対する改賜氏姓とはどのようなものだったのか、その基本的な傾向を確認していく。陸奥国の豪族の改賜氏姓は、全国の中でもその事例が特に多く[14]、対象となった豪族の大部分は部姓の人々である[15]。改賜氏姓によって与えられた氏姓は、「中央氏族名＋地名＋カバネ」という複姓が多く、その中央氏族名は阿倍氏系・毛野氏系・大伴氏系が大半を占める[16]。そして、丈部→阿倍氏系複姓一三例（表1－9～15・35・62・81・82・83・97）、吉弥侯部→毛野氏系複姓九例（表1－7・25～31・43）、大伴部→大伴氏系複姓九例（表1－19～23・44・46・47・54）という対応関係が確認できる[17]。

また、「中央氏族名＋地名＋カバネ」という複姓の地名には、陸奥二二例（表1－7・9～11・25・43・59・62～65・80～87・92・96・97）、郡名三二例（表1－12～16・18・21～23・26・27・35・37・44～51・53・54・57・61・70・75～78・94・95）、郷名四例（表1－28～31）の三パターンがあった[18]。これらが先行研究により指摘されてきた最も基本的な傾向である。

しかし、陸奥国の豪族の改賜氏姓について、先行研究で見解の分かれるところもある。丈部→阿倍氏系複姓、吉弥侯部→毛野氏系複姓、大伴部→大伴氏系複姓という改賜氏姓の対応関係について、高橋富雄氏は、大化前代の東北地方で部民制的支配が行われており、その伴造と部民の関係に基づいたものだったとしている[19]。

これに疑問を呈したのが熊谷公男氏である。熊谷氏は、「国造本紀」に見える陸奥国南部の国造の系譜との関係からこの説について検討した。[20]

『先代旧事本紀』巻一〇「国造本紀」に見える道奥菊多・阿尺・思・伊久・染羽・浮田・信夫・白河・石背・石城国造は、現在の福島県域から宮城県南部の地域に比定されている。これらの国造の系譜を見てみると、①建許呂命系（道奥菊多・石背・石城）、②天湯津彦命系（阿尺・思・伊久・染羽・信夫・白河）、③賀我別王系（浮田）、の三つのグループに分かれる（表2参照）。

①の建許呂命については第三節で詳しく述べるが、天津彦根命系の人物とされる。②の天湯津彦命は『先代旧事本紀』巻三「天神本紀」で天孫降臨の際に供奉した三二神のなかに見え、「安芸国造等祖」とされている。しかし、他の史料にその名は見えない。③の瑞籬朝（崇神天皇）五世孫の賀我別王は、『日本書紀』応神天皇十五年八月丁卯条に「時遣二上毛野君祖、荒田別・巫別於百済一」、『同』神功皇后摂政四十九年三月条に「以二荒田別・鹿我別一為二将軍一」と見えることから、「巫別」「鹿我別」が同一人物と考えられ、上毛野氏系である。

「国造本紀」のこうした系譜を検討した熊谷氏は、令制下と大きく様相が異なり、阿倍・毛野・大伴などの有力中央諸氏と同祖関係を有する国造がほとんど見えないことを指摘した。そして、もし令制以前にそれらの有力中央諸氏の部民制的支配が東北南部に存在した場合、国造の一族が現地で伴造としてこれら諸氏の部民の支配にあたるはずなので、陸奥国の国造に阿倍・毛野・大伴などの氏族と同祖関係を有する国造が少なからず存在してよいはずだが、「国造本紀」からはほとんど裏付けることができないとし、[21]高橋説を否定している。そして、一般にカバネ姓は支配層に、部姓は農民層に対応する姓なので、部姓の有位者は「国造本紀」に収録されたような、この地域の伝統的首長層とは出自の異なる在地の有力農民層出身だったとしている。[22]

「国造本紀」に見える陸奥国南部の国造の系譜に注目し、大化前代と律令制下では、陸奥国南部の豪族と有力中央諸氏との同祖関係の有無に違いがあるとした熊谷氏の指摘は大変興味深い。しかし、問題となるのは「国造本紀」に見える陸奥国南部の国造について、大化前代に職としての国造は実在しなかったと指摘されていることである。

『常陸国風土記』多珂郡条によると、建御狭日命が多珂国造として支配したのは「久慈堺之助河」から「陸奥国石城郡苦麻之村」に至る範囲とあり（「助河」は茨城県日立市助川に、「苦麻之村」は福島県双葉郡大熊町熊にそれぞれ比定されている）、これは八世紀の常陸国多珂郡から陸奥国石城郡に及ぶ範囲となるが、「国造本紀」にはこの範囲内に比定される国造として、道口岐閇国造[23]・高国造・道奥菊多国造・石城国造が見える。これに注目した篠川賢氏は、『常陸国風土記』の伝える多珂国造のクニの範囲内に、現実に道奥菊多・道口岐閇・石城国造が存在していたとは考えがたく、これらの三国造は大宝二年（七〇二）に認定された国造氏を指しているとした[24]。そして、これらの三国造より北の地域に比定されている阿尺・思・伊久・染羽・浮田・信夫・白河・石背国造も国造氏を指していると論じている[25]。

この篠川説に対して、垣内和孝氏は道奥菊多・道口岐閇・石城国造の非実在性のみを認め[26]、吉田歓氏は陸奥国南部に国造は実在したと論じた[27]。

表2　「国造本紀」に見える陸奥国南部の国造

	国造名	設置時期	最初に任じられた国造とその出自
1	道奥菊多国造	応神朝	建許呂命の児、屋主乃禰
2	阿尺国造	成務朝	阿岐国造の同祖、天湯津彦命の十世孫、比止禰命
3	思国造	成務朝	阿岐国造の同祖、（天湯津彦命の）十世孫、志久麻彦
4	伊久国造	成務朝	阿岐国造の同祖、（天湯津彦命の）十世孫、豊嶋命
5	染羽国造	成務朝	阿岐国造の同祖、（天湯津彦命の）十世孫、足彦命
6	浮田国造	成務朝	瑞籬朝五世孫、賀我別王
7	信夫国造	成務朝	阿岐国造の同祖、久志伊麻命の孫、久麻直
8	白河国造	成務朝	天降天由都彦命の十一世孫、塩伊乃己自直
9	石背国造	成務朝	建許侶命の児、建弥依米命
10	石城国造	成務朝	建許呂命

篠川説とそれに対する垣内説・吉田説を踏まえて、筆者も陸奥国南部の国造の実在性について検討を試みたところ、『古事記』中巻 神武天皇段に神八井耳命の後裔として道奥石城国造が見え、「国造本紀」の石城国造条と系譜が異なることなどから、道奥石城国造については七世紀後半に置かれたとみられるが、他の九国造については大宝二年に認定された国造氏である可能性が高いと考えて

いる。[28]

国造が称する氏姓としては「クニの名＋カバネ」が一般的だが、東国には「部名＋カバネ」を称する伴造的国造が多く、[29]基本的には直姓である。しかし、東北地方の豪族の氏姓を確認してみると、「国造本紀」に見える初代信夫国造の久麻直、初代白河国造の塩伊乃己自直（表2－7・8）を除く直姓の人名は白河郡の奈須直赤龍（表1－80）、安積郡の丈部直継足（表1－12）、『常陸国風土記』多珂郡条に見える多珂国造石城直美夜部の三例のみである。このうち、奈須直赤龍は白河郡と隣接する下野国那須地域を支配していた那須国造の那須直氏の人物とみられる。また、石城直美夜部の立場については諸説あるが、[30]『常陸国風土記』多珂郡条を記述する際、最終的身分表記、つまり最も新しい身分や氏姓の情報をもとに記述したと考えるのが自然である。[31]石城直美夜部は、その氏姓から自らの本拠地を石城地域と主張していたとみられるが、最終的な立場は多珂国造だったのだろう。[32]丈部直継足が東国の伴造的国造に見られる「部名＋カバネ」を称しているが、七世紀後半以降に実在したとみられる陸奥国の豪族で直姓を称している人物は極めて少ない。大化前代に国造制が定着していた他の地域と陸奥国ではヤマト政権の支配の浸透度に差があったことは明らかで、大化前代に陸奥国南部の地域に国造制は存在していなかったのである。

「国造本紀」に、阿倍・毛野・大伴などの有力中央諸氏と同祖関係を有する国造がほとんど見当たらないのは、大宝二年に国造氏として認定された時点で、陸奥国南部の豪族は、それらの有力中央諸氏と同祖関係を主張できるような伝統的なつながりを持っていなかったということだろう。これには、大化前代の同地域では石城を除いて国造が置かれておらず、ヤマト政権の支配の浸透度が低かったことが関係していよう。ならば、阿倍・毛野・大伴などの有力中央諸氏のもと、陸奥国南部の豪族が部民を支配したという体制は成立していなかったと考えられる。

二　改賜氏姓の傾向の変化とその理由

陸奥国の非蝦夷系豪族について、熊谷公男氏は改賜氏姓を含め総合的に検討しているが、特に重要なのは、八・九世紀の間で改賜氏姓の傾向が変化したことを踏まえた次の指摘である。

八世紀後半以降陸奥国南部の在地では、征夷に関わることで台頭し、阿倍・毛野・大伴などの有力中央諸氏との系譜関係を有するようになった新興階層に、有力中央諸氏と系譜関係をもつことの少ない旧来の豪族がとって代わられる動きが急速に進み、九世紀半ばまでに一部の郡を除き、郡領職の大半を中央氏族名を含む複姓の人々が占めるようになった。

しかし、それとは別に、承和年間以降になると、陸奥・磐城・那須などの姓から阿倍氏系複姓に改賜氏姓する例が増加する。九世紀代には、それまで公認されていた系譜と異なる系譜関係を主張して改賜氏姓に成功する例が全国的に見ても少なくないので、同様の例と言える。しかし、陸奥国の特殊な事情も考慮すべきで、これらの旧豪族は各氏族の固有の伝統的権威で在地支配を行っていたが、阿倍・毛野・大伴などの有力中央諸氏の支流を称する新興豪族が優勢になるとその権威は次第に低下し、劣勢を挽回するため、あえてそれまでの系譜を棄てて阿倍氏の同祖を主張し、新しい時代に即応した系譜・氏姓を獲得しようとしたと論じている。(33) 傾聴すべき指摘である。

では、こうした熊谷説を踏まえつつ、陸奥国の豪族に対する改賜氏姓の傾向の変化について改めて検討してみたい。「中央氏族名＋地名＋カバネ」という複姓への改賜氏姓では、大伴氏系・毛野氏系・阿倍氏系で、それぞれ時期的に異なる傾向があった。

大伴氏系複姓への改賜氏姓は、神護景雲三年に五例（表１－19〜23）、延暦十六年に一〇例（表１－44〜53）、延暦十八年（七九九）に一例（表１－54）で、八世紀にのみ確認される。

毛野氏系複姓への改賜氏姓は神護景雲年間に八例（表１－７・25〜31）、延暦十五年（七九六）に一例（表１－43）、承和七年（八四〇）に二例（表1－64・65）で、八世紀に多く、九世紀に入ると減少する。

阿倍氏系複姓への改賜氏姓は、神護景雲三年に七例（表1－9～15）、宝亀三年（七七二）に一例（表1－35）、承和年間に一四例（表1－62・63・75～78・80～87）、貞観十二年に二例（表1－96・97）で、こちらは九世紀に増加する。八世紀には、陸奥国の豪族は大伴氏・毛野氏・阿倍氏それぞれに対し系譜関係を主張していた。しかし、熊谷氏も指摘しているように、九世紀になると陸奥国の豪族の大部分が阿倍氏との同祖関係を主張するようになっていった。

九世紀に入ると、丈部→阿倍氏系複姓、吉弥侯部→毛野氏系複姓、大伴部→大伴氏系複姓という改賜氏姓の対応関係も変化する。丈部→阿倍氏系複姓への改賜氏姓は五例（表1－62・81～83・97）、吉弥侯部→上（下）毛野氏系複姓への改賜氏姓は事例が無くなり、八世紀に比べて明らかに減少する。一方、丈部とは別の部姓→阿倍氏系複姓への改賜氏姓一一例（表1－63・75～78・80・84～87・96）、吉弥侯部とは別の部姓→毛野氏系複姓への改賜氏姓二例（表1－64・65）となっている。

大伴氏系複姓への改賜氏姓についても確認すると、大伴部→大伴氏系複姓は神護景雲三年から延暦十八年の間に七例（表1－21～23・44・46・47・54）、大伴部以外の部姓→大伴氏系複姓は延暦十六年に六例確認できる（表1－45・48～52）。

つまり、丈部→阿倍氏系複姓、吉弥侯部→毛野氏系複姓、大伴部→大伴氏系複姓という改賜氏姓の対応関係は概ね八世紀末頃まで維持されていたが、九世紀に入る頃に崩れていったということである。こうした変化の背景には、八世紀に阿倍・毛野・大伴などの有力中央諸氏との同祖関係を主張し認められた部姓の新興豪族が、その後必ずしも在地で突出した勢力となっていた訳ではなく、九世紀に入る頃にはさらに新興勢力が台頭していたという状況があったと考えられる。熊谷氏は旧豪族と八世紀後半以降に改賜氏姓された部姓の新興豪族との競合を指摘しているが、[34]部姓の新興豪族のなかでも、八世紀後半に台頭した豪族と九世紀に台頭した豪族の間でさらに競合があったのである。

陸奥国の豪族に与えられた複姓には、「陸奥＋地名＋カバネ」という型もある（表1－73・74・85・89）。これらが改賜氏姓されたのは承和十年（八四三）と貞観五年（八六三）である。またこの型式の氏姓の人名が確認できるのも承和十五年であり、八世紀には確認できないことから、この型への改賜氏姓は主に九世紀以降に行われたらしい。

貞観五年に陸奥磐瀬臣姓を賜与された吉弥侯部豊野は「天津彦根命之後」を名乗っているが、[35]「国造本紀」によれば石背国造は建許呂命・天津彦根命系である。つまり、吉弥侯部豊野は「国造本紀」に記載された石背国造の後裔であることを主張したのだろう。九世紀後半においても、在地の部姓の新興豪族にとって「国造本紀」に記載された国造の系譜は改賜氏姓を願い出るうえでそれなりに重視されていた。

また、承和十五年には擬少領の陸奥標葉臣高生が阿倍陸奥臣姓を賜与されているが、[36]「陸奥＋地名＋カバネ」という複姓は「中央氏族名＋地名＋カバネ」という複姓よりも格付けとして下であることを示している。九世紀に台頭した新興豪族のなかにも勢力差はあり、阿倍氏系複姓に改賜氏姓された部姓の新興豪族もいたが、部姓→「陸奥＋地名＋カバネ」→「中央氏族名＋地名＋カバネ」（主に阿倍系複姓）、と改賜氏姓を繰り返した新興豪族もいた。

八世紀後半における陸奥国の豪族に対する改賜氏姓は、伝統的な旧豪族と征夷への協力を契機とした新興豪族が競合するようになった状況を示している。そして、九世紀における改賜氏姓の傾向の変化の背景には、部姓の新興豪族のなかでも、八世紀後半に台頭した豪族と九世紀以降に台頭した豪族の間で競合が生じていた状況があった。九世紀には、伝統的な旧豪族・八世紀後半に台頭した新興豪族・九世紀以降に台頭した新興豪族という三者の競合があったのである。

三　磐瀬郡・磐城郡における豪族の競合

本節では比較的史料の豊富な磐瀬郡と磐城郡を対象として、陸奥国南部における非蝦夷系豪族の競合と盛衰について具体的に考察する。

まず磐瀬郡について検討する（表1－24・53・79・81・88～91）。神護景雲三年に吉弥侯部人上が磐瀬朝臣姓を賜与されており、(37) その子孫とみられる磐瀬朝臣富主が貞観三年（八六一）・同七年に磐瀬郡大領だったこと、(38) また貞観六年に磐瀬朝臣長宗が磐瀬郡権大領だったことが見える。(39) 朝臣のカバネを賜与されていることから、八世紀後半には磐瀬郡を支配する豪族として重要視されていたとみられる。(40)

承和十五年には丈部宗成が磐瀬郡権大領だったこと、阿倍陸奥臣姓を賜与されたことが見える。(41) また、すでに触れたように「天津彦根命之後」を名乗り、「国造本紀」に記載された石背国造の後裔と見られる吉弥侯部豊野が貞観五年に陸奥磐瀬臣姓を賜与されていた。このほかに、延暦十六年に磐瀬郡の人物（もとの姓名は不明）が大伴宮城連姓を賜与されていた。(42)

磐瀬郡では、八世紀後半に台頭した部姓の新興豪族である磐瀬朝臣氏（もと吉弥侯部氏）が一定の勢力を築き、九世紀後半には大領や権大領となるなど安定した勢力となっていた。これに対し、九世紀に台頭した部姓の新興豪族である阿倍陸奥臣氏（もと丈部氏）が九世紀前半に権大領となった。「国造本紀」に記された石背国造の後裔である陸奥磐瀬臣氏（もと吉弥侯部氏）は、八世紀初頭頃に一定の勢力を持っていたとみられるが、郡領となった人物が確認できないことなどから、八世紀後半～九世紀前半頃は磐瀬臣氏や阿倍陸奥臣氏より劣勢になっており、九世紀後半に挽回の動きを見せたということだろう。ただし、賜与されたのは「陸奥＋地名＋カバネ」姓なので、カバネのうえでは朝臣より下位、複姓の型でも「中央氏族名＋地名＋カバネ」より下の格付けで、磐瀬朝臣氏や阿倍陸奥臣氏より下位に位置づけられた。

続いて磐城郡について考えていく。そもそも、陸奥国南部に比定される一〇国造のうち、石城国造には特に複雑な事情がある。

「国造本紀」石城国造条は、初代の石城国造を建許呂命としている。しかし、「国造本紀」師長国造条・須恵国造条・馬来田国造条には「茨城国造祖建許呂命」とある。また、『常陸国風土記』茨城郡条に「所以、地名便謂二茨城一焉。〈茨城国造初祖、多祁許呂命（後略）〉」と見え、「国造本紀」茨城国造条に「軽嶋豊明朝御世、天津彦根命孫筑紫刀禰定二賜国造一」とある。『常陸国風土記』茨城郡条と「国造本紀」師長国造条・須恵国造条・馬来田国造条は基本的に建許呂命を茨城国造の始祖と捉え、天津彦根命系としている。

なぜ、「国造本紀」石城国造条の記述は異質なものとなったのか。「国造本紀」において建許呂命が見えるのは師長国造条・須恵国造条・馬来田国造条・道奥菊多国造条・道口岐閇国造条・石背国造条・石城国造条である。このうち、師長国造条・須恵国造条・馬来田国造条には茨城国造との関係が明示されているが、道奥菊多国造条・道口岐閇国造条・石背国造条・石城国造条にはそうした記述が無い。つまり、建許呂命が見える条文は茨城国造との関係を明示するか否かで、ⅰ師長国造条・須恵国造条・馬来田国造条（関東南部）と、ⅱ道奥菊多国造条・道口岐閇国造条・石背国造条・石城国造条（茨城県北部・福島県）の二つのグループに分かれるのである。

ⅱグループの国造に任じられた人物についての記述を確認すると、「建許呂命」（石城国造条）、「建許呂命児屋主乃禰」（道奥菊多国造条）、「建許呂命児宇佐比乃禰」（道口岐閇国造条）、「建許侶命児建弥依米命」（石背国造条）とあり、石城国造条を要として同族系譜を形成している。つまり、ⅰグループは茨城国造を要として別々に同族系譜を形成していたが、後に建許呂命を介してⅰ・ⅱ二つのグループが結びつけられたのだろう。それも、『常陸国風土記』茨城郡条の記述を重視すれば、本来、建許呂命は茨城国造の始祖とされており、まずⅰグループの同族系譜が形成され、ⅱグループが同族系譜を形成し石城国造の始祖を建許呂命とすることで後から結びついたと考えられる。

では、ⅱグループの同族系譜はいつ形成されたのか。『古事記』中巻 神武天皇段によると道奥石城国造は神八井耳命系とされており、天津彦根命系の建許呂命を国造に任じたとする「国造本紀」石城国造条とは系譜が異なる。つまり、『古事記』に記された道奥石城国造と、「国造本紀」石城国造条の系譜が作られた時の石城国造は別氏だったとみられる(43)。『古事記』に記された道奥石城国造の氏族と競合する新興豪族が台頭し、そちらが大宝二年に国造記が作られた際に石城国造として認定されたのだろう。「国造本紀」のⅱグループの同族系譜が成立したのも大宝二年と考える。[44]
七世紀後半から大宝二年の間に石城国造に二つの氏族の人物が任命され、競合していた状況がうかがわれる。では、石城地域にはどのような在地豪族がいたのか。まず、『続日本紀』以下の五国史から磐城郡の豪族に関する記事をあげてみたい。

a 『続日本紀』神護景雲三年三月辛巳条

辛巳、陸奥国白河郡人外正七位上丈部子老・賀美郡人丈部国益・標葉郡人正六位上丈部賀例努等十人、賜二姓阿倍陸奥臣一。（中略）磐城郡人外正六位上丈部山際於保磐城臣、（中略）並是大国造道嶋宿禰嶋足之所レ請也。

b 『続日本紀』延暦元年（七八二）七月丁未条

丁未、授二女孺従七位上山口忌寸家足・従八位上於保磐城臣御炊並外従五位下一。

c 『類聚国史』巻九九 職官四 叙位四 天長三年（八二六）正月庚寅条

庚寅、授二外従五位下遠田臣人綱・上毛野賀茂公宗継外正五位下一。外正六位上磐城臣藤成・上毛野陸奥公吉身外従五位下。

d 『続日本後紀』承和七年三月戊子条

戊子、（中略）陸奥国磐城郡大領外正六位上勲八等磐城臣雄公、遄即二戎途一、忘レ身決レ勝。居レ職以来、勤修二大橋廿四処・溝池堰廿六処・官舎正倉一百九十宇一。（中略）並仮二外従五位下一。

e 『続日本後紀』承和十年十一月己亥条

己亥、（中略）陸奥国磐城郡大領借外従五位下勲八等磐城臣雄公・「書生」黒川郡大領外従五位下勲八等靫伴連黒成、並授二従五位下一。褒二公勤一也。

f 『続日本後紀』承和十一年（八四四）正月辛卯条

辛卯、（中略）陸奥国磐城郡大領外従五位下勲八等磐城臣雄公戸口廿四人、男十四人・女十人、磐城臣貞道

戸口十人、男七人・女三人、磐城臣弟成戸口四人、男三人・女一人、磐城臣秋生戸口三人、男二人・女一人、
賜二姓阿倍磐城臣一。

aには丈部山際が於保磐城臣姓を賜与されたことが、bには女孺の於保磐城臣御炊が外従五位下を授位されたことが見える。八世紀後半の磐城郡には於保磐城臣氏が有力豪族として存在していた。『古事記』中巻 神武天皇段には「神八井耳命者、〈意富臣・小子部連（中略）科野国造・道奥石城国造・常道仲国造（中略）嶋田臣等之祖也〉」とある。「於保」と「意富」は通じるので、於保磐城臣氏が『古事記』中巻 神武天皇段に見える道奥石城国造だったと考えられる。

一方、cには磐城臣藤成、dには磐城郡大領磐城臣雄公、eには陸奥国磐城郡大領磐城臣雄公が授位されたことが見える。また、fには磐城郡大領磐城臣雄公の戸口二四人、磐城臣貞道の戸口一〇人、磐城臣弟成の戸口四人、磐城臣秋生の戸口三人が阿倍磐城臣姓を賜与されたことが記されている。天長～承和年間頃には磐城臣氏が有力豪族として台頭し、磐城郡大領となっていた。

このように、a～fの史料によると、磐城郡では八世紀後半に於保磐城臣氏が有力豪族として勢力を誇っていたが、九世紀前半に磐城臣氏が台頭し大領となっていたと解釈して問題ないように思える。しかし、これと関連して検討しなければならないのが、次の二つの木簡である。(45)

g荒田目条里遺跡出土第二号木簡

・「郡符 里刀自 手古丸 黒成 宮澤 安継家 貞馬 天地 子福積 奥成 得内 宮公 吉惟 勝法 圓隠 百済部於用丸 真人丸
奥丸 福丸 蘓日丸 勝野 勝宗 貞継 浄人部於日丸 浄野 舎人丸 佐里丸 浄継 子浄継 丸子部福継 『不』足小家 壬部
福成女 於保五百継 子槐本家 太青女 真名足 『不』子於足 『合卅四人』
右田人為以今月三日上面職田令殖可扈発如件 」
奉宣別為如任件□〔宣カ〕

・「 大領於保臣　以五月一日 」

五九二×四五×六

h 荒田目条里遺跡出土第三号木簡

・「返抄検納公廨米陸升　正料四升　調度二升　卅七石丈部子福□〔領カ〕×
　右件米検納如件別返抄

・「　　仁寿三年十月□日米長□×
　　　　『於保臣雄公□』

（二六八）×三五×一〇

これらの木簡の発見により、d～fに見える「磐城臣雄公」とgの「大領於保臣」・hの「於保臣雄公」は同一人物か否か、於保磐城臣氏と磐城臣氏は同一氏族か否か、という問題が議論されるようになった。

平川南氏は、まずgの木簡について、裏面は符式文書の施行文言、位署、文書の日付に相当し、五月一日という月日の前に「大領於保臣」と記されている点が公式令の符式に合致すると指摘し、「大領於保臣」の位書部分は本来主帳が「大領於保臣」までを記し、名のみ大領自身が自署することになるが、ここでは「於保臣」部分が自署されたと考えられるとし、aに見える「於保磐城臣」は磐城郡内では通常は「磐城」を省略して「於保臣」と称したのだろうとする。そしてgの木簡の年代を、同一遺構から共伴したhの年紀「仁寿三年」とほぼ同時期とすれば、「大領於保臣」は、d～fに見える「磐城郡大領磐城臣雄公」と同一人物の可能性が高いとした。(46)つまり、於保磐城臣氏と磐城臣氏は同じ氏族だとしている。(47)

また、hの「大領於保臣」と、d～fの「磐城郡大領磐城臣雄公」を同一人物とした場合、承和十一年（八四四）に磐城臣雄公が阿倍磐城臣の複姓を賜与されたのに（f）、その後の仁寿三年（八五三）にも於保臣を名乗ったこととなり（h）、矛盾が生じるように思われるが、承和十一年に阿倍磐城臣の複姓を賜与されたのは、あくまで雄公の戸口であって雄公自身ではないとし、仁寿三年の段階で「於保臣雄公」を名乗っていたと考えて問題ないとしている。(48)

これに対し、今泉隆雄氏は「大領於保臣」と、「磐城郡大領磐城臣雄公」を同一人物とした場合、承和十一年の磐城臣雄公の阿倍磐城臣への改賜氏姓（f）と、仁寿三年の「於保臣雄公」の記述（h）に矛盾が生じることを問題視している。そして、磐城郡には大領・少領がおり、複数の郡領氏族がいたことを前提に考えるべきだとし、磐城郡の郡領氏族に、石城直→磐城臣→阿倍磐城臣と改賜氏姓された氏と、丈部→於保磐城臣（於保臣）と改賜氏姓された氏があったと論じている。(49)

平川説において問題となるのは、fで承和十一年に阿倍磐城臣の複姓を賜与されたのは雄公の戸口であって雄公自身ではないとしている点である。なぜ磐城郡大領として一族を率いる立場にあった雄公だけが阿倍磐城臣への改賜氏姓から外され、その戸口が対象とされたのか。改賜氏姓されるには何かの功績をあげるなど理由があったはずで、その中心にいたのは一族を率いていた雄公だろう。よって、雄公のみが改賜氏姓の対象から外されたとは考えがたい。陸奥国における於保氏系複姓は於保磐城臣氏のみだが、阿倍氏系複姓への改賜氏姓は九世紀に増加しており、陸奥国の豪族にとって阿倍氏系複姓への改賜氏姓は大変重視されていた。こうした傾向に逆らい、戸口と別に雄公のみが阿倍磐城臣への改賜氏姓の対象から外れる理由も不明である。また、fの「磐城臣雄公戸口廿四人」という記述から改賜氏姓の対象を雄公の戸口のみと解釈するなら、同様に記述された貞道・弟成・秋生も改賜氏姓の対象外となるはずだが、平川氏は雄公のみを対象外としており、解釈を分けた根拠が不明である。承和十一年（f）に磐城臣雄公が阿倍磐城臣の複姓を賜与された後の時期の木簡に「大領於保臣」（g）、「於保臣雄公」（h）とあることを整合的に説明できるのは、二つの郡領氏族が存在したとする今泉説である。

なお、今泉氏は『常陸国風土記』多珂郡条に見える石城評造（丈）部志許赤の後裔が於保磐城臣氏、同条に見える多珂国造石城直美夜部の後裔が磐城臣氏であるとしている。同条には成務朝に建御狭日命を多珂国造に任じたこと、「国造本紀」高国造条には成務朝に弥都侶岐命孫の弥佐比命を国造に任じたことが見え、弥佐比命は建御狭日命と同一と考えられる。また、「国造本紀」阿波国造条によれば弥都侶岐命は天穂日命八世孫とあるので、高国造は天穂日命系ということになる。したがって、石城直→磐城臣という改賜氏姓があったとすれば、磐城臣氏は天穂日命系ということになり、天津彦根命系とされる「国造本紀」石城国造条に記された氏族とは系譜が異なるため別氏と考えられる。(50)

七世紀後半~九世紀中頃の磐城郡の地域には、於保磐城臣氏（もと丈部氏）・阿倍磐城臣氏（もと磐城臣氏）・「国造本紀」に記された石城国造の一族の三つの有力豪族が存在した。『古事記』に見える道奥石城国造の後裔で、八世紀に台頭した部姓の新興豪族の於保磐城臣氏（もと丈部氏）は八・九世紀を通じて郡領氏族として一定の勢力を維持していた（a・b・g・h）。旧豪族の石城直氏の後裔とみられる阿倍磐城臣氏（もと磐城臣氏）は、九世紀前半に勢力を拡大し、於保磐城臣氏と並ぶ郡領氏族となった（c・d・e・f）。「国造本紀」に記された石城国造の一族は八世紀初頭には一定の勢力を持っていたようだが、その後あまり勢力を拡大できなかったと思われる。磐城郡の地域では、こうした三つの有力豪族の競合があったのである。(51)

むすびにかえて

本稿では改賜氏姓の傾向の変化に注目し、八~九世紀に陸奥国の豪族がどのように競合したか、またその盛衰について考察した。これまで論じたことをまとめ、むすびとしたい。

陸奥国の豪族に対する改賜氏姓は九世紀に傾向が変化したが、その背景には、部姓の新興豪族のなかでも、八世紀後半に台頭した豪族と九世紀以降に台頭した豪族の間で競合が生じていた状況があった。旧豪族と八世紀後半に台頭した新興豪族の競合がまず起こり、九世紀には、旧豪族・八世紀に台頭した新興豪族・九世紀に台頭した新興豪族の三者が競合したことを指摘した。

また、磐瀬・磐城郡を例として、その競合の様子を具体的に論じた。

磐瀬郡では、八世紀後半に台頭した部姓の新興豪族の磐瀬朝臣氏（もと吉弥侯部氏）が一定の勢力を築き、九世紀後半には大領・権大領になるなど安定した勢力となっていた。これに対し、九世紀に台頭した部姓の新興豪族の阿倍陸奥臣氏（もと丈部氏）は九世紀前半に権大領となった。「国造本紀」に記された石背国造の後裔の陸奥磐瀬臣氏（もと吉弥侯部氏）は、八世紀初頭頃に一定の勢力を持っていたと推測されるが、八世紀後半～九世紀前半頃は磐瀬臣氏や阿倍陸奥臣氏より劣勢になっており、九世紀後半にこの状況を挽回しようとした。しかし、賜与された「陸奥＋地名＋カバネ」姓は、カバネのうえでは朝臣より下位、複姓の型では「中央氏族名＋地名＋カバネ」より下の格付けで、磐瀬朝臣氏や阿倍陸奥臣氏より下位に位置づけられたことを指摘した。

磐城郡では、七世紀後半～九世紀中頃にかけて、於保磐城臣氏（もと丈部氏）・阿倍磐城臣氏（もと磐城臣氏）・「国造本紀」に記された石城国造の一族の三つの有力豪族が存在した。『古事記』に見える道奥石城国造の後裔で、八世紀に台頭した部姓の新興豪族の於保磐城臣氏（もと丈部氏）は八・九世紀を通じて郡領氏族として一定の勢力を維持していた。旧豪族の石城直氏の後裔とみられる阿倍磐城臣氏（もと磐城臣氏）は、九世紀前半に勢力を拡大し、於保磐城臣氏と並ぶ郡領氏族になった。「国造本紀」に記された石城国造の一族は八世紀初頭には一定の勢力を持っていたと推測されるが、その後は勢力を拡大できなかった。磐城郡の地域においては、三つの有力豪族によるこのような競合があったことを論じた。

本稿では、改賜氏姓の傾向の変化を手がかりに陸奥国の豪族の競合と盛衰について考察したが、このテーマについてはさらに多角的に検討する必要がある。何より、今回の考察においては、神護景雲三年に大量の改賜氏姓を一括して申請した道嶋嶋足との関係について、ほとんど言及することができなかった。彼がなぜ陸奥大国造という地位で大量の改賜氏姓を申請したのかという問題をはじめ、律令国家による陸奥国の豪族の支配と道嶋氏との関係については検討すべき問題がまだ残されている。今後は、道嶋氏に関する検討を含め、陸奥国の豪族の支配についてより考察を深めていきたい。

註

（1）『続日本紀』和銅二年三月壬戌条。
（2）律令国家と蝦夷の戦いについては、鈴木拓也『戦争の日本史3　蝦夷と東北戦争』（吉川弘文館、二〇〇八年）が総合的に論じている。また、承和・斉衡年間における陸奥国の騒乱については、熊谷公男「九世紀奥郡騒乱の歴史的意義」（虎尾俊哉編『律令国家の地方支配』吉川弘文館、一九九五年）が詳細に論じている。
（3）『続日本紀』神護景雲三年三月辛巳条。
（4）『日本後紀』延暦十六年正月庚子条。
（5）林陸朗「八・九世紀に於ける同族関係の一考察―陸奥国に於ける氏姓を中心に―」（『国史学』五九、一九五三年）。
（6）高橋富雄「辺境における貴族社会の形成―古代陸奥における改氏姓の意義―」（『歴史』一二、一九五六年）。
（7）鈴木啓「神護景雲三年陸奥国の一括賜姓」（小林清治先生還暦記念会編『福島地方史の展開』名著出版、一九八五年）。
（8）熊谷公男「古代東北の豪族」（須藤隆・今泉隆雄・坪井清足編『新版古代の日本　九　東北・北海道』角川書店、一九九二年）。
（9）篠川賢「国造の「氏姓」と東国の国造制」（あたらしい古代史の会編『王権と信仰の古代史』吉川弘文館、二〇〇五年）。
（10）『日本三代実録』貞観十二年十二月九日丙戌条。
（11）『続日本紀』天平勝宝五年六月丁丑条。
（12）『続日本紀』天平勝宝五年八月癸巳条。
（13）前掲註8熊谷論文、二八四頁。
（14）前掲註7鈴木論文、五三～五五頁。前掲註8熊谷論文、二七四～二七六頁。
（15）前掲註5林論文、二五頁。前掲註6高橋論文、三九頁。前掲註7鈴木論文、五八頁。前掲註8熊谷論文、二七四～二七六頁。
（16）「中央氏族名＋地名＋カバネ」という複姓には、他に湯坐氏系（表1-18・61・94・95）と於保氏系（表1-16）もある。

(17)　前掲註5林論文、二五～二八頁。前掲註6高橋論文、三二～三三頁。前掲註7鈴木論文、五八頁。前掲註8熊谷論文、二七四～二七六頁。

(18)　前掲註6高橋論文、三五～三六頁。前掲註7鈴木論文、六一頁。前掲註8熊谷論文、二八二～二八三頁。

(19)　前掲註6高橋論文、三八～四一頁。また、鈴木啓氏も高橋説を支持している。前掲註7鈴木論文、五八頁。

(20)　「国造本紀」については、掲載された国造が原則として六世紀中葉以降、七世紀後半までの期間に実在した国造を記録したものであり、一定の資料的価値があることが吉田晶氏によって論じられている。吉田晶「国造本紀における国造名」（『日本古代国家成立史論―国造制を中心として―』東京大学出版会、一九七三年、初出は一九七一年）。

(21)　ただし、浮田国造は上毛野氏系である。宇多郡では、神護景雲年間に吉弥侯部石麿と吉弥侯部文知が上毛野陸奥公姓を賜っている（『続日本紀』神護景雲元年七月丙寅条、『同』神護景雲三年三月辛巳条）。「国造本紀」によれば浮田国造は上毛野氏系なので、吉弥侯部石麿と吉弥侯部文知はその一族と見られる。

(22)　前掲註8熊谷論文、二七六～二八一頁。

(23)　『古事記』上巻に見える道尻岐閇国造は道口岐閇国造にあたるとされている。

(24)　『続日本紀』大宝二年四月庚戌条に「詔、定二諸国々造之氏一。其名具二国造記一」とあり、「国造本紀」はここに見える国造記か、それに基づいた史料を原史料として成立したと篠川賢氏は論じている。篠川賢「「国造本紀」の再検討」（『日本古代国造制の研究』吉川弘文館、一九九六年、四一八～四二二頁）。

(25)　前掲註9篠川論文、三四～三七頁。

(26)　垣内和孝「古代安積郡の成立」（『郡と集落の古代地域史』岩田書院、二〇〇八年、初出は二〇〇七年、一六～二〇頁）。

(27)　吉田歓「南奥羽国郡制の変遷」（熊谷公男・柳原敏昭編『講座東北の歴史　三　境界と自他の認識』清文堂、二〇一三年、四二～五〇頁）。

(28)　拙稿「古代の東北と国造制に関する一考察」（篠川賢・大川原竜一・鈴木正信編著『国造制・部民制の研究』八木書店、二〇一七年）。

(29)　井上光貞「国造制の成立」（『井上光貞著作集　四　大化前代の国家と社会』岩波書店、一九八五年、初出は一九五一年、二四八～二五二頁）。
(30) 石城・多珂評の建評後の石城直美夜部の立場については、①美夜部は建評後も多珂国造だった（評の官人は兼ねない）とする説。関晃「大化の郡司制について」（『関晃著作集』二、吉川弘文館、一九九六年、初出は一九六二年）。②美夜部も初代の石城評の官人となったとする説。鎌田元一「評の成立と国造」（『律令公民制の研究』塙書房、二〇〇一年、初出は一九七七年）。③多珂国造兼初代多珂評造となったとする説。須原祥二「孝徳建評の再検討―常陸国風土記の立郡記事をめぐって―」（『古代地方制度形成過程の研究』吉川弘文館、二〇一一年、初出は二〇〇七年）がある。
(31) 前掲註9篠川論文、三三頁。
(32) 前掲註28拙稿、一五七～一六〇頁。
(33) 前掲註8熊谷論文、二八五～二八六頁。
(34)『続日本紀』天平神護二年（七六六）十二月辛亥条に名取公龍麿が名取朝臣姓を賜与されたことが、『同』神護景雲三年三月辛巳条には吉弥侯部老人が上毛野名取朝臣姓を賜与されたことが見え、名取郡でも旧豪族と八世紀に台頭した部姓の新興豪族が確認できる。
(35)『日本三代実録』貞観五年十二月十六日甲戌条。
(36)『続日本後紀』承和十五年五月辛未条。
(37)『続日本紀』神護景雲三年三月辛巳条。
(38)『日本三代実録』貞観三年十月十六日丙辰条、『同』貞観七年十一月二日己卯条。
(39)『日本三代実録』貞観六年七月十五日己亥条。
(40) 陸奥国の豪族で他に朝臣のカバネを有しているのは、名取朝臣（もと名取公氏）（表1－6）、上毛野名取朝臣（もと吉弥侯部氏）（表1－26・27）、下毛野朝臣（もと下毛野公氏）（表1－32）である。また、「郡名＋カバネ」姓で朝臣のカバネを有しているのは名取朝臣と磐瀬朝臣氏のみある。
(41)『続日本後紀』承和十五年二月壬子条、『同』承和十五年五月辛未条。
(42)『日本後紀』延暦十六年正月庚子条。八世紀末頃には大伴宮城連氏も有力者として存在したようだが、他に史料がなく、詳しいことは不明である。

なお、磐瀬郡の豪族については垣内和孝氏の研究がある。垣内氏も磐瀬郡には少なくとも四系統の豪族がいたとしている。垣内和孝「陸奥国磐瀬郡の古代豪族」『郡と集落の古代地域史』岩田書院、二〇〇八年、初出は一九九五年、七六頁。

(43) 篠川賢「『常陸国風土記』の建郡（評）記事と国造」（『日本古代国造制の研究』吉川弘文館、一九九六年、初出は一九八〇年、三七七頁）。

(44) 前掲註28拙稿、一六七～一六八頁。

(45) 平川南・三上喜孝「文字資料」（いわき市教育文化事業団編『荒田目条里遺跡』いわき市埋蔵文化財調査報告七五、いわき市教育委員会、二〇〇一年、三四三～三四九頁）。

(46) 平川南「古代における人名の表記」（『古代地方木簡の研究』吉川弘文館、二〇〇三年、初出は一九九六年、二九六～二九九頁）。

(47) 木田浩氏も於保磐城臣氏と磐城臣氏を同じ氏族だと論じている。木田浩「磐城郡大領の氏姓に関する一考察」（『福島県立博物館紀要』一九、二〇〇五年）。

(48) 平川南「磐城郡―海道の大郡―」（『東北「海道」の古代史』岩波書店、二〇一二年、一七〇頁）。

(49) 今泉隆雄「陸奥国と石城郡」（『古代国家の地方支配と東北』吉川弘文館、二〇一八年、初出は二〇〇〇年、一五三～一五五頁）。

なお、垣内和孝氏も於保磐城臣氏（もと丈部氏）と阿倍磐城臣氏（もと磐城臣氏）は別氏であるとし、今泉説を支持している。垣内和孝「陸奥国磐城郡司の系譜」（『郡と集落の古代地域史』岩田書院、二〇〇八年、初出は二〇〇七年、九一頁）。

(50) 石城直→磐城臣という改姓については鎌田元一氏も指摘している。前掲註30鎌田論文、一五四頁。今泉氏が指摘するように『常陸国風土記』多珂郡条の石城評造（丈）部志許赤の後裔が於保磐城臣氏と考えられるならば、石城直→磐城臣という改姓があった可能性は高い。ただし、石城直氏が臣のカバネを賜ったことを直接示す史料はなく、石城直氏と磐城臣氏が別氏である可能性が全く無いわけではない。

（51）『続日本後紀』承和十五年五月辛未条には磐城団擬少毅の陸奥丈部臣継嶋が阿倍陸奥臣姓を賜与されたことが見える。陸奥丈部臣氏も九世紀に台頭した新興豪族と考えられるが、他に史料がなく詳しいことは不明である。

稲置に関する一試論

堀川　徹

はじめに

日本古代、とりわけ七世紀以前において、稲置という名称やそれを冠する者、あるいは一族が知られている。稲置は『古事記』や『日本書紀』を主として、史料上地域支配に関する文脈の中で記載されることが多く、これまで七世紀以前の地域支配の在り方を検討する素材の一つとして取り上げられてきた。詳細は後述するが、とりわけ『隋書倭国伝』の「伊尼翼〔冀〕」や、『日本書紀』大化元年八月庚子条の「県稲置」の解釈が主要な論点となり、その具体像や位置づけについて議論が蓄積されてきた。しかし近年でも稲置に関する議論は行われているものの、県・県主や国造制、評制などの議論の中で補足的に触れられるに過ぎず、他の地域支配に関する議論が深まる一方で稲置に焦点をあてた議論は低調であると言わざるを得ない。それは単純に関連史料の少なさに起因することは想像に難くない。しかし稲置の議論を深めることは七世紀以前の地域支配に関する議論を深めることにもつながるため、重要な論点であることも言を俟たない。そこで本稿では稲置に焦点をあてて検討し、改めて具体像や位置づけを析出することを課題として設定する。稲置の検討をはじめる前に、まずは稲置に関する基本史料と研究史を確認する。そして本稿の課題を達成するための分析視角を示すこととする。

一　稲置に関する基本史料と先行研究

稲置については、先述した通り史料数が非常に少ない。本稿で対象としている大化以前の稲置に関する史料は次の通りである。

史料一『古事記』神代段
天津日子根命者、〈凡川内国造、額田部湯坐連、茨木国造、倭田中直、山代国造、馬來田国造、道尻岐閇国造、周芳国造、倭淹知造、高市県主、蒲生稲寸、三枝部造等之祖也。〉

史料二『古事記』安寧天皇段
師木津日子命之子、二王坐。一子孫者、〈伊賀須知之稲置、那婆理之稲置。三野之稲置之祖。〉

史料三『古事記』懿徳天皇段
当芸志比古命者、〈血沼之別、多遅麻之竹別、葦井之稲置之祖。〉

史料四『古事記』景行天皇段
凡此大帯日子天皇之御子等。所レ録廿一王。不二入記一五十九王。并八十王之中。若帯日子命与二倭建命。亦五百木之入日子命一此三王。負二太子之名一。自レ其余七十七王者。悉別二賜国国之国造。亦和気。及稲置。県主一也。

史料五『日本書紀』景行天皇二十七年十月己酉条
（略）於是、日本武尊、遣二葛城人宮戸彦一、喚二弟彦公一。故弟彦公、便率二石占横立及尾張田子之稲置・乳近之稲置一而來。則従二日本武尊一而行之。

史料六『日本書紀』成務天皇五年九月条
令二諸国一、以国郡立二造長一、県邑置二稲置一。並賜二楯矛一以為レ表。則隔二山河一而分二国県一、随二阡陌一以定二邑里一。因以東西為二日縦一、南北為二日横一。山陽曰二影面一。山陰曰二背面一。是以、百姓安レ居。天下無レ事焉。

史料七『日本書紀』仁徳天皇六十二年是歳条

額田大中彦皇子、獵二于闘鶏一。時皇子自二山上一望之、瞻二野中一有レ物。其形如レ廬。乃遣二使者一令レ視。還来之曰、窟也。因喚二闘鶏稲置大山主一、問之曰、有二其野中一者何窨矣。啓之曰、氷室也。皇子曰、其蔵如何。亦奚用焉。曰、掘レ土丈余。以レ草蓋二其上一。敦敷二茅荻一、取レ氷以置二其上一。既経二夏月一而不レ泮。其用之、即当二熱月一、漬二水酒一以用也。皇子則将二来其氷一、献二于御所一。天皇歓之。自レ是以後、毎レ当二季冬一必蔵レ氷。至二于春分一、始散レ氷也。

史料八『日本書紀』允恭天皇二年二月己酉条

初皇后随レ母在レ家。独遊二苑中一。時闘鶏国造従二傍径一行之。乗レ馬而莅レ籬。謂二皇后一嘲之曰。能作レ園乎。汝者也。〈汝此云二那鼻苔一也。〉且曰。圧乞戸母。其蘭一茎焉。〈圧乞。此云二異提一。戸母。此云二覩自一。〉皇后則採二一根蘭一。与二於乗レ馬者一。因以問曰。何用求レ蘭耶。乗レ馬者対曰。行レ山撥レ蠛也。〈蠛。此云二摩愚那岐一。〉時皇后結二之意裏乗レ馬者辞无レ礼。即謂之曰。首也。余不レ忘矣。是後。皇后登祚之年。覓二乗レ馬乞レ蘭者一。而数二昔日之罪一。以欲レ殺。爰乞レ蘭者顙搶レ地叩頭曰。臣之罪実当二万死一。然当二其日一不レ知二貴者一。於レ是。皇后赦二死刑一。貶二其姓一謂二稲置一。

史料九『日本書紀』大化元年八月庚子条

（略）若有二求レ名之人、元非二国造・伴造・県稲置一、而輒詐訴言、自二我祖時一、領二此官家一、治二是郡県一。汝等国司、不レ得三随詐便牒二於朝一。審得二実状一而後可レ申。（略）

史料十『隋書倭国伝』

有二軍尼一百二十人一。猶二中国牧宰一。八十戸置二一伊尼翼（冀）一。如二今里長一也。十伊尼翼（冀）属二一軍尼一。

史料十一『釈日本紀』巻十　述六　景行

公望私記曰。案。今税長也。

上記の史料に関する検討は節を改めて行うこととし、続いてこれらの史料をもとにどのような議論がなされてきたのか、研究史を確認する。

稲置に関する研究は古くは曽我部静雄の研究がある。(1) 曽我部は稲置を「最下の行政単位」である邑の行政官・徴税官・支配者と表現し、邑の治安維持や租税の徴収にあたるとする。しかしその理解は抽象的で、また『古事記』『日本書紀』の記述を全面的に歴史的事実としたうえでの立論という点でも多くの問題点を残した。その後、井上光貞・上田正昭のいわゆる国県制論争のなかで取り上げられて以降、(2) 議論が進むことになる。

井上は、『隋書倭国伝』にみえるような国造―稲置の二段階の地方組織を想定し、当初は県主のカバネを稲置として想定した。しかしこれに対して上田は『隋書倭国伝』の記載は文飾豊かなもので、隋の百家一里制を念頭においたものなので疑う必要があるとし、また、稲置がカバネ化するのは大化以降であることなどを理由に井上の見解を批判した。その後井上は上田の批判をうけて、県は「アガタ」と「コホリ」に分類可能で、後者は稲置が設置され、こちらが国の下級機関としてたてられた制度である、と一部見解を修正している。なお、一方の上田は稲置はヤマト朝廷初期から皇室領の経営に参加した徴税官で、それが中国文献に表れたものと指摘している。

両者の議論は国県制の議論が中心で、稲置の議論は国県制の是非を問うための梃子の一つにすぎなかった。そのためにこの論争において稲置に関する議論はそれ以上深まることはなかった。しかしこの論争の中で稲置が取り上げられた意義は大きく、この後地域支配制度・構造の中に稲置をどのように位置づけるかという手法が主流になっていく。

その後原島礼二による稲置の専論が発表される。(3) 原島は中田薫が「県稲置」の古訓がコホリノイナギであるため稲置の県をコホリとしてアガタと区別する見解に着目し、(4) 稲置が関係する組織をコホリ、県主が関係する組織をアガタと分類した。コホリは評・郡の前身ではなく、八世紀以降の皇太子や中宮らの直領地である湯沐の前身で、稲置は主稲の前身で「皇室（この場合皇太子や中宮らの〈筆者注〉）直領地派遣の官職」と捉える一方で、アガタは皇室の料地で県主はその君主にあたるとする。すなわち「コホリとイナギは国と国造の下部組織やその官職名ではなく、また県や県主の制度とも性質を異にする」と捉えている。そして『隋書』の記載は国造と稲置を隋・唐の人々の先入観で上下関係に捉えたのみであるとしており、地域支配に関する存在とした国県制論争とは異なる位置づけを与えている。

原島は国県制論争とは異なる視角から検討し、稲置を地域支配に関わらない存在という新たな位置づけを析出した。しかし小林敏男が原島の理解について、「稲置を主稲の前身と考えることは、稲置のイネが主稲のイネと関連するということが最大の論拠」で、「それ以外の論拠は状況証拠にしかすぎない」と批判し[5]、共通理解とはならなかった。結果として、この後基本的には国県制論争の流れを受け、地域支配制度・構造の検討の中で補足的に検討し、位置づけていく手法が継承されていくことになる。これは見方を変えれば、地域支配制度・構造の理解が稲置の理解に直結するといってもよく、稲置に関する史料が少ないことをふまえれば、その手法がとられることは必然でもあった。

なお、原島以降の近年の主要な稲置に関する理解は、次に掲げるとおりである。小林は屯田との関係性を説く。すなわち屯田は後期ミヤケを生み出すきっかけとなった「王権の先進的経営田」と捉え、これを管掌したものが稲置で、これが後に県（コホリ）を管掌するようになったものが県稲置と理解する。山尾幸久は、ミヤケ支配の及ぶ領域が行政的軍事的拠点として地域区分的意味を持ち始めた時がコホリの成立で、ミヤケの稲置からコホリの稲置へと発展したと捉える[6]。篠川賢は稲置を国造の下に位置する地方官と捉える[7]。具体的には前期ミヤケの管掌者から国造の下位の地方官に転化したとする。そして後期ミヤケこそ大化以前のコホリとする。篠川の理解は山尾の理解を発展させたものといえよう。大川原竜一は、王権によって編成された諸階層のなかにおいて、「「此の官家を領り是の郡県を治」める職務を基調としていた階層が、伴造・国造・県稲置」とし、王権は国造・伴造・県稲置を通じて人的集団（郡県）を治めていたとする[8]。そして国造―稲置の統属関係を、「当該期における倭王権の地域支配制度の基幹であったことは間違いない」とし、さらにはミヤケとの関係も必要で、国造の下位に位置づけられるとする。仁藤敦史は県（アガタ）が国造制導入後国県制すなわち国造の下部に位置し、県主ではなく稲置の称号が用いられるようになる七世紀後半以降は行政区画として転換されたとする[9]。『播磨国風土記』には里レベルのミヤケが見え、それが（県）

稲置の実態と推定する。最近では中村順昭が言及しており、郡県とされる国より小さな地域を支配したり屯倉の管理にあたっていた人々が県稲置であると理解する。[10]近年の理解でも、ミヤケとの関連という新たな論点が提示されたものの、その手法は国県制論争以来大きく変わらない。

これらの先行研究から、最大公約数的に近年得られている共通理解を示せば次のようになる。①史料十の記載を主な根拠として、国造と上下関係にある存在であること、②史料九の記載を主な根拠として、地域支配に関わる存在であること、③「県」稲置」という表記や、稲置が冠する地名が後の郷が冠する地名と重なることが多いことから、稲置が支配する範囲は後の郷程度であるということ、の三点である。これらの点はおおよそ認められ、従うべき理解と思われる。これらの共通理解は、一見地域支配の構造に関する議論も巻き込んで具体像を提示できているようにみえるが、多くの研究では稲置は補足的に扱われており、十分な検討がなされたうえでの結論とはいいがたい。その意味で議論が煮詰まっておらず、現在得られている共通理解をさらに掘り下げて検討する必要があり、またその余地がある。

近年の共通理解がある程度認められることから、本稿では冒頭で提示した課題を達成するため、共通理解を起点として稲置関係史料の再検討を行う。最近、毛利憲一が「地方豪族（在地首長）層の社会的な支配力と国家制度は、まずは分けて考えることが穏当である」と指摘しているように、[11]稲置についても実態面（社会的な支配力）と制度面（国家制度）を分けて検討することで共通理解を掘り下げることが可能になると考えられる。その意味でこれまでの先行研究では両面を弁別せずに理解してきたために、抽象的で不十分な理解であったと言わざるをえない。こういった視角から稲置の具体像を明らかにすることは、その位置づけのみでなく、当時の地域支配構造についても再検討を加えることにもなろう。そこで本稿では稲置について実態面と制度面を弁別しながら再検討する視角をとる。まずは先行研究同様史料九の「県稲置」を梃子として検討を加えていくが、その視角から捉え直してみたい。

二　『日本書紀』大化元年八月庚子条の解釈

史料九『日本書紀』大化元年八月庚子条は評官人の選定に関する記述であるが、ここでは国造・伴造とともに「県稲置」も評官人の候補に挙げられている。そのため先行研究でも地域支配に関わる存在として位置づけられてきたが、より具体的にみるために、評制の成立から「県稲置」の性格を検討する。

孝徳朝において問題となっているのは人間集団の錯綜化と貢納奉仕関係の多元化と考えられる。[12]前者（人間集団の錯綜化）は、それまで社会編成原理が異なる二つの制度（国造制と部民制）が併存していたが、部民制の社会が族制的原理によって編成された社会という特質を持つが故に、拡大することで地域社会が混乱し（史料十二）、「遂使二父子易レ姓、兄弟異レ宗、夫婦更互殊レ名、一家五分六割」という状況を生み出していたことを示す。評制はこの問題への対策として施行されたと考えられる。実際に史料十三からは、それまで混乱していた地域社会を、実態に合わせて人間集団をベースに再編するかたちで評制が施行されていることがわかる。

史料十二『日本書紀』大化二年八月癸酉条

（略）而始二王之名名一、臣・連・伴造・国造、分二其品部一、別二彼名名一。復以二其民品部一、交雑使レ居二国県一。遂使二父子易レ姓、兄弟異レ宗、夫婦更互殊レ名、一家五分六割。由レ是争競之訟、盈レ国充レ朝、終不レ見レ治、相乱弥盛。（略）

史料十三『常陸国風土記』行方郡条抜粋

難波長柄豊前大宮馭宇天皇之世、癸丑年、茨城国造小乙下壬生連磨・那珂国造大建壬生直夫子等、請二物領高向大夫中臣幡織田大夫等一、割二茨城地八里・那珂地七里合七百戸一、別置二郡家一。

一方後者（貢納奉仕関係の多元化）については貢納奉仕関係において中央の首長層と地域首長層の関係が存在し、多元化している様子がうかがえる（史料十四）。このことはミヤケへの命令系統が記される史料十五とも対応する。

こういった状況を改めるために史料十六に始まる部民・ミヤケの廃止[13]が進められたと考えられる。

史料十四『日本書紀』大化元年九月甲申条

其臣連等・伴造国造、各置二己民一。恣レ情駆使。又割二国県山海・林野・池田一、以為二己財一、争戦不レ已。或者兼二并数万頃田一。或者全無二容針少地一。進二調賦一時、其臣連伴造等、先自収斂、然後分進。修二治宮殿一、築二造園陵一、各率二己民一、随レ事而作。易曰、損レ上益レ下。節以二制度一、不レ傷レ財。不レ害レ民。方今、百姓猶乏。而有レ勢者、分二割水陸一、以為二私地一、売二与百姓一。年索二其価一。従レ今以後、不レ得レ売レ地。勿三妄作レ主、兼二并劣弱一。百姓大悦。

史料十五『日本書紀』宣化天皇元年五月辛丑朔条

（略）故朕遣二阿蘇仍君一。〈未レ詳也。〉加運二河内国茨田郡屯倉之穀一。蘇我大臣稲目宿禰。宜下遣二尾張連一運中尾張国屯倉之穀上。物部大連麁鹿火宜下遣二新家連一運中新家屯倉之穀上。阿倍臣宜下遣二伊賀臣一運中伊賀国屯倉之穀上。修二造官家那津之口一。（略）

史料十六『日本書紀』大化二年正月甲子条

即宣二改新之詔一曰。其一曰。罷二昔在天皇等所レ立子代之民。処々屯倉及別臣連。伴造。国造。村首所レ有部曲之民。処々田庄一。仍賜二食封大夫以上一。各有レ差。降以二布帛一賜二官人。百姓一有レ差。（略）

これらをみれば、評制の施行は人間集団の錯綜化という社会の実態の混乱の解消を目的としたものといえる。そのため史料九にある「自二我祖時一、領二此官家一、治二是郡県一」という状況下にあるものが評官人候補者となることも、制度的なものではなく実態レベルの現状をふまえたものと考えられる。すなわち史料九の文脈からは、「県稲置」は制度上ではなく実態として地域支配に関わっていた人物を指す呼称として使用されていたと考えることができる。

このことは中村が、評官人選定の際に、「国造・伴造・県稲置」でないのに「而輙詐訴言、自二我祖時一、領二此官家一、治二是郡県一」とする状況について、その「主張の虚実を調べることを国司に命じているのだから、中央政府はそのような立場の人を必ずしも掌握していなかった」、とりわけ「国造・伴造・県稲置」のうち「国造・伴造」は王権により掌握されていなかったとは考え難く、「県稲置」こそ掌握されていなかったと指摘するのはそのとおりであろう。(14)

ここで視点をかえて「県稲置」の「県」について検討する。先行研究ではアガタ（県主の県）からコホリ（県稲置の県）へと変質したとする理解もあり、二つの県（アガタとコホリ）をどのように理解するかということが問題になる。県をアガタとコホリの二つに分類する議論の背景には、県主と稲置の関係という論点の存在があげられる。とりわけ地域支配制度・構造の中に稲置を位置付ける先行研究において県主と稲置の弁別を企図すれば、制度的にアガタとコホリの二類型の存在を指摘することに行きつくのは必然であった。(15)その議論のなか、この二つの県について須原祥二が検討を加えており、参考になる。(16)『日本書紀』において「県」と「郡」が混用されていることはこれまでも指摘されてきたところである。これをふまえて須原は、七世紀から八世紀の人々の間で「県」と「郡」に関する意識が希薄だったことが背景としてあり、そのために「県」と「郡」の用字やアガタとコホリの古訓がある程度通用していると指摘した。そしてそのため県字に二種類の制度呼称があったのではなく、「一種類の制度呼称の他に、行政諸単位の総称であったり地方の一定地域を漠然と指したりするような、さまざまな意味を持っていた」とした。すなわち二つの制度面が指摘されてきた議論から、片方を実態面へと切り離して理解したといえる。そこで「県稲置」の他に県と稲置が関係する史料六をみると、須原が指摘するように、稲置のおかれる「県邑」は「国郡」より規模の小さな支配地域を漠然と指す用法」であることがわかり、それをふまえれば「県稲置」の「県」もやはり、県主の県とは異なるもので「稲置の職務を遂行する対象地域を漠然と指しているだけ」という可能性が指摘できることになる。(17)すなわち、「県」という国の下位に位置づけられる地域社会が想定できるものの、その存在は王権によっておぼろげながら認識されていたもので、正確に把握されていた、あるいは定められていたわけではない、さらに換言すれば制度的に組織されたものではないと考えられる。(18)そしてそれはまた、「県」が県とは異なる論理のなかで使用される名称であることも自ずと明らかにするだろう。

なお、「県」が規模の小さな地域をさす一般名詞の一つになった背景には、県主の県の存在が考えられる。拙稿では、県は地域支配を念頭においた地域社会の単位ではなく、王権運営に係る生産物の貢納がなされるべき土地、すなわち王権の直轄地として捉えた。[19] それらの県が冠する地名は、すべて国よりも小さな範囲を指すもので、この県の記憶が国より下位に位置づけられる地域社会に割り当てられ、また律令制下の国郡里制のイメージと結びつく、あるいはそれをさかのぼらせることで県字がコホリ（「県」）として一般名詞化していったのではないかと考えられる。

県は王権の直轄地である一方で、王権に制度的に把握されていないものの、国の下位に位置づけられる地域社会を指す一般名詞としても使用された（「県」）と理解できる。この一般名詞化した「県」の理解をふまえれば、「県稲置」は、王権に制度的に把握されたわけではない、国より下位の地域社会（「県」）を支配していた存在で、その存在もまた王権に認識されてはいたものの、制度的に把握されていたわけではなく、あくまで実態レベルにのみ存在していた可能性が指摘できる。なお、なぜ史料九において稲置ではなく「県稲置」とされたのか、という点については後述する。

三　稲置の二つのタイプ

前節で指摘した「県稲置」の理解は、稲置一般にも適用できるのだろうか。本節ではこの点を検討する。史料四・史料六・史料十をみれば稲置一般も「県稲置」と同様に考えられるため、ひとまず稲置も「県稲置」と同様に国より下位の地域社会における支配者層で、実態レベルでのみ認められる存在という仮説をたてて検討を進めていく。

『日本書紀』には王権を構成する諸層の表現として、複数個所に「臣連伴造国造」あるいは「臣連国造伴造」の連称が使用されている。なお、大川原はこの点について、編纂時の述改作の可能性が高く、異同もみられることから、史料十八にある日羅の表現「臣連二造」が当時の実態を反映したものであるとする。[20]

史料十八『日本書紀』敏達天皇十二年是年条

日羅対言。天皇所㆔以治㆓天下政㆒。要須㆑護㆓養黎民㆒。何遽興㆑兵翻将㆓失滅㆒。故今令㆓議者㆒仕㆓奉朝列㆒。臣連。二造。〈二造者。国造。伴造也。〉下及㆓百姓㆒。悉皆饒富。令㆑無㆑所㆑乏。

「臣連伴造国造」や「臣連国造伴造」、より実態を反映した「臣連二造」、いずれにしても王権が把握していた地域支配の構造の中に稲置の存在をみることはできない。すなわち王権が地域支配の根幹として把握していたのは国造や伴造および彼らが支配する組織（国や部）であって、それより下位の首長層および組織に関しては王権の把握の埒外にあったということができよう。その意味では大川原がいうように、稲置は直接的に王権との関係を有しておらず、「王権は国造・伴造・県稲置を通じて、地域における一定の人的な集団（「郡県」）を治めていた」というのは実態面においてのみ認めることができよう。

それに関連して、稲置の任命記事が史料上みえないことも、稲置が王権によって把握されていたわけではないことを裏付けることができよう。史料十九においては、「国郡立㆑長」が国造のこととみられ、「取㆓当国之幹了者㆒、任㆓其国郡之首長㆒」とあることから、国造の任命については基準が設けられているものの、「県邑置㆑首」については一切の記述がなされていない。

史料十九『日本書紀』成務天皇四年二月丙寅条

是国郡無㆓君長㆒、県邑無㆓首渠㆒者焉。自㆑今以後、国郡立㆑長、県邑置㆑首。即取㆓当国之幹了者㆒、任㆓其国郡之首長㆒。是為㆓中区之蕃屏㆒也。

厳密にいえば史料四と史料八において稲置の任命が行われているようにみえる。しかし前者においては個別事例でないことからも、国の下位に位置づけられる地域社会が制度的に存在するようにイメージされていた八世紀の認識が反映されていると考えられる。後者についてはその本質は闘鶏国造に対する罰で国造を解かれたことに本質があり、積極的な稲置の任命という性格をもつものではない。これも前者のような八世紀の認識が反映されたもの、あるいは闘鶏国造に伝えられた伝承で、自らが稲置的存在だったことを王権に任命されたと主張したものと捉えたい。仮に史料十にみえるように、「十伊尼翼〔冀〕属二軍尼一」という構造があるとすれば、任命記事が多く残されていてもよさそうだが、ほとんど残されていないということは稲置は王権によって任命・把握されるものではなかったと考えられる。

他にも稲置関係史料において、稲置の下にある人間集団の姿がみえないことも仮説を裏付けるものとなろう。拙稿において県主について検討したが、そこでは三嶋竹村屯倉設置説話をもとに、王権は国造に対してミヤケ運営にかかる労働力の徴発や部民を設置しているのに対して、県主に対しては労働力の徴発が行われていないことから、県主は国造とは異なり地域支配（人間に対する支配）は制度上実施されていない、換言すれば王権は県主を通じた人間集団に対する間接的支配を企図していないとした。すなわち県主による人間集団に対する支配の実態は王権の制度的裏付けによるものではなく、県主対人間集団の関係性においておこなわれていたことを示した。稲置も同様に個別事例を確認すれば、王権が稲置を通じて地域社会の人間に対して働きかけている様子をみることができない。そのため支配関係があるとすれば、それは稲置対人間集団の関係性においてのものであって、制度的裏付けによるものではないと考えることができる。

ここまで、仮説を裏付けるためいくつかの視点から述べてきたが、史料十一の「税長」については仮説と異なる理解が導き出される。それは、地域支配には関わらない徴税にあたっていた実務官のようなイメージである。さらに史料十からすれば、国造のもとでその職務にあたっていたと考えられる。ここまでの分析で、仮説がある程度否定されるものではないことをふまえたうえで史料十一をみれば、どちらかがどちらかに変質した、あるいは仮説で提示した稲置と異なる性格（実務官）の稲置も並行して存在したという二つの可能性を考えることができる。この点は前節で述べた「県稲置」および稲置の名称の理解から考えてみたい。

「県稲置」は実態として支配者層であったからこそ評官人候補者たりえたことは述べたとおりである。問題なのはここで単に稲置と記されたのではなく、「県」と稲置が結合した「県稲置」と記されていることである。これは結論からいえば、稲置だけでは国より下位の地域社会における支配者層を指す名称として適切ではないと判断されたのではないだろうか。すなわち、稲置には国造のもとで徴税にあたっていた実務官としての稲置と、国より下位の地域社会における支配者層としての稲置の二つのタイプが存在していたが、稲置に「県」を付すことによって、二つのタイプのうち後者の稲置に限定し、それこそが評官人候補者であることを示したということが考えられる。「県稲置」という名称は自ずと稲置が複数の性質をもちうる存在であると同時に、大化頃にはそれらが併存していたことを示す名称でもあったのである。

同時に「県稲置」の名称は、稲置の名称が基準であったことも示す。すなわち「県稲置」の名称が稲置をふまえて後次的につくられた名称ということである。そして稲置が「稲を置く」という意味を持つとすれば、支配者層ではなく国造のもとで徴税にあたっていた実務官としてのイメージを持たせる。それらをふまえれば、当初王権は稲置を支配者層ではなく実務官として認識していた可能性が考えられる。そして大化頃の地域社会の混乱をふまえれば、当初は認識と実態が大きく乖離していなかった稲置が、後に認識から実態が乖離し、支配者層に転じた者もいたと考えられる。だからこそ彼らをも王権のもとに一元化する必要性があり、稲置ではなく「県稲置」と限定して評官人候補者としていたとも考えられる。すなわち王権の認識上は、稲置は国造のもとで徴税にあたる実務官で、後に支配者層に転じたものも出てきたために「県稲置」という認識が派生したといえる。認識上このような先後関係をみることができるが、実態は当初から両タイプが併存していた可能性も否定しきれない。しかし大化頃になって地域社会の混乱が生まれてきたことを考えれば、実態も認識と大きくは変わらない（実務官から支配者層がうまれてくる）と考えられる。ただし注意すべきは、これは稲置が王権から制度的に把握されていないという性質上、すべてが実務官から支配者層への道をたどったとは言えず（変質しないケースもあったために史料九において「県稲置」と限定し、稲置と別にする必要があった）、一般化することはできない。おそらくは稲置は公的に認められた、あるいは把握された存在でないために様々な役割を担っていたとみられる。

なお、この二つのタイプは、完全に分類できるものではなく、またそれぞれ排他的な性質をもつものではないと考えられる。どちらかに振り分けられる場合もあれば、両方の性質を持ち合わせることも十分にあり得ることは注意しておく必要がある。「県稲置」が示したものは、国より下位の地域社会における支配者層である稲置とともに、実務官の性質ももつが、前者の性質を強く持つ稲置をも含む名称だったと考えられる。そのあたりが不明瞭だからこそ、国司に主張の虚実を調べさせたともいえよう。

このように考える場合、必然的に先行研究でも指摘されているミヤケとの関係も明確に規定できないことになる。すなわち稲置が王権に制度的に把握されないものである以上、ミヤケの管理は承認も否定もされることはない。そのためこれまで指摘されてきた、稲置がミヤケを管理していたという点については、あらゆる可能性を想定することができるため、その是非は不明とせざるを得ない。これは、ミヤケを梃子として稲置を検討するのは、その手法においてすでに限界であることを意味する。

ここまで稲置を王権の把握の埒外にある存在としてきた。しかし、それは全く認識されていないということを意味するのではない。稲置という名称が史料上記されていることから、王権がそういった立場の存在を認識していたことは事実であろう（当然全てではなく一部であったと思われるが）。そこで、ここまでの検討をふまえて稲置が認識され始めた時期についても触れておきたい。拙稿でも示したように、五世紀段階では王権による地域首長層を通じた人間集団に対する間接的な支配は想定できない、換言すれば王権は地域首長層の下位に位置する人間集団を認識していたとは想定できない(21)。もちろんその段階から地域社会において実態として重層的な支配がなされていた可能性は否定できない。おそらくは、稲置は間接的ではあるものの王権が地域社会に対して介入することが可能になる国造制段階になって、実務官として、あるいは国より下位の地域社会における支配者層としてその存在が認識されはじめたと考えることが自然であろう。

なお、稲置が王権の把握の埒外にあった背景には、史料十にて示された数量の問題が考えられる。数量が膨大であったことと、(22)国造の下位まで把握することが及ばなかった当時の王権権力の限界によるものだろう。すなわち把握が進まず、規定できなかったために存在の認識にとどまり、そのため史料数が少なく、また稲置が多様な意味をもつ存在にならざるを得なかったといえる。

最後に県主と稲置の関係について触れておきたい。例えば仁藤は、県（アガタ）が国造制導入後国県制すなわち国造の下部に位置し、県主ではなく稲置の称号が用いられるようになる七世紀後半以降は行政区画として転換されたとする。(23)先にのべたとおり、県主による人間集団に対する支配が行われているとすれば、それは制度的裏付けによるものではなく、県主対人間集団の関係性に由来する。稲置もまた、地域支配に関わる制度的に認められた立場でない以上、支配が行われていたとしてもその支配の性質は制度的裏付けによるものではなく、稲置対人間集団の関係性に由来するものとみられる。県主と稲置の類似性は史料四で並列的に記載されていることや、史料二十にみえる県主が史料六の稲置と対応するとみられることから国県制論争以来指摘されてきたが、本稿の立場に立てば、基本的には県主と稲置には関係性はないものとみられる。全く異なる論理のなかで生まれてきた名称・存在で、各史料において、あたかも両者が関係するかのように記載されているのは、おそらくは稲置や県主が地域支配に関連すると考えてきた八世紀の認識が反映されている可能性が高い。

史料二十『古事記』成務天皇段

若帯日子天皇。坐二近淡海之志賀高穴穂宮一。治二天下一也。此天皇。娶二穂積臣等之祖。建忍山垂根之女。名弟財郎女一。生御子。和訶奴気王。〈一柱〉。故建内宿禰為二大臣一。定二賜大国小国之国造一。亦定二賜国国之堺。及大県小県之県主一也。

また、これも先述したとおり、県と「県」は異なる論理で使用されたものと考える。県を直轄地的位置づけとみるならば、その役割は基本的に国造制に継承されたと考えてよいだろう。すなわち県は国造制が施行される六世紀にはその役割を終えていく可能性が指摘できる。その一方で、国より下位の地域社会を指す一般名詞として「県」が使用されるようになるのではないだろうか。先行研究ではこれらが先後関係かつ因果関係にあると誤認し、あたかも県から「県」（アガタからコホリ）へと転じたように理解されてきたと考えられる。(24)

それをふまえると、やはり県主と稲置に完全なる因果関係は存在しえないといえる。県主が稲置に「結果的に」転じた可能性があることは稲置の多様性ゆえに否定しきれないが、それは県主だから稲置になったというようなものではなく、その地域における人間集団との関係性において稲置になったと考えられる。県主であることが必要条件であるわけではない。史料十に記載された数量をみれば、それが実数でないにしても、県主ではない人物が稲置になることが多かった可能性が高い。

あらためて本節冒頭でかかげた、稲置も「県稲置」と同様に国より下位の地域社会における支配者層で、実態レベルでのみ認められる存在という仮説に立ち返れば、若干修正する必要がある。稲置には仮説のようなタイプに加えて、国造のもとにあって支配には深く関わらない実務官のようなタイプも並行して存在したとみられる。その先後関係は、一応実務官から支配者層へと想定したが、稲置は両タイプの性質を併せ持つ場合もあると考えられるため、全てがそのように言えるものではない。その背景には、仮説でかかげたように制度的なものではなく、あくまで実態レベルでのみ存在しうるものだったために、多様性を含む存在であり、一概に定義しきれないという稲置の特徴があると考えられる。

おわりに

ここまでの検討結果をまとめて結びとしたい。これまで稲置は、国造の下位に位置づけられる地方官として、地域支配に関わっていた存在と理解されてきた。その場合、地域支配制度と合わせて論じられたために重層的な地域支配制度の存在を想定することになる。しかしそれは、他の論点に対して補足的に論じられた結果であって、十分な論証を経たものではなかった。稲置についてはその意味で議論が煮詰まっておらず、さらに掘り下げて検討する必要性があった。そこで本稿ではこれまで得られている共通理解をもとに稲置について再検討し、その具体像や位置づけを析出することを課題とした。そして課題にこたえるために制度面と実態面を弁別して稲置を再検討するという視角を設定した。

評制が施行される前提をみれば、史料九は社会の実態の混乱を示したものであることから、評官人候補者も実態のなかから選定されるものと考えた。すなわち「県稲置」は制度的に把握・規定されていたわけではなく、王権に制度的に把握されていない国より下位の地域社会において稲置対人間集団という関係性のもとで支配に関わっていた存在で、あくまで実態レベルにおいてのみ王権に認識されていた存在と考えた。そして「臣連伴造国造」や「臣連国造伴造」、「臣連二造」という王権の認識や、稲置の任命記事が見られないこと、稲置を通じてその配下にいる人間集団に対する支配が行われた形跡がないことなどから、「県稲置」の理解は稲置一般にも適用できる場合があることを推定した。しかしその一方で、史料十一の「税長」の記載や、「県稲置」が稲置に対して後次的で稲置と区別される名称と考えられることから、国造の下で徴税にあたっていた実務官としての性格をもっていたタイプの存在も考えられる。そして稲置のなかには後に支配者層に転じたものもいたために「県稲置」という認識が派生したと考えた。すなわち稲置の語それ自体は王権との直接的関係を有しない、国造より下位の首長層あるいは実務官を指す一般名詞であった。そしておおよその流れとして、実務官から支配者層へ転じたものがいたことは十分考えられよう。なお、両タイプは決して排他的な性質をもつものではなく、併せ持つ場合もあったと考えられる。稲置がこのように多様性をもって理解されるべき存在であることは、制度的に認められた立場でなく実態レベルでのみ認識されるにとどまっていたためといえる。

県は王権の直轄地である一方で、国の下位に位置づけられる地域社会の一般名詞（「県」）としても使用されたと考えられる。この両者が判然としないまま『古事記』や『日本書紀』において使用されてきたことが混乱の原因と考えられる。「県」は、おそらくは五世紀以前の県主の県のイメージと、八世紀以降の国郡里制のイメージが結びつくことでそのような用法が発生したと考えられる。すなわち県と「県」は異なる論理から発生したものであって、関係性はほとんどないと考えられる。

これまでの先行研究では制度面と実態面が弁別されずに議論されてきたために表面的・抽象的な理解にとどまっていた。しかし稲置を制度的には認められず、実態レベルにおいて存在が認められるというように、制度と実態を弁別して理解することによって、稲置の理解が深まるとともに、七世紀以前の地域支配の構造の一側面をみることを可能にする。すなわち、これまでの先行研究で議論されてきた重層的な地域支配構造については、制度面からは否定的に捉えざるをえない一方で、実態としては重層的な地域支配が存在していたとみることができる。

このことを本稿の課題に対するこたえとしたい。本来ならば本稿での検討結果をふまえて、いわゆる八色の姓についても言及する必要がある。しかし八色の姓はそれ自体の検討に加え、姓も併せて考える必要があり、また別の機会に論じることとしたい。

推測に推測を重ねた結果となったが、やはり史料数の少なさによるものであって、本論に対しては様々な批判もあると思う。ご批正を賜れれば幸いである。

註

（1） 曽我部静雄「日本古代の邑制と稲置」（『古代学』一―二、一九五二年）。

（2） 井上光貞「国造制の成立」（『井上光貞著作集　第三巻』岩波書店、一九八五年、初出一九五一年）、同「国県制の存否について」（『日本古代国家の研究』岩波書店、一九六五年、初出一九五九年）、上田正昭「県主と祭祀団」（『日本古代国家成立史の研究』青木書店、一九五九年、初出一九五三年）、同「国県制の実態とその本質」（『上田正昭著作集

二』青木書店、一九九八年、初出一九五九年）。
（3）原島礼二「県主と稲置」（『日本歴史』二六〇、一九七〇年）。
（4）中田薫「我古典の「部」及び「県」に就て」（『法制史論集』三、一九四三年）。
（5）小林敏男「稲置・屯田の一考察」（『古代王権と県・県主制の研究』吉川弘文館、一九九四年、初出一九七六年）。
（6）山尾幸久「大化改新論序説」下（『思想』五三一、一九六八年）。
（7）篠川賢「国造制の内部構造」（『日本古代国造制の研究』吉川弘文館、一九九六年）。
（8）大川原竜一「大化以前の国造制の構造とその本質」（『歴史学研究』八二九、二〇〇七年）。
（9）仁藤敦史「六・七世紀の支配構造」（『古代王権と支配構造』吉川弘文館、二〇一二年）。
（10）中村順昭「律令制成立期の国造と国司」（佐藤信編『史料・史跡と古代社会』吉川弘文館、二〇一八年）。
（11）毛利憲一「倭国における地域社会の編成」（『歴史評論』八〇九、二〇一七年）。なお、この分析視角は同「六・七世紀の地方支配―「国」の歴史的位置」（『日本史研究』五二三、二〇〇六年）でも指摘されている。
（12）拙稿「評制の史的前提と史的意義に関する覚書」（『古代文化研究』二十二、二〇一四年）。
（13）この場合の廃止は王権と民衆の貢納奉仕関係に様々な階層が介在している、言い換えれば天皇以外が部民・ミヤケを所有することを廃止することを意味すると考えられる。この直後に中大兄が「屯倉一百八十一所」を献上しているが（『日本書紀』大化二年三月壬午条）、孝徳に対して「献上」したのであって、「廃止」とはなっていないことが留意される。
（14）中村前掲註10論文。
（15）須原祥二「部民制の解体過程」（『古代地方制度形成過程の研究』吉川弘文館、二〇一一年）。
（16）須原前掲註15論文。
（17）以降、国の下位に位置づけられる地域社会の一般名詞（実態）としての県は「県」として表現する。
（18）なお、「県稲置」の他にも史料十六において「村首」という名称が使用されており、国造より下位に位置づけられるとみられる地域首長に対しても定まった名称が使用されていなかったとみられ、地域社会の単位と首長、ともに正確に把握されていなかったことを示すものであろう。

(19) 拙稿「県・県主小考」(加藤謙吉編『日本古代の氏族と政治・宗教』上、雄山閣、二〇一八年)。以下拙稿とする場合は本論文を指す。

(20) 大川原前掲註8論文。

(21) 拙稿前掲註19論文の他、拙稿「人制から部民制へ」(篠川賢・大川原竜一・鈴木正信編『国造制・部民制の研究』八木書店、二〇一七年)も併せてご参照いただきたい。

(22) 史料十はもちろん実数を記録したとは言えないだろうが、国造の下位には複数の実務官のような存在があったとみられる。なお、史料十にみえる国造や稲置の関係性は隋の使者が見た実態部分を公的な地域支配制度と誤認したことによる記述と考えられる。

(23) 仁藤前掲註9論文。

(24) ただし、それは仁藤らの理解を完全に否定するものではなく、「結果的に」県から「県」へと転じた例も可能性としては存在するだろう。本稿の立場でいえば、両者に因果関係はないと考えられる。

「名」と系譜―品部廃止詔の「名」―

篠川　賢

はじめに

近年の「名」（祖名）と系譜（氏族系譜）との関係を論じた研究に、松木俊曉「擬制同族の構造」[1]がある。松木は、『日本書紀』大化二年四月壬午条の「品部廃止詔」にみえる「名を付す」という行為に着目し、これは、諸氏族が部民制的な経済基盤を維持・拡大しようとする行為であるとし、擬制同族関係の形成を、中央有力氏族（本宗氏）による中小氏族（擬制同族関係を持つ氏族）への「名を付す」行為に基づくものとしている。

松木の部民制についての見解は、松木俊曉「「祖名」と部民制―大和政権における人格的支配の構造―」[2]によく示されているが、そこでは、ウヂにとっての「祖名」を王権への奉仕形態を示すとする熊谷公男の見解[3]に対し、「名」は本来、ひろく人格的支配＝隷属関係を支える心性に関わるものであったとし、部民制を、「王権の下の求心的・集権的な体制というより、むしろ「祖名の語り」を通じて結ばれた人格同士の直接的関係の重層によって構築される、多元的体制であった」とする。

松木が「名」を本来、王権への奉仕形態に限らず、ひろく人格的支配＝隷属関係に関わる語であるとしたことは、従うべき見解と考えるが、「品部廃止詔」についての見解には、なお検討の余地があるのではないかと思う。「品部廃止詔」については、別の機会に簡単に私見を述べたことがあるが[4]、ここでは、そこにみえる「名」の語に着目し、改めて読み直してみることにしたい。なお以下においては、『日本書紀』大化二年八月癸酉条の「品部廃止詔」を「品部廃止詔Ⅰ」、同大化二年四月壬午条の「品部廃止詔Ⅱ」と称することとする。

一　「品部廃止詔Ⅰ」

まず、「品部廃止詔Ⅰ」を、いくつかの段落に分け、符号を付して引用しておく。

A　原夫天地陰陽、不レ使二四時相乱一。惟此天地、生二乎万物一。万物之内、人是最霊。最霊之間、聖為二人主一。是以、聖主天皇、則レ天御寓、思二人獲レ所、暫不レ廃レ胸。

B　而始二王之名名一、臣連伴造国造、分二其品部一、別二彼名名一。復、以二其民品部一、交雑使レ居二国県一。遂使二父子易レ姓、兄弟異レ宗、夫婦更互殊レ名。一家五分六割。由レ是、争競之訟、盈レ国充レ朝。終不レ見レ治、相乱弥盛。

C　粤以、始二於今之御寓天皇一、及二臣連等一、所有品部、宜三悉皆罷、為二国家民一。

D　其仮二借王名一為二伴造一、其襲二拠祖名一為二臣連一。斯等、深不レ悟レ情、忽聞二若是所レ宣、当思、祖名所レ借名滅。

E　由レ是、預宣、使レ聴二知朕所レ懐。王者之児、相続御寓、信知下時帝与二祖皇名一、不上レ可レ見レ忘二於世一。而以二王名一、軽掛二川野一、呼二名百姓一、誠可レ畏焉。凡王者之号、将随二日月一遠流、祖子之名、可下共二天地一長往上。

F　如是思故宣之。始二於祖子一、奉仕卿大夫臣連伴造氏氏人等、或本云、名名王民。咸可二聴聞一。今以二汝等一、使仕状者、改二去旧職一、新設二百官一、及著二位階一、以二官位一叙。

Aは、前文であり、始原を回顧し聖主天皇による政治をあるべきものとする。Bは、それに対し、現状の問題点を述べた部分であり、「王之名名」（王族）と臣連伴造国造（諸氏族）が、その品部[5]を分割して「彼名名」に別けている（自らの所有としている）とし、またその民と品部[6]を交雑して国県に居住させているため、遂に父子は姓、兄弟は宗、夫婦は「名」を異にし一家が分裂、争訟が多く相乱れた状態になっているとする。Cは、それゆえに、王族（現天皇である孝徳を含む）と諸氏族の所有している品部を廃止し、国家の民とすると述べた部分。Dは、ただその場合、「王名」を仮借している伴造や、「祖名」に襲拠している臣連らは、「祖名」や仮借している「名」（王名）が滅んでしまうと思うであろう、との危惧を述べた部分。Eは、それを受けて、王位が世襲される限り「祖皇名」（代々の王名）は忘れ去られることはないから、そのように思う必要はないとし、むしろ「王名」を以て軽々しく川野に掛け、その「名」（王名）を以て百姓を呼ぶことこそ畏れ多いと述べた部分。最後のＦは、この詔の主旨を述べた部分であり[7]、今後の「始二於祖子一、奉仕卿大夫臣連伴造氏氏人等、或本云、名名王民。」（王族・諸氏族）の奉仕のあり方は、旧職を改めて、新たに百官・位階を定めその官位によるものとするとしている。

「品部廃止詔Ｉ」の大意は、このように解してよいと思うが、右の文で「　」に括って示したとおり、この詔には多く「名」の語が使用されている。以下、それぞれの「名」の意味に注意し、若干の説明を加えていくことにしたい。

第一に、Ｂの「始二王之名名一、臣連伴造国造、分二其品部一、別二彼名名一」の部分の解釈についてであるが、ここでは、王族と諸氏族がその品部を分割して自らの所有としているの意に解した。ただこの部分については、むしろ、臣連伴造国造のみを主語とし、「臣連等は、王の名々をはじめとしてそれらの名々を、自分たちがそれぞれに分ち支配する品部につけるの意[8]」というように解するのが一般的であったといえよう。

しかし、ここにいう「始二王之名名一、臣連伴造国造」は、Ｃの「始二於今之御寓天皇一、及二臣連等一」や、Ｆの「始二於祖子一、奉仕卿大夫臣連伴造氏氏人等」に対応していると考えられるのであり、それらはいずれも王族と諸氏族の両者を指している表現とみてよい。Ｃの「始二於今之御寓天皇一」は王族の筆頭として現天皇（孝徳）をあげているのであり、「臣連等」には当然伴造国造も含まれており、「始二於今之御寓天皇一、及二臣連等一」で、王族と諸氏族の全体を指していることは明らかであろう。また、Ｆについても、「祖子」は後述のとおり王族（天皇の子孫）の意と解してよく、「奉仕卿大夫臣連伴造氏氏人等」は天皇（大王）に奉仕する諸氏族を指しているのであって、「始二於祖子一、奉仕卿大夫臣連伴造氏氏人等」で、王族と諸氏族の全体を指しているとみて間違いない。

ここにいう「王之名名」の「名」は、まさに個々人の名の意であり、「王之名名」と記すことで、個々の名の王族、すなわちすべての王族を指しているとみてよいであろう。そもそもこの詔では、諸氏族の所有する品部だけではなく、王族の所有する品部も問題とされているのであり、Ｂを、「臣連伴造国造」（諸氏族）のみを主語として読んだのでは、文意が一貫したものにならないであろう。

また、「別二彼名一」の「名」は、王族・諸氏族がその品部を分割して、それぞれの名に別けるというのであるから、王族の名と諸氏族の名の意に解するほかはあるまい。そしてそれは、部民制下においては、個々の品部の呼び名でもあるが、ここでは、王族・諸氏族による品部の私的領有化が問題点として指摘されているのである。

なお、Bの「遂使二父子易レ姓、兄弟異レ宗、夫婦更互殊一レ名」の「名」については、この文章自体が必ずしも実態とは関わらない文飾である可能性が高いが、品部の名の意に解するのが妥当であろう。

第二に、Dの「王名」「祖名」についてであるが、「王名」そのものの意味は、Bと同様、個々の王の名ということであろう。ただここでは、「王名」を仮借している伴造というのであるから、その「王名」は、具体的には伴造がその氏（ウヂ）の名としているところの品部の名、すなわち御名代の名となっている「王名」と考えられる。また「祖名」は、臣連がそれぞれの氏の名としているところの祖の名であり、それは実際の各氏の始祖とは限らない、「王名」「神名」である。

第三に、Eの「祖皇名」「祖子之名」、およびFの「祖子」についてであるが、Eの「祖皇名」は、「時帝与二祖皇名一」とあることから、祖先代々の天皇の名を指していることは明らかであろう。Eの「祖子之名」の「祖子」については、日本古典文学大系本『日本書紀』の頭注に「祖皇に対し皇子皇孫をいう」とあり、筆者もそのように解してよいと考えている。

これに対し、松木俊曉は、ここでいう「祖子」は、『万葉集』巻一八—四〇九四の大伴家持の歌に「大夫の　清きその名を　古よ　今の現に　流さへる　祖の子等そ　大伴と　佐伯の氏は」[9]とあるのを参照し、諸豪族（諸氏族）における「祖の子」であるとし、Fの「始二於祖子一、奉仕卿大夫臣連伴造氏氏人等」とある「祖子」について、「代々の祖先（中間祖）から始めて現在まで奉仕し来たった過去の首長たちのことなのである」とする。[10]しかし、Eの主旨は、王位が世襲される限り「祖皇名」は忘れ去られることはなく「王者之号」と「祖子之名」は長久に伝えられるというのであるから、ここの「王者之号」「祖子之名」は、いずれも王族の名を指すと解するのが自然であろう。「品部廃止詔」は、いうまでもなく孝徳の詔として記されているのであり、[11] そこにみえる「祖子」は孝徳にとっての「祖子」であり、家持の歌にいう「祖の子」（大伴・佐伯氏にとっての祖の子）とは区別されなければならない。Eの「祖子」、Fの「祖子」は、いずれも王族を指すと解してよいであろう。また、Fの「祖子」についていえば、先に述べたとおり、Bの「始二王之名名一、臣連伴造国造」、Cの「始二於今之御寓天皇一、及二臣連等一」、Fの「始二於祖子一、奉仕卿大夫臣連伴造氏氏人等」は、それぞれ対応した（同義の）表現であり、いずれも王族と諸氏族（すなわち品部の所有者のすべて）を指すと考えられるのであるから、ことからも、右のように解するのが妥当といえるのである。

二 「品部廃止詔Ⅱ」

ここでも、「品部廃止詔Ⅱ」を、いくつかの段落に分け、符号を付して引用しておく。

A 惟神 惟神者、謂レ随二神道一。亦謂三自有二神道一也。 我子応治故寄。是以、与二天地之初一、君臨之国也。自二始治国皇祖之時一、天下大同、都無二彼此一者也。

B 既而頃者、始二於神名天皇名名一、或別為二臣連之氏一。或別為二造等之色一。由レ是、率土民心、固執二彼此一、深生二我汝一、各守二名名一。又拙弱臣連伴造国造、以二彼為レ姓神名王名一、逐二自心之所レ帰、妄付二前前処処一。前前、猶謂二人人一也。 爰以三神名王名、為二人賂物一之故、入二他奴婢一、穢二汚清名一。遂即民心不レ整、国政難レ治。

C 是故、今者、随二在レ天神一、属下可二治平一之運上、使レ悟二斯等一、而将二治レ国治レ民、是先是後、今日明日、次而続詔。然素頼二天皇聖化一而習二旧俗一之民、未レ詔之間、必当レ難レ待。故始二於皇子群臣一、及二諸百姓一、将賜二庸調一。

Aは、前文であり、神意に随い皇祖以来の政治は天下大同にして彼此を生ずることはなかったとする（ここにみられる尚古思想は、「品部廃止詔Ⅰ」のAと共通している）。

Bは、しかし今はこうであるとして、現状の問題点を述べた部分である（これも「品部廃止詔Ⅰ」の構文と共通している）。すなわち、現状は「神名」「天皇名名」（王名）にはじまるそれぞれの名（品部の名）が臣連伴造国造の氏（ウヂ）の名となり、各氏の所有を示す名になっているため、民心は固執して、それぞれの「名名」にこだわっているとする。また拙弱の臣連伴造国造は、氏の名となっている「神名」「王名」を勝手に人々や土地に付けているため、その「神名」「王名」が他人への賂物とされ奴婢となって、その「清名」（神名・王名）を穢しており、民心は整わず、国政が困難になっていると述べる。Cは、そのような現状を受けての対策を述べた部分であり、[12]今、かつてのような神意に随った政治を行うにあたり、先後を考え相次いで詔を出そうとしているのであるが、旧俗に慣れた人々はその詔を待てないかもしれないので、とりあえず王族・諸氏族および百姓に庸調を賜う、としている。

「品部廃止詔Ⅱ」の大意は、右のとおりと考えるが、ここでもBに「名」「神名」「王名」の語が多用されており、その点を中心に若干の説明を加えることにしたい。

まず、Bの「始二於神名天皇名名一、或別為二臣連之氏一。或別為二造等之色一」の部分についてであるが、ここを「神名」「天皇名名」（王名）にはじまるそれぞれの名（品部の名）が臣連伴造国造の氏（ウヂ）の名となり、各氏の所有を示す名になっている」の意に解したのは、この部分が、前節でみた「品部廃止詔Ⅰ」のB「始二王之名名一、臣連伴造国造、分二其品部一、別二彼名名一」の部分に対応し、いずれも現状の問題点を述べ、王族・諸氏族による品部の私的領有化を述べていると考えるからである。またそう解することによって、それ以下の文章との繫がりも自然なものとなろう。

次に、Bの「又拙弱臣連伴造国造、以二彼為レ姓神名王名一、逐二自心之所レ帰、妄付二前前処処一」についてであるが、この部分を、諸氏族がその氏の名としている「神名」「王名」を、前前処処（人々や土地）に付ける、という意味に解することに異論はないであろう。松本は、ここでいう「名を付す」とは、単なる名称を付与するという意味ではなく、「部民制的な統属関係による経済基盤を維持・拡大しようとする各氏族の行動を表現していることになる」と述べているが、この点にもほとんど異論はないと思う。

また松木は、続く「爰以二神名王名、為二人賂物一之故、入二他奴婢一、穢二汚清名一」の部分について、次のように述べている。

この部分は、従来、「爰に神名・王名を人の賂物と為すを以ての故に他の奴婢に入り清き名が穢汚る」と読まれ、「神名や王名に由来する部称を付した部民が奴婢に転落することによって、清いはずである神名・王名が穢れる」の意に解されてきた。しかし、「名を付す」ことが部民制的な経済関係を維持・拡大しようとする行為ならば、「人の賂物」とは支配下民である「カキ（部曲）」を指すことになり、「賂」とは贈与の意味であるから、神名・王名が人民の贈与をもたらすものになっている。とするならば「入他奴婢」は、「他の奴婢に入る」ではなく、「他の奴婢を入れる」と読むべきであり、他氏族の奴婢を（名を付して）自氏の部民として編成するという意味に解釈できる。

筆者は、従来の解釈が妥当と考えるが、たとえ松木の解釈に従ったとしても、なにゆえ「品部廃止詔Ⅱ」にいう「名を付す」という行為が、本宗氏による中小氏族・地方氏族の擬制的同族系譜の編入につながるのか、この点が十分に理解できないのである。松木によれば、中央の本宗氏によって中小氏族・地方氏族が「名を付されて」本宗氏の部に編入され、それを契機に本宗氏と同族系譜を称するようになるということであろう。しかし、ここに「拙弱臣連伴造国造、以二彼為レ姓神名王名一、逐二自心之所レ帰、妄付二前前処処一」と記されるところの拙弱臣連伴造国造は、必ずしも中央の本宗氏ということではないのではなかろうか。またここにいう前前処処についても、小中氏族・地方氏族の人々というよりも、現実には、氏族に編入されていない人々（部民制に編入されていない人々）の場合の方が一般的であったように思う。

擬制同族系譜が形成されていく過程において、中央の本宗氏が中小氏族・地方氏族の人々に「名を付す」（自らのウヂ名になっている「神名」「王名」を付す）という行為があったことは否定できないであろうが、ただそれが、松木がいうように一般的な在り方であったのか、この点にも疑問が持たれるのである。小稿は、松木の擬制同族系譜についての見解に批判を加えようとしたものではなく、単に、「品部廃止詔」の読みについての疑問を述べたに過ぎないのであるが、最後にこの点について、簡単に私見を述べておくことにしたい。

むすびにかえて――擬制同族系譜の形成――

近年の系譜研究の進展は、一九七八年に埼玉県行田市稲荷山古墳出土の鉄剣銘が解読されたことが大きな契機となっている。(13) 鉄剣銘にみえる系譜について、溝口睦子はおよそ次のように述べている。(14)

上祖オホヒコにはじまりヲワケにいたる八代の系譜は、オホヒコから五代タサキワケまでの伝説的分部と、六代ハテヒからヲワケまでの現実的分部からなる。オホヒコを始祖と称したのはヲワケだけではなく、のちの阿倍氏らの人々も称したのであり、系譜の伝説的分部は、複数の氏（ウヂ）が先祖を共有する「同祖構造」を持っていたと考えられる。それはヲワケが勝手に作成できたようなものではなく、王権によって公認されたウヂの政治的位置づけ所属を示す制度であった。ハテヒ以下の現実的分部は、ヲワケの属した集団（ヲワケの一族）の族長位の継承次第と考えられ、ヲワケ（およびその一族）は、その現実的分部が伝説的分部に接続されることにより、大王のもとでの公的地位が認められた。

そして溝口は、この鉄剣銘の「同祖構造」は、『新撰姓氏録』の系譜とも共通しており、五世紀以降九世紀にいたるまでの氏族系譜における一貫した構造であったとするのである。この溝口説には、時代による変化が考慮されていないとの批判もあったが、(15) 系譜がはじめから「同祖構造」を持ち、擬制同族系譜という性格を持っていた点は認めてよいと思う。

松木は、鉄剣銘の系譜を称したヲワケを中央豪族（本宗氏）とし、銘文入り鉄剣は、ヲワケが武蔵地方の豪族を自らの共通系譜に編入するために下賜したものとするが、周知のとおり、ヲワケを中央豪族とみるか地方豪族とみるかについては議論の分かれるところである。[16]ただ、ヲワケを中央豪族と解したとしても、この系譜は、本来王権によってヲワケに賜与されたものとみるべきであり、[17]溝口のいう伝説的分部（共同系譜部分）は、ある特定の氏族（ヲワケの氏）のみが称していたものではないと考えられる。

一方、ヲワケが中央豪族、地方豪族のいずれであったにせよ、この系譜を賜与された武蔵地方の豪族（稲荷山古墳を含む埼玉古墳群の造営集団）は、複数の親族集団の重層的な統合体であったと考えられるのであり、[18]系譜が賜与された当初、この集団の構成員のすべてがそれを称したとは考え難い。おそらくは、一族の長とその周辺の人物のみに限られていたと推定される。[19]問題は、その後、この系譜（同族系譜）がどのように拡大していったかということである。

松木も指摘しているとおり、のちの史料ではあるが『新撰姓氏録』には、同じウヂ名を称していても、系譜を異にする例は多くみられる。松木はこれについて、『新撰姓氏録』の氏姓は庚午年籍の定姓によって固定化されたのであり、それ以前の各氏族は複数の属性を持っており、[20]そのため『新撰姓氏録』の氏姓では、同じウヂ名の氏族が複数の祖先を称することになったとしている。すなわち、かつて本宗氏によって名を付され、同族系譜に編入された中小氏族・地方氏族は複数の属性（複数の本宗氏）を持っており、庚午年籍の定姓においてそのうちの一つの氏姓（系譜）を称した（賜与された）から、ということであろう。たしかにそのような場合もあったと考えられる。

しかし、『新撰姓氏録』をみると、各地域の最初に掲げられる有力氏族に続けて、それと同祖関係にある氏族をまとめて掲げるというのが一般的である。このことは、本来それぞれの地域において有力氏族を中心とした複数の親族集団の重層的統合関係があり、その中心氏族の称した系譜（中心氏族に賜与された系譜）を、それを構成していた各親族集団が共有していくということが、「共同系譜」が形成されていく一般的在り方であったことを示しているのではなかろうか。

註

（1）松木俊曉『言説空間としての大和政権』（山川出版社、二〇〇六年）第三章。
（2）『史学雑誌』（一一一─三、二〇〇二年）。のち松木俊曉『言説空間としての大和政権』（前掲註1）第二章所収。
（3）熊谷公男「〝祖の名〟とウヂの構造」（関晃先生古稀記念会編『律令国家の構造』吉川弘文館、一九八九年）。
（4）拙稿「「大化改新」と部民制」（篠川賢・大川原竜一・鈴木正信編著『国造制・部民制の研究』八木書店、二〇一七年）。
（5）「品部」がいわゆる職業部に限らず、王族や諸豪族の所有する部一般を指す語であることは、鎌田元一「「部」についての基本的考察」（岸俊男教授退官記念会編『日本政治社会史研究』上、塙書房、一九八四年。のち同『律令公民制の研究』塙書房、二〇〇一年、所収）参照。
（6）ここは、「民の品部」と読む説もあるが（たとえば鎌田元一「「部」についての基本的考察」前掲註5）、「民と品部」と読むべきであることについては、山尾幸久『「大化改新」の史料批判』（塙書房、二〇〇六年）第四章「品部廃止詔の検討」。拙稿「「大化改新」と部民制」（前掲註4）など参照。
（7）この点は、つとに関晃の主張したところであり、関は「品部廃止詔Ⅰ」を「世襲職廃止の詔」とでも呼ぶべきであるとしている。関晃「いわゆる品部廃止の詔について」（坂本太郎博士古稀記念会編『続日本古代史論集』上、吉川弘文館、一九七二年。のち『関晃著作集』第二巻、吉川弘文館、一九九六年、所収）。
（8）日本古典文学大系本『日本書紀』頭注。
（9）歌の読みは、日本古典文学大系本『万葉集』による。
（10）松木俊曉「擬制同族の構造」（前掲註1）。以下に引用する松木の見解は、すべてこの論文による。
（11）このことは、『日本書紀』に記す「品部廃止詔Ⅰ」が、実際に孝徳の発した詔をそのまま伝えているということではない。Ｆに「或本云、名名王民」との分注があることはそれを示すものといえようし、Ｃに孝徳が自らを「今之御寓天皇」と述べていることも、孝徳自身の詔の文章としては不自然といえよう。この詔は、あくまで『日本書紀』編者が書いたものとみなければならない。ただ、その内容については、おおよそ「大化」当時のものと認めてよいと考えている。拙稿「「大化改新」と部民制」（前掲註4）参照。

（12）この部分が「品部廃止詔Ⅱ」の主旨を述べた部分であることについても、関晃「いわゆる品部廃止詔について」（前掲註7）参照。関は、「品部廃止詔Ⅱ」を「庸調支給制の詔」とでも呼ぶべきであるとしている。

（13）系譜についての研究史については、義江明子『日本古代系譜様式論』（吉川弘文館、二〇〇〇年）序「系譜様式論—研究史の整理を通じて—」。鈴木正信『日本古代氏族系譜の基礎的研究』（東京堂出版、二〇一二年）序章「氏族系譜研究の現状と分析視角」など参照。

（14）溝口睦子『日本古代氏族系譜の成立』（学習院、一九八二年）。同「系譜論からみた稲荷山古墳出土鉄剣銘文」（『十文字国文』九、二〇〇三年）。

（15）熊谷公男「令制下のカバネと氏族系譜」（『東北学院大学論集』歴史学・地理学 一四号、一九八四年）。義江明子『日本古代系譜様式論』（前掲註13）など。

（16）この点について筆者は、ヲワケを埼玉地方の豪族と考えている。拙著『日本古代国造制の研究』（吉川弘文館、一九九六年）。同『継体天皇』（吉川弘文館、二〇一六年）など参照。

（17）それだからこそ、この系譜がヲワケの大王への「奉事根原」と記されたのであろう。

（18）この点は、崎玉古墳群の造営集団に限らず、全国各地の豪族に共通する構造であったと考えてよいであろう。

（19）族長の地位も、一つの親族集団に固定されていない場合もあったと考えられるのであり、この点も、崎玉古墳群の造営集団に限らない各地の豪族に共通した性格であろう。

（20）この点について松木は、須原祥二の見解を妥当とし、それに基づいている。須原祥二「「仕奉」と姓」（笹山晴生編『日本律令制の構造』吉川弘文館、二〇〇三年）。のち同『古代地方制度形成過程の研究』（吉川弘文館、二〇一一年、所収）。筆者もこの点に異論はない。

編者・執筆者紹介

編者

篠川《しのかわ》 賢《けん》　一九五〇年、神奈川県生まれ。北海道大学大学院文学研究科博士課程単位取得満期退学。博士（文学）。現在、成城大学文芸学部教授。主な著作：『日本古代国造制の研究』（吉川弘文館、一九九六年）、『日本古代の王権と王統』（吉川弘文館、二〇〇一年）、『物部氏の研究』（雄山閣、二〇〇九年）など。

執筆者（論文掲載順）

加藤《かとう》 謙吉《けんきち》　一九四八年、三重県生まれ。早稲田大学大学院文学研究科博士課程単位取得退学。博士（文学）。主な著作：『蘇我氏と大和王権』（吉川弘文館、一九八三年）、『大和王権と古代氏族』（吉川弘文館、一九九一年）、『ワニ氏の研究』（雄山閣、二〇一三年）、『日本古代の豪族と渡来人』（雄山閣、二〇一八年）など。

溝口《みぞぐち》 優樹《ゆうき》　一九八六年、大阪府生まれ。現在、日本学術振興会特別研究員（ＰＤ）。主な著作：『日本古代の地域と社会統合』（吉川弘文館、二〇一五年）、「土師氏の改姓と菅原・秋篠・大枝氏の成立」（『ヒストリア』二七〇、二〇一八年）、「政治的動向からみた土師氏の系譜―『日本書紀』から『新撰姓氏録』まで―」（『日本歴史』八四九、二〇一九年）など。

須永《すなが》 忍《しのぶ》　高崎市教育委員会文化財保護課埋蔵文化財担当。主な著作：「律令以後における上毛野氏・下毛野氏」（『群馬文化』310、二〇一二年）、「古代山武地域の氏族とヤマト王権」（『千葉史学』65、二〇一四年）、「古代肥後の氏族と鞠智城―阿蘇君氏とヤマト王権―」（『鞠智城と古代社会』5、熊本県教育委員会、二〇一七年）など。

中川《なかがわ》 久仁子《くにこ》　一九七一年生まれ。成城大学大学院文学研究科日本常民文化専攻博士課程後期単位修得退学。博士（文学）。現在、成城大学非常勤講師・同民俗学研究所研究員。主な著作：『平安京遷都期　政治史のなかの天皇と貴族』（雄山閣、二〇一四年）、「藤原百川と「和舞」」（加藤謙吉編『日本古代の氏族と政治・宗教』上、雄山閣、二〇一八年）など。

竹本《たけもと》　晃《あきら》　一九七五年、大阪府生まれ。大阪市立大学大学院文学研究科日本史学専攻後期博士課程修了。博士（文学）。現在、大阪大谷大学准教授。主な著作：「難波地域をめぐる古代氏族の動向―難波部と美努氏の関係をとおして―」（栄原永遠男・仁木宏編『難波宮から大坂へ』和泉書院、二〇〇六年）、「万葉歌の人物の特定に向けて―佐伯赤麻呂と門部王」（『大阪大谷大学歴史文化研究』17、二〇一七年）など。

中村《なかむら》　友一《ともかず》　一九七二年、埼玉県生まれ。博士（史学）。現在、明治大学文学部准教授。主な著作：『日本古代の氏姓制』（八木書店、二〇〇九年）、「対外交渉と倭国内の帰化渡来系氏族」（加藤謙吉・佐藤信・倉本一宏編『日本古代の地域と交流』臨川書店、二〇一六年）など。

鈴木《すずき》　正信《まさのぶ》　一九七七年、東京都生まれ。早稲田大学大学院文学研究科博士後期課程単位取得退学。博士（文学）。現在、文部科学省教科書調査官。主な著作：『日本古代氏族系譜の基礎的研究』（東京堂出版、二〇一二年）、『大神氏の研究』（雄山閣、二〇一四年）、『日本古代の氏族と系譜伝承』（吉川弘文館、二〇一七年）など。

榊原《さかきばら》　史子《ふみこ》　一九七一年、東京都生まれ。日本女子大学大学院文学研究科博士課程前期修了、成城大学大学院文学研究科博士課程後期単位取得退学。博士（文学）。現在、成城大学民俗学研究所研究員。主な著作：『『四天王寺縁起』の研究――聖徳太子の縁起とその周辺』（勉誠出版、二〇一三年）など。

藤井《ふじい》　由紀子《ゆきこ》　一九六三年生まれ。一橋大学イノベーション研究センター研究員を経て、同朋大学仏教文化研究所研究員。主な著作：『聖徳太子の伝承―イメージの再生と信仰―』（吉川弘文館、一九九九年）など。

三舟《みふね》　隆之《たかゆき》　一九五九年生まれ。明治大学大学院文学研究科史学専攻博士後期課程満期退学。博士（史学）。現在、東京医療保健大学医療保健学部教授。主な著作：『日本古代地方寺院の成立』（吉川弘文館、二〇〇三年）、『日本古代の王権と寺院』（名著刊行会、二〇一三年）、『『日本霊異記』説話の地域史的研究』（法藏館、二〇一六年）など。

大川原《おおかわら》　竜一《りゅういち》　一九七五年、富山県生まれ。明治大学大学院文学研究科博士後期課程単位取得退学。現在、高志の国文学館主任・学芸員。

平成31年3月25日 初版発行　　《検印省略》

日本古代《にほんこだい》の氏《うじ》と系譜《けいふ》

編　者　篠川　賢

発行者　宮田哲男

発行所　株式会社　雄山閣

〒102-0071　東京都千代田区富士見2－6－9

TEL 03-3262-3231　FAX 03-3262-6938

振替 00130-5-1685

http://www.yuzankaku.co.jp

印刷・製本　株式会社 ティーケー出版印刷

ISBN978-4-639-02635-8　C3021
N.D.C.210 368p 22cm

主な著作：『国造制の研究―史料編・論考編―』（共編著、八木書店、二〇一三年）、『国造制・部民制の研究』（共編著、八木書店、二〇一七年）、「紀伊国造と古代王権」（加藤謙吉編『日本古代の氏族と政治・宗教』上、雄山閣、二〇一八年）など。

長谷部《はせべ》 将司《まさし》　一九七四年、埼玉県生まれ。筑波大学大学院博士課程歴史・人類学研究科修了。博士（文学）。現在、茨城高等学校・中学校教諭。主な著作：『日本古代の地方出身氏族』（岩田書院、二〇〇四年）、「日本古代の氏族秩序と天皇観」（『歴史学研究』九一一、二〇一三年）、「日本紀講書と受容」（遠藤慶太・河内春人・関根淳・細井浩志編『日本書紀の誕生』八木書店、二〇一八年）など。

永田《ながた》 一《はじめ》　一九八一年、宮城県生まれ。法政大学大学院人文科学研究科史学専攻博士後期課程修了。博士（歴史学）。現在、成城大学・法政大学・横浜美術大学非常勤講師。主な著作：「俘囚の節会参加と近衛府」（『ヒストリア』二五五、二〇一六年）、「古代の東北と国造制に関する一考察」（篠川賢・大川原竜一・鈴木正信編『国造制・部民制の研究』八木書店、二〇一七年）など。

堀川《ほりかわ》 徹《とおる》　一九八三年、神奈川県生まれ。日本大学大学院文学研究科日本史専攻博士後期課程満期退学。博士（文学）。現在、日本大学文理学部助手。主な著作：「人制から部民制へ」（篠川賢・大川原竜一・鈴木正信編『国造制・部民制の研究』八木書店、二〇一七年）、「評制の展開と国司・国造」（『ヒストリア』二六六、二〇一八年）など。